Ulrich Bröckling, Christian Dries,
Matthias Leanza und Tobias Schlechtriemen (Hg.)

Das Andere der Ordnung
Theorien des Exzeptionellen

Das Andere der Ordnung

Theorien des Exzeptionellen

Herausgegeben von
Ulrich Bröckling, Christian Dries,
Matthias Leanza und Tobias Schlechtriemen

VELBRÜCK
WISSENSCHAFT

Erste Auflage 2015

www.velbrueck-wissenschaft.de
Printed in Germany
ISBN 978-3-95832-061-1

Bibliografische Information der Deutschen Nationalbibliothek
Die Deutsche Nationalbibliothek verzeichnet diese Publikation in der Deutschen Nationalbibliografie; detaillierte bibliografische Daten sind im Internet über http://dnb.ddb.de abrufbar.

Inhalt

Vorwort

Der vorliegende Band ist hervorgegangen aus einem sich über mehrere Jahre erstreckenden Diskussionsprozess der vier Herausgeber am Institut für Soziologie der Albert-Ludwigs-Universität Freiburg. Ein Zwischenergebnis haben wir bereits 2014 in einer Ausgabe des E-Journals *Behemoth. A Journal on Civilization* veröffentlicht.[1] Wir haben darauf verzichtet, unsere Diskussionen in die geordnete Form eines Forschungsprojekts zu überführen, haben sie aber sehr wohl mit einem solchen verknüpft. Das Unterfangen, die einseitige Ausrichtung sozial- und kulturwissenschaftlicher Diskurse auf Regeln und Regelmäßigkeiten, Normen und Normalitätsfelder, kurzum auf Phänomene der Ordnung zu problematisieren und stattdessen das Augenmerk auf die demgegenüber unterbelichteten Phänomene und Theoretisierungen des Außerordentlichen und Nichtgeordneten zu richten, traf sich mit einem Forschungsvorhaben zu Figuren des Exzeptionellen im Diskurs der frühen Soziologie, das zwei von uns – Ulrich Bröckling und Tobias Schlechtriemen – im Rahmen des DFG-Sonderforschungsbereichs 948 »Helden – Heroisierungen – Heroismen. Transformationen und Konjunkturen von der Antike bis zur Moderne« bearbeiten.[2] Der Fokus dieses Projekts liegt auf dem spannungsreichen Verhältnis zwischen der sich im 19. und frühen 20. Jahrhundert konstituierenden Wissenschaft von der Gesellschaft und den zeitgenössischen Semantiken, Metaphern und Narrativen des (heroischen) Außerordentlichen. Der vorliegende Band weitet demgegenüber zum einen das Feld über die Soziologie hinaus auf andere Sozial- und Kulturwissenschaften aus und bezieht auch Beiträge aus der Ethnologie, der Philosophie, der Politikwissenschaft und den Medienwissenschaften ein. Zum anderen ist der hier gewählte Zugang nicht wissenschaftshistorisch, sondern dekonstruktiv. Die Beiträge sichten unterschiedliche Theoriepositionen im Hinblick darauf, wie diese die Leerstellen epistemischer und/oder gesellschaftlicher Ordnungen, das von ihnen Ausgeschlossene oder von ihnen nicht Erreichte reflektieren.

Auch ein Band zum »Anderen der Ordnung« bedarf vieler ordnender Augen und Hände: Ole Bogner, Marianne Heinze und Jakob Zey haben bei der Erstellung des Manuskripts geholfen und insbesondere die bibliografischen Angaben komplettiert und vereinheitlicht. Wir danken ihnen für ihre Sorgfalt und Verlässlichkeit. Entwürfe des einleitenden

1 Ulrich Bröckling et al. (Hrsg.), *Das Andere der Ordnung* (= *Behemoth. A Journal on Civilization* 7 (1)), 2014, online veröffentlicht unter: http://ojs.ub.uni-freiburg.de/index.php/behemoth/issue/view/61.

2 Genauere Informationen unter: www.sfb948.uni-freiburg.de, zuletzt aufgerufen am 30.06.2015.

Beitrags der Herausgeber haben wir im Freiburger kultursoziologischen Forschungskolloquium sowie im Kolloquium von Hartmut Rosa an der Friedrich-Schiller-Universität Jena zur Diskussion gestellt. Den Teilnehmerinnen und Teilnehmern danken wir für kritische Kommentare und Anregungen, Leon Wolff für eine Durchsicht der endgültigen Fassung.

Die Publikation wurde gefördert durch die Deutsche Forschungsgemeinschaft (DFG), Sonderforschungsbereich 948 »Helden – Heroisierungen – Heroismen. Transformationen und Konjunkturen von der Antike bis zur Moderne«. Auch dafür danken wir herzlich.

Freiburg, im September 2015

Ulrich Bröckling,
Christian Dries,
Matthias Leanza,
Tobias Schlechtriemen

Ulrich Bröckling, Christian Dries, Matthias Leanza, Tobias Schlechtriemen

Das Andere der Ordnung denken

Eine Perspektivverschiebung

> »Die Theorie besteht selbstverständlich nicht darin, ein Programm, eine Plattform auszuarbeiten, sondern im Gegenteil darin, außerhalb jedes programmatischen Vorhabens eine Weigerung zu bewahren, die bejaht, eine Bejahung freizusetzen oder aufrechtzuerhalten, die sich nicht in der Ordnung platziert, sondern in Unordnung versetzt, selbst ihren eigenen Platz verlässt, im Bezug steht mit der Verunordnung oder der Verwirrung oder auch dem Nichtstrukturierbaren.«
> (Maurice Blanchot)

I. Vom Ordnungsbias …

Im Anfang ist das Ordnen. Ob wir auf die Ursprünge westlichen Denkens in der griechischen Antike zurückblicken,[1] auf Theologie, Mathematik und Naturwissenschaften, den Universalienstreit, das Theodizeeproblem, Newtons Mechanik, Montesquieus Verfassungslehre, Mendels Vererbungsgesetze oder Norbert Wieners Kybernetik – schon immer und bis heute bedeutet Theoriebildung: Ordnung schaffen, das heißt Gründe finden, Muster, Strukturen und Regelmäßigkeiten erkennen, Kategorien bilden, Systematiken aufstellen, Vorhersagen machen und Einheit stiften. Präziser als ein Aufsatztitel des französischen Poeten der Alltagsbürokratie Georges Perec kann man es nicht ausdrücken: »Penser/Classer«.[2]

1 Vgl. Alfons Reckermann, *Den Anfang denken. Die Philosophie der Antike in Texten und Darstellung. Bd. 1: Vom Mythos zur Rhetorik*, Hamburg 2011. Anthony A. Long bringt die Intention des antiken Denkens auf die Formel »eine [systematische] ›Darstellung von *allem* geben‹«. Ders., »Das Anliegen der frühen griechischen Philosophie«, in: ders. (Hrsg.), *Handbuch Frühe griechische Philosophie. Von Thales bis zu den Sophisten*, Stuttgart/Weimar 2001, S. 1–20, hier: S. 9. Zu den philosophischen Traditionsbeständen der Antike zählt nach Long »vor allem die Annahme, daß die Welt als ganze eine vernünftige Struktur mit zugrundeliegenden Prinzipien bildet, welche dem menschlichen Verstehen zugänglich sind.« Ebd., S. 17.

2 Vgl. Georges Perec, *Denken/Ordnen*, Zürich 2014.

»Ordnung ist das halbe Leben«, sagt der Volksmund. »Ich lebe in der anderen Hälfte«, antwortet der Skeptiker. Unter Verdacht steht Ordnung jedoch nicht nur als Zwangsroutine oder Angstabwehr. In allen Schöpfungsmythen, in der Antike und im Christentum kommt sie erst an zweiter Stelle. »Wahrlich, als erstes ist Chaos entstanden; doch wenig nur später Gaia, mit breiten Brüsten, aller Unsterblichen ewig sicherer Sitz«, dichtet Hesiod in seiner *Theogonie*.[3] »Und die Erde war wüst und leer«, hebräisch *tòhu wawòhu*, heißt es in der biblischen Schöpfungsgeschichte (1. Mose 1,2). Analog gilt für die Theoriebildung: Ohne vorherige Un-, Nicht- oder Anders-Ordnung keine gedankliche »Aufräumarbeit«.[4] Und so wie gedankliche Ordnungsstiftung ihren Gegenstand als solchen erst konstituiert – »Wenn Kleider Leute machen, dann macht die Ordnung den Gegenstand«[5] –, gilt umgekehrt: keine Systematik ohne Rest, ohne Unübersichtlichkeit und Opazität, kein Regelfall ohne Ausnahme, keine Theoriebildung ohne Widersprüche, Brunnenstürze und Sinnverlust;[6] keine Wissensordnung ohne Ketzer, die sie in Frage stellen oder argwöhnen, hinter dem Vorhang der Ordnung herrsche wie im Urgrund der Schöpfung in Wahrheit das Chaos – was wiederum eine Variante theoretischer Ordnungsbildung wäre, usw. usf.

Dass die Welt entweder keine festgefügte Ordnung habe oder diese, wenn vorhanden, nicht erkennbar wäre, ist, wie Howard Becker meint, »philosophisch gesehen – um vom Religiösen gar nicht zu sprechen – schlechterdings erschreckend. Möglicherweise ist die Welt ja tatsächlich ein sinnloses Durcheinander, doch ist dies keine philosophische Position, mit der sich so ohne weiteres leben läßt«.[7] Der *horror vacui* vor einer (gedanklich) ungeordneten, nicht zu ordnenden Welt ist ein gewichtiger affektiver Grund, warum Ordnungsfragen sich aufdrängen, und

3 Hesiod, »Theogonie«, in: ders., *Theogonie – Werke und Tage*, München 2012, S. 6–81, hier: S. 15 (V 16f.).

4 Thomas Kuhn zufolge, der damit das Paradigma des Ordnens bekräftigt, sind Aufräumarbeiten genau »das, was die meisten Wissenschaftler während ihrer gesamten Laufbahn beschäftigt«. Ders., *Die Struktur wissenschaftlicher Revolutionen*, Frankfurt a. M. 1976, S. 38.

5 Christian Lavagno, *Jenseits der Ordnung. Versuch einer philosophischen Ataxiologie*, Bielefeld 2012, S. 83.

6 Zum Verwandtschaftsverhältnis von Theoriebildung und Tragikomik sowie zur »Exzentrizität« des Theoretikers vgl. Hans Blumenberg, *Das Lachen der Thrakerin. Eine Urgeschichte der Theorie*, Frankfurt a. M. 1987. Wer intensiv theoretische Ordnungsbildung betreibt, fällt seit Thales von Milet gewissermaßen notwendig aus der (sozialen) Ordnung, er ist buchstäblich *atopos* (deplatziert, außer-ordentlich, deshalb seltsam).

7 Howard S. Becker, *Die Kunst des professionellen Schreibens. Ein Leitfaden für die Geistes- und Sozialwissenschaften*, Frankfurt a. M. 2000, S. 178.

das nicht erst für die vermeintlich besonders unübersichtliche Moderne und nicht nur in den Sozialwissenschaften und anderen Disziplinen, die sich als elaborierte Antworten auf erhöhten theoretischen, sozialen, juristischen, politischen, kulturellen usw. Ordnungsbedarf verstehen. Die »Herstellung und Aufrechterhaltung eines Zusammenhangs«, so ließe sich die Tätigkeit des Ordnens zusammenfassen, ist »das Grundproblem der menschlichen Kulturen – wie gleichermaßen des Denkens, der Evolution, des Bewusstseins und der politischen Formation des Sozialen«.[8] Das Problem und die Idee der Ordnung sind also keineswegs modern. »Entschieden modern«, so Zygmunt Bauman, »ist aber die *Sorge* um die Ordnung«.[9] Sie resultiert aus der spezifisch modernen Vorstellung ihrer Immanenz: Wenn Ordnung nicht mehr religiös oder metaphysisch verankert ist, wenn sie nicht als natürlich, selbstverständlich, fraglos gegeben erscheint, sondern so oder anders, vorhanden oder nicht vorhanden sein kann, dann wird das Ordnen zur Aufgabe – und das Nichtgeordnete zur Herausforderung. Die Sorge um die Ordnung entfacht einen Furor, um ihr Anderes zum Verschwinden zu bringen.

Fragen der Ordnung, ihrer Möglichkeits- und Ausschlussbedingungen, ihrer Gefährdungen, Krisen und Brüche rücken vor allem dann in den Fokus, wenn gesellschaftliches Zusammenleben zum Problem wird, sobald es also »schwierig wird, sich vorzustellen, wie soziale Ordnung überhaupt möglich ist«.[10] So erklärt sich auch, warum die Politik von der antiken *polis* über den Hobbes'schen *Leviathan* bis zur deliberativen Demokratie persistierende Ansprüche erhebt, das Ganze zu repräsentieren,[11] und dieses Ganze mit Ordnung identifiziert, während ihr Anderes – die Anarchie – nur noch als Negativ, Abgrenzungsfolie, Aberration und Bedrohung gedacht, verfemt oder erst gar nicht thematisiert wird. Vor der Frage, wie eine gute Ordnung aussehen könnte, steht die fraglose Gewissheit, dass in jedem Fall Ordnung besser ist als Nichtordnung. Die Suche nach geordneten Sozialverhältnissen und stabilen Gesellschaftsstrukturen folgt der Furcht vor dem politischen Chaos, den *bárbaroi*, dem Fremden, Unbestimmten und Ambivalenten auf dem Fuße. Wie rational das Gewand politischer Ordnungstheorien und

8 Dieter Mersch, *Ordo ab chao – Order from Noise*, Zürich 2013, S. 5.

9 Zygmunt Bauman, *Vom Nutzen der Soziologie*, Frankfurt a. M. 2000, S. 252.

10 Niklas Luhmann, »Arbeitsteilung und Moral. Durkheims Theorie«, in: Émile Durkheim, *Über soziale Arbeitsteilung. Studie über die Organisation höherer Gesellschaften*, Frankfurt a. M. 1992, S. 19–38, hier: S. 21. Das verweist unmittelbar zurück auf Talcott Parsons' »Hobbesian problem of order« als zentrales Bezugsproblem der Soziologie; vgl. ders., *The Social Structure of Action*, Glencoe 1949, S. 89–94.

11 Vgl. Niklas Luhmann, »Gesellschaft«, in: ders., *Soziologische Aufklärung 1. Aufsätze zur Theorie sozialer Systeme*, Wiesbaden 2009, S. 171–193, insbes. S. 173–177.

sozialtechnologischer Ordnungsprogramme auch erscheinen mag, es bleibt doch affektiv gewebt. Folgt man hier Carl Schmitt, für den »[a]lle prägnanten Begriffe der modernen Staatslehre [...] säkularisierte theologische Begriffe [sind]«,[12] bewegt man sich auf dem heiß umkämpften Terrain maskierter Glaubensfragen.

Nicht anders sieht es im Feld sozial- und kulturwissenschaftlicher Forschung aus. Auch hier stehen Ordnungsfragen, in diesem Fall Fragen nach Möglichkeit, Gestalt und Wandel soziokultureller Ordnung im Zentrum. Das Staunen darüber, dass es sie gibt – »the remarkable thing about social order is not how perfect it is, but that it does exist at some sort of reasonably tolerable level«
nichts anderes mehr interessiert. So
Perspektiven und die empirischen Be[...] [...]gen stets bestimmte Ordnungsvorstellungen zugrunde: Ob primär Klassen und Kapitalsorten, Funktionssysteme und Organisationen, Netzwerke und Interaktionssituationen, Lebenslaufregime und Subjektivierungsweisen, Technik und Kommunikationsmedien, Begriffs- und Bildgeschichten oder Wissensordnungen und Machtformen in den Blick rücken, es sind wiederholbare Schemata, Regeln und Regelmäßigkeiten, die herausgearbeitet werden. Ein Großteil der Theoriedebatten ist mit der Explikation und der Bewertung von Ordnungskonzeptionen befasst; komplementär dazu suchen empirische Studien Genese und Form sozialer Ordnungen am konkreten Fall nachzuzeichnen. Das Soziale erscheint so als ein vielschichtiger Ordnungszusammenhang, den die Sozial- und Kulturwissenschaften rekonstruieren können.

Der Ordnungsüberhang der Sozial- und Kulturwissenschaften ist keine disziplinäre Deformation. Er knüpft an eine allgemeine, natur- und kulturgeschichtlich evolvierte »Logik der Weltbilder« an, die die Wirklichkeit auf unterschiedliche, aber stets ordnende Weise erfassen und sinnhaft strukturieren.[14] Für die *epistemische* Ebene der gedanklichen Ver-Ordnung ist der Bias konstitutiv: Das identifizierende, begriffliche Denken ist ein ordnendes Denken, und auch das »wilde Denken« der von Lévi-Strauss untersuchten illiteraten Bricoleurs wird geleitet vom Verlangen nach einer allumfassenden Ordnung.[15] Das Nicht-Geordnete bleibt dem Wissen unzugänglich oder findet sich abgeschoben auf Wissensformen von fragwürdiger Legitimation. Diese Schieflage wiederholt

12 Carl Schmitt, *Politische Theologie. Vier Kapitel zur Lehre von der Souveränität*, Berlin 2009, S. 43.

13 Talcott Parsons, »Order as a Sociological Problem«, in: Paul G. Kuntz (Hrsg.), *The Concept of Order*, Seattle/London 1968, S. 373–384, hier: S. 374.

14 Vgl. Günter Dux, *Die Logik der Weltbilder. Sinnstrukturen im Wandel der Geschichte*, Frankfurt a. M. 1982.

15 Vgl. Claude Lévi-Strauss, *Das wilde Denken*, Frankfurt a. M. 1968.

sich auf der *normativen* Ebene, wo das Gute mit dem Geordneten kurzgeschlossen wird, negativ bewertete Phänomene dagegen mit Anomie oder Devianz assoziiert sind. Auf der *praktischen* Ebene wiederum begründen alltägliche Routinen, Habitusmuster, institutionelle Regeln und soziotechnische Arrangements die Ordnungen des Sozialen, hinter denen das unübersehbare Gewimmel von Situationen, Ereignissen, Handlungen und Widerfahrnissen wenn nicht ganz verschwindet, so allenfalls als Störung verbucht wird – und verstärkte Ordnungsbemühungen rechtfertigt und in Gang setzt. Was Georges Canguilhem für den Begriff des Normalen feststellt, gilt erst recht für den der Ordnung: Es »ist kein statischer und friedlicher Begriff, sondern ein dynamischer und polemischer«. Ordnen bedeutet, »einem Daseienden, Gegebenen eine Forderung aufzwingen, von der aus sich Vielfalt und Disparatheit dieses Gegebenen als ein nicht bloß fremdes, sondern feindliches Unbestimmtes darstellen. Polemisch ist der Begriff gerade darin, daß er den der eigenen Geltung nicht unterworfenen Bereich des Gegebenen negativ qualifiziert und doch auf seiner Einbeziehung beruht. Der Begriff des Rechten – sei's in Geometrie, Ethik oder Technik – qualifiziert das seiner Anwendung Widerstrebende als schief, krumm, schräg und linkisch.«[16]

Der Ordnungsbias realisiert sich formal in drei aufeinander aufbauenden Schritten: *(1) Abgrenzung:* Ein Anderes der Ordnung wird identifiziert und als Negativkategorie von der Sphäre der Ordnung getrennt. Es zeigt sich als Effekt von epistemischen, normativen wie praktischen Strategien des *Othering. (2) Asymmetrisierung:* Als bloße Abwesenheit von Ordnung bleibt es unbestimmt und wird allenfalls als Abgrenzungsfolie thematisiert oder dient als Ausgangspunkt normativ aufgeladener gedanklicher wie praktischer Ordnungsanstrengungen. Der Akzent liegt auf der Seite der Ordnung, ihr Anderes ist die nichtmarkierte und/oder abgewertete Seite der Unterscheidung. *(3) Annihilation/Absorption:* Schließlich wird die Asymmetrie in epistemischer, normativer und praktischer Hinsicht zugespitzt: Weil das Andere der Ordnung bedrohlich, verwerflich oder zumindest problematisch erscheint, muss es beseitigt, überwunden, normalisiert werden. Das kann durch Bekämpfung und Ausstoßung erfolgen, aber auch durch Neutralisierung seiner Alterität. Beide Strategien kommen niemals an ein Ende, weil sie in ihren Versuchen, das Andere der Ordnung zum Verschwinden zu bringen, dieses stets neu hervorbringen.

Die hier vorgelegten Überlegungen nehmen demgegenüber eine andere Perspektive ein. Sie versuchen den Ordnungsbias zu vermeiden, indem sie die Blickrichtung ändern. Das Andere der Ordnung bleibt

16 Georges Canguilhem, *Das Normale und das Pathologische*, Frankfurt a. M./Berlin/Wien 1977, S. 163.

dabei auf diese bezogen, aber Vorrang erhält, was sonst lediglich als Problemanzeige und Kontrastfolie fungiert. Um Reinhart Kosellecks Unterscheidung[17] aufzugreifen: Begriff und asymmetrischer Gegenbegriff tauschen die Plätze: Nicht die elaborierten sozial- und kulturwissenschaftlichen Semantiken der Ordnung, sondern die im Vergleich dazu weit weniger ausgearbeiteten Semantiken des Irregulären und Außerordentlichen, des Exzeptionellen und Amorphen, des Ereignishaften und Inkommensurablen rücken in den Vordergrund. Die folgenden Ausführungen skizzieren zunächst (II) einen »Denkstil«[18] und ein theoretisches Vokabular für die vorgeschlagene Perspektivverschiebung auf Phänomene und Probleme des Anderen der Ordnung. Im Anschluss daran (III) stellen wir exemplarisch neun Problematisierungsweisen vor, die das Andere der Ordnung nicht in der Peripherie, sondern im Zentrum theoretischer Reflexion ansiedeln. Der letzte Abschnitt (IV) skizziert den möglichen Erkenntnisgewinn einer solchen Theorie- und Forschungsperspektive.

II. ... zum Anderen der Ordnung

Lässt sich der Ordnungsbias in der Beschreibung sozialer und kultureller Phänomene umgehen? Kann man der anderen Seite, dem Außen der Ordnung, dem ihr Entzogenen und von ihr nicht Erreichten, dem, was sie stört und zerstört, was sie verschwimmen lässt, unterläuft und überschreitet, einen eigenständigen, nicht ausschließlich von der Ordnung abgeleiteten Platz in der Theoriebildung einräumen? Ist das Andere der Ordnung eine Differenz (*differentia*) oder ein Verschiedenes (*diaphoron*)? Kann man es überhaupt anders denn als Unterschied begreifen, z. B. dialektisch im Sinne eines Selbstunterschieds: ›Ordnung‹ als das Übergreifende, das in sich selber Ordnung als das Allgemeine *und* seinen Gegenbegriff, das Andere der Ordnung, als das Besondere enthält? Oder ist das Andere der Ordnung bloß das Abwesende, der lässliche Rest – ist es das Gegenstück, der Widerpart der Ordnung? Handelt es sich um ein Nullsummenspiel, eine Relation wechselseitiger Ermöglichung und Hervorbringung oder gar Steigerung? Ist das Andere der Ordnung ein Zerfallsprodukt von Ordnung und/oder eine Voraus-

17 Vgl. Reinhart Koselleck, »Zur historisch-politischen Semantik asymmetrischer Gegenbegriffe«, in: ders., *Vergangene Zukunft*, Frankfurt a. M. 1992, S. 211–259.

18 Vgl. Ludwik Fleck, *Entstehung und Entwicklung einer wissenschaftlichen Tatsache. Einführung in die Lehre vom Denkstil und Denkkollektiv*, Frankfurt a. M. 2012, S. 15.

setzung ihres Emergierens? Muss von einer schlichten Opposition ausgegangen werden, oder lässt sich die Verschränkung der Ordnung mit ihrem Anderen komplexer denken? Gibt es Theorieoptionen jenseits der Alternative, entweder die anomischen Zonen sozialer Gefüge – die Unordnung in der Ordnung – zu identifizieren oder die verborgenen Regeln und Regelmäßigkeiten anomischer Zustände – die Ordnung in der Unordnung – aufzuspüren? Lässt es sich theoretisieren, ohne es kolonialisierend einzuordnen?

Im Folgenden geht es nicht darum, diese Fragen erschöpfend zu beantworten, sondern zunächst einmal den Fokus bzw. die Gewichte zu verlagern: Von der Ordnung auf ihr Anderes und schließlich zum Verhältnis beider. Das bedeutet zuallererst, das Andere der Ordnung aus der theoretischen Zwangsjacke der Abgrenzungen und Asymmetrisierungen zu befreien und die (gedanklichen) Automatismen der Absorption und Annihilation zu unterbrechen. Die damit eingeschlagene Forschungsperspektive ist zweifellos getragen von einem ›interessierten Wohlgefallen‹ an Phänomenen der Alterität. Warum sollte man sich den Zonen des Irritierenden, Ignorierten oder Perhorreszierten sonst zuwenden? (Die Motive der polizeilichen Kontrolle wie der moralischen oder ästhetischen Domestizierung hoffen wir für uns ausschließen zu können ...) Die so konturierte Forschungsperspektive übersieht jedoch keinesfalls die Ambivalenz des Anderen der Ordnung, sondern versucht die von den Sozialwissenschaften in der Regel immer schon beantwortete Frage auszuklammern, wem (und ob überhaupt einer Seite) der epistemische Vorrang und praktische Vorzug zu geben ist: der Ordnung oder ihrem Anderen.

Wenn es darum geht, in der asymmetrischen Gegenüberstellung von Ordnung und ihren vielfältigen Gegenbegriffen vorübergehend die Positionen zu wechseln, den *unmarked space* zum *marked space* zu machen, dann soll diese tentative Verschiebung den Raum dafür vorbereiten, die Relation von Ordnung und ihrem Anderen *symmetrisch* zu denken, das heißt nicht in derselben Weise, aber doch mit ebenso großer Aufmerksamkeit. Das bedeutet, beide als miteinander verflochtene, voneinander abhängige, ineinander übergehende Bestimmungen zu denken, als Wechselwirkung, Kontinuum und Prozess, als die beiden Seiten einer Medaille, als »Gleichzeitigkeit des Ungleichzeitigen« (Bloch) und Nebeneinander des vermeintlich Unvereinbaren, in Form hartnäckiger Zonen der Ambiguität, fundierender Ab-Gründe, produktiver Paradoxien und irreparabler Brüche inmitten wohlgeordneter Theoriearchitekturen, gesellschaftlicher Strukturen, kollektiver Praktiken und kultureller Deutungsmuster. Den Ordnungsbias zu problematisieren bedeutet aber eben auch, das Andere der Ordnung gegen die Hegemonie des Ordnungsdenkens und der Ordnung stark zu machen, marginalisierte Konzepte ins Zentrum zu stellen, ihren Status neu zu bewerten oder vertraute Konzepte des Anderen der Ordnung wie beispielsweise den Begriff der Krise neu zu denken.

Eine Klärung sei an dieser Stelle eingeschoben: Die Frage nach dem Anderen der Ordnung bezieht sich nicht auf die Tatsache, dass soziale Ordnungen stets im Plural auftreten und umkämpft sind. Wenn in diesen Kämpfen jede Seite der anderen vorwirft, Chaos zu verbreiten oder zumindest keine tragfähige, das heißt für legitim gehaltene soziale Ordnung gewährleisten zu können, verspricht jede Seite zugleich, selbst genau das zu leisten. Die Zerschlagung der alten Ordnung mag in der Phase des Übergangs Momente der Nichtordnung einkalkulieren oder sogar provozieren, doch verbunden ist damit stets die Verheißung einer besseren Ordnung. Eine solche Kritik der Ordnung erfolgt selbst im Namen der Ordnung. Eine Gegenordnung ist indes nicht dasselbe wie das Andere der Ordnung. Das unterscheidet die hier vorgelegte Frageperspektive von marxistischen und anderen Konflikttheorien. Berührungspunkte gibt es dagegen zur Hegemonietheorie von Ernesto Laclau und Chantal Mouffe, die den Antagonismus hegemonialer Diskurse aus deren konstitutiver Unabschließbarkeit, aus den Lecks jeder Sinnordnung herleiten und damit dem Anderen der Ordnung in der Architektur ihrer Theorie Rechnung tragen.[19]

Was wir entwerfen, ist keine neue, kohärente Theorie, sondern eine Art Heuristik, ein Set von Denkfiguren oder Problematisierungsweisen. Es versteht sich von selbst, dass ein Denken des Anderen der Ordnung in Ordnungszusammenhängen situiert, auf Ordnung verwiesen bleibt – allein, weil es an vorgefundene Diskurse anknüpfen muss, um sie zu verschieben. Man entkommt dem Ordnungsbias nicht durch theoretische Gesten der Negation, sondern durch eine Änderung des Blickwinkels. Das erfordert auch eine Reflexion auf die Darstellungsweise, die Sprache als Medium des Anderen der Ordnung, und auf die eigene Methode. Während das Andere der Ordnung in sozial- und kulturwissenschaftlichen Theorien überwiegend negativ konnotiert wird – es gibt gute und schlechte Ordnungen, aber das Schlimmste, wenn nicht gar das Undenkbare ist *keine* Ordnung –, so gibt es jedoch auch, vielleicht ausgeprägter in künstlerischen, religiösen und philosophischen Diskursen als in sozial- und kulturwissenschaftlichen, eine Verklärung von Alteritäten. Hier wird der Ordnungsbias einerseits problematisiert, andererseits auch wieder bestätigt: Die Obsession für das, was sich der Ordnung entzieht oder aus ihr herausfällt, erweist sich als (Gegen-) Identifikation mit dem Ausgeschlossenen. Man vertauscht die Vorzeichen und verbleibt damit im Bann des Ordnungsdenkens. Während

19 Vgl. Ernesto Laclau/Chantal Mouffe, *Hegemonie und radikale Demokratie. Zur Dekonstruktion des Marxismus*, Wien 1991.

Ordnungsdiskurse jedoch zu einer Logik der Subsumtion und Systematisierung tendieren – in der Ordnung erhält alles seinen Platz, aber alles erhält auch nur *einen* Platz – zeichnen die theoretischen Figuren des Anderen der Ordnung Fluchtlinien, Bewegungen des Entzugs, der Deterritorialisierung, des Exodus, der Störung. Das erfordert und generiert andere Wissens- und Beschreibungsformen, die mit den Regeln des wissenschaftlich Denk- und Sagbaren kollidieren.

Wer über das Andere der Ordnung schreibt, steht daher vor nicht geringen Herausforderungen. Viele Phänomene des Anderen der Ordnung sperren sich gegen ihre Versprachlichung. Für grenzüberschreitende Erfahrungen etwa ist unsere diskursive Sprache »mittellos«, so Michel Foucault. Es fehle »[e]ine nicht-dialektische Sprache der Grenze, die sich erst in der Überschreitung dessen, der spricht, entfaltet«.[20] Um diesen Defiziten zu begegnen, kann ein Denken, das vom Anderen der Ordnung ausgeht, kanonisch gewordenen Texten dekonstruktiv zu Leibe rücken und »die alte Maschine« der metaphysischen Begriffssprache unter dem »erklärte[n] Verzicht jeglicher Bezugnahme auf ein *Zentrum*, auf ein *Subjekt*, auf eine privilegierte *Referenz*, auf einen Ursprung oder auf eine absolute *arche*« zum Stottern bringen.[21] Oder es hält mit Jean-François Lyotard in der antiken Sophistik nach Bundesgenossen im Kampf gegen den logokratischen Begründungsfuror mit seinen höchsten und letzten Prinzipien Ausschau: »Überall versuchen die Freunde der Weisheit [...] Herrschaftsverhältnisse zu errichten, ein nicht-referenzierbares Referential zu etablieren, einen Term zu bestimmen, der nicht bezogen ist und alle Beziehungen beherrscht. Die Schwachen dagegen lösen un-

20 Michel Foucault, »Vorrede zur Überschreitung«, in: ders., *Dits et Ecrits,* Bd. 1, Frankfurt a. M. 2001, S. 320–342, hier: S. 328, 334. Vgl. für zwei an Deleuze orientierte Versuche die Philosophie, das begrifflich ausgewiesene Denken, für die Nicht-Philosophie, das begrifflich nicht ausgewiesene Denken, zu öffnen: Friedrich Balke/Marc Rölli (Hrsg.), *Philosophie und Nicht-Philosophie. Gilles Deleuze – Aktuelle Diskussionen*, Bielefeld 2011; Erin Manning/Brian Massumi, *Thought in the Act: Passages in the Ecology of Experience*, Minneapolis/London 2014. Trotz einer gewissen Nähe zu den philosophischen Randgängen der Dekonstruktion geht es hier nicht um den Nachweis der aporetischen Struktur am (Un-)Grund eines jeden philosophischen Systems, vielmehr soll das philosophische Denken für das Nicht-Begriffliche und mitunter Nicht-Sinnhafte geöffnet werden.

21 Jacques Derrida, »Die Struktur, das Zeichen und das Spiel im Diskurs der Wissenschaften vom Menschen«, in: ders., *Die Schrift und die Differenz*, Frankfurt a. M. 1972, S. 430, 432. In Derridas Werk finden sich eine Vielzahl von Figuren der Alterität, die der logozentrischen Ordnung nicht diametral entgegenstehen, sondern zeigen, wie diese über sich selbst hinausweist bzw. sich selbst unterminiert.

aufhörlich diese Hierarchien auf«.[22] Gegen den »Terror der Theorie« mit seinen »Tricks der Strenge und der Exaktheit«[23] setzt das sophistische ›Denken der Schwachen‹ darauf, alle Diskurse und alle diskursiven Ebenen ungeachtet vermeintlicher logischer Widersprüche gleichrangig zu behandeln. Mit anderen Worten: Sophisten blockieren die Schließung des Unabschließbaren und denunzieren jeden Grund als kontingente Setzung. Statt im Modus identifizierenden Denkens auf oberste Prinzipien, Systematik und Systembildung, Eindeutigkeit, Verallgemeinerungsfähigkeit und Kontrolle auszugehen,[24] zielt derart ›paralogisches‹ Denken darauf ab, entlang der Ränder und Bruchstellen von Diskursen, zwischen den Sprachspielen zu navigieren, um »Perspektiven neu zu verteilen«.[25] Wahrheit ist hier nicht das sakrosankte Resultat einer logischen Operation oder spezifischer *episteme*, sondern der Effekt dezisionistischer Parteinahme für einen der jeweils möglichen Wahrheitswerte bzw. epistemischen Standorte. Lyotard bezeichnet diese neue Form der Wissenssuche als eine Art »Ausschweifung«, die darin bestehe, »einen Gedanken zu verfolgen, *soweit er führt*«, ganz gleich wohin. Ihr Ergebnis ist nicht mehr Theorie im klassischen Sinn, sondern »*Theorie-Fiktion*«.[26] Statt also einer Arbeitsteilung das Wort zu reden – die Wissenschaft ist zuständig für die Rekonstruktion und Erklärung von Ordnung, das Andere der Ordnung fällt ins Ressort von Kunst, Religion und vielleicht noch Philosophie –, wäre das szientifische Denken auf und gegen sich selbst zu richten, um die Momente der Unschärfe, des Opaken und Unaufgelösten herauszupräparieren, die in seinem Innern wirksam sind.

Die Heuristik des Anderen der Ordnung impliziert die rekursive Anweisung, Aussagen auf ihren auf unterschiedlichen Ebenen liegenden Ordnungsgehalt hin zu lesen und dabei nach dem jeweils Anderen zu fragen: Was wird als Ordnung, als geordnet postuliert, auf welche Weise und mit welchen sprachlichen Mitteln? Anknüpfen ließe sich dabei – unter anderem – an Theodor W. Adornos Insistieren auf dem Vorrang des Nichtidentischen und seine Konstellationen an die Stelle von Definitionen setzende Schreibweise; an Gilles Deleuzes »indirekte Rede«, welche die hypostasierten »Konstanten« des majoritären Denkens

22 Jean-François Lyotard, »Über die Stärke der Schwachen«, in: ders., *Das Patchwork der Minderheiten*, Berlin 1977, S. 73–92, hier: S. 76.

23 Jean-François Lyotard, »Apathie in der Theorie«, in: ders., *Apathie in der Theorie*, Berlin 1979, S. 73–95, hier: S. 7, 81.

24 Vgl. Lavagno, *Jenseits der Ordnung*, S. 121–129.

25 Jean-François Lyotard, »Kleine Perspektivierung der Dekadenz und einiger minoritärer Gefechte, die hier zu führen sind«, in: ders., *Das Patchwork der Minderheiten*, Berlin 1977, S. 7–51, hier: S. 21; vgl. ders., *Das postmoderne Wissen. Ein Bericht*, Wien 2005, Kap. 14.

26 Lyotard, »Apathie in der Theorie«, S. 88f.

unterläuft;[27] oder an Michel Foucaults Sensorium für Diskontinuitäten und Leerstellen in den Ordnungen des Denk- und Sagbaren, das dem »endlosen Gemurmel des Diskurses« und dem »Geriesel der Sprache« lauscht – »[e]iner Sprache, die von niemandem gesprochen wird«.[28] Inspiriert von Foucaults Gewährsmann Georges Bataille kann man versuchen das Andere der Ordnung im Außerordentlichen, ausgehend vom Extremfall und von Erfahrungen der Grenzüberschreitung, zu fassen. Wer das vermeintlich Unsagbare zur Sprache bringen will, erhält womöglich überraschende und bisweilen auch verstörende Einsichten in das Innere der Ordnung.[29]

Ein solches Denken bewegt sich programmatisch und methodisch jenseits fest umrissener disziplinärer Grenzen, wie sie in einer von störenden Elementen bereinigten Fachgeschichte herbeigeschrieben werden, und wechselt, wo nötig, zwischen akademischen Registern.[30] Es bewegt sich in Richtung dessen, was den Disziplinen äußerlich ist und versucht schließlich sein eigenes Außen mit zu bedenken, was wiederum heißen kann: dasjenige, was noch nicht oder nicht mehr gedacht wird oder werden kann, oder schlicht: der blinde Fleck.[31] Methodologischen Rückhalt findet ein solches Denken – die Liste erhebt keinen Anspruch auf Vollständigkeit – in Paul Feyerabends anarchistischem Methoden-Pluralismus;[32] in Georges Devereux' These, jede sozialwissenschaftliche Forschung sei vom Virus der Gegenübertragung befallen und ihre Methodenfixierung nur eine Form der Angstabwehr;[33] in Bru-

27 Vgl. Gilles Deleuze, »Philosophie und Minorität«, in: Joseph Vogl (Hrsg.), *Gemeinschaften. Positionen zu einer Philosophie des Politischen*, Frankfurt a. M. 1994, S. 205–207.

28 Michel Foucault, »Das Denken des Außen«, in: ders., *Dits et Ecrits,* Bd. I, S. 670–697, hier: S. 675, 694.

29 Vgl. dazu die eindrücklichen Studien von Giorgio Agamben, *Was von Auschwitz bleibt. Das Archiv und der Zeuge*, Frankfurt a. M. 2003, sowie Terrence Des Pres, *Der Überlebende – Anatomie der Todeslager*, Stuttgart 2008.

30 Zur »Disziplinierung von Disziplinen« am Beispiel von Soziologie und Philosophie vgl. Wolfgang Eßbach, »Die historischen Quellen soziologischen Denkens«, in: Jörn Lamla et al. (Hrsg.), *Handbuch der Soziologie*, Konstanz 2014, S. 25–44; Judith Butler, »Kann das ›Andere‹ der Philosophie sprechen?«, in: dies., *Die Macht der Geschlechternormen und die Grenzen des Menschlichen*, Frankfurt a. M. 2011, S. 367–393.

31 Vgl. Artur R. Boelderl, »Georges Bataille (1897–1962)«, in: Helmut Reinalter/Andreas Oberprantacher (Hrsg.), *Außenseiter der Philosophie*, Würzburg 2012, S. 323–345, hier: S. 324.

32 Vgl. Paul Feyerabend, *Wider den Methodenzwang. Skizze einer anarchistischen Erkenntnistheorie*, Frankfurt a. M. 1976.

33 Vgl. Georges Devereux, *Angst und Methode in den Verhaltenswissenschaften*, München 1967.

no Latours Kritik der andauernden cartesianischen Reinigungsarbeit der Modernen;[34] in Michel Serres' Plädoyer für das Prinzip der »Serendipität«, der zufälligen Beobachtung von etwas ursprünglich nicht Gesuchtem;[35] in Günther Ortmanns Paradoxologie sozialer Ordnung;[36] in Urs Stähelis dekonstruktiver Lektüre der Luhmann'schen Systemtheorie und Oliver Marcharts Programm einer postfundamentalistischen Sozialtheorie;[37] in Bernhard Waldenfels' philosophischer Schwellenkunde »zwischen Ordnung und Unordnung«;[38] oder in Bernhard Giesens Soziologie der »Zwischenlagen«, die mit Durkheim »das Außerordentliche als Grund der sozialen Wirklichkeit« denkt, dieses allerdings der Fundierung und Stabilisierung von Ordnung unterstellt.[39] Ein reicher Fundus an Modellen, das Andere der Ordnung bzw. das Verhältnis zwischen Ordnung und ihrem Anderen zu denken, findet sich schließlich in den Gender- und Queertheorien sowie in post- und dekolonialen Theorien.[40]

Die Beobachtung von Strukturen, Regeln und Kontinuitätslinien, auf die es Wissenschaft nun einmal abgesehen hat, kann nicht am Einzelfall verharren; erst im Vergleich, in der Bezugnahme auf ein Zweites oder Drittes lassen sich Ordnungsmuster identifizieren und Verallgemeinerungen ableiten. Ereignisse, Ausnahmen und Diskontinuitäten entziehen sich der klassifizierenden Abstraktion. Wenn sie rubriziert, kategorisiert, subsumiert, systematisiert werden – und das gilt selbst-

34 Vgl. Bruno Latour, *Wir sind nie modern gewesen. Versuch einer symmetrischen Anthropologie*, Frankfurt a. M. 2011.

35 Vgl. Michel Serres, *Erfindet euch neu! Eine Liebeserklärung an die vernetzte Generation*, Berlin 2013, S. 41.

36 Vgl. Günther Ortmann, *Regel und Ausnahme. Paradoxien sozialer Ordnung*, Frankfurt a. M. 2003. Vgl. auch den Beitrag von Günther Ortmann in diesem Band.

37 Vgl. Urs Stäheli, *Sinnzusammebrüche. Eine dekonstruktive Lektüre von Niklas Luhmanns Systemtheorie*, Weilerswist 2000; Oliver Marchart, *Das unmögliche Objekt. Eine postfundamentalistische Theorie der Gesellschaft*, Berlin 2013.

38 Vgl. Bernhard Waldenfels, *Ordnung im Zwielicht*, Frankfurt a. M. 1987, insbes. S. 171–202.

39 »Was zunächst das krisenhafte Gegenteil der Ordnung zu sein scheint und von den handelnden Personen im Alltag häufig auch so gesehen wird, stellt sich für den externen Beobachter als unabdingbarer Schlüssel für den Bestand der kulturellen Ordnung heraus.« Bernhard Giesen, *Zwischenlagen. Das Außerordentliche als Grund der sozialen Wirklichkeit*, Weilerswist 2010, S. 17f.

40 Für einen Überblick vgl. Andreas Kraß, *Queer denken. Gegen die Ordnung der Sexualität*, Frankfurt a. M. 2006; Nina Degele, *Gender/Queer Studies*, München 2008; María do Mar Castro Varela, Nikita Dhawan, *Postkoloniale Theorie. Eine kritische Einführung*, Bielefeld 2015; Julia Reuter/Paula-Irene Villa (Hrsg.), *Postkoloniale Soziologie. Empirische Befunde, theoretische Anschlüsse, politische Intervention*, Bielefeld 2009.

verständlich auch für den vorliegenden Versuch sie begrifflich zu bestimmen –, verflüchtigt sich ihre inkommensurable, exzeptionelle, disruptive Qualität. Liegen die Figuren des Anderen der Ordnung deshalb schon außerhalb des Zuständigkeitsbereichs von Wissenschaft? Fallen sie eher, wie Joseph Vogl nahelegt,[41] ins Gebiet der Poetik? Niklas Luhmann jedenfalls schließt »ein Wissenschaftsprogramm, das die Absicht verfolgt, das Konkrete zu erklären«, kategorisch aus: »Es befriedigt dann auch nicht, an diesem Programm Abstriche zu machen, sozusagen auf zahllose Details zu verzichten, sich mit einer nur ungefähren Erfassung des Konkreten zu begnügen, denn das Problem liegt nicht nur in der unerfaßbaren Komplexität des Konkreten, sondern in seiner zeitlichen Diskontinuität. Diese Einsicht zwingt zu einer radikalen Umstellung des Wissenschaftsprogramms. Die Leitfrage ist dann nicht mehr: wie ist dieser oder jener konkrete Zustand zustandegekommen? Sie muß vielmehr lauten: wie ist Abstraktion möglich?«[42] In diesem Vorschlag steckt – mit einem foucaultschen *détournement* von Luhmanns Theorieprogramm – ein möglicher Ausweg aus dem Dilemma, das Andere der Ordnung entweder der wissenschaftlichen Reflexion zu entziehen, indem man es auf künstlerische Expression, bloße Behauptung von Alterität, auf Grauzonen und ein unartikulierbares Außen verweist, oder es der Subsumtionslogik wissenschaftlicher Erklärungen unterwirft. Luhmanns Frage »Wie ist Abstraktion möglich?« auf das Andere der Ordnung zu beziehen bzw. sie von ihm aus zu denken, hieße, sich auf die vielfältigen Strategien und Taktiken zu konzentrieren, mit denen Ereignisse normalisiert, Brüche geglättet, Ausnahmen geregelt werden, kurz: mit denen das Inkommensurable kommensurabel gemacht wird – und wie diese Anstrengungen immer wieder ihr Ziel verfehlen.

III. Problematisierungsweisen

Das folgende Set von Problematisierungsweisen des Anderen der Ordnung, die wir bei unseren Sichtungen in Philosophie, Soziologie und Kulturtheorie identifiziert haben, beansprucht keine Vollständigkeit. (Wo wären Lücken legitimer als bei diesem paradoxen Versuch einer Ordnung des Außerordentlichen und Nichtgeordneten?) Als Heuristik des Anderen der Ordnung liefert die Zusammenstellung einen flexiblen Rahmen, innerhalb dessen sich die dann folgenden Detailstudien des

41 Vgl. Joseph Vogl, »Was ist ein Ereignis?«, in: Peter Gente/Peter Weibel (Hrsg.), *Deleuze und die Künste*, Frankfurt a. M. 2007, S. 67–83.

42 Niklas Luhmann, *Soziale Systeme. Grundriß einer allgemeinen Theorie*, Frankfurt a. M. 1984, S. 395.

Bands bewegen. Sie lässt Raum für zahlreiche hier nicht berücksichtigte Positionen ebenso wie für weitergehende Forschung.

Grundlosigkeit

»Unser Vorstellen«, so Martin Heidegger, »nimmt überall die Zuflucht zu einem Grund«.[43] Das hat denselben, dass der Mensch verstehen will, auch wenn er dabei, wie Émile Durkheim anmerkt, »bisweilen nur geringe Ansprüche stellt«.[44] Wer höhere Maßstäbe sucht, findet zureichende bzw. determinierende, kausal wirksame Gründe, philosophische Urgründe und Prinzipien (griech. *archai*), Rechtsgründe (*causae*) und Handlungsgründe, außerdem ein reiches Arsenal weit verbreiteter Begründungsfiguren wie zum Beispiel »Dies ist in Wirklichkeit nur jenes«.[45] Gründe sind auf der kognitiv-logischen Ebene wie im praktischen Leben unverzichtbar. Sie machen Unverstandenes verständlich und entscheiden Unentscheidbares. Gründe geben den Hintergrund, vor dem sich ein Ereignis, eine Handlung, ein Problem erst abzeichnet. Gründe legen fest, was bis dato auch anders hätte sein können. Doch kaum hat man sie gefunden, entziehen sie sich schon wieder. Hinter dem Grund steht die Frage nach dessen Grund. Wo ein Begründungszusammenhang postuliert wird, tut sich nicht selten ein aporetischer Abgrund auf, der den Grund selbst, genauer seinen Letztbegründungsanspruch zu verschlingen droht bzw. als kontingente (aber womöglich notwendige) Setzung entlarvt. So sehr also der Satz vom Grund – *Nihil est sine ratione* – unmittelbar einleuchtet, führt er doch »in eine merkwürdig zwielichtige, um nicht zu sagen gefährliche Gegend«.[46]

Fundierungsparadoxa bzw. Grundlosigkeiten begegnen uns in vielfältiger (bspw. ontologischer, erkenntnistheoretischer, sozialer, psychologischer) Gestalt, an unterschiedlichen Orten der Theoriebildung und auf unterschiedlichen Ebenen des Sozialen: als klaffender Begründungskrater und irreparabler, aber unter Umständen dennoch produktiver Fundament(al)schaden der Theorie, als Aporie, Antinomie oder Anomalie, als loses Ende, Nicht-Abschließbarkeit und ambivalente »Grauzone« (Primo Levi), in Form theoretischer Auto-Immunisierung oder

43 Martin Heidegger, »Der Satz vom Grund (Vorlesung)«, in: ders., *Gesamtausgabe*, Bd. 10, Frankfurt a. M. 1997, S. 1–169, hier: S. 28.

44 Émile Durkheim, *Soziologie und Philosophie*, Frankfurt a. M. 1976, S. 133.

45 Vgl. Hans Blumenberg, »Dies ist in Wirklichkeit nur jenes. Zur Typik zeitgeistgefälliger Theorien«, in: ders., *Die Verführbarkeit des Philosophen*, Frankfurt a. M., S. 37–48. Beispiele für diesen Begründungstypus sind die Rückführung von ›Farbe‹ auf elektromagnetische Strahlung im Wellenlängenbereich von 380 bis 780 Nanometer in der Physik oder der Vulgärmarxismus, für den alles ›in letzter Instanz‹ ökonomisch ist.

46 Heidegger, »Der Satz vom Grund (Vorlesung)«, S. 18.

struktureller Offenheit. Grundlosigkeiten verunsichern und destruieren axiomatisch stabilisierte Ordnungsbildungen und vermeintlich nachvollziehbare Gründe von unten bzw. von innen heraus. Sie zeigen das vermeintlich Abgeschlossene als unabgeschlossen und inkonsistent. Sie sind daher der Ordnung und dem Normalfall keineswegs nachgeordnet, sondern unentwirrbar eingeschrieben.[47] Wer ihrer Spur folgt, sieht nicht zwingend Anderes, aber die – kontingente – Ordnung der Dinge mit anderen Augen.

So generiert Jean-Jacques Rousseau, für den die gesellschaftliche Ordnung »ein geheiligtes Recht«[48] ist, in seinem *Contrat social* (1762) einen ganzen Strauß von Widersprüchen: die Kakophonie zwischen den individuellen Eigenwillen (*volontés particulières*) und dem Allgemeinwillen (*volonté générale*), die stillschweigende Übereinkunft, von Natur freie Menschen zu ihrer eigenen (bürgerlichen) Freiheit zu *zwingen*,[49] die Absolutheit, Heiligkeit und Unverletzbarkeit der souveränen Macht, die an der »Grenze allgemeiner Übereinkünfte«[50] bricht – und nicht zuletzt die souveräne Ausnahme, jene Aporie, die bei Rousseau dazu führt, dass für den Souverän nicht einmal der Gesellschaftsvertrag verpflichtend ist, während es zugleich niemals möglich sein soll, sich zu etwas zu verpflichten, das der »Heiligkeit des Vertrages«, dem ursprünglichen Akt seiner Setzung, zuwiderläuft (wie etwa die Unterwerfung unter eine fremde Macht).[51]

Das Problem der Setzung taucht in vielen Thematisierungen des Anderen der Ordnung auf. So weist Carl Schmitt neben seinen einschlägigen Überlegungen zum Ausnahmezustand (»Die Ausnahme ist das nicht Subsumierbare«) darauf hin, dass keine Rechtsidee sich selbst anwenden kann – was zwangsläufig zu ihrer Verunreinigung führt: »Jede konkrete juristische Entscheidung enthält ein Moment inhaltlicher Indifferenz, weil der juristische Schluss nicht bis zum letzten Rest aus

47 In *Bartleby the Scrivener* hat Herman Melville dem infektiösen und zerstörerischen Charakter immanenter Grundlosigkeit ein literarisches Denkmal gesetzt. Bartlebys »Formel« *I would prefer not to* wirke sowohl auf sein unmittelbares Umfeld als auch auf ihn selbst verheerend, indem sie mit den Mitteln der Sprache eine widersinnige Sprache in die Sprache einführe, so Gilles Deleuze, *Bartleby oder die Formel*, Berlin 1994. Dadurch eröffne sie eine immer weiter ausgreifende »Zone der Unbestimmtheit«, die das »doppelte Referenzsystem« der Sprache – Sach- bzw. Gegenstandsbezug und Performativität – destruiere und deren immanente »*Logik der Voraussetzungen*« zugunsten einer »Logik der negativen Präferenz« außer Kraft setze. Ebd., S. 14, 19f., 15.

48 Jean-Jacques Rousseau, *Vom Gesellschaftsvertrag oder Grundlagen des politischen Rechts*, Frankfurt a. M. 1996, S. 10.

49 Vgl. ebd., S. 29.

50 Ebd., S. 46.

51 Ebd., S. 27.

seinen Prämissen ableitbar ist.«[52] Einen regelrechten Fundierungszirkel, der nur durch einen Akt der Setzung und (einschließenden) Abschließung in Richtung der ausgesetzten Seite abgebrochen werden kann, führt Walter Benjamin in seiner »Kritik der Gewalt« vor: Alles Recht verschleiert seine Abstammung von der Gewalt.[53] Vom inneren Band zwischen Gewalt und Recht spricht auch Jacques Derrida in seinen Reflexionen zur amerikanischen Unabhängigkeitserklärung, die mit der Frage anheben, wer »den deklarativen Akt, der eine Institution gründet« eigentlich unterzeichnet (und mit welchem Namen).[54] Anders als im Fall der Autorschaft wissenschaftlicher Texte unterhalte der Unterzeichner einer solchen Deklaration zu ebendieser ein besonderes, unauflösliches Verhältnis. Obwohl die Institution als solche von konkreten Einzelnen unabhängig ist, bleibt seine be-gründende Unterschrift in ihr aufbewahrt – in Form einer ambivalenten, gespenstischen Hintergrundpräsenz. Denn wer unterschreibt die *Declaration of Independence*? Thomas Jefferson, ihr Verfasser? Der Zweite Kontinentalkongress, der sie verabschiedet? Das Volk, das der Kongress vertritt? Und ist das Volk bereits frei, wenn es seine Unabhängigkeit erklärt, oder wird es erst durch ›seine‹ Unterschrift tatsächlich unabhängig? Derrida spricht hier von einer notwendigen Unentscheidbarkeit. Das Volk als freies (Rechts-)Subjekt konstituiert sich erst durch die Unterzeichnung (und legitimiert überhaupt erst dadurch seine Vertreter). »Die Unterschrift erfindet den Unterzeichner«, gibt ihm einen Namen. Die Pointe dabei ist: Erst die initiale Unterschrift, eine Art »Rechtsstreich (so wie man Gewaltstreich sagt)«, ermächtigt das eben konstituierte Subjekt – zur Unterschrift. »Fortan habe ich das Recht zu unterzeichnen, mithin werde ich es schon gehabt haben, da ich es mir ja gegeben habe.«[55] Und fortan wiederholt sich der ursprüngliche Gründungsakt und die ihm eingeschriebene Ambivalenz in jeder weiteren be-gründenden Unterschrift (unter Staatsakte, Kaufverträge, Urkunden etc.).

Gleichermaßen grundlos wie abgründig ist auch *der* Grundbegriff der Soziologie: ›Gesellschaft‹. Er hat, so Niklas Luhmann lapidar, »nie eine

52 Vgl. Schmitt, *Politische Theologie*, S. 36.

53 Vgl. Walter Benjamin, »Zur Kritik der Gewalt«, in: ders., *Zur Kritik der Gewalt und andere Aufsätze.*, Frankfurt a. M. 1965, S. 29–65. Vgl. dazu auch Jacques Derrida, *Gesetzeskraft. Der ›mystische Grund der Autorität‹*, Frankfurt a. M. 1991; sowie den Beitrag von Lars Gertenbach in diesem Band.

54 Jacques Derrida, »Otobiographien. Die Lehre Nietzsches und die Politik des Eigennamens«, in: ders./Friedrich Kittler, *Nietzsche – Politik des Eigennamens. Wie man abschafft, wovon man spricht*, Berlin 2000, S. 7–63, hier: S. 10.

55 Ebd., S. 14. Die Erklärung selbst wiederum fungiert in dieser Inszenierung eines performativen Akts als konstatierende Aussage als »Produzent und Garant ihrer eigenen Unterzeichnung«, ebd. Zur Rolle Gottes als Letztinstanz vgl. ebd., S. 17.

begründende Funktion erfüllt«.[56] Oliver Marchart plädiert deshalb in einer postfundamentalistischen, auf Laclau und Mouffe sowie Heideggers ontologische Differenz rekurrierenden Perspektive dafür, sich von wohldefinierten Gesellschaftsbegriffen zu verabschieden und stattdessen von einer »unumgängliche[n] Strittigkeit des Sozialen«[57] auszugehen, auf deren ontischer Oberfläche sich immer neue Auseinandersetzungen abzeichnen. Auf diese Weise kehrt auf dem »Kampfplatz« Soziologie auch die Frage, was Gesellschaft ist, unablässig wieder. Sie lässt sich nur nicht mehr auf einen gemeinsamen Nenner bringen.[58] Die Gesellschaft ist ein »unmögliches Objekt« oder besser Abjekt. Mit ihr verhält es sich wie mit dem Teufel: »Nach der ewigen Selbstoffenbarung ist nämlich in der Welt, wie wir sie jetzt erblicken, alles Regel, Ordnung und Form; aber immer liegt noch im Grunde das Regellose, als könnte es einmal wieder durchbrechen, und nirgends scheint es, als wären Ordnung und Form das Ursprüngliche, sondern als wäre ein anfänglich Regelloses zur Ordnung gebracht worden. Dieses ist an den Dingen die unbegreifliche Basis der Realität, der nie aufgehende Rest, das, was sich mit den größten Anstrengungen nicht in Verstand auflösen läßt, sondern ewig im Grunde bleibt.«[59]

Grenzverletzung

Grenzen stiften Ordnung. Indem sie Bereiche voneinander trennen, strukturieren sie Welt. Die Praxis des Unterscheidens führt vom *unmarked state* in den *marked state*. Aus unbestimmter Komplexität wird bestimmte Komplexität. Grenzen trennen aber nicht nur, sie verbinden auch. Die voneinander geschiedenen Bereiche erlangen ihre Form, Ausdehnung und Lage durch eine gemeinsame Demarkationslinie. Grenzen vereinen, indem sie relationale Identitäten schaffen, die in ihrer Differenz aufeinander bezogen sind. Den Akzent legen Grenzen jedoch auf das Trennende: Sie schließen, schützen, schotten ab. Das muss partielle Durchlässigkeit nicht verhindern – Stichwort: ›Semipermeabilität‹ –, auch wenn das Außen für die Integrität des Innen eine dauerhafte Ge-

56 Luhmann, »Gesellschaft«, S. 179.

57 Marchart, *Das unmögliche Objekt*, S. 28. Siehe auch den Beitrag von Oliver Marchart in diesem Band.

58 Gegen Marcharts letztlich selbst totalisierende ›Metaphysik der Kontingenz‹ und die in ihr angelegte Entdifferenzierung und Entpolitisierung von Kritik argumentiert Nicklas Baschek, »›Engagement ist Mangel an Talent.‹ Zur Entkernung der Kritik in der Kritischen Systemtheorie und dem Postfundamentalismus«, in: *Leviathan*, 42 (4), 2014, S. 494–507.

59 Friedrich W. J. Schelling, *Über das Wesen der menschlichen Freiheit und die damit zusammenhängenden Gegenstände*, Frankfurt a. M. 1988, S. 54.

fahr darstellt. Das Fremde ist auf Distanz zum Eigenen zu halten, sollen die beiden Seiten der Unterscheidung ihre Identität wahren.[60]

Auch wenn dem Grenzbegriff ein topologisches Ordnungsverständnis zugrunde liegt, bezieht er sich nicht ausschließlich auf räumliche Arrangements. Begrenzungen gibt es in einer Vielzahl von Dimensionen, der physikalische Raum ist lediglich eine Domäne. Zwar erzeugen Grenzen stets Bereiche und Positionen, Räume und Orte bilden hierbei aber nur einen Sonderfall.[61] Bereits Georg Simmel hat darauf hingewiesen, dass die Soziologie neben den im Raum eingetragenen Demarkationslinien auch Rechtsgrenzen und Machtgrenzen, Grenzen der Persönlichkeit und der Privatheit, Gemeinschaftsgrenzen und Zugehörigkeitsgrenzen in ihrem Gegenstandsbereich vorfindet.[62] Ein ähnliches Argument entwickelt Erving Goffman in seinen interaktionstheoretischen Analysen der Territorien des Selbst: Demnach ist das moderne Individuum in eine Reihe von Mikroreservaten eingebettet, die seine Unversehrtheit im öffentlichen Austausch sicherstellen sollen. Materielle Grenzen spielen hierbei ebenso eine Rolle wie symbolische Filter.[63] Noch entschiedener hat Niklas Luhmann die Probleme der Ordnungsgenese und der Grenzziehung aneinander gebunden: Systeme müssen sich – so die leitende These – operativ gegen eine Umwelt schließen, wollen sie eine reproduktionsfähige Einheit ausbilden. »Sie konstituieren und sie erhalten sich durch Erzeugung und Erhaltung einer Differenz zur Umwelt, und sie benutzen ihre Grenze zur Regulierung dieser Differenz.«[64] Stets hat sich das operative Anschlussgeschehen von anderen, gleichzeitig ablaufenden Ereignisverkettungen abzuheben, soll die Systemintegrität gewahrt bleiben. Trotz aller Unterschiede haben technische, biologische, psychische und soziale Systeme diesen einen Aspekt gemein: Die Grenze ist eine reale Eigenschaft ihrer selbst, durch die sie ihre Einheit gewinnen.[65] Neben räumlichen besitzen Systemgrenzen auch zeitliche,

60 Die territorialen Grenzen politischer Einheiten eignen sich in besonderem Maße, um diese Überlegungen zu veranschaulichen. Vgl. dazu Monika Eigmüller/Georg Vobruba (Hrsg.), *Grenzsoziologie. Die politische Strukturierung des Raumes*, Wiesbaden 2006; Cornelia Bohn, »Passregime: Vom Geleitbrief zur Identifikation der Person«, in: dies., *Inklusion, Exklusion und die Person*, Konstanz 2006, S. 71–94.

61 Siehe für den zuletzt genannten Zusammenhang Markus Schroer, *Räume, Orte, Grenzen. Auf dem Weg zu einer Soziologie des Raums*, Frankfurt a. M. 2006.

62 Vgl. Georg Simmel, *Soziologie. Untersuchungen über die Formen der Vergesellschaftung*, in: ders., *Gesamtausgabe*, Bd. 11, Frankfurt a. M. 1992, S. 698–702.

63 Vgl. Erving Goffman, »Territorien des Selbst«, in: ders., *Das Individuum im öffentlichen Austausch*, Frankfurt a. M. 1982, S. 54–96.

64 Luhmann, *Soziale Systeme*, S. 35.

65 Die Philosophische Anthropologie Helmuth Plessners hat für den lebendigen Körper ein nahezu identisches Argument ausgearbeitet: Während das unbelebte

sachliche und mitunter soziale Aspekte. Die Grenze zwischen dem Innen und dem Außen erweist sich selbst als komplex. Sie ist in mehrere Dimensionen aufgefaltet.

Trotz seiner relationalen, anti-essentialistischen Stoßrichtung ist der Grenzbegriff ein Ordnungsbegriff. Er zielt auf die Rekonstruktion, Beschreibung, Analyse differentieller Identitäten. Theorien, die sich für das Andere der Ordnung interessieren, können zwar von Prozessen der Grenzziehung ihren Ausgang nehmen, müssen aber zugleich deren Brüchigkeit, Verletzbarkeit, Störanfälligkeit herausarbeiten.[66] Keine Trennungslinie vermag sich gegen Überschreitung zu immunisieren, keine Differenz zwischen einem Innen und einem Außen ist dauerhaft stabil. Stets entzieht sich etwas, stets drohen Unterscheidungen zu verschwimmen. Noch die totalitären Staaten des 20. Jahrhunderts haben ihre mit Mauern, Stacheldrahtzäunen und Selbstschussanlagen bewehrten Grenzen nicht vollständig abdichten können.

Doch warum sind Grenzen überhaupt brüchig, verletzbar, störanfällig? Was begründet ihre Instabilität? Eine erste Antwort ist modaltheoretischer Natur: Im Unterschied zu Horizonten, die Möglichkeitsbereiche eröffnen, schließen Grenzen Wirklichkeitsbereiche voneinander ab, wie Michael Makropoulos herausgestellt hat.[67] Während Horizonte auf ein »imaginäres Innen« verweisen, das immer weiter ausgedehnt, aber niemals verlassen werden kann, sind diese von einem »realen Außen« umgeben, das eine grundsätzliche Bedrohung darstellt. Horizonte sind unerreichbar, da sie im Moment der versuchten Annäherung aufgeschoben werden. Mit jeder Aktualisierung treten neue Möglichkeiten in den Gesichtskreis. Grenzen können dagegen überschritten werden, da sie das Wirkliche in positionierte Bereiche einteilen. Linien lassen sich kreuzen, Einteilungen in Zweifel ziehen, Mauern überwinden. Grenze und Überschreitung gehören daher zusammen. Auch wenn sie

Ding eine Raumgrenze aufweist, die ihm als bloßer Rand nicht wesensmäßig ist, besitzt der pflanzliche, tierische und menschliche Organismus zudem eine einheitsstiftende Aspektgrenze, über die er sein Verhältnis zur Umwelt reguliert. Vgl. Helmuth Plessner, *Die Stufen des Organischen und der Mensch. Einleitung in die philosophische Anthropologie*, Berlin/New York 1975, insbes. S. 80–122.

66 Vgl. u. a. Andreas Reckwitz, »Grenzdestabilisierungen – Kultursoziologie und Poststrukturalismus«, in: ders., *Unscharfe Grenzen. Perspektiven der Kultursoziologie*, Bielefeld 2008, S. 301–320; Sven Opitz, »Exklusion: Grenzgänge des Sozialen«, in: Stephan Moebius/Andreas Reckwitz (Hrsg.), *Poststrukturalistische Sozialwissenschaften*, Frankfurt a. M. 2008, S. 175–193.

67 Michael Makropoulos, »Grenze und Horizont. Zwei soziale Abschlußparadigmen«, in: Claudia Honegger/Stefan Hradil/Franz Traxler (Hrsg.), *Grenzenlose Gesellschaft? Verhandlungen des 29. Kongresses der DGS*, Opladen 1999, S. 387–396.

einen gegenläufigen Richtungssinn besitzen, sind beide Größen »durch ein bohrendes Verhältnis«[68] untrennbar aneinander gebunden, wie Michel Foucault in seiner Hommage an Bataille ausgeführt hat.

Ein zweiter Grund liegt im Vollzugscharakter von Grenzen. Wirklichkeitsbereiche sind nur solange voneinander getrennt, wie sie durch reale Operationen separiert werden. Mit anderen Worten: Grenzen existieren nur *in actu*. Differenzen bedürfen der Wiederholung, der Iteration, des Anschlusses, ansonsten zerfallen sie. Und mit jedem Vollzug verschieben sie sich leise.[69] Da Grenzen stets von neuem gezogen, bestätigt, gekerbt werden müssen, besteht immer die Möglichkeit dazwischenzutreten, ihren Verlauf neu auszuhandeln, sie für den Augenblick außer Kraft zu setzen, um flexibel auf Ausnahmesituationen reagieren zu können. Die Operationskette kann bei jedem hinzukommenden Glied unterbrochen werden. Das Andere der Ordnung ereignet sich in den Lücken des Ordnungsvollzugs.

Grenzverletzungen sind ebenso vielfältig wie die Grenzen, die sie in Frage stellen. Keine Einzelanalyse vermag allen Teilaspekten gerecht zu werden, kein Zugang kann ausschließliche Gültigkeit für sich in Anspruch nehmen. Auch wenn sich verschiedene Schwerpunkte setzen und unterschiedliche Analyseperspektiven einnehmen lassen, besitzen Grenzverletzungen doch vier Dimensionen, in denen sie maßgeblich bestimmt sind: Zu fragen ist erstens nach der jeweiligen Bezugsordnung. Welcher Typus von Grenze wird überschritten? Den räumlichen, zeitlichen, sachlichen und sozialen Grenzregimen korrespondieren eigene Formen der Grenzverletzung.[70] Ebenso werden Interaktions-, Organisations- und Gesellschaftssysteme, formale und informale Regelordnungen, Wissens-, Macht- und Subjektivierungsregime – die Liste ließe sich fortsetzen – auf jeweils andere Weise problematisiert. Eine zweite Fragerichtung bezieht sich auf die Reichweite. Wird eine Grenze punktuell verletzt, oder ist sie weiträumig betroffen, sodass der von ihr abhängige Bereich zu zerfallen droht? Ist, um ein Beispiel anzuführen, der gesamte Staatsbau morsch, da er von klientelistischen Netzwerken durchzogen wird, oder sind es lediglich abgrenzbare Teile, deren Integrität sich durch den Austausch des Führungspersonals wiederherstellen ließe? Eine dritte Dimension ist

68 Foucault, »Vorrede zur Überschreitung«, S. 325f.

69 Dies haben solch unterschiedliche Autoren wie Gilles Deleuze, Jacques Derrida und Niklas Luhmann herausgearbeitet. Vgl. Gilles Deleuze, *Differenz und Wiederholung*, München 1992; Jacques Derrida, *Grammatologie*, Frankfurt a. M. 1983; Luhmann, *Soziale Systeme*.

70 Gesa Lindemann interessiert in ihrer Analyse von Grenzregimen die Frage, wie der Kreis der sozialen Personen in einer Gesellschaft bestimmt wird. Der Begriff lässt sich aber in einem breiteren Sinn verwenden, bedenkt man die Mehrdimensionalität von Grenzziehungen. Vgl. Gesa Lindemann, *Das Soziale von seinen Grenzen her denken*, Weilerswist 2009.

der Grad an Sichtbarkeit. Grenzverletzungen können im Verborgenen geschehen. Sie gleichen dann der Wühlarbeit des Maulwurfs, der das System unterirdisch aushöhlt, in der Hoffnung unentdeckt zu bleiben.[71] Grenzen lassen sich aber auch demonstrativ vor den Augen aller überschreiten, sei es um zu irritieren und zu schockieren, zu mahnen und zu protestieren oder um auf dem Wege der Normabwertung die eigene Individualität aufzuwerten. Grenzverletzungen unterscheiden sich schließlich viertens im Hinblick auf ihre Vollzugsform. Eine Grenze kann auf vielfältige Weise gekreuzt und überschritten, verwischt und unterwandert, zurückgewiesen und angezweifelt werden. Vor allem in den Theorien des Poststrukturalismus findet sich ein reichhaltiges Vokabular, das die Modi der Grenzverletzung greifbar zu machen sucht: Phänomene der Transgression, der Ansteckung, des Exzesses, der Subversion, der Travestie und des Re-entries, Figuren wie der Cyborg, der Parasit, der Trickster und das Gespenst stehen für unterschiedliche Wege, auf denen eine Differenz in Frage gestellt wird, auch wenn sie in ihrer Zurückweisung als Zurückgewiesenes weiterhin präsent bleibt. In den disparaten Formen der Grenzdestabilisierung verschränken sich Anwesendes und Abwesendes, Positives und Negatives.

Übergänge

Übergänge beschreiben den Bereich oder den Prozess, in dem sich eine Ordnung Stück für Stück in graduellen Abstufungen ändert. Bei diesen Metamorphosen, dem Anders-Werden oder Anders-Machen handelt es sich um räumliche oder zeitliche Verschiebungen – von hier nach dort, von einem früheren Zustand in einen späteren. So kann sich eine Ordnung an ihren Rändern auflösen, in Unordnung übergehen, umgekehrt können aus dem Chaos Ordnungsstrukturen emergieren, die, zunächst partiell noch diffus, sich dann zentrisch verdichten. Oder es bilden sich Zwischenstufen heraus, welche die Übergänge von Ordnung in Unordnung – und vice versa – in Etappen zerlegen.

Um Übergänge zu beschreiben, müssen verschiedene Zustände zueinander in Beziehung gesetzt werden. Nur die vergleichende Gegenüberstellung macht die Transformation sichtbar: Erst in ihrem Verblassen verliert die Ordnung ihre fraglose Selbstverständigkeit, erst ihre Etablierung zeigt, was zuvor fehlte. Übergangsstadien organisieren Disparates als zeitliche Abfolge, Übergangszonen als räumliches Dazwischen. Wesentlich ist, dass nicht eine scharfe Grenze zwischen innen und außen,

71 Siehe für zahlreiche Beispiele territorialer Grenzverletzungen, die zumeist im Geheimen vor sich gehen, Eva Horn/Stefan Kaufmann/Ulrich Bröckling (Hrsg.), *Grenzverletzer. Von Schmugglern, Spionen und anderen subversiven Gestalten*, Berlin 2002.

vorher und nachher gezogen wird. Statt Markierung einer substantiellen Differenz[72] geht es um Abstufungen, Mischformen, die durch Vagheiten und Unschärfen gekennzeichnet sind.[73] Übergänge verbinden Kontinuität und Diskontinuität, Hier und Dort. Sie setzen die Ordnung und ihr Anderes nicht in Widerspruch zueinander, sondern verwischen den Gegensatz zwischen beiden – und führen ihn bei erfolgtem Übertritt erneut wieder ein.[74] Die Zeiten und Zonen der Nichtordnung liegen nicht jenseits, sondern zwischen den ausfransenden und sich überlappenden Ordnungen. Räumliche Grenzlinien weiten sich zu Grenzräumen, aus zeitlichen Einschnitten werden Momente des Wandels, liminale Uneindeutigkeiten ersetzen die Polarität von Identität und Differenz, neben die Logik des Entweder-oder tritt die des Sowohl-als-auch.

So beschreibt Jurij M. Lotman kulturelle Grenzräume, die bei ihm nicht unbedingt territorial verortet sind, als interkulturelle Kontaktzonen.[75] Die hegemoniale Ordnung einer ›Semiosphäre‹[76] im Zentrum trifft in der Peripherie auf andere Zeichen- oder Symbol-Ordnungen. Dieses Aufeinandertreffen setzt Austausch- und Aushandlungsprozesse in Gang, führt zu Übersetzungen und Amalgamierungen, aber auch zu Störungen und Irritationen, die ebenso konflikthaft eskalieren wie Neues hervorbringen können. In diesem Sinn geht es Lotman um interkulturelle Dynamiken, kultursemiotische Übersetzungsprozesse, die sowohl das binär gedachte Aufeinandertreffen zweier Kulturen als auch integrative und holistische Konzeptionen kultureller Ordnung irritieren

72 In dieser Hinsicht unterscheiden sich Übergänge von Kippfiguren wie dem Trickster, der beide Seiten gleichzeitig in sich trägt. Zum Trickster im Anschluss an Donna Haraway vgl. Erhard Schüttpelz, »Der Trickster«, in: Eva Eßlinger et al. (Hrsg.), *Die Figur des Dritten. Ein kulturwissenschaftliches Paradigma*, Berlin 2010, S. 208–224. Zur kultursoziologischen Dimension von Kippfiguren vgl. Kay Junge et al. (Hrsg.), *Kippfiguren. Ambivalenz in Bewegung*, Weilerswist 2013.

73 Zur Unbestimmtheit vgl. Gerhard Gamm, *Flucht aus der Kategorie. Die Positivierung des Unbestimmten als Ausgang der Moderne*, Frankfurt a. M. 1994 sowie Julian Müller/Victoria von Groddeck (Hrsg.), *(Un)Bestimmtheit. Praktische Problemkonstellationen*, München 2013.

74 Vgl. anschaulich für den Geschlechtswechsel Harold Garfinkel, »Passing and the managed achievement of sex status in an intersexed person, part 1«, in: ders., *Studies in Ethnomethodology*, Cambridge 1984, S. 116–185; Stephan Hirschauer, *Die soziale Konstruktion der Transsexualität. Über die Medizin und den Geschlechtswechsel*, Frankfurt a. M. 1992.

75 Vgl. Jurij M. Lotman, *Kultur und Explosion*, Berlin 2010; ders., *Die Innenwelt des Denkens. Eine semiotische Theorie der Kultur*, Berlin 2010.

76 Vgl. Jurij M. Lotman, »On the Semiosphere«, in: *Sign Systems Studies* 33 (1), 2005, S. 205–229.

Ordnungen, so ließe sich im Anschluss daran festhalten, bilden alles andere als homogene Einheiten. Sie sind vielmehr, vor allem an ihren Rändern, durchsetzt von Zonen der Unordnung, die insbesondere dort entstehen, wo die ordnenden Kräfte nicht hinreichen, wo sie auf andere Ordnungen treffen und die unterschiedlichen Kraftfelder sich wechselseitig ablenken und im Extremfall einander neutralisieren. Die Pluralität von Sinnordnungen setzt Nicht-Sinn frei, was sowohl Ignoranz und Umdeutungen als auch die Herausbildung von Gegensemantiken ermöglicht.[77]

In post- und dekolonialen Theorien finden sich mit den Konzepten der ›Übersetzung‹,[78] der ›Kreolisierung‹,[79] der ›Hybridität‹ und des ›third space‹,[80] der ›entangled modernities‹[81] oder des ›kritischen Grenzdenkens‹[82] ähnliche Argumentationsfiguren. Sie stellen die koloniale Matrix der imperialen Moderne in Frage, indem sie der (vermeintlichen) Deutungshoheit des Westens die Eigendynamik vielstimmiger Translationsprozesse, die alle Essentialisierungsversuche und Authentizitätsansprüche unterlaufende Analyse von Verflechtungsverhältnissen,[83] die Umdeutungen in der Aneignung westlicher Konzepte oder die Strategie des ›writing back‹[84] gegenüberstellen.

Neben der räumlichen Strukturierung der Grenzzone, gibt es auch temporale Beschreibungen von Schwellenphasen, in denen eine Ordnung in eine andere übergeht, zwischenzeitlich aufgelöst wird oder

77 Vgl. Albrecht Koschorke, »Nicht-Sinn und die Konstitution des Sozialen«, abrufbar unter: www.uni-konstanz.de, zuletzt aufgerufen am 27.06.2015, S. 7.

78 Vgl. Andreas Langenohl, »Scenes of Encounter: A Translational Approach to Travelling Concepts in the Study of Culture«, in: Doris Bachmann-Medick (Hrsg.), *The Trans/National Study of Culture. A Translational Perspective,* Berlin/New York 2014, S. 93–118; Naoki Sakai, Yukiko Hanawa (Hrsg.), *Specters of the West and the Politics of Translation,* Hong Kong 2001.

79 Vgl. Éduard Glissant, *Kultur und Identität. Ansätze zu einer Poetik der Vielheit,* Heidelberg 2005; Françoise Lionnet/Shu-mei Shih, *The Creolization of Theory,* Durham 2011; sowie den Beitrag von Christian Lavagno in diesem Band.

80 Vgl. Homi K. Bhabha, *The Location of Culture,* London/New York 1994.

81 Vgl. Shalini Randeria, »Jenseits von Soziologie und soziokultureller Anthropologie: Zur Ortsbestimmung der nichtwestlichen Welt in einer zukünftigen Sozialtheorie«, in: *Soziale Welt* 50 (4), 1999, S. 373–382.

82 Vgl. Walter Mignolo, *Epistemischer Ungehorsam. Rhetorik der Moderne, Logik der Kolonialität und Grammatik der Dekolonialität,* Wien 2012, S. 202.

83 Vgl. Sebastian Conrad/Shalini Randeria, »Einleitung: Geteilte Geschichten – Europa in einer postkolonialen Welt«, in: dies. (Hrsg.), *Jenseits des Eurozentrismus: Postkoloniale Perspektiven in den Geschichts- und Kulturwissenschaften,* Frankfurt a. M./New York 2002, S. 9–49.

84 Vgl. Bill Ashcroft et al. (Hrsg.), *The Empire Writes Back. Theory and Practice in Post-Colonial Literatures,* London 1989.

unterschiedliche Grade von Organisiertheit aufweist. Im Anschluss an Arnold van Gennep geht Victor Turner davon aus, »daß alle Übergangsriten drei Phasen aufweisen: die Trennungs-, die Schwellen- und die Angliederungsphase«.[85] Die erste Phase ist durch die Loslösung des rituellen Subjekts aus der Sozialstruktur oder aus einem bestimmten Zustand gekennzeichnet. Die Schwellenphase (Liminalität) hingegen stellt einen Zwischenzustand dar, dessen Ambiguität sich erst in der dritten Phase mit der (Wieder-)Eingliederung in eine neue Ordnung löst. Der strukturierten, hierarchisch gegliederten gesellschaftlichen Ordnung der ersten und dritten Phase steht die tendenziell anarchische »Communitas« des Schwellenzustands gegenüber. Diese außeralltägliche Form von Sozialität »impliziert, daß es kein Oben ohne das Unten gibt und daß der, der oben ist, erfahren muß, was es bedeutet, unten zu sein«.[86] In ihrer Außeralltäglichkeit, ihrem rituellen Charakter und dem Außer-Kraft-Setzen institutionalisierter Ordnungen erinnert diese Phase an Durkheims Beschreibungen der kollektiven *effervescence*, die als ekstatisches Gemeinschaftserlebnis den sozialen Zusammenhalt konstituiert und stabilisiert. Turner integriert die Schwellenphase in den Übergang der *rites de passage*. Ob die temporäre Aufhebung der bestehenden Ordnung diese in Frage stellt oder sie gerade stabilisiert, ist nicht eindeutig zu beantworten.[87] Klar ist hingegen: Übergänge sind prekär. Gerade weil die Ordnung gelockert, wenn nicht suspendiert wird, gerade weil ihrem Anderen Platz eingeräumt werden muss, um sie zu verändern, ist der Ausgang ungewiss.

Ereignis

Die Begriffe Ereignis, Ausnahme und Bruch verweisen auf die *zeitliche* Dimension des Außerordentlichen, wie nicht zuletzt die Komplementärbegriffe – Struktur, Regel, Kontinuität, Wiederholung – deutlich machen. Ordnungen benötigen und generieren zeitliche Dauer: Regeln und Regelmäßigkeiten gibt es nur, wo etwas mehr als einmal geschieht. Nur wiederkehrende Vorkommnisse und Verhaltensweisen ermöglichen den Aufbau von Erwartungen; Handlungsmotive, Handlungen und Handlungsfolgen müssen verknüpft werden, um Sinn zu

85 Victor Turner, *Das Ritual. Struktur und Anti-Struktur*, Frankfurt a. M. 2000, S. 94.

86 Ebd., S. 96f.

87 Wilfried Gebhardt spricht der Schwellenphase eine ordnungsstabilisierende Wirkung zu: »Sie wirkt trotz beziehungsweise gerade wegen ihres anarchistischen, ekstatischen und chaotischen Charakters systemstabilisierend, ist also in ihrem Kern eine ›konservative‹ Kraft.« Ders., *Charisma als Lebensform. Zur Soziologie des alternativen Lebens*, Berlin 1994, S. 186.

verstehen und kausale Zusammenhänge zu erklären; Kommunikation braucht Anschlusskommunikation; Deutungsmuster des Geschichtsverlaufs – Fortschritt, Verfall, Wiederkehr des Immergleichen, Kristallisation – unterstellen eine homogene Zeit, die zwar sukzessiven und abrupten Wandel kennt, aber keinen radikalen Einschnitt in das Kontinuum. Dem Außerordentlichen ist dagegen eine andere Temporalität eigen, in ihrem Zentrum stehen Diskontinuität, Einmaligkeit und ungeregelte Variation. So ist ein Ereignis das, was – in einer glücklichen Formulierung von Bernhard Waldenfels – »aus der Reihe springt«.[88] Für diejenigen, die es als Ereignis registrieren, markiert es eine Differenz im Strom ihrer Wahrnehmungen, es unterbricht den selbstverständlichen Fortgang des Geschehenden, durchkreuzt Erwartungen und sorgt für ein »Mindestmoment an Überraschung«.[89] In seiner Inkommensurabilität sperrt es sich gegen Prognostik und exakte Vermessung, ist es »eher ein ästhetisches, ein poetisches Ding«, »eine Mannigfaltigkeit, die sich noch nicht zur Konsistenz von dauerhaften, empirisch erfahrbaren Objekten angeordnet hat«.[90] Strukturen prozessualisieren die Zeit, Ereignisse punktualisieren sie. Ihr Kommen wird erhofft oder befürchtet, ihr Gewesensein wird erinnert, ihre Folgen bleiben spürbar. Sie selbst vergehen im Moment ihres Erscheinens, hinterlassen jedoch eine kognitive und affektive Irritation, die »eine Gesamtveränderung von Vergangenheit, Zukunft und Gegenwart«[91] nach sich zieht. Dramatischer formuliert: Ereignisse »sprengen *idealiter* den mit konventionellen Mitteln bestimmten Erfahrungsraum. In ihrer ganzen unbegriffenen Dichte bringen sie etwas Unerhörtes, nie Gesehenes, Unglaubliches zur Geltung, quasi eine *Andersheit*, die nur vorläufig und auf Kosten dogmatischer Vorverständnisse verdrängt werden« kann.[92] Nach dem Ereignis ist die Welt nicht mehr dieselbe wie zuvor.

Es ist diese Erfahrung des Außerordentlichen, die Kant mit Blick auf die Französische Revolution »Geschichtszeichen« genannt hat und die »in den Gemütern aller Zuschauer« eine »Teilnehmung dem Wunsche nach« weckt, »die nahe an Enthusiasm grenzt und deren Äußerung selbst mit Gefahr verbunden war«.[93] Auf denselben Hiatus zielt Ben-

88 Bernhard Waldenfels, »Die Macht der Ereignisse«, in: Marc Rölli (Hrsg.), *Ereignis auf Französisch. Von Bergson bis Deleuze*, München 2004, S. 447–458, hier: S. 448.

89 Luhmann, *Soziale Systeme*, S. 390.

90 Vogl, »Was ist ein Ereignis?«, S. 69.

91 Luhmann, *Soziale Systeme*, S. 390.

92 Marc Rölli, »Einleitung: Ereignis auf Französisch«, in: ders. (Hrsg.), *Ereignis auf Französisch*, S. 7–40, hier: S. 12.

93 Immanuel Kant, *Der Streit der Fakultäten*, in: ders., *Werke in zehn Bänden*, Bd. 9, Darmstadt 1975, S. 265–393, hier: S. 358. Vgl. zum revolutionären Enthusias-

jamins Formulierung, »den revolutionären Klassen im Augenblick ihrer Aktion« sei das Bewusstsein eigentümlich, »das Kontinuum der Geschichte aufzusprengen«.[94] Die religiöse Semantik des Ekstatischen (»Enthusiasm«) betont ebenso wie die Metaphorik der Explosion (»aufsprengen«) die disruptive, zugleich jedoch existentielle Macht des Ereignisses. Alain Badiou radikalisiert das zur ethischen Verpflichtung, den – seltenen – Wahrheitsereignissen in Wissenschaft, Kunst, Liebe und Politik die Treue zu halten. Weil sie einen immanenten Bruch vollziehen, zwingen sie zur Entscheidung, »sich von nun an auf die Situation *vom Standpunkt des ereignishaften Zusatzes aus* zu beziehen« – und sich von Saulus in Paulus zu verwandeln: »Es ist klar, dass ich unter der Einwirkung einer Liebesbegegnung, wenn ich ihr wirklich treu bleiben will, von Kopf bis Fuß meine gewöhnliche Art, meine Situation zu leben […], umkrempeln muss. […] Nach Einsteins Texten des Jahres 1905 kann ich nicht, wenn ich ihrer radikalen Neuheit treu sein will, weiterhin Physik in ihrem klassischen Rahmen ausüben, usw. Die Treue zum Ereignis ist wirklicher (gedachter und praktizierter) Bruch innerhalb der Ordnung, in der das Ereignis stattfand.«[95]

Man muss freilich nicht die Dramatik heroischer Konversionen und den Imperativ unbedingter Treue beschwören, um den Begriff des Ereignisses zu explizieren. Unterbrechungen der Ordnung und Singularitäten gibt es auch in kleiner Münze. In jeder Aussage, jeder Situation, jeder Handlung steckt ein Element des Einmaligen und Unerwarteten, das die Struktur verändert, dem Geschehen eine neue Wendung gibt und für das keine Regel existiert.[96] Ohne Ereignisse gäbe es keine Veränderung. Und wie bei anderen Alteritätsfiguren von Ordnung auch bleiben Ereignis und Struktur in ihrem Ausschließungsverhältnis aufeinander bezogen: Was aus der Reihe springt, kann neue Ordnungen stiften und bestehende modifizieren, und keine Ordnung kann auf solche konstituierenden und transformierenden Impulse verzichten: »Ohne Überraschungsmomente gäbe es […] keine Strukturbildung, weil nichts vorkäme, was zu verknüpfen wäre.«[97] Ereignisse werden aber auch prospektiv abgefedert oder retrospektiv in bestehende Ordnungsgefüge integriert – der Unfall wird zum Versicherungsfall –, sie werden planvoll

mus auch Wolfgang Eßbach, *Religionssoziologie 1. Glaubenskrieg und Revolution als Wiege neuer Religionen*, Paderborn 2014, S. 379ff.

94 Walter Benjamin, »Zum Begriff der Geschichte«, in: *Gesammelte Schriften, Bd. I/2*, Frankfurt a. M. 1991, S. 690–708, hier: S. 701.

95 Alain Badiou, *Ethik*, Wien 2003, S. 62f.

96 Vgl. Hannah Arendt, *Vita activa oder Vom tätigen Leben*, München 2002, S. 215; sowie dies., *Was ist Politik. Fragmente aus dem Nachlaß*, hrsg. v. Ursula Ludz, München 1993, S. 32.

97 Luhmann, *Soziale Systeme*, S. 391.

evoziert, um die Störungsverarbeitungskompetenz zu trainieren und so die Ordnung zu stabilisieren – das Prinzip Stresstest – oder strategisch inszeniert, um Aufmerksamkeit zu kapitalisieren – Eventisierung als Marketing; und nicht zuletzt hängt es vom Erwartungshorizont ab, was überhaupt als Ereignis wahrgenommen wird – der Schicksalsschlag der einen ist die Routine der anderen.

Formlosigkeit

Soziale Ordnungen können kollabieren oder zerbrechen, sie können sich erschöpfen oder verflüchtigen, zerstört werden oder untergehen – *fading* und *failing orders*. Dazu müssen sie freilich schon existieren, was keineswegs selbstverständlich ist. Soziale Ordnungen können auch ausbleiben oder verhindert werden. Vollständige Amorphie ist allerdings ebenso wie absolute Ordnung nur als hypothetischer Grenzfall denkbar. Das ›totale Chaos‹ ist eine Dramatisierungsformel, kein beobachtbarer Zustand. Existierte es, könnte es gar nicht beobachtet werden, weil Formlosigkeit eine Form voraussetzt, deren Fehlen sie anzeigt.

Auflösung, Zerfall, Zusammenbruch, Katastrophe, Implosion, Entropie, Chaos und Anomie bilden *energetische* Figuren des Anderen der Ordnung, sie beziehen sich auf den Ausfall ordnender und/oder die Dominanz ent-ordnender Dynamiken. Die Alterität zeigt sich hier entweder im Modus des Mangels oder als Gegenkraft. Ungeachtet der Frage, ob die Ordnung dem Ungeordneten vorausliegt oder aus diesem hervorgeht,[98] machen die Figuren der Formlosigkeit und des Formverlusts deutlich, dass Ordnung kein selbstverständlicher Zustand ist, sondern der unermüdlichen Anstrengung bedarf, sie zu installieren und aufrechtzuerhalten. Ordnung ist ein Effekt von *doing order*. Immer, selbst wo sie aus sich heraus emergiert, muss sie sich gegen die Kräfte des Zerfalls und der Zerstörung behaupten. Die schlichte Feststellung, »qu'il y a de l'ordre«,[99] bleibt unvollständig ohne die Ergänzung: Il y a

98 Ob die Ordnung dem Ungeordneten vorausliegt oder aus diesem hervorgeht, ist nicht zu beantworten, weil beide Seiten unhintergehbar aufeinander bezogen sind und koexistieren. Obwohl – wie alle Ursprungsfragen – falsch gestellt, wird man die Frage nach der Vor- oder Nachgängigkeit von Ordnung allerdings nicht los. Jede Sozialtheorie schleppt eine – meist implizite – Antwort darauf mit sich: Durkheims soziale Tatsachen, jene »besonderen Arten des Handelns, Denkens und Fühlens, die außerhalb der Einzelnen stehen und mit zwingender Gewalt ausgestattet sind, kraft deren sie sich ihnen aufdrängen« (*Die Regeln der soziologischen Methode*, S. 107), markieren den einen Pol; Hobbes' Naturzustand eines Kriegs aller gegen alle, der erst durch den Gesellschaftsvertrag in eine Ordnung überführt wird, den anderen.

99 Michel Foucault, *Les mots et les choses. Une archéologie des sciences humaines*, Paris 1966, S. 12.

aussi du désordre. Man kann daraus eine Art von sozialontologischer Konflikttheorie ableiten – der ewige Kampf der Ordnung gegen das Chaos, von Leviathan gegen Behemoth. Statt als Antagonismus kann man das auch weniger bellizistisch als kontinuierliche Bewegung des Werdens und Anders-Werdens, als »differenzierende Aktualisierung des Virtuellen« zwischen Dynamisierung und Fixierung beschreiben.[100] Oder man macht daraus ein Verfallsnarrativ und beklagt in eher metaphorischer Aufnahme des zweiten Hauptsatzes der Thermodynamik die unvermeidliche Entropie sozialer Ordnung.[101] Schließlich kann man umkehrt vom irreversiblem Zuwachs und von zunehmender Verfestigung der sozialen Ordnung ausgehen und mit Weber die »mechanische Versteinerung« des okzidentalen Rationalismus oder mit Gehlen die »stabilisierte Endgültigkeit« kultureller Kristallisation diagnostizieren.[102] Jede dieser vier Erzählungen impliziert eine andere Sozialtheorie. Jede gibt nicht nur eine andere Antwort auf das von Parsons so genannte Hobbes'sche Problem ›Wie ist soziale Ordnung möglich?‹,[103] sondern auch auf die komplementäre Frage ›Wie ist soziale Nicht-Ordnung möglich?‹.

Während Parsons' Problemstellung »die Soziologie als wissenschaftliche Disziplin konstituiert«, wie Niklas Luhmann festhält,[104] klingt schon die Formulierung ›soziale Nicht-Ordnung‹ wie ein Oxymoron, weil das Andere der Ordnung mit dem A- oder gar Antisozialen identifiziert wird. Doch gleich ob als permanenter Wandel, schleichende Erosion, plötzlicher Zusammenbruch oder anhaltender Zustand der Anomie, auch das Zerfasern, Fehlen oder der Verlust sozialer Form sind soziale Tatsachen. Das zeigt sich nicht zuletzt daran, dass sie häu-

100 Vgl. Heike Delitz, *Bergson-Effekte. Aversionen und Attraktionen im französischen soziologischen Denken*, Weilerswist 2015, S. 19. Eine andere Referenz für die Vorstellung eines fortwährenden Werdens ist Georg Simmel, »Der Fragmentcharakter des Lebens: Aus den Vorstudien zu einer Metaphysik«, in: ders., *Gesamtausgabe*, Bd. 13, Frankfurt a. M. 2000, S. 202–216.

101 Manfred Wöhlcke, *Soziale Entropie. Die Zivilisation und der Weg allen Fleisches*, München 1996; vgl. zur Diskursgeschichte der Entropie auch Robert Feustel, »›A Measure of Disorder‹ – Entropie als Metapher für das Andere der Ordnung«, in: *Behemoth*, 7 (1), 2014, S. 118–139; Elisabeth R. Neswald, *Thermodynamik als kultureller Kampfplatz. Zur Faszinationsgeschichte der Entropie 1850–1915*, Freiburg 2006.

102 Max Weber, *Die protestantische Ethik und der Geist des Kapitalismus*, in: *Gesammelte Aufsätze zur Religionssoziologie I*, Tübingen 1988, S. 204; Arnold Gehlen, »Die gesellschaftliche Kristallisation und die Möglichkeiten des Fortschritts«, in: *Jahrbuch für Sozialwissenschaft* 18 (1/2), 1967, S. 20–23, hier: S 23.

103 Vgl. Talcott Parsons, *The Structure of Social Action*, New York 1937, S. 89–94.

104 Niklas Luhmann, »Wie ist soziale Ordnung möglich?«, in: ders., *Gesellschaftsstruktur und Semantik*, Bd. 2, Frankfurt a. M. 1981, S. 195–285, hier: S. 195.

fig mit starken und noch häufiger mit negativen Affekten aufgeladen sind. Wenn Regeln und Regelmäßigkeiten und damit Erwartungsstrukturen wegbrechen oder gar nicht erst aufgebaut werden können, wirkt das zutiefst verstörend und führt im Extremfall zu Panikreaktionen. Chaos macht Angst. Seine Beschwörung legitimiert deshalb noch die rigidesten *Law-and-order*-Politiken – die Logik der *securitization*. Fast immer erscheinen die Schrecken der Ordnung weniger bedrohlich als die ihres Ausfalls. Und doch, Formlosigkeit und -verlust bergen auch befreiende, ja utopische Momente: Die Verschmelzung in Rausch und Ekstase, das Fest der Revolte, der Sturz des verhassten Regimes verbinden wenigstens für Augenblicke den Nullpunkt der Ordnung mit dem Enthusiasmus des Neubeginns.

Mannigfaltigkeit

Jede Mannigfaltigkeit vereint Momente der Ordnung und der Unordnung. Die Kräfte und Differenzen, die in ihr wirken, die Singularitäten und Faltungen, die ihre Gestalt bestimmen, lassen sich nicht auf ein Wesen, eine Einheit, ein Prinzip, eine Identität zurückführen. Zugleich meint das Mannigfaltige mehr als das bloße Nebeneinander des Verschiedenen, hebt der Begriff doch auf die Verschränkung des Disparaten ab. Jede Mannigfaltigkeit gleicht einem Gewimmel unterschiedlicher Elemente, die sich wechselseitig ergänzen, stützen, verstärken, ablenken, blockieren, überlagern, verdrängen, zerstören. Es ist die relationale Stellung der Komponenten, die ihren Wert bestimmt, und nicht der Bezug auf einen transzendenten Maßstab. Neben aktuellen Elementen umfasst eine Mannigfaltigkeit virtuelle Größen, insofern jede momentane Festlegung von einem Potenzial der Zustandsveränderung begleitet wird. Ordnung und Unordnung, Information und Rauschen, Negentropie und Entropie sind hier allgegenwärtig. Letztendlich verlieren diese abstrakten Gegensatzpaare an Bedeutung, da sie zugunsten der Beschreibung konkreter Figurationen auf Distanz zu bringen sind, ohne aber vollständig zurückgewiesen zu werden. Auch wenn sich in einer Mannigfaltigkeit bestimmte Tendenzen und Muster durchzusetzen vermögen, zeigen sich, besonders an ihren Rändern, stets Abweichungen und Alteritäten. Die Peripherie hinterfragt die Identitätsansprüche und Ordnungsambitionen des Zentrums.

Es waren Überlegungen wie diese, die Gilles Deleuze dazu bewogen haben, den Begriff der Mannigfaltigkeit (*multiplicité*) an die Stelle des Gegensatzes zwischen dem Einen und dem Vielen treten zu lassen.[105]

105 Deleuze übernimmt den Begriff der Mannigfaltigkeit aus Riemanns Geometrie und der von ihr beeinflussten Zeitphilosophie Henri Bergsons. Vgl. Arkady Plotnitsky, »Bernhard Riemann«, in: Graham Jones/Jon Roffe (Hrsg.), *Deleuze's*

Das dialektische Problem der Vielheit in der Einheit und der Einheit in der Vielheit, das aus der vorherigen Scheidung zweier Abstrakta resultiert, verschwindet damit ebenso wie seine prozeduralen Umformulierungen: weder Vereinheitlichung von Ordnungen, das »*e pluribus unum*«, das jede Dollarnote ziert, noch ihre bloße Vervielfältigung, »*ex uno plures*«, die Losung aller Diversity-Manager. Erhebt man das Mannigfaltige von einem Eigenschaftswort, das eine gegebene Sache zu bestimmen hilft, in den Status eines vollwertigen Substantivs, das für die Sache selbst steht, vermag es die doppelten Halbheiten des Viel-Einen und des Ein-Vielen aufzulösen: »Überall ersetzen die Differenzen von Mannigfaltigkeiten und die Differenz in der Mannigfaltigkeit die schematischen und plumpen Oppositionen.«[106] Anders als in der kantischen Begriffsfassung, die um das Problem der apriorischen Synthesis der sinnlichen Empfindungen kreist,[107] sind für Deleuze die auf keine Vereinheitlichung wartenden Felder der Streuung, der Varietät, der Differenz von maßgeblichem Interesse. Die Suche nach der *einen* Grundstruktur, dem *einen* Hauptwiderspruch, der *einen* Leitunterscheidung ist vergebens.[108] Unter jeder Identität, die sich an der Oberfläche zeigt, waltet ein »tieferliegendes Spiel«[109] der Differenzproduktion, das es freizulegen gilt. Unterschiedliche Skalierungsniveaus sind hierbei zu beachten: Jede Mannigfaltigkeit ist in umfassendere Mannigfaltigkeiten eingebunden und bildet zugleich den Kontext für weniger ausgedehnte Mannigfaltig-

Philosophical Lineage, Edinburgh 2009, S. 190–208; Manuel DeLanda, *Intensive Science and Virtual Philosophy*, London/New York 2002, S. 12f.; Gilles Deleuze, *Henri Bergson zur Einführung*, Hamburg 1989, S. 53–67.

106 Deleuze, *Differenz und Wiederholung*, S. 234.

107 Vgl. Immanuel Kant, *Kritik der reinen Vernunft*, A 95-130/B 129-169; Klaus Konhardt, Art. »Mannigfaltige (das), Mannigfaltigkeit«, in: Joachim Ritter/ Karlfried Gründer/Gottfried Gabriel (Hrsg.), *Historisches Wörterbuch der Philosophie*, Bd. 5, Basel 2007, Sp. 731–735, hier: Sp. 732ff.

108 Dass auch an Deleuze orientierte Denker bisweilen hinter diese Einsicht zurückfallen, zeigt die *Empire*-Trilogie von Michael Hardt und Antonio Negri. In der Tradition des Postoperaismus stehend, reichern sie marxistische Grundannahmen mit poststrukturalistischen Denkfiguren an, bleiben hierbei aber teleologischen Denkmustern verhaftet. *Empire* und *Multitude* werden zwar als netzwerkartige Mannigfaltigkeiten konzipiert, die über den *General Intellect* miteinander verbunden sind. Dennoch sehen Hardt und Negri die Grunddynamik der kapitalistischen Weltordnung von einem dialektischen Widerspruch bestimmt, der auf seine Aufhebung drängt. Die weltgeschichtliche Mission der *Multitude* besteht demnach in der Überwindung des *Empire*, von dem sie hervorgebracht wurde. Vgl. Michael Hardt/Antonio Negri, *Empire. Die neue Weltordnung*, Frankfurt a. M. 2002; dies., *Multitude. Krieg und Demokratie im Empire*, Frankfurt a. M. 2004; dies., *Common Wealth. Das Ende des Eigentums*, Frankfurt a. M. 2010.

109 Deleuze, *Differenz und Wiederholung*, S. 11.

keiten. Weder Atom noch Totalität, sondern Gefüge von Gefügen zeigen sich dem Schicht um Schicht freilegenden Beobachter.[110]

Bereits Gabriel Tarde hat 1893 in seiner *Monadologie und Soziologie* auf diesen Punkt aufmerksam gemacht: »Wenn das Element einer Gesellschaft eine lebendige Natur hat, hat das organische Element eines lebendigen Körpers eine chemische Natur. Ein Irrtum der früheren Physiologen bestand in der Annahme, die chemischen Substanzen würden, sobald sie in einen Organismus eintreten, alle ihre Eigenschaften aufgeben und sich bis in ihr Innerstes und ihr geheimstes Arkanum vom mysteriösen Einfluss des Lebens durchdringen lassen. [...] Ein organisiertes Molekül gehört also zugleich zwei Welten an, die sich fremd oder feindlich gegenüberstehen.«[111] Bruno Latours Soziologie der Assoziationen vorwegnehmend, stellte Tarde daher fest: »Dies setzt aber zunächst voraus, *dass jedes Ding eine Gesellschaft ist* und dass alle Phänomene soziale Tatsachen sind. [...] Alle Wissenschaften scheinen dazu bestimmt, Zweige der Soziologie zu sein.«[112] Die Verknüpfung von Elementen erzeugt demnach komplexe Kollektive, die selbst wiederum als Elemente bei der Verknüpfung umfassenderer Kollektive eingehen können, ohne jemals vollständig in diesen aufzugehen.[113] Um die zahlreichen Übergänge zwischen dem Kleinen und dem Großen in den Blick zu bekommen, sind mikro-, meso- und makrodeterministische Erklärungsmodelle gleichermaßen ungeeignet. Das Mannigfaltige zeigt sich auf allen Aggregationsebenen.

Komplexität

Der Begriff der Komplexität, wie er in Kybernetik, Systemtheorie und Chaosforschung verhandelt wird, verfolgt ein ähnliches Erkenntnisinteresse wie jener der Mannigfaltigkeit. Auch ihm ist es um Ordnung am Rande des Chaos zu tun, auch er meint ein sich selbst tragendes Gefüge heterogener Elemente.[114] Es verwundert daher nicht, dass von Deleuze beeinflusste Denker das komplexitäts- und systemtheoretische

110 Vgl. Gilles Deleuze/Félix Guattari, *Tausend Plateaus. Kapitalismus und Schizophrenie II*, Berlin 1992, S. 51–56; Manuel DeLanda, *A New Philosophy of Society. Assemblage Theory and Social Complexity*, London/New York 2006.

111 Gabriel Tarde, *Monadologie und Soziologie*, Frankfurt a. M. 2009, S. 82.

112 Ebd., S. 51.

113 Vgl. Bruno Latour, *Eine neue Soziologie für eine neue Gesellschaft. Einführung in die Akteur-Netzwerk-Theorie*, Frankfurt a. M. 2010.

114 Vgl. etwa Niklas Luhmann, »Komplexität«, in: ders., *Soziologische Aufklärung 2. Aufsätze zur Theorie der Gesellschaft*, Wiesbaden 2009, S. 255–276; John Urry, »The Complexity Turn«, in: *Theory, Culture & Society* 22 (5), 2005, S. 1–14; N. Katherine Hayles, *Chaos Bound. Orderly Disorder in Contemporary Literature and Science*, Ithaca/London 1990.

Vokabular aufgegriffen haben.[115] Dennoch besitzt der Komplexitätsbegriff eine andere Stoßrichtung, da er die Grenzen von Erkenntnis, Vorhersagbarkeit und Steuerung betont.[116] Wer von einem komplexen System spricht, bringt zum Ausdruck, dass dieses aufgrund der großen Zahl seiner nur selektiv miteinander verknüpften Elemente weder durch sich selbst noch durch andere Instanzen vollständig erfassbar ist, auch wenn seine Umwelt einen noch höheren Grad an Komplexität aufweist. Möglicherweise existieren Rückkopplungsmechanismen, die eine nicht-lineare Entwicklungsdynamik anstoßen, wodurch Prognosen nahezu unmöglich werden.[117] In seiner Tendenz führt der Komplexitätsbegriff zu einem Lob der Unordnung bzw. undurchsichtigen Ordnung, ist eine rigide, dafür aber transparente Ordnung der Dinge doch häufig dysfunktional. Ein vollständig integriertes System, bei dem alle Komponenten miteinander verbunden sind, droht schon bei der ersten Störung zu kollabieren. Ihm mangelt es an der für Anpassungen notwendigen Flexibilität; jeder Teilausfall führt zum Gesamtausfall.[118] Der Komplexitätsbegriff bezeichnet somit nicht allein den Sachverhalt, dass Einheiten, Systeme, Ordnungen aus ungleichartigen Elementen zusammengesetzt sind. Vielmehr soll eine prinzipielle Grenze des Zugriffs theoretisiert werden. Überzogenen Erkenntnis-, Vorhersage- und Steuerungsambitionen wird eine Absage erteilt. Komplexitätstheoretisches Denken, so hat es zumindest Niklas Luhmann formuliert, zielt auf eine »Abklärung der Aufklärung«.[119] Und genau hierin wird eine Chance erblickt: Indem man sich mit dem Dickicht des Realen vertraut macht, kann sich das Handeln auf die begrenzte Sicht einstellen.[120]

Nicht selten dient der Verweis auf Komplexität jedoch der Verschleierung individueller und kollektiver Verantwortungslosigkeit. Wer die

115 Vgl. Manuel DeLanda, *A Thousand Years of Nonlinear History*, New York 1997; Brian Massumi, *Parables for the Virtual. Movement, Affect, Sensation*, Durham/London 2002. Siehe für eine auf Systematik angelegte Überblicksdarstellung Urs Stäheli, »System: Unentscheidbarkeit und Differenz«, in: Moebius/Reckwitz (Hrsg.), *Poststrukturalistische Sozialwissenschaften*, S. 108–123.

116 Vgl. Paul Cilliers, »Complexity, Deconstruction and Relativism«, in: *Theory, Culture & Society* 22 (5), 2005, S. 255–267.

117 Vgl. Heinz von Foerster, »Principles of Self-Organization – In a Socio-Managerial Context«, in: Hans Ulrich/Gilbert J.B. Probst (Hrsg.), *Self-Organization and Management of Social Systems: Insights, Promises, Doubts, and Questions*, Berlin 1984, S. 2–24.

118 Vgl. Dirk Baecker, »Fehldiagnose ›Überkomplexität‹«, in: ders., *Organisation als System. Aufsätze*, Frankfurt a. M. 1999, S. 27–37; Charles Perrow, *Normale Katastrophen. Die unvermeidbaren Risiken der Großtechnik*, Frankfurt a. M. 1987.

119 Vgl. Niklas Luhmann, »Soziologische Aufklärung«, in: ders., *Soziologische Aufklärung 1. Aufsätze zur Theorie sozialer Systeme*, S. 83–115, hier: S. 91–97.

120 Vgl. Heinz von Foerster, *KybernEthik*, Berlin 1993.

absehbaren Folgen seines Tuns als unabsehbar darstellt, kann darauf hoffen, keine Rechenschaft ablegen zu müssen: »Die Gefahren des Mißbrauchs eines solchen Pauschalbegriffs Komplexität sind nicht von der Hand zu weisen. Er kann als Entschuldigung dienen und als ideologische Tarnung«, so bereits Luhmann in seiner Auseinandersetzung mit Jürgen Habermas.[121] Obwohl er einen reflexartigen, undifferenzierten und täuschenden Begriffsgebrauch zurückweist, hält er am Grundproblem fest. In zahlreichen Analysen hat Luhmann gezeigt, wie Systeme Eigenkomplexität aufbauen, indem sie Umweltkomplexität reduzieren. Unter Reduktion wird dabei die Rekonstruktion eines umfassenderen »Relationsgefüge[s]«[122] durch einen weniger umfassenden Zusammenhang verstanden. Doch das ist nur die eine Seite. Mit der Zeit beginnen Systeme auf sich selbst zu reagieren, sofern sie das notwendige Komplexitätsniveau erreichen, und bauen neue Systemkomplexität durch den Abbau bestehender auf. Das Argument besitzt offenkundig eine autologische Komponente: Um ihre eigene, begriffliche Komplexität aufzubauen, muss die Systemtheorie die Komplexität ihres Gegenstandes reduzieren. Hierbei fällt aber kritisch auf, wie schematisch die vorgelegten Rekonstruktionen bisweilen ausfallen. Am Besonderen interessiert das Allgemeine. Die Theorieform ist klassisch, Empirie erhält bei Luhmann lediglich einen illustrierenden Charakter. Für die Unordnung der Ordnung bleibt nur wenig Raum. Am Ende droht verdeckt zu werden, was doch hervortreten sollte: die Mannigfaltigkeit, die ein System ist.

Rest

Rest – von lat. *restare* (*re-* ›zurück‹, ›wieder‹ und *stare*, ›stehen‹) – ist, was übersteht und übrig bleibt, von dem es zu viel gibt, was resistiert, die Normalverteilung stört und sich der restlosen Erklärung, Bereinigung und Verwertung entzieht. Reste sind ubiquitär – in der Mathematik, wo sich ein Dividend nicht durch einen Divisor teilen lässt, an losen Kommunikationsenden, in der Bevölkerungspolitik, wenn Menschengruppen dort sind, wo man sie lieber nicht hätte, in Form von Abfallprodukten und Müllhalden,[123] bei der vergeblichen Aufklärung unbegreiflicher Sachverhalte oder in der sozialtheoretischen Arithmetik,

121 Niklas Luhmann, »Systemtheoretische Argumentationen. Eine Entgegnung auf Jürgen Habermas«, in: Jürgen Habermas/Niklas Luhmann, *Theorie der Gesellschaft oder Sozialtechnologie – Was leistet die Systemforschung?*, Frankfurt a. M. 1971, S. 291–405, hier: S. 295.

122 Vgl. Luhmann, *Soziale Systeme*, S. 49.

123 Vgl. Bernhard Giesen, »Müll und die Sterblichkeit der Dinge«, in: ders., *Zwischenlagen*, S. 187–198.

deren – monadische, dyadische, triadische, klassen- oder massentheoretische – Ordnungsvorstellungen des Sozialen meist unter Ausschluss nicht kalkulierter Restgrößen operieren. Für Max Scheler war gar die Gesellschaft als solche »nur der *Rest*, der *Abfall*«, der aus »den inneren *Zersetzungsprozessen* der Gemeinschaften« resultiert.[124]

Ein Rest ist immer relativ und ohne seine Relata nicht denkbar. Er kann, je nach Bezugspunkt, verschwindend gering und damit bedeutungslos sein, oder aber – wie im Fall des Atom-Mülls – ganz erhebliche Ordnungsprobleme auslösen. Politisch hat der ›Rest‹ unter Umständen strategische Bedeutung: Wer sich erfolgreich als überzählig und ausgeschlossen präsentiert, kann Inklusionsforderungen und Anerkennungsansprüche geltend machen. Theoretisierungen des Rests ergreifen oft Partei für das Abgetrennte, Ausgeschlossene, Verworfene, Verdrängte und seine persistierende Wiederkehr, tragen andererseits in Form von Sammelkategorien (›die Ausgeschlossenen‹) aber auch selbst zur Homogenisierung jener sozialen Reste bei. Schwer scheint es ferner, Reste nicht zu fürchten. Der Rest ist ein Kampfbegriff und eine (Un-)Wertformel. Ihn umgibt die Aura des gleichermaßen Faszinierenden wie Verfemten, des Unheimlichen, Bedrohlichen oder Numinosen – in Julia Kristevas »Abjekt«[125] oder Jacques Lacans Begriff des Realen, der »auf jenen unsymbolisierbaren Rest [verweist], der dem Symbolischen, also der sozial konstruierten Wirklichkeit, entgeht und jeden Konstruktionsversuch in letzter Instanz scheitern lässt«.[126]

Dass der ›Rest‹ schließlich und endlich »ein theologisch-messianischer Begriff« ist, betont im Kontext seiner Überlegungen zur Figur des ›Muselmanns‹ Giorgio Agamben. Nicht als Ganzes, sondern nur als (nicht numerisch gedachter) ›Rest‹ einer »soteriologische[n] Maschine, die das Heil jenes Ganzen ermöglicht, dessen Teilung und Verlust er doch bezeichnet hatte«, wird das israelische Volk eschatologisch adressiert und schließlich erlöst.[127] Doch nicht nur in letzten Dingen, auch an ihrem Anfang kommt dem Rest entscheidende Bedeutung zu. Nur weil in Platons Variante des Prometheus-Mythos der kurzsichtige Titanenbruder Epimetheus bei der Verteilung lebensdienlicher Eigenschaften auf die irdischen Geschöpfe am Ende den Menschen vergisst, sieht sich Prometheus gezwungen, den nunmehr nackten, barfüßigen und wehr-

124 Max Scheler, *Das Ressentiment im Aufbau der Moralen*, Frankfurt a. M. 1978, S. 106.

125 Ein von Ekelgefühlen begleitetes Abjekt ist »ce qui perturbe une identité, un système, un ordre. Ce qui ne respecte pas les limites, les places, les règles. L'entre-deux, l'ambigu, le mixte.« Julia Kristeva, *Pouvoirs de l'horreur. Essai sur l'abjection*, Paris 1980, S. 12.

126 Marchart, *Das unmögliche Objekt*, S. 27.

127 Agamben, *Was von Auschwitz bleibt*, S. 142f.

losen Überbleibseln das Feuer, Hephaistos' Kunstfertigkeit und Athenes Weisheit aus dem Zeughaus der Götter zu stehlen.[128]

Der Mythos erinnert daran: Reste sind Möglichkeitsbedingungen von Ordnung. Um zu ordnen, bedarf es immer eines Rests, umgekehrt hinterlässt auch jedes Ordnen Reste. Nach den Gesetzen der Wiederkehr des Verdrängten und der nicht-intendierten Nebenfolgen entstehen sie immer genau dort, wo man sie auszuschließen versucht, und provozieren weitere Ordnungsanstrengungen bzw. Unordnungsbeseitigungsversuche, die wiederum neue Reste hinterlassen.[129] Alle Rest-Figuren eint der theoretische Befund, der sich an ihnen gewinnen lässt: Es gibt soziale Phänomene, Menschengruppen und Individuen, die aus sämtlichen sozialen Registern herausfallen und dadurch die gewohnte Ordnung irritieren oder sprengen, deren Identität sich soziologisch nicht am Schnittpunkt sozialer Kreise fixieren lässt.[130] Sie gehen im sozialwissenschaftlichen Ordnungskalkül nicht auf – nicht, weil sie außerhalb des Sozialen stünden (wo sie dann wieder einen Ort hätten), sondern weil sie jener unvermeidliche Rest sind, der immer und überall entsteht, wo Gesellschaft ist.

Dezidiert ordnungstheoretische Zugriffe auf den Rest bewegen sich zwischen Modellen des Recyclings, also der Wiederaneignung des Ausgesonderten und der Nutzbarmachung des Unbrauchbaren[131] bis hin zu Phantasmen einer restlosen sozialen Ordnung. Mit gewaltförmigen sozialen Praktiken und Sozialtechniken der Zwangsassimilierung, Vertreibung, Aussonderung und Vernichtung ›überzähliger‹ Menschen wird zwar nicht erst seit der Moderne experimentiert.[132] Ihren Kulminationspunkt markiert jedoch bis heute die Vernichtung der europäischen Juden zwischen 1933 und 1945. Viele soziologische und insbesondere modernisierungstheoretische Entwürfe haben zu derartigen Eruptionen, ja zu Phänomenen kollektiver Gewalt überhaupt aufgrund ihres ordnungstheoretischen Bias ein regelrecht gestörtes Verhältnis. Makrogewalt und Genozid werden entweder gar nicht thematisiert, oder, so in der auf Durkheim und Parsons rekurrierenden soziologischen Linie, aber auch in Norbert Elias' Zivilisationstheorie, als bloße Kontrastfolie,

128 Vgl. Platon, *Protagoras*, 320d–322a.

129 Vgl. Ulrich Beck, *Risikogesellschaft. Auf dem Weg in eine andere Moderne*, Frankfurt a. M. 1986; sowie Bauman, *Vom Nutzen der Soziologie*, Kap. 10.

130 Vgl. Georg Simmel, »Über sociale Differenzierung. Sociologische und psychologische Untersuchungen«, in: ders., *Gesamtausgabe*, Bd. 2, Frankfurt a. M. 1989, S. 115–295, hier: S. 237–257.

131 Zur gesellschaftlichen Konstruktion des Abfalls und zum *identity work* des Pfandsammlers vgl. Sebastian Moser, *Pfandsammler. Erkundungen einer urbanen Sozialfigur*, Hamburg 2014.

132 Vgl. dazu Heinrich Popitz, *Phänomene der Macht*, Tübingen 1992, S. 48ff.

Regression oder Aberration gedacht.[133] Ausgeblendet bleibt dabei auch das ordnungsbildende oder -erhaltende Moment von Gewalt.[134] Beide Aspekte – die Ordnungsfunktion von Gewalt und ihre spezifische Modernität – hat Zygmunt Bauman am Beispiel der Shoah herausgearbeitet.[135] Für den Ordnungsfuror der politischen Flurbereinigung verkörpert der ›Jude‹, so Bauman, den Fremden und »ewigen Wanderer«, den »Inbegriff der Nicht-Territorialität, das Wesen der Heimatlosigkeit und Wurzellosigkeit«,[136] kurz alles, was restlose Ordnungsbildungen stört und verunmöglicht. Im antisemitischen Denken fungiert er als »bestimmte Negation der Form der Nation«; er unterläuft die binäre Logik des Freund-Feind-Schemas, auf deren Innenseite ›Wir‹ und auf deren Außenseite ›die Anderen‹ stehen. Als uneindeutiger Rest – »ambivalent, paradox, nichtidentisch« – wird er zum »ein- und ausgeschlossene[n] Dritte der nationalen Form«.[137]

Zur den Rest-Figuren der Moderne zählt an prominenter Stelle außerdem der Pauper, den schon Hegel nicht in seinem Ständestaat unterbrachte.[138] Als ›Lumpenproletarier‹ sprengte er in der Folgezeit die bipolare Ordnung des Klassenkampfs, der zu seiner externen wie internen Stabilisierung – gegen Hegemonialansprüche und sozialhygienische Phobien der Bourgeoisie wie zur Abgrenzung gegen undisziplinierte Elemente aus den Unterschichten – die Einführung einer hinreichend variablen Restgröße mit negativem Vorzeichen benötigte. Auf diese Weise ergänzte die organisierte Arbeiterschaft den »*Klassenkampf nach oben* durch eine *Klassenkluft nach unten*«.[139] Die Rede vom

133 Vgl. dazu Hans Joas, »Die Modernität des Krieges. Die Modernisierungstheorie und das Problem der Gewalt«, in: *Leviathan* 24 (1), 1996, S. 13–27; ders./Wolfgang Knöbl, *Kriegsverdrängung. Ein Problem in der Geschichte der Sozialtheorie*, Frankfurt a. M. 2008.

134 Vgl. dazu den Überblick von Jörg Baberowski und Anselm Doering-Manteuffel, *Ordnung durch Terror. Gewaltexzesse und Vernichtung im nationalsozialistischen und im stalinistischen Imperium*, Bonn 2006; sowie aus ethnologischer Perspektive Pierre Clastres, »Archäologie der Gewalt. Der Krieg in primitiven Gesellschaften«, in: ders., *Archäologie der Gewalt*, Zürich 2008, S. 33–81.

135 Vgl. Zygmunt Bauman, *Dialektik der Ordnung. Die Moderne und der Holocaust*, Hamburg 2002

136 Zygmunt Bauman, *Moderne und Ambivalenz. Das Ende der Eindeutigkeit*, Frankfurt a. M. 1995, S. 112.

137 Klaus Holz, »Der Jude. Dritter der Nation«, in: Eßlinger et al. (Hrsg.), *Die Figur des Dritten*. S. 292–303, hier: S. 296, 298, 302.

138 Vgl. Georg Wilhelm Friedrich Hegel, *Grundlinien der Philosophie des Rechts*, in: ders., *Hauptwerke*, Bd. 5, Hamburg 2015, § 244f. (S. 194); Frank Ruda, *Hegels Pöbel. Eine Untersuchung der ›Grundlinien der Philosophie des Rechts‹*, Konstanz 2011.

139 Michael Schwartz, »›Proletarier‹ und ›Lumpen‹. Sozialistische Ursprünge

instinktgetriebenen, arbeitsscheuen, kriminellen und konterrevolutionären ›Lumpen‹ zieht sich von Marx und Engels über die eugenischen Sozialplanungsphantasien der Weimarer Sozialdemokratie bis zu den paternalistisch und rassistisch getönten Unterschichtendebatten jüngster Zeit.[140]

Zu den paradigmatische Rest-Figuren hegemonialer Sozialtheorien zählt neben dem Grenzen überschreitenden, Grenzen aufweichenden Flüchtling,[141] dem Aussortierten und Überflüssigen[142] und dem nackten Leben Homo sacers[143] zweifellos auch die Frau. Biblisch ein aus maskulinem Restmaterial als Addendum zur eigentlich längst vollendeten Schöpfung hervorgegangenes Überschussprodukt (»*le deuxième sexe*«), versetzt sie die patriarchalische Ordnung der Geschlechter in anhaltenden *gender trouble*.[144] Zur soziologischen Internationale der Minoritären[145] zählt schließlich, was unter dem Label ›globaler Süden‹ firmiert und aus der noch immer kolonial gefärbten Perspektive des ›Westens‹

eugenischen Denkens«, in: *Vierteljahreshefte für Zeitgeschichte* 42 (4), 1994, S. 537–570, hier: S. 569. Zu Vorläufern, Wiedergängern und Nachfolgern des ›Lumpen‹ vgl. ausführlich Robert Castel, *Die Metamorphosen der sozialen Frage. Eine Chronik der Lohnarbeit*, Konstanz 2000.

140 Vgl. Schwartz, »›Proletarier‹ und ›Lumpen‹«, sowie zum Typus des ›Vorstadtjugendlichen‹ Robert Castel, *Negative Diskriminierung. Jugendrevolten in den Pariser Banlieues*, Hamburg 2009.

141 Vgl. dazu auch Hannah Arendts Paradox der Menschenrechte in Kap. 9 von *Elemente und Ursprünge totaler Herrschaft. Antisemitismus, Imperialismus, totale Herrschaft*, München 2005; sowie Jacques Rancière, »Who Is the Subject of the Rights of Man?«, in: *The South Atlantic Quarterly* 103 (2/3), 2004, S. 297–310.

142 Vgl. Heinz Bude, *Die Ausgeschlossenen. Das Ende vom Traum einer gerechten Gesellschaft*, München 2008; ders., »Der Überflüssige«, in: Stephan Moebius/Markus Schroer (Hrsg.), *Diven, Hacker, Spekulanten. Sozialfiguren der Gegenwart*, Berlin 2010, S. 437–442; Robert Castel/Klaus Dörre (Hrsg.), *Prekarität, Abstieg, Ausgrenzung. Die soziale Frage am Beginn des 21. Jahrhunderts*, Frankfurt a. M. 2009. Zur Karriere des Begriffspaars Inklusion und Exklusion und zur analytischen Schwäche personalisierter Figuren der Exklusion vgl. Sina Farzin, »Ausgeschlossen, aber nicht draußen. Zum gesellschaftstheoretischen Aussagewert der Kategorien Inklusion und Exklusion«, in: *Vorgänge. Zeitschrift für Bürgerrechte und Gesellschaftspolitik* 45 (4), 2006, S. 23–31.

143 Vgl. Zygmunt Bauman, *Verworfenes Leben. Die Ausgegrenzten der Moderne*, Hamburg 2005 und Giorgio Agamben, *Homo sacer. Die souveräne Macht und das nackte Leben*, Frankfurt a. M. 2002. An der Figur des Überflüssigen wird überdeutlich, was Giorgio Agamben für den Homo sacer postuliert: Wir alle sind ›Reste‹ im modus potentialis.

144 Vgl. Simone de Beauvoir, *Das andere Geschlecht. Sitte und Sexus der Frau*, Hamburg 1951; Judith Butler, *Das Unbehagen der Geschlechter*, Frankfurt a. M. 1991; sowie den Beitrag von Nina Degele in diesem Band.

145 Vgl. Deleuze, »Philosophie und Minorität«, S. 205–207.

bzw. ›Nordens‹ lediglich als alle sonstigen Differenzen unsichtbar machender Entwicklungsrückstand betrachtet wird – »the West and the Rest«.[146]

Unverfügbares, Abwesenheit

Das Andere der Ordnung zeigt sich immer dann als unverfügbar, wenn zweifellose Präsenz erzeugt, Vollständigkeit erreicht, wenn ein Phänomen rational durchdrungen oder hermeneutisch erschlossen werden soll. Es macht sich bemerkbar, indem es sich dem ordnenden Zugriff entzieht: »Das Unverfügbare markiert eine Aporie, die vor allem da zu finden ist, wo Wissen sich als Macht- und Gestaltungsinstanz zur Kontrolle und Beherrschung des Anderen geriert.«[147] Geläufig wird das Wort ›Unverfügbarkeit‹ erst im 20. Jahrhundert über Rudolf Bultmanns Thematisierung der Unverfügbarkeit Gottes und des Menschen über sich selbst.[148]

Wenn der *Rest* zu viel ist, dann ist das Abwesende zu wenig. In der Abwesenheit (griech. *apousia*/lat. *absentia*) steckt etymologisch gesehen eine Form des Seins (*ousia*/*esse*/Wesenheit), die durch das Präfix a/ab negiert wird.[149] An- und Abwesenheit spielen folglich bereits im Wort selbst zusammen. »Der Begriff der Absenz läßt sich nur als via negationis einer okzidentalen Metaphysik der Präsenz denken.«[150] Theologisch wird das Problem als Frage nach der Anwesenheit Gottes in Wort, Bild und Abendmahl verhandelt; politisch stellt sich die Frage nach der Präsenz des Herrschers in seinen Stellvertretern oder danach, wie sich der Wille des Volkes in Wahlen, Gesetzgebung und Verwaltung artikuliert. Nur wo Abwesenheit zum Problem wird, wird Repräsentation zur Aufgabe. Anthropologisch lässt sich fragen, inwiefern nicht jeder Mensch immer auch in Teilen sich selbst verborgen ist, weswegen Plessner ihn

146 Stuart Hall, »The West and the Rest: Discourse and power«, in: R.C.A. Maaka/C. Andersen (Hrsg.), *The Indigenous experience: Global perspectives*, Toronto 1992, S. 165–173. Nicht nur hier zeigt sich, dass Rest-Figuren oft aus mehreren Rest-Bestimmungen zusammengesetzt sind. Zur Fusion der Rest-Figur ›Frau‹ mit der Sozialfigur des ›globalen Südens‹ vgl. Gayatri Chakravorty Spivak, *Can the Subaltern Speak? Postkolonialität und subalterne Artikulation*, Wien/Berlin 2008.

147 Karl-Josef Pazzini/Andrea Sabisch/Daniel Tyradellis, »Das Unverfügbare – Zur Einleitung«, in: dies. (Hrsg.), *Das Unverfügbare. Wunder, Wissen, Bildung*, Zürich/Berlin 2013, S. 7–10, hier: S. 7.

148 Ebd.; die Autoren verweisen auf den Eintrag im *Historischen Wörterbuch der Philosophie*.

149 Vgl. Wolfgang Ernst, »Absenz«, in: Karlheinz Barck et al. (Hrsg.), *Ästhetische Grundbegriffe*, Bd. 1, Stuttgart/Weimar 2000, S. 1–16, hier: S. 1.

150 Ebd., S. 2.

als *homo absconditus* fasst.[151] Historisch mag die Frühe Neuzeit noch als ›Anwesenheitsgesellschaft‹ (Rudolf Schlögl) gelten. Für die Moderne hingegen spielt Abwesenheit in unterschiedlichsten Varianten und Bereichen eine entscheidende Rolle. Mit dem Aufstieg des Kapitalismus gewinnen die Zeichen ein Eigenleben; die Erfahrung, dass etwas für ein abwesendes Anderes steht, wird ubiquitär. So wird »aus Dingen Ware, aus Zeit Kredit, aus Realem Simulation, aus Ware wiederum Zeichen«.[152]

Ist die strenge Referenz der Zeichen auf das Bezeichnete gelöst, ergeben sich neue Freiheiten aber auch Unsicherheiten. Die Abwesenheit wird als Mangel, Leere, Schweigen, ›Entfremdung‹ etc. und die Unverfügbarkeit »als Störung im Korpus des Wissens«[153] empfunden. In der Kunst des 20. und 21. Jahrhunderts spielt die Frage, ob Abwesendes und Unverfügbares »sich gegen direkte Zugänglichkeit, Beobachtung und Vermittlung sperren«,[154] oder wie sie dennoch artikuliert, sichtbar gemacht oder vergegenwärtigt werden können, eine zentrale Rolle. So hat Horst Hoheisel vorgeschlagen, als *Denkmal für die ermordeten Juden Europas* das Brandenburger Tor zu sprengen, zu Staub zu zermahlen, vor Ort zu zerstreuen und das Gelände unbebaut zu lassen. »Statt die Leere, die ein ermordetes Volk hinterlassen hat, mit einer Positivform zu füllen, würde der Künstler einen Leerraum in Berlin hineinschlagen, durch den an ein nun abwesendes Volk erinnert wird.«[155]

Drei zentrale Bereiche, in denen das Verhältnis von An- und Abwesenheit, Verfügbarem und Unverfügbarem, thematisch geworden ist, sind Leben und Tod, die Frage, wie Zeichen und Bezeichnetes in der Kommunikation zueinander stehen, und die Rolle des Unverfügbaren im Erkenntnisprozess. Die Tatsache der eigenen Sterblichkeit tritt im Alltag in den Hintergrund. Was sich jedoch in seiner Präsenz aufdrängt, ist die Erfahrung des Todes anderer Menschen. »In der Gestalt des Toten mutiert das Rätsel der anwesenden Abwesenheit zum *Skandal.*«[156] Anstößig ist dabei, dass der Tote ›gegangen‹ ist, nicht mehr dazuge-

151 Vgl. Helmuth Plessner, »Homo absconditus«, in: ders., *Gesammelte Schriften*, Bd. 8, Frankfurt a. M. 1983, S. 353–366.

152 Mark Hengerer, »Abwesenheit beobachten. Zur Einführung«, in: ders. (Hrsg.), *Abwesenheit beobachten. Zu Kommunikation auf Distanz in der frühen Neuzeit*, Berlin u. a. 2013, S. 9–13, hier: S. 11.

153 Ebd., S. 8.

154 Pazzini/Sabisch/Tyradellis, »Das Unverfügbare – Zur Einleitung«, S. 7.

155 James E. Young, *Nach-Bilder des Holocaust in zeitgenössischer Kunst und Architektur*, Hamburg 2002, S. 108.

156 Thomas H. Macho, »Vom Skandal der Abwesenheit. Überlegungen zur Raumordnung des Todes«, in: Dietmar Kamper/Christoph Wulf (Hrsg.), *Anthropologie nach dem Tode des Menschen. Vervollkommnung und Unverbesserlichkeit*, Frankfurt a. M. 1994, S. 417–436, hier: S. 418.

hört und dennoch – als Leichnam – ›da‹ und identifizierbar ist. Dieses Skandalon fordert die Ordnung, insbesondere die soziale Ordnung heraus: »Die Leiche schafft einen Raum der Asozialität; einen Raum, dessen Grenzen möglichst rasch festgelegt werden müssen, damit der anarchische Sog nicht den gesamten Lebensraum verwüstet.«[157] Alle Kulturen haben Riten und Totenkulte, um die Toten in eine andere Ordnung zu überführen. Gelingt dieser Übergang nicht, kann die Grenze nicht klar gezogen werden, wird es unheimlich, dann kommt es zu Heimsuchungen, Untote und Gespenster treten auf. »Was zwischen zweien passiert, wie zwischen Leben und Tod und zwischen allen anderen ›zweien‹, die man sich vorstellen mag, das kann sich nur dazwischen halten und nähren dank eines Spuks.«[158]

Das Unheimliche zeichnet sich durch die Gleichzeitigkeit von An- und Abwesenheit aus.[159] Gespenstische Figurationen sind sichtbar und unsichtbar zugleich, vergangen und gegenwärtig.[160] Als Wiedergänger suchen sie die Orte ihres vergangenen Lebens heim. Ihre ›Logik‹ will Derrida in seiner »*Hantologie*«[161] erfassen, die er dem ontologischen Denken der Präsenz, man könnte auch sagen: der Ordnung, an die Seite stellt. Mit der Figur der *différance* spielt Derrida seinen Zugang zum Anderen der Ordnung auch im Bereich der Zeichen aus. Jeder Versuch, so sein Argument, eine reine Anwesenheit zu evozieren und auf dieser die Evidenz und rationale Absicherung zu gründen, Abwesenheit (an dieser Stelle) dagegen auszuschließen, muss scheitern. Stattdessen ist Abwesenheit immer schon konstitutiv für Anwesenheit. Diese zeigt sich in verschiedenen Anwesenheitseffekten, die aber eben in keiner *letzten* Anwesenheit gründen. Derridas Rekonstruktionen münden in der Feststellung, »es gibt keine Erfahrung von *reiner* Anwesenheit, sondern nur Ketten von differentiellen Zeichen (*marques*)«.[162]

Werden Abwesenheit und Unverfügbares nicht nur als Störung und Problem qualifiziert, wird ihre konstitutive Funktion sichtbar. Auch für den Erkenntnisprozess gilt, dass das Erleben eines Unverfügbaren über-

157 Ebd., S. 421.

158 Jacques Derrida, *Marx' Gespenster. Der verschuldete Staat, die Trauerarbeit und die neue Internationale*, Frankfurt a. M. 1995, S. 10.

159 Vgl. Moritz Baßler/Bettina Gruber/Martina Wagner-Egelhaaf (Hrsg.), *Gespenster. Erscheinungen, Medien, Theorien*, Würzburg 2005.

160 Oliver Marchart beschreibt im Rekurs auf Laclau und Mouffe auch die Gesellschaft als »Wiedergänger«, da sie in ihrer »Totalität so unmöglich wie notwendig« zugleich ist. *Das unmögliche Objekt*, S. 203. Vgl. zur historischen Dimension des Gespenstischen Michael Gamper/Peter Schnyder (Hrsg.), *Kollektive Gespenster. Die Masse, der Zeitgeist und andere unfassbare Körper*, Freiburg 2006.

161 Derrida, *Marx' Gespenster*, S. 27.

162 Jacques Derrida, »Signatur Ereignis Kontext«, in: ders., *Randgänge der Philosophie*, Frankfurt a. M./Berlin/Wien 1976, S. 124–155, hier: S. 138.

haupt erst die Neugierde weckt, das Bedürfnis, etwas wissen zu wollen, das zum betreffenden Zeitpunkt noch nicht verfügbar ist. »Ohne das Anzeichen eines Unverfügbaren existierte nicht die geringste Idee, worauf die Aufmerksamkeit zu richten wäre, es sei denn auf Wiederholbarkeit. Wissenschaft würde leer laufen, der Alltag wäre bloße Routine, Kunst gäbe es nicht mehr und Zukunft schon gar nicht.«[163] Lücken lassen der Fantasie ihre Spielräume und sind zuletzt vielleicht das, was das Leben ausmacht, ohne es auszufüllen.

IV. An den Grenzen der Theorie

Theoretische Reflexion treibt sich selbst immer wieder an ihre Grenzen indem sie das selbstreferentielle, zugleich strenge Spiel ihrer Begriffe der gezielten Irritation durch Empirie aussetzt. So begegnet sie der Gefahr, die eigenen Ordnungsschemata mit der Wirklichkeit zu verwechseln. Dies gilt in besonderem Maße für alle Denkfiguren, die das Andere der Ordnung zu fassen suchen, ohne es zu fixieren. Insofern ist Theorie doch mehr und anderes als ein ›Lehrgedicht‹.[164] Das bedeutet freilich nicht, einem Empirismus das Wort zu reden, der auf anspruchsvolle Theoriearbeit meint verzichten zu können. Zum Konkreten gelangt man niemals auf direktem Weg; die *facta bruta* lassen sich nicht »an den Haaren herbeischleppen und präsentieren wie Fälle in der Anatomie oder Experimente in der Physik«.[165] Um eine Sache zu begreifen, bedarf es stets des Umwegs über den Begriff. Das Andere der Ordnung zu denken, heißt vor diesem Hintergrund zweierlei: zum einen die kritische Arbeit an hypertrophen, ›absolutistischen‹ Ordnungsbegriffen, an der Engführung sozial- und kulturwissenschaftlicher Fragen auf Regeln und Regelmäßigkeiten, und zum anderen den Versuch, auf den Begriff zu bringen oder zumindest auf das zu verweisen, was das Ordnungsdenken nicht sieht oder nicht sehen will.

Die Perspektivverschiebung, die wir vorschlagen, folgt den Spuren des Außerordentlichen und Nichtgeordneten über Ressortaufteilungen hinweg und befragt deren theoretisches Inventar nach systematischen blinden Flecken wie konstitutiven Ausschlüssen. Alle hier verhandelten Denkfiguren des Anderen der Ordnung lassen sich denn auch mehr als nur einem disziplinären Register zuordnen. Das mag zunächst wenig

163 Pazzini/Sabisch/Tyradellis, »Das Unverfügbare – Zur Einleitung«, S. 9.

164 Dies betont Peter Fuchs, »Theorie als Lehrgedicht«, in: K. Ludwig Pfeiffer/Ralph Kray/Klaus Städtke (Hrsg.), *Theorie als kulturelles Ereignis*, Berlin/New York 2001, S. 62–74.

165 Theodor W. Adorno, *Negative Dialektik*, in: ders., *Gesammelte Schriften*, Bd. 6, Frankfurt a. M. 1975, S. 7–412, hier: S. 23.

überraschen, neigen Theoriebegriffe doch ohnehin dazu, trotz aller Einhegungsversuche die Grenzen partikularer Wissensräume zu überschreiten. Strukturen und Prozesse, Systeme und Umwelten, Elemente und Relationen, Mikro- und Makrophänomene finden sich in nahezu allen Fachbereichen, ohne dadurch schon die wissenschaftliche Arbeitsteilung anzuzweifeln. Ein Gefüge hingegen, das im Unterschied zu einem System aus heterogenen Elementen besteht, erweist sich mitunter als zu sperrig, um disziplinär eingeordnet werden zu können. Ähnliches gilt für das Dazwischen von Übergängen, dessen angemessenes Verständnis weniger eine Ordnungswissenschaft als eine Schwellenkunde benötigt. Und auch das Ereignis verlangt gerade aufgrund seiner Singularität nach mehr als nur *einer* durch Generalisierung gewonnenen Perspektive.

Trotz ihrer Familienähnlichkeit unterscheiden sich die hier skizzierten Problematisierungsweisen in mehrfacher Hinsicht. Neben Differenzen im Hinblick auf Herkunft und Verbreitungsgrad, Reichweite und Abstraktionsniveau liegen ihnen *erstens* unterschiedliche *Logiken der Begriffsbildung* zugrunde: Viele der Begriffe sind qua Negation in einen Gegensatz zur Ordnung eingelassen, wohingegen einige diesen übergreifen. Während die Grundlosigkeit auf den Grund verweist, die Grenzverletzung auf die Grenze, das Unverfügbare auf das Verfügbare, die Abwesenheit auf die Anwesenheit, die Unschärfe auf die Schärfe, die Formlosigkeit auf die Form und der Rest auf das Bestehende und Abgezählte, sind Mannigfaltigkeit und Komplexität entschieden positive Begriffe, die gleichermaßen Momente der Ordnung wie der Unordnung einschließen oder diesen Gegensatz zugunsten der Beschreibung konkreter Figurationen auf Distanz bringen. Schwieriger zu verorten sind das Ereignis und der Übergang. Als Figuren des Sowohl-als-auch betonen sie gleichermaßen das Ende des Bestehenden wie den Beginn des Neuen. Der Unterschied zwischen negativer und positiver Begriffsbildung lässt sich jedoch auch dadurch unterlaufen, dass man die Verschränkung der Gegensätze betont: das Gründen in der Grundlosigkeit, die Anwesenheit des Abwesenden, der nicht integrierbare Rest als integraler Bestandteil des Bestehenden usw.

Differenzieren lassen sich die Denkfiguren *zweitens* nach den spezifischen *Modalitäten*, in denen sie das Andere der Ordnung verhandeln: Kategorien der Grundlosigkeit, Aporie oder Ambivalenz beziehen sich auf die Konstitution von Ordnung und betrachten ihr Anderes als *logisches* Problem des Selbstwiderspruchs und der Tautologie. Figuren der Grenzverletzung und -überschreitung rekurrieren auf die *normativen* Aspekte von Transgression. Mit dem Abwesenden, Unverfügbaren und Formlosen wird auf die *Transzendenz* und den *horror vacui* der Ordnung verwiesen, während das Ereignisdenken *singuläre* Momente und das dem ordnenden und planenden Denken und Handeln *Entzogene* in den Mittelpunkt stellt. Die Konzepte der Übersetzung, Verschiebung,

Vermischung und Hybridität, der Mannigfaltigkeit, Komplexität und des Werdens heben vor allem auf die Unschärfemomente *sprachlicher* bzw. *ontologischer* Ordnungsmodelle und ihre Folgen ab, während der Rest je nach Kontext für sich selbst spricht, indem er die Frage aufwirft, was übrig bleibt und sich nicht fügt.

Drittens nehmen die Begriffe unterschiedliche *Bildlogiken* in Anspruch: Der Übergang von hier nach dort, die Verletzung der Grenze, der überstehende Rest folgen ebenso wie die Mannigfaltigkeit, die Grundlosigkeit und die Abwesenheit einer topologischen Metaphorik. Das Verhältnis der Ordnung zu ihrem Anderen wird räumlich vorgestellt, insofern die angeführten Begriffe von einer *Zone* zwischen den Ordnungen, von der Zurückweisung einer *Bereichsaufteilung* oder von einer *Oberfläche* mit komplexer Struktur ausgehen. Daneben finden sich zwei weitere Modelle: ein *temporales* – der momentane Übergang zwischen einem Früher und einem Später, das Ereignis als situativer Einschnitt, Fülle der Gegenwart und Verheißung des Anfangs – sowie ein *visuelles*: die Unschärfe, die dem Blick zu wenig Anhaltspunkte für präzise Unterscheidungen gibt, und die Formlosigkeit, die im Unterschied zur Inhaltsleere nicht verborgen werden kann, da sie sich unmittelbar zeigt.

Die neun Problematisierungsweisen stellen das vorläufige Ergebnis einer Sichtung von Theorien des Exzeptionellen dar, die in unterschiedlichen disziplinären Kontexten und (oftmals allenfalls polemisch aufeinander Bezug nehmenden) Denkschulen formuliert worden sind. Aus diesen heterogenen Zugängen haben wir exemplarische Theoriefiguren und Denkstile extrahiert. Unsere Zusammenstellung beansprucht weder Vollständigkeit noch Systematik; das Andere der Ordnung lässt sich nicht in einem Katalog erfassen oder auf einem Tableau sortieren. Mit einer bündigen Theorie, mit eindeutigen Ergebnissen oder methodisch abgesicherten Regieanweisungen zur Untersuchung des Außerordentlichen und Nichtgeordneten können wir nicht aufwarten. Ziel unserer *tour d'horizon* war vielmehr, das Andere der Ordnung (genauer im Plural: die vielfältigen Alteritäten vielfältiger Ordnungen) aus der »theoretizistischen«[166] Degradierung zum Epiphänomen zu lösen und auf die disparaten Modi aufmerksam zu machen, in denen es sich artikuliert.

Welchen Ertrag lässt eine solche Perspektivverschiebung erwarten? Zum einen handelt es sich um ein dekonstruktives Lektüreprogramm, mit dem sich etablierte Theorien auf verschattete Aspekte und Leerstellen hin absuchen lassen. Das steigert ihre Beschreibungs- und Erklärungskapazität. Altbekanntes erscheint auf diese Weise in anderem Licht, neue Anschlussmöglichkeiten werden sichtbar, unhinterfragte

166 Siehe dazu den Beitrag von Marc Rölli in diesem Band.

Vorentscheidungen verlieren ihre fraglose Plausibilität. Der Versuch, das Verhältnis zwischen Ordnung und ihrem Anderen symmetrisch oder wenigstens probehalber einmal die Ordnung von ihrem Anderen her zu denken, statt umgekehrt dieses von der Ordnung abzuleiten, trägt so zu einer Entselbstverständlichung epistemischer, normativer und praktischer Regime bei. Zum anderen impliziert das Denken des Anderen der Ordnung eine theoriepolitische Neugier für Grauzonen, Zwischenlagen, Diskontinuitäten, Transgressionen und Störungen, für Infames und Verfemtes, Vergessenes und Verleugnetes, für marginalisierte Sprecherpositionen und für das, was sprachlos macht oder nicht gesagt werden kann. Die Aufmerksamkeit richtet sich auf die chaotischen, opaken, anomischen und diffusen Zonen sozialer Wirklichkeit, in denen jene Regeln und Regelmäßigkeiten nicht existieren oder außer Kraft gesetzt sind, auf deren Untersuchung die Sozial- und Kulturwissenschaften gewöhnlich aus sind.

Das Leitmotiv der hier skizzierten Forschungsperspektive lautet: Jede Ordnung leckt. Das bedeutet keineswegs, alle Ordnungen zu perhorreszieren und ihre Negationen zu feiern. Es geht nicht um eine radikale Umkehrung oder um einen großformatigen Paradigmenwechsel, sondern vielmehr um ein korrektives Supplement, um die Problematisierung des Ordnungsüberhangs. Es gibt so wenig Grund das Andere der Ordnung zu verklären wie die Ordnung. Aber einiges wäre schon gewonnen, wenn die Frage, wem epistemisch, normativ oder praktisch Vorrang zu geben wäre, nicht immer schon zugunsten der Ordnung beantwortet würde. Oder, ins Politische gewendet: Es ist nicht ausgemacht, dass die Schrecken des Chaos größer sind als die Verbrechen im Namen der Ordnung. Vielleicht liegt darin der wesentliche theoretische Impuls der hier vorgeschlagenen Perspektivverschiebung: die Zuversicht zu erschüttern, das sich jedes Problem auf einen Mangel an oder eine mangelhafte Ordnung zurückführen und folglich durch mehr und eine bessere Ordnung lösen lässt. Um noch einmal Georges Perec zu zitieren: »Es ist so verführerisch, die ganze Welt nach einem einzigen Code aufteilen zu wollen; ein allgemeines Gesetz würde demnach die Gesamtheit aller Phänomene regeln: zwei Hemisphären, fünf Kontinente, männlich und weiblich, tierisch und pflanzlich, singulär plural, rechts links, vier Jahreszeiten, fünf Sinne, sechs Vokale, sieben Wochentage, zwölf Monate, sechsundzwanzig Buchstaben. Leider funktioniert das nicht, es hat nicht einmal zu funktionieren angefangen, es wird nie funktionieren. Trotzdem wird man auch weiterhin noch lange dieses oder jenes Tier danach einteilen, ob es eine ungerade Anzahl von Zehen oder gebogene Hörner hat.«[167]

167 Perec, *Denken/Ordnen*, S. 145.

Marc Rölli

»Theoretizismus« – eine Kritik aus pragmatischer Sicht

»Sometimes the philosophers think too much.«[1]

Ordnung scheint das Ergebnis einer Tätigkeit zu sein, einer Aktivität des Ordnens oder Aufräumens, des Ergreifens und Erbeutens, der Aufnahme, Annahme, Einnahme. Und die Ausnahme, das Exzeptionelle (*exceptio*), scheint dasjenige zu sein, was nicht aufgenommen, angenommen oder eingenommen ist (werden kann), ein aus dem Rahmen Herausfallendes, der Feind, das *Andere der Ordnung*.

Das Problem dieses Gegensatzes hat eine lange Geschichte. Begnügen wir uns zunächst mit einer groben Skizze von drei philosophischen Stationen: Descartes, Kant, Nietzsche. Für Descartes stellt sich das Problem als eines von Skepsis und Methode. Ist es überhaupt möglich, in die Unordnung eine Ordnung zu bringen? Wie ist es möglich, zu einer sicheren Erkenntnis zu gelangen? Tatsächlich finden wir uns »verstrickt in soviel Zweifel und Irrtümer, daß es mir schien, als hätte ich aus dem Bemühen, mich zu unterrichten, keinen anderen Nutzen gezogen, als mehr und mehr meine Unwissenheit zu entdecken«.[2] Dagegen hilft nur die Entwicklung einer wahrhaft wissenschaftlichen Methode, die imstande ist, auf festem Fundament die »Erkenntnis schrittweise zu erweitern und sie nach und nach zum höchsten Gipfel zu erheben«.[3] Schließlich geht es nicht darum, zu zweifeln um zu zweifeln: »denn ich wollte mir im Gegenteil nur Sicherheit verschaffen und lose Erde und Sand beiseitewerfen, um Fels oder Ton zu finden.«[4] In die Dinge wird Ordnung gebracht, indem man »in der gehörigen Ordnung«[5] denkt. Es gibt nichts, was prinzipiell anders ist als geordnet – das Andere der Ordnung ist als Ungeordnetes ein bloßes Provisorium.

Für Kant muss es ein Anderes der Ordnung geben, damit Ordnung überhaupt möglich ist: ›Dinge an sich‹ sind keine möglichen Gegenstände der Erfahrung, sie unterliegen nicht den transzendentalen Ordnungsbedingungen. Aber mit ihnen wird eine aus theoretischen (me-

1 Zafer Aracagök, *Deleuze Interview/SIFIR*, www.youtube.com, zuletzt aufgerufen am 02.09.2013.

2 René Descartes, *Discours de la méthode*, Hamburg 1990 [1637], S. 7f.

3 Ebd., S. 5.

4 Ebd., S. 47.

5 Ebd., S. 31.

taphysikkritischen) wie auch aus praktischen Gründen unverzichtbare Grenze des Erkennens gezogen. In moralischer Hinsicht verbindet sich mit dem Außerordentlichen gleichzeitig eine ordnungsstiftende Funktion, sofern eben praktische Vernunft »einem übersinnlichen Gegenstande der Kategorie der Kausalität, nämlich der Freiheit, Realität verschafft«.[6] So erläutert Kant z. B. die Idee einer allgemeinen Geschichte mittels eines teleologischen Urteils, das die Realisierung der Freiheit mit der Entwicklung der natürlichen Anlagen zusammendenkt. Ihre Ordnungsleistung liegt darin, die Vielfalt der historischen Erscheinungen als kontinuierliche Perfektionierung der Gattung zu begreifen.[7]

Für Nietzsche stellt die Konstruktion des Gegensatzes (Ordnung – Nicht-Ordnung) selbst eine typisch metaphysische Operation dar. Die gegensätzliche Relation ist eine asymmetrische, sofern sie auf der These gründet, dass die Ordnung ihren Ursprung in sich selbst findet. Genau diese These aber bestreitet Nietzsche. Er begreift sie damit als nihilistisch, weil sie mit einer Diskreditierung der Willen-zur-Macht-Prozesse verbunden ist, aus denen sie sich doch – entgegen ihres eigenen Selbstverständnisses – ableitet. Anders gesagt, sind Nietzsche zufolge Ordnungstypen als metaphysisch zu bezeichnen, sofern sie vorgeben, ihren Ursprung in sich selbst zu finden (»im Schoosse des Sein's, im Unvergänglichen«) – und gerade nicht in der »vergänglichen« und »geringen Welt«.[8]

6 Immanuel Kant, *Kritik der praktischen Vernunft*, Hamburg 1993 [1788], S. 6.

7 Vgl. Immanuel Kant, »Idee zu einer allgemeinen Geschichte in weltbürgerlicher Absicht«, in: *Berlinische Monatsschrift* 11, 1784, S. 385–411, hier: S. 385ff. Schließlich ist es unmöglich, dass sich die Freiheit in der Erscheinungswelt empirisch direkt manifestiert. Diese Unmöglichkeit hebt sie überhaupt als Freiheit aus der Notwendigkeit der natürlichen Kausalverhältnisse heraus. Ihre indirekt aber doch mögliche Realisierung ist eine historische, die sich des spekulativen Gedankens der Freiheit als problematische Idee bedient, um auf diese Weise Geschichte als fortschreitenden Prozess der Kultivierung lesbar zu machen.

8 »›Wie könnte Etwas aus seinem Gegensatz entstehn? Zum Beispiel [...] das reine sonnenhafte Schauen des Weisen aus der Begehrlichkeit? Solcherlei Entstehung ist unmöglich; wer davon träumt, ein Narr, ja Schlimmeres; die Dinge höchsten Werthes müssen einen anderen, eigenen Ursprung haben, – aus dieser vergänglichen verführerischen täuschenden geringen Welt [...] sind sie unableitbar! Vielmehr im Schoosse des Sein's, im Unvergänglichen, im verborgenen Gotte, im ›Ding an sich‹ – da muss ihr Grund liegen, und sonst nirgendswo!‹ – Diese Art zu urtheilen macht das typische Vorurtheil aus, an dem sich die Metaphysiker aller Zeiten wieder erkennen lassen [...]. Der Grundglaube der Metaphysiker ist der Glaube an die Gegensätze der Werthe.« Friedrich Nietzsche, »Jenseits von Gut und Böse«, in: ders., *Kritische Studienausgabe*, Bd. 5, München 1988 [1886], S. 9–243, hier: S. 16.

Mit den genannten Denkweisen lässt sich der Bereich der gegenwärtigen Debatten ganz gut abstecken. Während die cartesianische Variante in der Regel in vereinfachter Form zum Gegenstand der Kritik gemacht wird, besitzt die kantische Variante den Nimbus, über die ordnungstheoretischen Probleme informiert zu sein. Mit Nietzsche dagegen verhält es sich anders bzw. komplizierter. Seine Position wird regelmäßig mit einer lebensphilosophischen identifiziert, die insofern der Tradition Kants zugerechnet wird, als sie lediglich mit Dingen an sich zu hantieren scheint. Nicht unüblich ist die Auskunft, Nietzsche würde auf ein (chaotisches, ungeordnetes) Leben vertrauen, das mit den Erkenntnistätigkeiten des Verstandes unbegreiflich sei. An diesem Punkt wird er zu einem Vorläufer und Apologeten der Theorien des Nichtidentischen, der Andersheit oder eines emphatischen Seins stilisiert, das sich dem vorstellenden Denken entzieht. Gerne wird dann das romantische Erbe zitiert, das der Kunst (oder auch der Natur) die Verantwortung überträgt, die Enge des Verstandes zu kompensieren.

Im Folgenden möchte ich vorschlagen, die Radikalität Nietzsches mit Hilfe eines pragmatistischen Theorems zu deuten: »Theoretizismus«. Mit diesem Begriff wird im amerikanischen Pragmatismus ein verbreitetes philosophisches Selbstverständnis der Theorie problematisiert. Es besagt, dass die Philosophie seit ihren historischen Anfängen im alten Griechenland nicht nur theorieverliebt ist, sondern die Theorie maßlos überschätzt – nämlich auf Kosten der Praxis. Mit dieser Überschätzung etabliert sich die mit Nietzsche namhaft gemachte asymmetrische Relation, die sich auf die Relation zwischen einer (theoretizistisch konzipierten) Ordnung und den Gegebenheiten, die zu ordnen sind, beziehen lässt. Die hybride Form einer sich selbst überschätzenden Theoriebildung begreift die von ihr hervorgebrachte Ordnung als eine, die dem Wesen der Dinge entspricht – und damit dem ungeordneten Gegebenen, das ihrer Ordnung unterworfen wird, immer schon zuvorkommt.

Nun könnte man annehmen, dass dem Ungetüm einer alles verschlingenden Ordnung im pragmatistischen Denken ein Anderes entgegengesetzt wird. Aber an diesem Punkt kann zweierlei unterschieden werden. Zum einen wird die Möglichkeit eröffnet, der singulären, alles erfassenden Ordnung ein Anderes der Ordnung entgegenzusetzen: Nicht nur ein vorläufig ungeordneter, quasi primitiver Zustand, der in einen geordneten zu überführen ist, sondern eine exzeptionelle Gegebenheit, die sich dem Versuch widersetzt, sie in eine Ordnung zu bringen. Zum anderen gibt es hier noch eine weitere, weiterführende Option. Im Pragmatismus – und in erster Linie bei John Dewey – wird Theorie als solche in positiver Weise nicht-theoretizistisch konzeptualisiert. Damit wird die Frage aufgeworfen, inwiefern nicht nur metaphysische Ordnungsvorstellungen (im Sinne Nietzsches), sondern gleichzeitig philosophische Ansätze, die sich auf das Andere der Ordnung ausrichten, in ihrem fortbestehenden Bezug auf theoretizistisches Ordnungsdenken problematisch sind.

Wer vom »Anderen der Ordnung« spricht, der unterstellt womöglich bereits, dass es eine Ordnung im traditionellen Sinne gibt – und dass es ein Anderes gibt, das keine Ordnung hat. Im Grunde ist es aber komplizierter. Das wird deutlicher, wenn nicht nur auf das cartesianische, sondern auch auf das kantische Ordnungsparadigma reflektiert wird. Schließlich hebt bei Kant die Ordnung des Gegebenen die (nicht per se geordnete) Gegebenheit des Gegebenen nicht auf. Als erkennende Wesen müssen »wir« stets von etwas affiziert werden: etwas ist uns gegeben, das wir (aufgrund unserer endlichen Existenz) nicht gemacht haben. Wird mit Nietzsche auch dieser Gegensatz des Gegebenen und Gemachten problematisiert, so stellt sich die Frage nach der Ordnung des Gegebenen neu. Ihre Intelligibilität muss keine (von uns) gemachte sein: sie kann uns gegeben oder überliefert sein. Es kann sich bei ihr um eine Vielzahl z. B. kultureller Ordnungen handeln, die sich kontinuierlich verändern – und die den Subjektivierungsmodalitäten oder den individuellen Biographien vorausgesetzt sind.

Mein weiteres Vorgehen gliedert sich in drei Teile. Zunächst erläutere ich den Begriff des Theoretizismus, indem ich auf einige Kernelemente der mit ihm verbundenen philosophischen Kritiken des Pragmatismus eingehe. In einem zweiten Schritt steht das Problem des Anderen der Ordnung zur Diskussion. Handelt es sich dabei um ein theoretizistisches Konstrukt, um eine abstrakte Negation? Oder ist das Unmögliche, z. B. eine nicht-exklusive Ordnung, tatsächlich unmöglich, weshalb es stets etwas geben wird, das der Ordnung im Singular – aber auch Ordnungen im Plural – widersteht? Macht so womöglich der Pragmatismus seinem Namen alle Ehre, indem er all das, was anders wäre, assimiliert – ein bloßer Schein der Machbarkeit und ›pragmatischen‹ Prinzipienlosigkeit? Abschließend werde ich versuchen, ein wenig in die neuen Regionen vorzustoßen, die sich mit einer praxisbezogenen (pragmatistischen) Theoriebildung und Ordnungskonzeption eröffnen. An ihr wird man ablesen können, wie und ob überhaupt das Andere der Ordnung oder die Ausnahme in der theoretischen Ordnungsleistung wiederkehrt, ohne sich doch in ihr gänzlich aufzuheben. Das wäre eine Theorie, die den Verführungen des Theoretizismus widersteht.[9]

9 Wer einwendet, dass sich eine in Theoriesprache vorgetragene Kritik des Theoretizismus mehr oder weniger automatisch in einen performativen Selbstwiderspruch verwickelt, der hält unbewusst an der traditionellen Trennung von Theorie und Praxis fest: als ob jedwede Theorie mit dem Makel der Praxisferne behaftet sei, als ob Praxis im Unterschied zur Theorie ein einzig wirkliches Tun bedeutete. Wenn es aber gelingt, die Merkmale des Theoretizismus nicht nur zu

Theoretizismus

In vielen Bereichen der wissenschaftlichen, disziplinär gebundenen Theoriebildung existiert seit Jahren ein Theorieproblem, das sich als ›Theoretizismus‹ verhandeln lässt. Mit dem Begriff ist auf eine Theoriegestalt Bezug genommen, die in sich abgeschlossen zu sein vorgibt, die selbstreferentiell organisiert ist, und dies ohne Bezug auf ein Außen, das den Theorieanstrengungen im Sinnes eines zu Denkenden oder zu Deutenden zugrunde liegen würde. Es ist dieser diskursiven Selbstgenügsamkeit geschuldet, dass Fragen nach der gesellschaftlichen Relevanz wie auch interdisziplinäre Anforderungen mit einer hochschulpolitischen Modernisierungslogik verschmelzen, die zumeist das Opfer ihres eigenen Innovationsdrangs wird.

Historisch betrachtet entsteht gegen Ende des 19. Jahrhunderts im Kontext des amerikanischen Pragmatismus eine neuartige Kritik der Philosophie, die den Begriff des ›Theoretizismus‹ verwendet.[10] Sie zielt darauf ab, den traditionellen Primat der Theorie zu hinterfragen, sofern sich in ihm eine *Geringschätzung der Praxis* verbirgt. Und sie stützt sich dabei auf ein Philosophieverständnis, das sich die experimentelle Methode der naturwissenschaftlichen Forschung zum Vorbild nimmt, indem – wie z. B. in einigen frühen Texten von Charles S. Peirce – zur Begriffsklärung eines Gegenstands seine konkreten Handlungsfolgen in den Blick genommen werden.

In einer späten Arbeit resümiert Dewey: »Die Abwertung des Handelns, des Tuns und Machens, ist von den Philosophen kultiviert worden.«[11] Er spricht von einer »scharfen Trennung zwischen Theorie und Praxis«, die in allen möglichen Bereichen »weitreichende Probleme im Gefolge«[12] hat. Wie ist diese Trennung genauer zu verstehen? Entscheidend für Deweys Gedankengang ist der Ausgang von einem situativen Praxisverständnis, das stets ungewiss bleibt. Es ist Wandel und Tod unterworfen und dem Scheitern ausgesetzt: »Praktische Tätigkeit hat es mit [...] einzigartigen Situationen zu tun, die niemals exakt wiederholbar sind und [...] keine vollständige Sicherheit«[13] bieten. Im Denken

kennzeichnen, sondern dies im Rahmen einer Theoriebildung zu tun, die sich in Absetzung von den genannten Merkmalen konstituieren lässt, dann hat man es mit einer Theorie zu tun, die sich vom Theoretizismus unterscheidet. Die Diskussion kann sich dann weg von generellen Einwänden hin zur Frage nach der Plausibilität und Triftigkeit der genannten Charakteristika verlagern.

10 Vgl. Vincent M. Colapietro, »Practice, Agency, & Sociality: an orthogonal reading of classical pragmatism«, in: *International Journal for Dialogical Science* 1, 2006, S. 23–31, hier: S. 23ff.

11 John Dewey, *Die Suche nach Gewißheit*, Frankfurt a. M. 2001 [1929], S. 8.

12 Ebd., S. 9.

13 Ebd., S. 10.

hingegen schien es möglich zu sein, der Ungewissheit zu entkommen, indem man sich den immateriellen Wahrheiten zuwendete. Zu Beginn der Geschichte der Philosophie gehört zur Überhöhung der Theorie die Muße und die Kontemplation geometrischer, logischer und idealer Formen, mit welchen die höchste Realität in ihren notwendigen und unveränderlichen Qualitäten übereinstimmt. Eben dieser Theorietyp, der sich über die im Handeln veränderliche Welt erhebt, im rein Theoretischen gefangen bleibt und insofern unfähig ist, sich auf die Welt mitsamt ihrer komplexen und veränderlichen Strukturen zu beziehen, wird im klassischen Pragmatismus als theoretizistisch bezeichnet – nicht Theorie als solche.

Trotz eines Formwandels – mit Hegel gesagt: von Bild und Vorstellung zum Begriff – bringen die Philosophen der Antike anschließend an religiöse und mythische Inhalte einen Dualismus hervor: einerseits die

> »Idee eines höheren Reichs einer unwandelbaren Realität, von der allein wahre Wissenschaft möglich ist, und [andererseits die Idee] einer niedrigeren Welt der wandelbaren Dinge, mit denen es Erfahrung und Praxis zu tun haben. Sie verherrlichen das Unwandelbare auf Kosten des Wandels, wobei evident ist, daß alle praktische Tätigkeit in den Bereich des Wandels fällt.«[14]

Die Suche nach Gewissheit ist laut Dewey *das* philosophische Abenteuer, das sich in der Theorie (*theoria*) und ihrer rationalen Ordnung einschließt, sofern durch praktisches Tun und Machen gerade keine Gewissheit erreicht werden kann.[15] In der philosophischen Tradition wird ein Bild des Denkens bzw. ein »Rahmen der Ideen« konserviert, der zwei entscheidende Postulate enthält. Erstens die Annahme, »daß es eine vollständige Korrespondenz zwischen Erkenntnis im wahren Sinne und dem, was wirklich ist, gibt.«[16] Nur das Erkannte ist wirklich – und erkennbar ist nur das Wirkliche. Und zweitens eine erkenntnistheoretische Folgerung: »Damit die Erkenntnis sicher ist, muß sie sich auf das beziehen, was der Erkenntnis vorhergehende Existenz oder wesentliches Sein besitzt.«[17] Ausgeschlossen wird ein Handeln innerhalb der Forschung, das den wissenschaftlichen Gegenstand mit hervorbringt oder auf die (veränderlichen) Bedingungen einwirkt, die eine schon bestehende Realität voraussetzt.

14 Ebd., S. 20f.
15 Vgl. ebd., S. 25.
16 Ebd.
17 Ebd., S. 26.

Deweys Kritik kulminiert dort, wo er die so genannte »Zuschauertheorie des Erkennens« unter Beschuss nimmt.[18] Im Unterschied zu einer Teilnehmerperspektive ist diejenige eines Zuschauers und Beobachters nicht nur distanziert und interesselos, sie rechnet zudem mit Gegenständen, deren objektives Wesen (theoretisch!) perspektivenirrelativ zu bestimmen ist. Der wirkliche Gegenstand ist, was er ist, unabhängig davon, wie oder von wo aus er erblickt oder erkannt wird. Er verharrt in »königlicher Abgeschiedenheit« – und verändert sich nicht durch die Blicke, die auf ihn geworfen werden.[19] Paradox formuliert: Gewissheit ist nur in der Theorie möglich, sofern es eine Wirklichkeit gibt, die vor aller Theorie bereits wirklich ist.

Dewey zufolge verliert diese Dogmatik ihre Glaubwürdigkeit, weil mit der neuzeitlichen Wissenschaftsentwicklung alles Geistige aus dem Reich der Natur vertrieben wird. Zwar rettet sich der Geist vorübergehend in substanzielle Sonderbereiche oder transzendentale Formen, seine auf absolute Gewissheit zielende Bestimmung lässt sich aber nicht halten. Dies mag zunächst enttäuschend sein. Aber die Suche nach Gewissheit ist von Anfang an kein viel versprechendes Projekt, wenn man bedenkt, dass die theoretische Kontemplation dazu dient, von den sozialen Problemen abzulenken, die eigentlich zu bearbeiten wären. Daher ist es nur eine Frage der Zeit, bis die Relevanz der reinen Vernunftwahrheiten selbst bezweifelt wird. Verloren erscheint die Welt nur, solange man sich an einem traditionellen Wissen von ihr orientiert, dessen Verlust man beklagt. Aber das *reine* Wissen ist kein wissenschaftstaugliches Wissen, so Dewey, weil es sich der experimentellen Methode dogmatisch entzieht.

Wirft man mit Nietzsche die Frage auf, von welchem Standpunkt aus eine nihilismuskritische Analyse auch des wissenschaftlichen Selbstverständnisses durchgeführt werden kann, so wird man im Pragmatismus auf einen Zusammenhang verwiesen, der zwischen Kritik, Demokratie und einem adäquaten experimentellen Wissenschaftsbegriff besteht. Wichtig ist dabei, dass die experimentelle Forschungsmethode, die zunächst im Bereich der Physik entwickelt wird, *als Methode* auch in der Sozialforschung eingesetzt wird.[20] Es geht nicht darum, fertiges naturwissenschaftliches Wissen in die Sozialwissenschaften zu übertragen. Vielmehr zeigt sich, dass alle wissenschaftlichen Praktiken als Praktiken in ein sozialempirisches Milieu eingebunden sind. Die kritische Reflexion auf diese Einbindung verhindert, dass die wissenschaftlichen Erkenntnisse als Erkenntnisse einer *Realität schlechthin* geltend gemacht

18 Vgl. ebd., S. 27f.

19 Ebd., S. 27.

20 Vgl. John Dewey, *Logik. Die Theorie der Forschung*, Frankfurt a. M. 2002 [1938], S. 560ff.

werden können.[21] Sie situiert also das Wissen in einer vorgängigen, nicht aber von ihm abgetrennten und daher stets wissenschaftlich-technisch vermittelten sozialen Praxis. Ihre demokratische Qualität korrespondiert mit der Idee einer undogmatisch operierenden Wissenschaftskultur. Die philosophische Reflexion auf die Forschungspraxis erläutert den operationalen Wert von »Ideen am Werk«, d. i. ein Wert, der in seiner Geltung von der in einer Wissenschaftskultur kontinuierlich stattfindenden Überprüfung und Reproduktion von Erkenntnissen abhängig ist.[22] In diesem Sinne existiert zwischen der methodischen Forderung des Fallibilismus und dem Konzept des Instrumentalismus ein wechselseitiges Dependenzverhältnis, sofern dieses Konzept nach Dewey die lebensweltlichen Bezüge der wissenschaftlichen Praxis deutlich macht.

Ausgangspunkt der Methodenbetrachtung Deweys ist die Unterscheidung zwischen einer »primären« und einer »sekundären« Erfahrung.[23] Im Anschluss an William James' *Essays in Radical Empiricism* (1912) wird die primäre Erfahrung als »doppelläufig«[24] (double-barrelled) begriffen, sofern sie einschließt, *was* und *wie* erfahren wird. Ihre methodische Bedeutung liegt in ihrer Funktion, der wissenschaftlichen Reflexion eine Beziehungsgrundlage vorauszusetzen und somit für die theoretische Abstraktionsleistung ein empirisches Korrektiv bereitzustellen. Dabei ist zu beachten, dass die Reflexionsbegriffe oder »die geläuterten Objekte«[25] der Sekundärerfahrung durch ihren von Rechts wegen unverlierbaren Bezug auf eine primäre Erfahrungssituation daran gehindert werden, sich zu verselbständigen. Philosophie ist theo-

21 Während etwa Durkheim in den *Regeln der soziologischen Methode* in den quantifizierenden Verfahren der Naturwissenschaften ein allgemeines wissenschaftliches Objektivitätsideal erkennt, beharrt Dewey auf der Unhintergehbarkeit der (subjektiv-qualitativen) Teilnehmerperspektive und der Permanenz des sozialen Wandels. Sozialforschung ist nach Dewey ein experimentelles Verfahren inmitten der qualitativen Erfahrungszusammenhänge, das weder auf eine vorwissenschaftliche Praxis noch auf einen Objektivität sichernden Reduktionismus bezogen ist. Dagegen heißt es bei Durkheim: »Denn Bedingung aller Objektivität ist das Vorhandensein eines dauernden und gleichbleibenden Zielpunkts, auf den die Vorstellung bezogen werden kann und der alles Veränderliche, also Subjektive, auszuschließen gestattet.« Émile Durkheim, *Die Regeln der soziologischen Methode*, Frankfurt a. M. 1984 [1895], S. 138. Wie der Physiker die Wärme mit dem Thermometer misst, soll auch der Soziologe subjektive Meinungen und Ansichten methodisch ausschließen – und d. h. soziales Leben nur als in festen Strukturen konsolidiertes zum Gegenstand seiner Wissenschaft machen.

22 Vgl. Dewey, *Die Suche nach Gewißheit*, S. 111ff.

23 Vgl. John Dewey, *Erfahrung und Natur*, Frankfurt a. M. 2007 [1925], S. 11.

24 Ebd., S. 25.

25 Ebd.

retizistisch fehlgeleitet, wenn sie mit Begriffen arbeitet, die vorgeben, ursprüngliche Wesenheiten zu sein, die *sich* die Erfahrung im Ganzen zuordnen und daher den Anschein erwecken, *nicht* von einer ihnen vorausliegenden primären (holistisch gefassten) Erfahrung sozialer Praxis abstrahiert zu sein. Das heißt nicht, dass Dewey die primäre Erfahrung mit einer epistemologischen Funktion versieht, indem er diskursive Urteile einer empirischen Prüfung unterzieht. Vielmehr sind es gerade die bewusstseinsphilosophischen (metaphysischen oder repräsentationalistischen) Grundlagen des Theoretizismus, die im Zuge der Kritik reflexionslogischer Abstraktionen adressiert und zurückgewiesen werden.

Halten wir fest, dass der einfache Gegensatz zwischen Ordnung und Unordnung im klassischen Pragmatismus in metaphysikkritischer Absicht dekonstruiert wird, sofern er den traditionellen Anspruch philosophischer Theoriebildung auf absolute Gewissheit infrage stellt. Diese lässt sich nur rein theoretisch erreichen, wenn die praktischen Weltbezüge, die keine dauernde Gewissheit oder stabile Erkenntnis zulassen, überflogen werden. Auf diese Weise werden disparate Gegebenheiten ignoriert und eine Seinsordnung affirmiert, die in der Theorie selbst ihre Letztbegründung findet. Nach Dewey kann dieser dogmatische Intellektualismus auf einige Kernbestandteile reduziert werden, die bis in die Gegenwart hinein wirksam geblieben sind. Zu nennen sind hier das ontologische Fundament der verschiedenen Spielarten der Erkenntnistheorie und die mit ihr verbundene Nobilitierung einer wissenschaftlichen Sichtweise als objektiv-real, die sich aus der pluralistischen Gemengelage des situierten Wissens und praxisrelevanter Problembezüge herausstellt. Ausgezeichnet wird sie mit Hilfe der Einführung transzendenter Begriffe, die in ihrem Ordnungsgefüge die Vielfalt des Geschehens aufheben und die Beziehungen zwischen wissenschaftlichen und anderen gesellschaftlichen Praxen unsichtbar machen.

Trotz der stabilen Grundfesten dieser Ordnung (und ihrer Auflösung des Prekären) bleibt die Geschichte des Theoretizismus einem historischen Wandel unterworfen. Wie Dewey herausarbeitet, bedeutet die in der Frühen Neuzeit einsetzende Mathematisierung des Wissens eine wichtige Zäsur in der Wissenschaftsgeschichte.[26] Neben der Einführung experimenteller Methoden (v. a. in der Physik) werden aber traditionelle metaphysische Vorstellungen weitertradiert. Das hat zur Folge, dass der methodischen Reduktion in den Naturwissenschaften eine (ihnen im Prinzip äußerliche) philosophische Last auferlegt bleibt, nämlich die *Realität als solche* zu erkennen. Die theoretizistische Ausrichtung und Missachtung der Praxis wird damit in veränderter Form beibehalten, sofern nunmehr zunächst der gesamte Bereich qualitativer Erfahrungen

26 Vgl. Dewey, *Die Suche nach Gewißheit*, S. 32ff.

als nicht wissenschaftsfähig gilt.[27] Dasselbe Problem kehrt im Feld der Moral wieder, sofern das Gute nicht praktisch herbeigeführt, sondern lediglich kontemplativ erkannt werden muss. Vor diesem Hintergrund entwickelt sich ein Konflikt zwischen Wissenschaft und Werten (oder Religion).[28] Mit der Aufgabenstellung einer Rekonstruktion der Philosophie verbinden sich nach Dewey die Preisgabe des metaphysischen Realismus in der Erkenntnistheorie und eine konsequente Reflexion auf die – gerade nicht theoretizistisch verformte – Wissenschaftspraxis.[29] In ihr liegt dann ein Bezug auf die primäre Erfahrung – und zwar schon dort, wo sie sich als situationsgebundene Forschung begreift.

2. Das Andere der Ordnung

Die Philosophie des Pragmatismus konsolidiert sich als eine Wissenschaftsphilosophie, die aus dem Zerfall älterer europäischer idealistischer Traditionen – mitsamt des Erbes der romantischen Naturphilosophie – in Nordamerika gegen Ende des 19. Jahrhunderts hervorgeht. Diese Entwicklungen vollziehen sich im Hinblick auf ›kontinentale‹ Parallelentwicklungen in einer Ungleichzeitigkeit. Während in Europa Denkströmungen aufkommen, die Wissenschafts- und Materialismuskritik mit neuen ontologischen, fundamentalphilosophischen oder romantisch-vitalistischen Konzepten verbinden, zeichnet sich der amerikanische Pragmatismus durch eine Verschränkung naturwissenschaftlicher und philosophischer Theorien und Methoden aus. Sein ›methodischer Naturalismus‹ wurde in Europa daher auch missverstanden – und unmittelbar mit einer Art positivistischen Radikalphilosophie assoziiert.[30] Das ist nicht besonders verwunderlich, wenn man

27 Vgl. ebd., S. 45, 57. Man kann Rorty zustimmen, wenn er schreibt: »Wie mir scheint, ist Dewey der einzige unter den gewöhnlich als ›Naturalisten‹ klassifizierten Autoren, der nicht in dieser Weise reduktionistisch war, trotz seiner ständigen Rede von der ›wissenschaftlichen Methode‹. Es war Deweys besondere Leistung, hinreichend Hegelianer geblieben zu sein, um nicht von den Naturwissenschaften anzunehmen, sie hätten eine besondere Zugangsweise zum Wesen der Dinge«. Richard Rorty, *Der Spiegel der Natur. Eine Kritik der Philosophie*, Frankfurt a. M. 1987 [1979], S. 392.

28 »Wenn die Gültigkeit von Überzeugungen und Urteilen über Werte von den Konsequenzen der Handlung abhängig ist, die um ihrer willen unternommen wird, wenn die angenommene Verbindung von Handlungen mit einer Erkenntnis, die ohne jede Tätigkeit bewiesen werden kann, aufgegeben wird, dann ist das Problem der innerlichen Beziehung von Wissenschaft und Wert völlig künstlich.« Dewey, *Die Suche nach Gewißheit*, S. 47.

29 Vgl. ebd., S. 81f.

30 Vgl. dazu Émile Durkheim, »Pragmatismus und Soziologie«, in: ders., *Schrif-*

berücksichtigt, dass die Verstandesphilosophie der kantischen Tradition als Grundlage positivistischer Verallgemeinerungen aufgefasst wurde, die nicht länger idealistisch mittels Vernunft, sondern nur im Ausgriff auf ein ›neues Absolutes‹ – z. B. Leben oder Existenz – korrigiert bzw. auf ein höheres Niveau gehoben werden konnte. Im Pragmatismus aber steckt eine skeptische Grundhaltung. Sie bezieht sich auf absolute Setzungen aller Art, die entweder in wissenschaftstheoretischer Hinsicht eine fundamentalphilosophische Bedeutung für sich reklamieren (wie in der Phänomenologie) oder auf romantische Potentiale der ästhetischen Erfahrung rekurrieren (wie in der Frankfurter Schule).

»Ordnungskonzeptionen gehen stets mit spezifischen Vorstellungen von Nicht-Ordnung einher.«[31] Aus pragmatistischer Sicht kommt es hier darauf an, ob es bei reinen Vorstellungen von Nicht-Ordnung bleibt – oder ob diese Vorstellungen dazu verwendet werden sollen, die Ordnung, die sie negieren, aufzugeben oder zu transformieren. Um das Problem mit einigen Beispielen zu verdeutlichen: Für Adorno ist das Nicht-Identische das Andere der Ordnung, während diese aus der begrifflichen Struktur eines per se identifizierenden Denkens resultiert.[32] Es allein besitzt eine innere Historizität, d. h. Geschichtlichkeit im Singular, die alle Emanzipationspotentiale in sich trägt, die im begrifflichen Bezug auf Nicht-Begriffliches immer schon liegen. Die Ordnung ist daher eine alternativlose, der lediglich die Negation entgegenzusetzen ist. Negative Dialektik resultiert aus dieser Widersprüchlichkeit des Identitätsbewusstseins. »Der Widerspruch ist [...] Index der Unwahrheit von Identität, des Aufgehens des Begriffenen im Begriff.«[33] Oder anders gesagt: »Widerspruch ist Nichtidentität im Bann des Gesetzes, das auch das Nichtidentische affiziert.«[34] Kein anderer Ausweg ist in Sicht, als »das Begriffslose mit Begriffen aufzutun, ohne es ihnen gleichzumachen«, d. h. ohne der historischen Notwendigkeit der Identifikation des Nichtbegrifflichen oder Begriffslosen mit dem Begriff zu verfallen:

ten zur Soziologie der Erkenntnis, Frankfurt a. M. 1987 [1914], S. 9–168, hier: S. 11; Max Scheler, »Erkenntnis und Arbeit. Eine Studie über Wert und Grenzen des pragmatischen Motivs in der Erkenntnis der Welt«, in: ders., *Gesammelte Werke*, Bd. 8, Bern 1960 [1926], S. 191–382; Max Horkheimer, *Zur Kritik der instrumentellen Vernunft*, Frankfurt a. M. 1967 [1962], S. 48ff.

31 Vgl. dazu das Editorial zu der Ausgabe der Zeitschrift *Behemoth. A Journal on Civilisation*, »Das Andere der Ordnung«, hrsg. v. Ulrich Bröckling, Christian Dries, Matthias Leanza, Tobias Schlechtriemen.

32 »Denken heißt identifizieren.« Theodor W. Adorno, *Negative Dialektik*, Frankfurt a. M. 1966, S. 17. Für Adorno gilt es, diesem historisch gewachsenen Zwang standzuhalten, indem weder den Identifikationsleistungen vertraut – noch Ausflüchten in scheinbare Unmittelbarkeit nachgegeben wird.

33 Ebd.

34 Ebd., S. 18.

eine »Utopie der Erkenntnis«.[35] Der herausgearbeitete identitätslogische Ordnungstyp bleibt hier also erhalten. Lediglich wird er laufend durch die negationstheoretische Ausrichtung der dialektischen Denkweise in Frage gestellt, wobei der Fluchtpunkt dieses Prozesses ein utopischer ist: ortlos, nicht situiert, in keine Ordnung vermittelt.

Ebenso liegen die Dinge, wenn Heidegger vom Ereignis spricht oder Levinas vom Anderen. Hierher gehört auch die Rede von der Überschreitung, die Bataille ins Spiel gebracht hat – und vieles mehr. In all diesen Fällen wird eine Ordnung im Singular hypostasiert: z. B. cartesianische Systematik, kantische Architektur des Wissens, positivistische Technologie, die in Heideggers Seinsgeschichte als historisch jeweils singuläre Primärordnungen aufeinander folgen und allesamt aus einem ›vorstellenden Denken‹ resultieren, das seinen Grund in einer transzendentalen Subjektivität findet. Das im Bild gefangene Denken verliert sich dabei in der selbst hervorgebrachten Ordnung – und vergisst seinen Bezug zum Sein: das Ereignis, dass es etwas gibt – eine Grundlosigkeit des Gegeben-Seins, das in der Perspektive des vorstellenden Denkens nicht bestimmbar, nicht ordentlich – begrifflich – fassbar ist.

Diese philosophische Auskunft verbindet sich regelmäßig mit einer eigentümlichen Esoterik, die insbesondere in nicht-philosophischen Bereichen und vor allem in der Kunst nach Möglichkeiten sucht, das Unfassbare mit anderen als philosophischen Mitteln doch zur Geltung zu bringen. In diesem Sinne wird die Kunst instrumentalisiert, indem ihr die philosophisch vordefinierte Aufgabe übertragen wird, von dem Anderen (der utopischen Zukunft, des nahenden ›Seyns‹ usw.) Zeugnis abzulegen. Die von Nietzsche gerügte asymmetrische Relation der metaphysischen Ordnungskünstler verkehrt sich hier im Sinne einer Ursprungsphilosophie, die im Ursprünglichen nicht länger den Grund der Ordnung als vielmehr ihr Anderes behauptet. Bestätigt wird diese These durch die Wiederkehr der romantischen Unmittelbarkeit: in der ästhetischen Erfahrung des Schönen und Erhabenen, aber auch in erotischen Verhältnissen und überhaupt in einer ethisch kolorierten Poesie der Begegnung.

In Deweys Pragmatismus ist dagegen eine hegelsche Inspiration lebendig, auf eine Konkretion der Vermittlung zu vertrauen, die die Gegensätze aufhebt. Nur dass bei Dewey – und dies im Unterschied zu Hegel – die Praxiskontexte als undiszipliniert wandelbare Bedingungen begrifflicher Arbeit fungieren, die sich also nicht aus der Eigenlogik dialektischer Bewegung ableiten lassen. Bevor im letzten Abschnitt genauer auf diesen Punkt eingegangen wird, kann an dieser Stelle die mit der Theoretizismuskritik verschmolzene Kritik der romantischen Unmittelbarkeit (als eine Kritik an Denkweisen, die das Andere der Ordnung für

35 Ebd., S. 21, 23.

eine generelle Kritik der singulären Ordnung geltend machen) am Beispiel des Verhältnisses von Natur und Erkenntnis verdeutlicht werden.

Wird die Natur wie in Newtons System des Universums unwandelbaren Gesetzen unterworfen, die exakte Voraussagen ermöglichen, so erscheint eine Welt ohne Gesetzmäßigkeit in diesem Sinn laut Dewey als chaotisch. Wissenschaftliche Erkenntnis findet in Newtons Paradigma statt, wenn Lage und Geschwindigkeit eines Körpers *in der Natur* exakt berechnet werden (und im Prinzip exakt berechenbar sind). Mit den Worten »in der Natur« wird gesagt, dass die Position oder die Geschwindigkeit unabhängig von der Praxis des Erkennens *existieren*. Heisenbergs Unschärferelation dient Dewey hingegen dem Nachweis, dass der ältere dogmatische Begriff des Naturgesetzes mitsamt seinen inhärenten Ordnungsvorstellungen überholt ist, sofern die Unbestimmtheit objektiv (nicht ein bloßer Fehler der Beobachtungsmethode) ist: das beobachtete Teilchen wandelt sich permanent »aufgrund seiner Interaktion [...] mit den Bedingungen, unter denen eine Beobachtung möglich ist«.[36] Das aber bedeutet, dass Natur (als solche) weder rational noch irrational, weder geordnet noch ungeordnet ist, weil sie nur in dem Maße *begreifbar* ist, wie sie durch die Praxis des Erkennens, Experimentierens und Beobachtens begriffen wird – indem in ihr enthaltene Möglichkeiten realisiert werden oder weil mit ihr in bestimmter Weise umgegangen wird.

Wie bereits Nietzsche in seinen kosmologischen Überlegungen in einigen nachgelassenen Schriften erläutert, reflektiert das Phantasma eines chaotisch Anderen der Ordnung lediglich eine Verlusterfahrung: den Verlust einer naturphilosophischen Ordnung, die sich vor der Einsicht in den Prozesscharakter alles Gegebenen nicht halten lässt. Ebenso meint dazu Dewey: »Vom Standpunkt traditioneller Begriffe aus erscheint die Natur ihrem Wesen nach irrational« – »eine Welt, in der Unordnung herrscht«. »Aber die Qualität der Irrationalität wird ihr nur aufgrund des Konflikts mit einer früheren Definition von Rationalität zugeschrieben. Man gebe die Vorstellung, daß die Natur einer bestimmten Definition entsprechen sollte, vollständig auf, und die Natur wird ihrem Wesen nach weder rational noch irrational sein.«[37] In dieser »vollständigen Aufgabe« verbirgt sich Dewey zufolge eine Veränderung von »revolutionärer« Bedeutung, die mit der modernen Physik und ihrer Verabschiedung des klassischen Paradigmas verbunden wird. Die Umwälzung verweist auf den Gesichtspunkt einer »Naturalisierung der Intelligenz«, d. h. in diesem Kontext: auf die Umstellung von einer allzu theoretisch ausgerichteten Rationalität auf eine im Kern praktische.[38]

36 Dewey, *Die Suche nach Gewißheit*, S. 203.
37 Ebd., S. 211, 209.
38 Vgl. ebd., S. 205, 214.

3. Andere Ordnungen pragmatischer Vernunft

Im Zentrum von Deweys pragmatistisch ausgerichteter Philosophie steht eine Theorie der Praxis, die den Anspruch erhebt, mit der traditionellen Trennung von Theorie und Praxis zu brechen. Wird die Praxis in der Theorie angemessen berücksichtigt – so könnte man diesen Anspruch formulieren –, dann wird diese gezwungen, von ihrem hohen Ross intellektualistischer Fehleinschätzungen herabzusteigen. Wie aber könnte das geschehen? Eine naheliegende Antwort lautet: durch die Anerkennung der wissenschaftlichen Forschungspraxis, die mit den gängigen Wissenschaftstheorien – und ihren aus der philosophischen Tradition stammenden Begrifflichkeit – nicht übereinstimmt. Berühmt ist in diesem Zusammenhang Quines Zurückweisung empiristischer Dogmen, insbesondere der klaren Unterscheidung analytischer und synthetischer Sätze. Die Kritik dieser Unterscheidung steht im Zeichen einer pragmatischen Wende, sofern an ihre Stelle eine holistische Theorie tritt, die eine strikte Trennung empirischer Beobachtungsdaten und theoretischer Begrifflichkeit nicht zulässt. Allerdings beschränkt sich die Relevanz dieser Thematik nicht auf die Bereiche der Erkenntnis- und Wissenschaftstheorie, auch wenn sie dort – von Rorty und seinen Anhängern – breit rezipiert wurde. Deweys Logik ist eine *allgemeine* Logik, deren situationstheoretische Grundlagen nicht allein für die naturwissenschaftliche Forschung von Bedeutung sind, sondern für jedwede forschende Praxis, die Probleme zu bestimmen sucht und mit diversen Lösungsansätzen operiert. Der Gebrauch der experimentellen Methode wird, so hatten wir bereits gesehen, auch in der »Sozialforschung« veranschlagt. Was das aber genauer bedeutet, ist bislang wenig diskutiert worden.[39]

Im Vordergrund steht auch hier – wie in der Wissenschaftstheorie – die Ablehnung intellektualistischer Hypostasierungen, die eine theoretizistische Ordnung postulieren. Werden dort die empirischen Forschungsbedingungen genauer betrachtet, um dogmatische Annahmen (der Zuschauertheorie des Erkennens, der Korrespondenztheo-

39 Im Bereich der Pädagogik und der Politikwissenschaft wurde Deweys Demokratiekonzept intensiv rezipiert, eine breite Auseinandersetzung mit seinen sozialtheoretischen Reflexionen zum Praxisbegriff hat aber nicht stattgefunden. In der Frankfurter Schule wurde zwar die Intersubjektivitätstheorie Meads zu diskursethischen Ausarbeitungen genutzt – und bei Richard Bernstein und Hans Joas finden sich weiterführende Überlegungen –, aber die metaphysikkritischen Pointen, die sich z. B. subjektivitätstheoretisch auswerten lassen, blieben weitgehend unbeachtet. Vgl. Andreas Hetzel/Jens Kertscher/Marc Rölli (Hrsg.), *Pragmatismus – Philosophie der Zukunft?*, Weilerswist 2008; Richard Bernstein, *Praxis and Action. Contemporary Philosophies of Human Activity*, Philadelphia 1971; Hans Joas, *Die Kreativität des Handelns*, Frankfurt a. M. 1992.

rie der Wahrheit etc.) zu vermeiden, so geht es im sozialtheoretischen Arbeitsgebiet um Setzungen oder Begriffe, die ›die Gesellschaft‹ oder ›das soziale Handeln‹ vorab in eine Ordnung bringen. Ähnlich wie in neueren kulturtheoretischen Ansätzen zu einer Theorie der Praxis, die auf symbolische Wissensordnungen als Handlungsbedingungen abzielen und dabei in der Wiederholung von Handlungsroutinen und ihrer möglichen Interpretation die Kontingenz in der Reproduktion sozialer Ordnung erkennen, weist auch der Pragmatismus bewusstseinsphilosophische oder objektivistische Ideen von sozial verbindlichen Handlungsursachen zurück.[40]

Deweys Instrumentalismus unterläuft den Gegensatz von zweckrationalem und selbstzweckhaftem Handeln, indem er sämtlichen Handlungstypen eine wechselseitige Beziehung von Mitteln und Zwecken zugrunde legt. Die kontrastiv definierten Begriffe von Individuum und Gesellschaft erweisen sich als problematisch, wenn Handlungen als situierte Wiederholungsprozesse aufgefasst werden, die ebenso sehr die gesellschaftlichen Verhältnisse transformieren wie sie immer schon sozial (kulturell *und* technisch) vermittelt sind.[41] Ihre Beschreibung fällt kurzatmig aus, wenn nur auf bekannte Zwecke, Intentionen und Gesetzmäßigkeiten fokussiert wird und nicht auf die unübersehbar komplexen Verhältnisse der Handlungsbedingungen und -folgen. An diesem Punkt kann eine Reflexion auf Handlungsmedien und Strukturen der Handlungskoordination einsetzen, die die sich verändernden technischen Bedingungen von Information und Kommunikation berücksichtigt. Es liegt in der Konsequenz pragmatistischer Kritiken des liberalistischen Individualismus, essentialistischer und naturalistischer Anthropologien wie auch kontraktualistischer Gesellschaftsmodelle, dass soziale Integration nichts ist, was individuelle Handlungsinteressen quasi äußerlich überformt. Vielmehr sind die sozialen Bezüge für die Subjektivierungsprozesse radikal konstitutiv, weshalb Individualität nicht (ebenso wenig wie eine gegebene soziale Ordnung) als fester Ausgangspunkt der Handlungstheorie dienen kann.

Schwierigkeiten mit der Handlungstheorie ergeben sich in erster Linie aus der Hypostasierung von Wesenheiten, die den Sinn des Handelns vorab (wenn man will: handlungsextern) bestimmen. Die utilitaristischen bzw. neukantianischen Modelle des zweck- bzw. normorientierten Handelns sind durch ihre Referenz auf individuelle Interessen oder kollektiv geltende Werte und Normen charakterisiert. In bei-

40 Vgl. Andreas Reckwitz, »Die Entwicklung des Vokabulars der Handlungstheorie«, in: Manfred Gabriel (Hrsg.), *Paradigmen der akteurszentrierten Soziologie*, Wiesbaden 2004, S. 303–328, hier: S. 303ff.

41 Vgl. John Dewey, »Philosophien der Freiheit«, in: ders., *Philosophie und Zivilisation*, Frankfurt a. M. 2003 [1928], S. 266–291, hier: S. 266ff.

den Fällen werden Instanzen bemüht, die die Vielfalt des Gegebenen in Bezug auf einen imaginären, transzendenten Ort vereinheitlichen. Auf diese Weise wird eine eigentümliche soziale Ordnung hergestellt, die ihren eigenen exklusiven Charakter entweder schlicht negiert oder aber durch die Unterscheidung des Normalen und des Pathologischen affirmiert. Mit der Festschreibung soziologischer Gesetzmäßigkeiten wird eine wissenschaftliche Beobachterperspektive eingenommen, deren erkenntnistheoretische *Prinzipien* festlegen, dass die Gegenstände von der Forschungstätigkeit nicht affiziert werden und die Realität als solche unabhängig ist von einem offenen, die Bedingungen der Wirklichkeit verändernden Handeln.[42] Nach Dewey liegt dagegen in der Konsequenz einer situationslogischen Theoriebildung, dass die teilnehmende Perspektive nicht überschritten werden kann. Auch Soziologen agieren in einem Feld, in welchem die unterschiedlichsten Positionen teilweise unvereinbar neben- und gegeneinander stehen. Eine schlüssige Kritik des Theoretizismus setzt daher eine pluralistische Einstellung voraus. Mit Nietzsche könnte man sagen, dass eine Metaphysik der Ordnung nur umgangen wird, wenn darauf reflektiert wird, dass ausnahmslos jede Ordnungsleistung eine Interpretationsleistung – und d. h. ein Machtgeschehen – darstellt.[43]

Mit dem Begriff der Situation bestimmt Dewey nicht nur die Logik seiner Forschungstheorie, Situationen liegen auch seiner Praxistheorie zugrunde. Mit ihnen wird die Ungewissheit der Handlungsabläufe zugelassen, die Möglichkeit des Scheiterns oder die Kontingenz des Geschehens. Auch sind Situationen nicht relativ auf eine außerhalb von ihnen liegende Ordnung. Sie entstehen vielmehr als primäre Erfahrungszusammenhänge ganz immanent aus sich selbst: sie werden nicht gemacht oder kontrolliert, vielmehr befindet man sich in ihnen, manchmal ohne zu wissen wie und warum.[44] Sie stellen sich nicht als

42 Vgl. Dewey, *Die Suche nach Gewißheit*, S. 27.

43 Vgl. Ralf Krause, »Nietzsches postmetaphysisches Denken«, in: ders. (Hrsg.), *Nietzsche. Perspektiven der Macht*, Berlin 2009, S. 11–46, hier: S. 11ff.

44 »Was durch das Wort ›Situation‹ bezeichnet wird, ist weder ein einzelnes Objekt oder Ereignis noch eine Menge von Objekten und Ereignissen. Denn wir machen niemals die Erfahrung von Objekten oder Ereignissen für sich, noch bilden wir uns Urteile über sie allein, sondern nur im Zusammenhang mit einem kontextuellen Ganzen.« Ereignisse werden »immer auf einem Feld« beobachtet – und zwar um herauszufinden, »was für ein *Feld* das ist« und wie man sich dort aufhalten oder intervenieren kann. Die empirische Qualität der Situation begreift Dewey als ein Indiz dafür, dass es sich nicht um ein »Objekt *im Diskurs*« handelt. Im Diskurs wird auf bestimmte Erfahrungsaspekte fokussiert, im Rahmen der üblichen theoretizistischen Einteilungen, während der Bezug auf das »kontextuelle Ganze« aus dem Blickfeld verschwindet. Alle Zitate Dewey, *Logik*, S. 87f.

rein Gegebenes ein, sondern sie überraschen uns, machen uns perplex und konfrontieren uns mit einer Frage, auf die wir eine Antwort finden müssen. Anders gesagt: sie zwingen uns zu handeln und geben die Bedingungen vor, die in das situationsbezogene Handeln als determinierende Faktoren (der Problemstellung und damit der Lösungswege) eingehen.[45] Eine tragfähige Ordnung ist gewissermaßen das mögliche Resultat einer Praxis, sich in Situationen zurechtzufinden. Allerdings bringen Lösungen Probleme nicht gänzlich zum Verschwinden: sie haben lediglich transitorische Relevanz, weshalb sie nicht verhindern können, dass neue Situationen neue Probleme aufwerfen, die neue Lösungsansätze generieren. Mit diesem Konzept gelingt es, zwischen den im Diskurs festgefügten Lösungen und den (mit Tarde gesprochen:) »mikrosoziologischen« Prozessen zu unterscheiden, die immer wieder neue Situationen hervorbringen. Die Mechanismen der sozialen Stabilisierung können dann rekonstruiert werden, indem man ihrer Bewegungsrichtung ›von unten nach oben‹ folgt.

Ordnungen entstehen aus dieser Sicht als situierte, problembezogene Lösungen, die sich zwar verselbständigen können, aber dabei gleichzeitig ihren Problembezug verlieren. So erklärt sich die Relevanz der Problemstellung, die sich aus Situationen herleitet, die als problematisch aufgefasst werden, und die mögliche Lösungswege vorstrukturiert. Weiter wird die eigentümliche Zirkularität nachvollziehbar, die zwischen vorgegebenen Ordnungen und ihrem Gemachtsein, ihrer begrifflichen Auffassung, ihrem Wandel und ihrer Veränderlichkeit besteht. Ordnungen finden ihren ›Grund‹ in Situationen, d. h. in einem Faktum zeitlicher, räumlicher, körperlicher, kollektiver Bedingtheit; aber dieser ›Grund‹ ist grundlos, sofern er nicht über eine kategoriale Struktur verfügt, die das ›Sein‹ der Situation ontologisch festlegt. An diesem Punkt wird auch die Differenz sichtbar, die zwischen einem pragmatistisch hergeleiteten Verdikt über den Theoretizismus und seiner marxistischen Alternative besteht. Zwar gleichen sich die Kritiken dort, wo auf einem Primat der gesellschaftlichen Praxis insistiert wird, um die Selbststilisierung metaphysischer Theoriebildung zum eigentlich Wirklichen und Wesentlichen zu unterlaufen. Im Kern unterscheiden sie sich aber, wenn der Dogmatismus in der Theorie der Ideologiekritik unterworfen wird. Den Begriff der Ideologie verwenden Dewey und andere Pragmatisten ausdrücklich nicht zur Kennzeichnung theoretizistischer Gedankengebäude. Sie stehen der Annahme ideologiefreien (z. B. anthropologischen und ökonomischen) Wissens skeptisch gegenüber. Ideologie verstellt den Blick auf die Wirklichkeit, so meint man, aber der Gebrauch von Ideen beschränkt sich nicht auf eine Widerspiegelung anderswo gegebener realer Verhältnisse – und er lässt sich auch

45 Vgl. ebd., S. 134f.

nicht in Bezug auf diese kritisch aufklären. Vielmehr sind Ideen per se instrumentell bestimmt, weil sich ihre Bedeutung aus dem erklärt, was sie zur Bestimmung von Situationen beitragen.[46] Sie können daher auch nicht dazu dienen, das situative Element im Prozess der Forschung aufzuheben – und dies auch nicht mittels Projektion in die (utopische) Zukunft.

Die bisherige Diskussion hat ergeben, dass weder das gängige handlungstheoretische Vokabular, noch die in strikter Opposition dazu stehenden struktur- oder systemtheoretischen Ansätze geeignet sind, die implizite Praxisdimension in der Situationstheorie des Pragmatismus aufzuklären. Und genau dieser Aspekt ist aus meiner Sicht für ihre Aktualität maßgeblich. In der Soziologie entstanden in den letzten 20 Jahren zahlreiche Theorien der Praxis, die genau an dieser Schnittstelle angesetzt haben, die Extreme zu vermeiden und eine Zwischenposition zu entwickeln. Immer wieder wurde darauf insistiert, dass die Vorstellung, Handeln unterliege einer klar bestimmbaren Instanz, die seine subjektiven Ziele oder aber seine objektiven Strukturen festlege, revisionsbedürftig ist. Bruno Latour spricht in diesem Kontext von der »Aufhebung des Handelns«[47]. Sie besteht in der Zurückweisung jener soziologischen Erklärungen, die Handeln auf tätige Individuen, ihre Intentionen und Ziele, oder auf grundlegende Strukturen reduzieren. Dagegen werden »Akteur-Netzwerke« als relationale Gebilde oder Kollektive gesetzt, die nichts anderes als einen immanenten Handlungszusammenhang darstellen, aus dem heraus einzelne Handlungen bestimmbar sind. Die Netze werden geknüpft, indem Dinge geschehen – und zwar so, *wie* sie geschehen. Von ihnen zu berichten, heißt Ordnungen zu konstruieren, die vorher nicht existiert haben. Dabei stellt es eine methodische Forderung ersten Ranges dar, »den Akteuren zu folgen«, d. h. sie selbst reden zu lassen, ihre Aktivitäten aufzuzeichnen. Im Innern der Latourschen Soziologie ist eine pragmatistische Inspiration wirksam, die auf die Unbestimmtheit der Handlungsquellen spekuliert sowie auf eine

46 Ebenso gilt in wissenschaftlichen Kontexten, dass Problemlösungsmöglichkeiten *funktionale Ideen* sind, die auf der Grundlage einer Bestimmung der gegebenen Situationselemente antizipieren, was geschehen kann, wenn dies oder jenes getan wird. Tatsachen und Bedeutungen stehen daher innerhalb des andauernden Forschungsprozesses in einer reziproken Beziehung zueinander. Im Anfangsstadium sind Ideen vage Suggestionen, gedankliche Anregungen: sie »entstehen einfach, blitzen auf, fallen uns ein«. Ebd., S. 137. Als Ideen werden sie von Dewey bezeichnet, sofern mit ihnen Probleme bestimmt werden können. Weder sind sie bloße Abbilder physischer Dinge noch legen sie eine letzte Struktur der Wirklichkeit fest. Vielmehr liegt ihre Funktion in erster Linie darin, bei der Ermittlung relevanter Tatsachen mitzuwirken.

47 Vgl. Bruno Latour, *Eine neue Soziologie für eine neue Gesellschaft. Einführung in die Akteur-Netzwerk-Theorie*, Frankfurt a. M. 2010, S. 76ff.

dichte, heterogene Empirie, die in der Beschreibung von Netzwerken deutlicher machen kann, wie Akteure zum Handeln gebracht werden.[48]

Für die ordnungstheoretische Reflexion bedeutet der beschriebene ›practice turn‹ die Einführung einer pluralistischen Position. Die großen Erzählungen von der einen Ordnung im Singular sind damit ebenso hinfällig wie die auf sie bezogenen eines chaotischen Abgrunds. Wenn es aber stimmt, dass Ordnungen im Plural stets auf ein Außen verwiesen sind, gerade weil sie nicht in sich selbst Wesen und Ursprung finden – stets gibt es Situationen und Probleme, auf die sie sich beziehen –, so konstituieren sie sich als begrenzte, selektive, situierte Ordnungen. Wird daher ihr Bereich verlassen, so wird im Zweifel ein anderer betreten, der seine eigene Ordnung hat: Diskurse, Praktiken, Sprachspiele, Lebensformen, Milieus oder Kulturen. Da es (nach pluralistischer Auffassung) keine Ordnung sämtlicher Ordnungen geben kann und auch keine entsprechende Übersicht, sind die Ordnungen disparat: sie stehen zueinander in differentiellen Verhältnissen. Umstritten ist hier beinahe alles, sofern Ordnungen nur konfliktfrei ordnen können, was konfliktfrei unter sie fällt. Da sie aber ihre eigenen Grenzen selbst bestimmen, lässt sich eine einwandfreie Arbeitsteilung nicht bewerkstelligen. Aus dem Tod Gottes folgt der Zerfall einer Ordnung in viele, die zu einem Patchwork zusammengeflickt werden. Unter diesen Umständen dokumentieren Ausnahmen in einem schwächeren Sinne exkludierende Ordnungsstrukturen und unklare oder umstrittene Zuständigkeitsverhältnisse. In einem stärkeren Sinne werden die Ausnahmen von einer Regel von eben dieser hervorgebracht: sie fallen dann unter eine Ordnung als etwas, das nicht zu ihr gehört oder als etwas, das von ihr ausgeschlossen wird. In diesem Paradox verschanzt sich noch heute die alte Theorietradition einer ungeheuerlichen Ordnungswut.

48 Dass die Beschreibung der Akteur-Netzwerke wiederum (z. T. auch uneingestanden) selektiv verfahren muss, wird gezeigt in Marc Rölli, »Dinge im Kollektiv. Zur Differenz phänomenologischer und ANTistischer Ansätze«, in: *Zeitschrift für Medien- und Kulturforschung* 2, 2012, S. 135–149, hier: S. 135ff.

Susanne Krasmann

Das Unvernehmen als das Andere der Ordnung

Zur Bedeutung des Sinnlichen in der politischen Philosophie Jacques Rancières

In der politischen Philosophie Jacques Rancières markiert das Unvernehmen (*la mésentente*) das Andere der Ordnung.[1] Der im Deutschen außergewöhnliche Begriff, der wörtlich so viel wie gestörtes Einvernehmen bedeutet, bezieht sich nicht lediglich auf die Artikulation von Protest oder ein Nicht-Einverständnis mit der herrschenden Ordnung. Er bezeichnet die Unterbrechung, Störung und Verschiebung der vom »Konsens« getragenen »polizeilichen Ordnung«. Die Verschiebung dieser Ordnung tritt in dem Moment ein, in dem sich ein neues politisches Subjekt ins symbolische Register einschreibt. Für Rancière verweist der Begriff des Unvernehmens auf den Kern des Politischen. Das Politische organisiert sich um die Frage der Anerkennung, genauer der Teilhabe eines Subjekts, das bisher aus der polizeilichen Ordnung und damit auch von sozialer und politischer Partizipation ausgeschlossen war. Doch inwiefern markiert das Unvernehmen das Andere der Ordnung?[2]

Die Frage der Repräsentation gegen den Lärm

Rancière greift die klassische demokratietheoretische Frage der Repräsentation auf. Wie muss man sich das Verhältnis von Regierung und Regierten vorstellen, wenn diese als Gleiche gelten und prinzipiell austauschbar sind? Wie kann die Regierung im Namen derer sprechen und handeln, die sie vertritt? Zwei grundlegende Probleme sind hier angesprochen. Das erste Problem zeigt sich schon begrifflich in der paradoxen Bestimmung von »Demokratie« (griech.) als »Volksherrschaft«. In der Institutionalisierung als Staats- beziehungsweise Herrschaftsform

1 Vgl. Jacques Rancière, *Das Unvernehmen. Politik und Philosophie*, Frankfurt a. M. 2002.

2 Ich danke den Herausgebern für konstruktive Anmerkungen zu diesem Beitrag, der an frühere Überlegungen anknüpft, vgl. Susanne Krasmann, »Jacques Rancière: »Polizei und Politik im Unvernehmen«, in: Ulrich Bröckling/Robert Feustel (Hrsg.), *Das Politische denken. Zeitgenössische Positionen*, Bielefeld 2010, S. 77–98.

ist die Demokratie notwendig machtförmig und hierarchisch angelegt, während das Volk doch als eine egalitäre Menge zu denken ist.[3] Offensichtlich stehen das Prinzip der Volkssouveränität und der Gleichheit im prinzipiellen Widerspruch zueinander. Das zweite Grundproblem schließt daran unmittelbar an. Es ist die Frage der Repräsentation im engeren Sinne, nämlich wie das politische Subjekt als solches überhaupt in Erscheinung treten kann. Es geht also nicht nur darum, wer in wessen Namen sprechen darf, sondern vielmehr wer oder was sich überhaupt einen Namen als politisches Subjekt geben kann und mithin als zugehörig und gleichberechtigt gilt. Das ist das Problem der Ausschließung, an dem Rancières politische Philosophie ansetzt und mit dem sie sich zugleich einem herkömmlichen Verständnis der Frage der Repräsentation entgegensetzt.

Wenn das Unvernehmen sich auf die polizeiliche oder konsensuelle Ordnung bezieht, in die sich ein neues politisches Subjekt einschreibt, dann passiert in dreierlei Hinsicht Außergewöhnliches: Erstens geht das Subjekt, das sich hier Gehör verschafft, seiner eigenen Artikulation nicht voraus. Es ist nicht einfach ein Ausgeschlossenes, wie es das »konsensuelle Denken [...] bequemerweise im einfachen Verhältnis eines Innen und Außen dar[stellt]«,[4] sondern ein bis dahin Ungedachtes, sogar Unvorstellbares. Das politische Subjekt des Unvernehmens ist nicht das Individuum, das, ausgeschlossen von der Gemeinschaft, sich nun Eintritt in diese verschafft. Auch ist es in diesem Sinne weder einfach nur ausgeschlossen vom herrschenden Diskurs, noch vollkommen jenseits dessen zu lokalisieren. Es ist nicht das nackte, auf die bloße Körperlichkeit reduzierte Leben, wie es in unterschiedlicher Perspektive Giorgio Agamben und Niklas Luhmann mit Blick auf das Lager als Paradigma des Ausnahmezustands oder das von jeglicher Teilhabe ausgenommene städtische Ghetto beschrieben haben.[5] Bei Rancière ist das ausgeschlossene, noch nicht existente Subjekt in der polizeilichen Ordnung nicht vorgesehen. Aber es kann sich artikulieren, und das ist, im Sinne Jacques Derridas, nicht vorherzusehen.[6] Die politische Artikulation ist ein Ereignis, das nicht vorweggenommen werden kann. Weil die polizeiliche Ordnung zweitens die Grenzen des Sichtbaren und Sagbaren definiert,

3 Vgl. Robin Celikates, »Demokratie als Lebensform. Spinozas Kritik des Liberalismus«, in: Gunnar Hindrichs (Hrsg.), *Die Macht der Menge. Über die Aktualität einer Denkfigur Spinozas,* Heidelberg 2006, S. 43–65, hier: S. 64f.

4 Rancière, *Das Unvernehmen*, S. 125.

5 Vgl. Giorgio Agamben, Homo sacer. Die souveräne Macht und das nackte Leben, Frankfurt a. M. 2002; Niklas Luhmann, »Jenseits von Barbarei«, in: ders., *Gesellschaftsstruktur und Semantik. Studien zur Wissenssoziologie der modernen Gesellschaft,* Bd. 4, Frankfurt a. M. 1995, S. 138–150.

6 Vgl. Jacques Derrida, *Eine gewisse unmögliche Möglichkeit, vom Ereignis zu sprechen,* Berlin 2003.

ist das Unvernehmen nicht lediglich ein Gegendiskurs. Es kann sich nur als Lärm artikulieren, der zunächst ohne Bedeutung im doppelten Sinne der Sinnhaftigkeit wie der politischen Relevanz auftaucht. Denn das Unvernehmen ist das nicht-autorisierte Sprechen, es artikuliert, was noch nicht Bestandteil eines Diskurses und insofern nicht intelligibel ist. Wenn es damit zugleich die bestehende Ordnung der Repräsentation in Frage stellt, dann adressiert es drittens jedoch nicht einfach nur ein symbolisches Register, sondern weit grundlegender die »Aufteilung des sinnlich Wahrnehmbaren«.[7] Und es ist diese Ausrichtung auf die Frage des Sinnlichen, welche die besondere Attraktivität der politischen Philosophie Jacques Rancières ausmacht.

Als das Andere der Ordnung ist das Ausgeschlossene also gleichermaßen normativ wie epistemisch bestimmt. Es ist das, was die polizeiliche Ordnung nicht zulässt zu sehen und zu erkennen, das, was innerhalb der Ordnung nicht vorstellbar und nicht verhandelbar ist und sein kann.[8] Gleichwohl umschreibt das Andere hier nicht, wie bei Judith Butler, den Bereich fundamentaler Verwerfung, der aus der gesellschaftlichen Konstitution legitimer Subjektivität hervorgeht und als Nicht-Intelligibles ausgeschlossen ist.[9] Während für Butler jenseits der sprachlichen Ordnung des Intelligiblen der Bereich des verworfenen und unlebbaren Lebens beginnt, beginnt für Rancière jenseits der polizeilichen Ordnung des Sinnlichen der Bereich des nicht-repräsentierten und dennoch gelebten Lebens, das auch prinzipiell repräsentierbar ist. Ferner bezeichnet das Andere nicht, wie bei Michel Foucault, lediglich die Außenseite eines Diskurses, die, als dessen Effekt, stets ein anderer Diskurs ist:[10] Es gibt nur Positivitäten, kein Verborgenes jenseits des Diskurses, wohl aber so etwas wie die Rückseite des Diskurses als das, was dieser verschweigt und unsichtbar macht, weil das »begriffliche Schema« selbst »bestimmt, was gesehen [und gesagt] werden kann«.[11] Bei Rancière hingegen geht es nicht nur darum, die stillschweigenden und unsichtbaren Bedingungen des Sagbaren und Sichtbaren ins symbolische Register der Ordnung einzuholen, sondern vielmehr den Namen eines politischen Subjekts, das bisher ungedacht, unvorstellbar,

7 Jacques Rancière, »Konsens, Dissens, Gewalt«, in: Mihran Dabag/Antje Kapust/Bernhard Waldenfels (Hrsg.), *Gewalt. Strukturen, Formen, Repräsentationen,* München 2000, S. 97–112.

8 Vgl. ebd., S. 107.

9 Vgl. Judith Butler, *Körper von Gewicht,* Frankfurt a. M. 1997.

10 Vgl. Michel Foucault, »Das Denken des Außen«, in: ders., *Schriften in vier Bänden. Dits et Ecrits,* Bd. 1, hrsg. v. Daniel Defert/François Ewald, Frankfurt a. M. 2001, S. 670–697.

11 John Rajchman, »Foucaults Kunst des Sehens«, in: Tom Holert (Hrsg.), *Imagineering. Visuelle Kultur und Politik der Sichtbarkeit (= Jahresring. Jahrbuch für moderne Kunst,* Bd. 47), Köln 2000, S. 40–63, hier: S. 43.

unartikuliert war, in die Ordnung einzuschreiben. Das Andere, das die Ordnung der Sichtbarkeit ausschließt, ist eine nicht aktualisierte Vielheit, der Überschuss. Und, wie wir sehen werden, ist es die Frage des Sinnlichen, welche die Brücke zu ihrer Artikulation schlägt.

Die Aufteilung des Sinnlichen und die Neuordnung des Erfahrungsfeldes

Die »Aufteilung des Sinnlichen« ist Bestandteil und Voraussetzung der Konstitution von Ordnungen, im doppelten Sinne. Zum einen zerschneidet sie das Feld des Wahrnehmbaren in das, was gesehen, und das, was nicht gesehen, das, was gesagt, und das, was nicht gesagt werden kann, mithin in das, was anwesend oder abwesend und in der vorherrschenden polizeilichen Ordnung auch zur Abwesenheit verdammt ist. Zum anderen verklammert sich die Aufteilung des Sinnlichen mit der sozialen Ordnung. Sie bedeutet die Unterscheidung von sozialer Zugehörigkeit und Nicht-Zugehörigkeit. Sie markiert die soziale Verteilung, indem sie Positionen im sozialen Raum zuweist und Orte und Positionen in einer Gesellschaft anzeigt, welche die politische Verhandlung und die soziale Teilhabe erlauben oder untersagen. So bezeichnen Konzepte wie Bürger und Migrant, Unternehmer und Angestellte, Frauen und Männer soziale Ein- und Aufteilungen, das Parlament, der Gerichtshof, die Straße unterschiedliche Orte autorisierter Aushandlung usw. Die Aufteilung des Sinnlichen fällt gewissermaßen mit den sozialen Verhältnissen und der politischen (polizeilichen) Ordnung zusammen. Die Ordnung des Sehens und Denkens reproduziert sich in der Ordnung des sozialen Feldes: »Eine Aufteilung des sinnlich Wahrnehmbaren ist die Art und Weise, in der sich der Bezug zwischen einem geteilten Gemeinsamen oder einer geteilten Gemeinschaft und der Verteilung der einzelnen Teile im Augenschein der sichtbaren Welt bestimmt.«[12] Dies bedeutet umgekehrt aber nicht, dass die Aufteilung des Sinnlichen zugleich die Grenzen unserer Wahrnehmung und Erkenntnis markiert, im Gegenteil. Wir haben es eben weder mit den Grenzen des Intelligiblen und dem radikal Anderen der Ordnung noch mit dem Problem der Verblendung aufgrund von Ideologie und Repression zu tun. Das Unvernehmen geht vielmehr aus einer prinzipiellen Fähigkeit und Möglichkeit hervor, die Ordnung streitbar zu machen und das nicht Repräsentierte in Erscheinung zu bringen. Es gibt prinzipiell nichts, das nicht repräsentierbar wäre.[13] Allerdings löscht die poli-

12 Rancière, »Konsens, Dissens, Gewalt«, S. 97f.

13 Vgl. Jacques Rancière, »Are Some Things Unrepresentable?«, in: ders., *The Future of the Image,* London/New York 2007, S. 109–138.

zeiliche Ordnung, indem sie sich etabliert, ihre eigenen »Spuren«[14] aus und entzieht sich auf diese Weise, wenn auch vorläufig, der politischen Intervention. Das Teilungsprinzip beziehungsweise die Teilung selbst tauchen in der Ordnung nicht auf. Die Bedingungen ihrer Konstitution und die Koordinaten der Bestimmung von Zugehörigkeit und Nicht-Zugehörigkeit zu einer politischen Gemeinschaft geben sich selbst nicht zu erkennen, gerade weil sie als Wahrnehmungsraster immer schon Teil unseres Denkens und Daseins sind. Deshalb gilt es genau diese ungeschriebenen Koordinaten als Erstes aufzustören.

Das politische Subjekt, das sich im Unvernehmen artikuliert, kann nicht aus dem Immanenzfeld der Macht hervorgehen. Weder ist es Fluchtlinie und »Dezentrierung«[15] der Macht wie bei Foucault, noch artikuliert es sich in der Dekonstruktion und Verschiebung der Ordnung der Zeichen wie bei Derrida. Das politische Subjekt ist ein Neuartiges und dringt als solches »gleichsam von außen in die polizeiliche Ordnung«[16] ein. Politik beschränkt sich nicht darauf, lediglich neue Identitäten zu bilden, die sich einfach hinzufügen und aufaddieren lassen. Mit dem neuartigen Subjekt geht vielmehr eine »Neuordnung des Erfahrungsfeldes«[17] einher, die eine »Erweiterung« der politischen Sphäre wie der kollektiven »Fähigkeiten« aufbietet.[18] Störung und Subjektwerdung setzen mit einer »Ent-Identifizierung« ein, die

> »das Losreißen von einem natürlichen Platz, die Eröffnung eines Subjektraums [bewirkt], indem sich jeder dazuzählen kann, da es ein Raum einer Zählung der Ungezählten, eines In-Bezug-Setzens eines Anteils und der Abwesenheit eines Anteils ist«.[19]

Die Ent-Identifizierung bringt den »Unterschied einer Subjektivierung zu einer Identifizierung«[20] zum Ausdruck, so wie etwa die Kategorie der Proletarier, der Feministinnen oder auch der Ausspruch »Wir sind das Volk«. Diese Behauptungen benennen einen Unterschied zu den Arbeitern, den Frauen oder dem Volk, denen der Platz in der sozialen Ord-

14 Rancière, *Das Unvernehmen,* S. 125.

15 Jacques Rancière/Christian Höller, »Entsorgung der Demokratie. Interview mit Jacques Rancière«, in: *Springerin* 3, 2007, S. 5, abrufbar unter: www.eurozine.com.

16 Matteo Burioni et al., »Ästhetische Teilhabe zwischen Politik und Polizei. Gesprächsrunde über Jacques Rancières Schriften zur Kunsttheorie«, in: 31 – *Das Magazin des Instituts für Theorie* 10/11, 2007, S. 9–20, hier: S. 19.

17 Rancière, *Das Unvernehmen,* S. 47.

18 Rancière/Höller, »Entsorgung der Demokratie«, S. 5.

19 Rancière, *Das Unvernehmen,* S. 48.

20 Ebd., S. 49.

nung bereits zugewiesen ist. Allerdings zeigt sich an diesen »verdrehten Ableitungen«[21] auch, dass der subversive Effekt ebenso wenig schon ausgemacht ist.

Auffällig entwickelt Rancière seine politische Philosophie von einer Logik der Zahl und Zählung her, die auf den ersten Blick einen eigenwilligen Kontrapunkt zum Begriff des Sinnlichen bildet: Die abstrakte Zahl, die beispielsweise in einer Statistik auftaucht, bedarf erst der Übersetzung in ein semiotisches Zeichen. Sie mag sich aus einem empirischen Datum herleiten, doch Daten, so arbeitet Alexander Galloway mit Blick auf die Kontrollgesellschaft im Zeichen von Algorithmen heraus, haben keine notwendige visuelle Form.[22] Die Zahl in der Statistik ist insofern unsinnlich. Sie ist zunächst nur den Regeln ihrer Berechnung verpflichtet, deren Produkt sie ist, und muss gleichsam erst noch aus der mathematischen Existenzweise in Bedeutung überführt werden. Bei Rancière fungiert der Rekurs auf die Zahl und Zählung jedoch zugleich als Entgegensetzung zur Ökonomie der Macht. Denn der Begriff der »Zählung« ist wiederum doppelt zu verstehen, zum einen normativ im Hinblick auf das, was zählt und als zugehörig gilt, und zum anderen numerisch im Hinblick auf das, was zählbar ist und in bestimmter Weise gezählt wird. Der theoretische Kniff besteht nun darin, dass das politische Subjekt stets ein Surplus bildet. Es tritt hinzu und fügt sich hinzu, nicht im Sinne bloßer Addition. Als Selbsterfindung ist das dissente Subjekt vielmehr »immer ein *Zusätzlicher*«.[23] Es stört die Ordnung auf, indem es die gewohnte Zählung und das gewohnte Denken unterbricht.

»Die Politik hört auf zu sein, wo das Ganze einer Gemeinschaft restlos in die Summe seiner Teile aufgeht.«[24] Die Meinungsumfrage ist der Inbegriff einer solchen, »immer falschen Zählung«, die ein Verstummen mit sich bringt. Sie ist der Inbegriff des »konsensuellen Systems« der »Post-Demokratie«, in dem es kein Außen, keinen Ort des Dissenses mehr gibt, weil es »keinen Ort mehr für das Erscheinen« gibt. Denn die Meinungsumfrage setzt das Volk mit der erfragten öffentlichen Meinung gleich. Als politische Gemeinschaft (*demos*) sieht sich das Volk (*populus*) gleichsam vollständig dargestellt und ausgezählt. Die Berechnung schreibt ihre eigene Matrix vor, weshalb sie stets aufgeht. Sie hinterlässt kein Überzähliges, Ungerades, Undarstellbares. Es existiert folglich kein Außen mehr, das das Andere der Ordnung bezeichnen und diese verstören könnte, weil das Volk »ganz in einer Struktur des Sicht-

21 Ebd., S. 148.

22 Vgl. Alexander R. Galloway, »Are Some Things Unrepresentable?«, in: *Theory, Culture & Society* 28 (7), 2011, S. 85–102, hier: S. 88.

23 Rancière, *Das Unvernehmen*, S. 70.

24 Ebd., S. 132.

baren gefangen« und das Verhältnis von Abwesenheit und Anwesenheit aufgehoben ist.[25]

»Die Herrschaft des All-Sichtbaren, der unaufhörlichen Repräsentation für alle und jeden eines von seinem Bild untrennbaren Wirklichen« findet sich heute in den verschiedensten Formaten von der Bevölkerungsbefragung und der Evaluation der Performance in der Arbeitswelt bis hin zu den Risikoprognosen und Algorithmen von Metadaten in der Regierung von Sicherheit. Solche Zählungen produzieren Simulationen eines Wirklichen, die eine eigene Realitätsordnung bilden. Mit Jean Baudrillard beschreibt die Simulation, Rancière zufolge, eine Realitätsordnung, in der »alles« in der »Repräsentation« aufgeht: »man sieht alles, nichts erscheint [...]. Das Wirkliche und seine Simulation sind seitdem ununterscheidbar«. Das Wirkliche kann sich nicht mehr ereignen, »da es immer von seinem Trugbild vorweggenommen wird«. Doch anders als für Baudrillard liegt das Problem für Rancière weniger im Verlust der Wirklichkeit als vielmehr im Verlust des Erscheinens. Nicht die »Zerstörung der ›wahren Welt‹ und ihrer politischen Katastrophen« sei das Ende der Politik, als vielmehr die Organisation von Meinungen, in der die Politik mit sich selbst identisch wird. Sie tritt mit sich selbst in ein »Spiegelverhältnis« und schafft sich darin selbst ab. In der numerischen Zurichtung der Bevölkerung in Daten, Statistiken und algorithmisch generierten Aussagen wird das Volk »identisch mit der Summe seiner Teile«. Es geht auf in »der wissenschaftlichen Erkenntnis des Verhaltens einer Bevölkerung, die auf ihren Querschnitt reduziert ist«. Das Singuläre, die »Verschiedenartigkeit« hat keinen Ort des Erscheinens mehr. Sie kann nicht auftauchen, sich nicht artikulieren und behaupten, weil die Bevölkerung »von der einfachen Zählung ihrer Teile« eingenommen ist.[26]

Was sich wie eine Kritik des Medienzeitalters liest, beschreibt indes das grundsätzliche Problem der Repräsentation. Politik bedarf der Repräsentation, der symbolischen Ordnung, in der es überhaupt möglich ist, sich auf politische Subjekte zu beziehen ebenso wie einen Konflikt zu artikulieren. Zugleich ist es die politische Repräsentation, die den Willen des Volkes abzubilden verspricht und darin stets falsche Zählung ist. Deshalb setzt die Frage der politischen Partizipation beim »Anteil der Anteillosen«[27] ein. Die Anteillosen sind die Ungezählten und die, die nicht zählen. Sie sind nicht autorisiert zu sprechen, insofern haben sie keine Stimme. Aber sie haben eine Stimme im sinnlichen Sinne. Wenn sie sich artikulieren, produzieren sie zunächst nur Lärm, der bestenfalls vernommen, jedoch nicht gehört, nicht angehört und

25 Alle Zitate ebd., S. 112f.
26 Alle Zitate ebd., S. 113f.
27 Ebd., S. 24.

nicht aufgenommen wird. Der Lärm ist Geräusch, aber – noch – keine Rede.[28] Weil der Dissens sich von außerhalb der Ordnung einmischt, kann er vorerst auch nur im *Modus* der Störung daherkommen. Das Unvernehmen, das auf das Andere der Ordnung verweist, ist in der Logik dieser Ordnung – noch – nicht dechiffrierbar.

Zu einer Rede, die sich hörbar macht, wird das Unvernehmen in dem Moment, in dem es sich ein Forum verschafft. Was im ersten Augenblick tautologisch klingt, ist tatsächlich der Begriff des Politischen als einem Moment, das nur *in actu* wirksam wird. Erst der Eintritt in einen Streit, der aus dem Nichts aufzutauchen scheint, kann diesen sichtbar und hörbar machen: zu einem Politikum werden lassen. Deshalb muss der Streit zuallererst »über das Dasein einer gemeinsamen Bühne« verhandeln, die den Konflikt zu benennen und überhaupt erst »Gesprächspartner« zu positionieren erlaubt, um sich schließlich »über das Dasein und die Eigenschaft derer, die auf [dieser Bühne] gegenwärtig sind«, ins Benehmen setzen zu können.[29] Dabei existiert das politische Subjekt nicht schon vor dem Akt der Selbstbehauptung. Es repräsentiert »keine Gruppe, die sich ihrer selbst ›bewusst‹ wird«.[30] Auch geht das politische Subjekt in der Rechnung und in der Berechnung nicht auf. Es lässt sich nicht auszählen, ist vielmehr ein kollektives, vielfaches und vielfältiges Subjekt – ein Singuläres im Plural.[31] »Die politische Subjektivierung erzeugt eine Vielheit, die nicht in der polizeilichen Verfassung der Gemeinschaft gegeben war, eine Vielheit, deren Zählung der polizeilichen Logik widerspricht.«[32] Politik im Unvernehmen ist genau dies: »die Kunst der verdrehten Ableitungen und der gekreuzten Identitäten. Sie ist die Kunst der lokalen und singulären Einrichtungen von Fällen der Universalität.«[33]

Das »Volk«, einer der originären demokratietheoretischen Begriffe, ist selbst ein solches Vielfaches, »die ursprüngliche Einschreibung eines Subjekts und eines Erscheinungsbereichs des Subjekts, auf deren Grundlage andere Weisen der Subjektivierung die Einschreibung anderer ›Existenzen‹, anderer Subjekte des politischen Streits vorschlagen«.[34] An dieser Stelle wird die doppelte Anforderung an die Konstituierung eines politischen Subjekts deutlich. Indem es sich als solches behauptet, erfindet es sich einerseits selbst. Es schöpft sich gleichsam aus dem Nichts, indem es sich ein Recht zu sprechen herausnimmt und ein Recht für

28 Vgl. ebd., S. 41.
29 Ebd., S. 38.
30 Ebd., S. 52.
31 Vgl. Jean-Luc Nancy, *singulär plural sein,* Berlin 2012.
32 Rancière, *Das Unvernehmen*, S. 47.
33 Ebd., S. 148.
34 Ebd., S. 47.

sich in Anspruch nimmt, das es hat und nicht hat.[35] Es behauptet eine Existenz, die es noch nicht gibt. Es tut dies andererseits, indem es auf ein existierendes Unrecht der Ausschließung, des Nicht-Gehörtwerdens, der Ungerechtigkeit rekurriert. Die Kantische Vorstellung eines »als ob« bringt diesen Modus auf den Begriff, der gleichermaßen einen emergenten Akt der Selbstermächtigung wie auch die Notwendigkeit anzeigt, sich auf eine schon bestehende Ordnung zu beziehen.[36] Erst in diesem Bezug findet das Unvernehmen die Unterscheidung und kann sich als Artikulation profilieren. Dabei ist es die Störung in der Artikulation dieses unerhörten Anspruchs, das unerhörte politische Subjekt wahrzunehmen, welche die Ordnung und ihre bis dahin stillschweigenden Implikationen ihrerseits erst sichtbar werden lässt.

Doch wer oder was artikuliert sich im Unvernehmen? Was macht das *Movens* aus? Woher bezieht das Unvernehmen, wenn man so will, die Kraft (*potentia*) der Selbstermächtigung? Was macht die Erfahrung und die Erfahrbarkeit eines Unrechts aus, die sich doch offensichtlich abseits der Ordnung manifestiert und erst noch zur Sprache kommen muss? Mit diesen Fragen ist der Moment gekommen, in dem das Sinnliche sich ins Spiel bringt.

Teilhaben und Teilnehmen in Ästhetik und Politik

Wohl nicht zufällig spielt die Kunst – im Sinne einer Ästhetik, welche die der Kunst eigenen Gesetzmäßigkeiten erkundet, wie der Aisthesis, die auf die sinnliche Erfahrung und das körperliche Erleben der Realität abhebt – eine zentrale Rolle in Rancières politischer Philosophie.[37]

35 Dem »Recht, Rechte zu haben«, wie es Hannah Arendt (*Elemente und Ursprünge totaler Herrschaft. Antisemitismus, Imperialismus, Totalitarismus,* München 1986, S. 614) in ihrer Kritik der Menschenrechte einfordert, setzt Rancière dementsprechend eine doppelte Wendung entgegen: Als »Subjekte der Menschenrechte« handeln diejenigen, »die nicht die Rechte haben, die sie haben, und zugleich die Rechte haben, die sie nicht haben«. Jacques Rancière, »Wer ist das Subjekt der Menschenrechte?«, in: Christoph Menke/Francesca Raimondi (Hrsg.), *Die Revolution der Menschenrechte. Grundlegende Texte zu einem neuen Begriff des Politischen,* Frankfurt a. M. 2011, S. 474–490, hier: S. 483, 481.

36 Vgl. Rancière, *Das Unvernehmen*, S. 64.

37 Nicht nur im Französischen kann *sens* sowohl die Sinne als auch den Sinn oder das Sinnhafte meinen, während das Sinnliche (sensible) sich auf die bloße Tatsache der Sinneswahrnehmung wie auch die Empfindsamkeit oder Empfindlichkeit beziehen kann. Daher kann man zwischen dem Sensorischen als einem »reinen, von einem Sinn produzierten Stimulus« und dem Sinnlichen als einem bereits aufgeteilten Sinn (sens) unterscheiden: »Sinn in Verbindung mit Bedeutung (sens), Sichtbares als Sagbares artikuliert, was interpretiert, evaluiert wird usw.« Jacques Rancière, *Ist Kunst widerständig?,* Berlin 2008, S. 43.

Freilich ist die Kunst nicht als ein bloßes Mittel und Instrument der Politik misszuverstehen. Kunst und Politik beschreiben zwei verschiedene »Regime der Identifikation«,[38] doch gehören sie nicht verschiedenen Realitäten an. Sie teilen die Fähigkeit, die normalen Koordinaten sinnlicher Erfahrung aufzuheben und neue Lebensweisen zu imaginieren.[39] Gleichwohl räumt Rancière dem »ästhetischen Regime« den Vorrang ein, weil, und hiermit misst er dem Imaginativen offenbar eine besondere Bedeutung zu, das Reale erst fiktionalisiert, »zur Dichtung werden muss, damit es gedacht werden kann«. Im ästhetischen Regime ist die klare Unterscheidung zwischen Realität und Fiktion aufgehoben. »*Geschichte* schreiben und *Geschichten* schreiben gehören zu demselben Wahrheitsregime«, »Zeugnis und Fiktion unterstehen demselben Sinnstiftungsregime«.[40]

Das ästhetische Regime, das die gegenwärtig prägende Weise der Identifikation von Kunst »als eine eigene Sphäre der Erfahrung« beschreibt, grenzt Rancière vom ethischen Regime der Bilder und dem repräsentativen Regime der »schönen Künste« ab.[41] Dabei handelt es sich jeweils um historisch spezifische Vorstellungen von Kunst in ihrem Verhältnis zur Gesellschaft oder einer politischen Gemeinschaft, die zwar nicht klar voneinander abzugrenzen sind und auch bis in die Gegenwart fortexistieren. Doch im Unterschied zum ästhetischen Regime haben die früheren gemein, dass sie die Kunst einer ihr äußerlichen Ordnung unterstellen. So hat die Kunst mal eine ethische oder didaktische Funktion, etwa indem sie Vorstellungen von einem guten Leben vermittelt, mal maßregeln bestimmte Vorstellungen des Schönen, was überhaupt als Kunst oder als ein geeignetes Sujet der Kunst anzusehen ist.[42] Für

38 Ebd., S. 39.

39 Vgl. Nikos Papastergiadis, »A Breathing Space for Aesthetics and Politics: An Introduction to Jacques Rancière«, in: *Theory, Culture & Society* 31 (7/8), 2014, S. 5–26, hier: S. 16.

40 Alle Zitate Jacques Rancière, *Die Aufteilung des Sinnlichen. Die Politik der Kunst und ihre Paradoxien,* Berlin 2006, S. 60. Damit reiht Rancière sich auch in eine literaturwissenschaftliche Theorietradition ein, die das Fiktionale nicht »als Fiktion von Realitäten, sondern als Fiktion der Realität von Realitäten« begreift. Hans Blumenberg, »Wirklichkeitsbegriff und Möglichkeit des Romans«, in: Hans R. Jauss (Hrsg.), *Nachahmung und Illusion. Kolloquium Gießen Juni 1963,* München 1969, S. 9–27, hier: S. 27. So stellt der Roman »Bedingungen dar, die in der Welt normalerweise nicht zu beobachten sind, die Bedingungen nämlich, unter denen etwas als realistisch erscheint. Um realistisch zu sein, darf der Roman also gerade nicht real sein.« Elena Esposito, *Die Fiktion der wahrscheinlichen Realität,* Frankfurt a. M. 2007, S. 17.

41 Rancière, Ist Kunst widerständig?, S. 41.

42 Es handelt sich folglich nicht um Episteme im Sinne Foucaults. Während das ästhetische Regime mit der Romantik einsetzt, verbindet das ethische Regime

die Logik des ästhetischen Regimes führt Rancière demgegenüber das Beispiel der Farbe in der bildenden Kunst an. Die Farbe ist das, was sich sinnlich (sensorisch) wahrnehmen lässt, und ist zugleich mehr als dies. Sie setzt sich in Beziehung zu etwas anderem, »zu dem Strich oder der Zeichnung«, und lässt sich doch nicht auf eine bestimmte symbolische Bedeutung festschreiben. Auch ordnet sie sich der Logik des Bildes oder einer Zeichnung nicht bloß unter.[43] Sie bekommt vielmehr in Verbindung mit dem Material eine Bedeutung für sich selbst, sie wird zu einem »Ereignis des Stoffs«. In dieser Lesart verliert sich auch die Bedeutung von exklusiven »Kennern« der Kunst. Das ästhetische Regime erwirkt eine »Aufteilung der Kompetenzen«.[44]

Wohl definiert Kunst sich nicht »einfach ›durch sich selbst‹«, so präzisiert Rancière. Sie ist nicht autonom, nicht die »Welt des reines Verstandes oder Geistes«. Aber sie kennzeichnet eine eigene Erfahrungsform, und eine Voraussetzung für ihre politische Wirksamkeit ist, dass sie nicht »ohne Bezug zu den sozialen Realitäten« lesbar ist.[45] Zugleich liegt das besondere Potenzial der Kunst in ihrer »Unzweckmäßigkeit«. So kann etwa die künstlerische Fotografie, gerade weil sie das lineare Verhältnis von »Ursache und Wirkung« aufhebt, einer »Banalisierung« entgegentreten, die eine mediale Berichterstattung im »Regime der Information und der Erklärung«, aber auch ein – falsches, das Opfer vereinnahmende – Mitleid gegenüber den von Kriegen und politischen Zerwürfnissen Betroffenen hervorbringt. Der ästhetische Effekt, den ein künstlerischer Blick demgegenüber hervorruft, kann »mit dem Sichtbaren und Sagbaren die Grenzen des Tolerablen und Intolerablen und auch die des Möglichen und Unmöglichen neu« konfigurieren. Dabei verdankt sich »der politische Effekt der Kunst« auch ihrer »Unbestimmtheit«.[46] Gerade weil das ästhetische Regime sich keiner Ordnung unterstellt, können sich die Grenzen zwischen Dokumentation und Fiktion, künstlerischer und politischer Bedeutung verwischen. Freilich hebt auch das ästhetische Regime das Prinzip der Aufteilung selbst nicht auf. Aber es kann die vorgegebene Aufteilung des sinnlich Wahrnehmbaren irritieren und eine neue Verteilung zwischen dem Sichtbaren und dem Nicht-Sichtbaren aufmachen.[47] Kunst entwirft eine

sich mit dem Platonischen und das repräsentative Regime sich mit dem Aristotelischen Modell.

43 Gleiches lässt sich für die Bedeutung der Töne in der Musik sagen. Das ästhetische Regime würde »die Aufteilung in eine Welt des Lärms und eine der Musik« in Frage stellen. Rancière, *Ist Kunst widerständig?*, S. 45.

44 Alle Zitate ebd., S. 44.

45 Alle Zitate ebd., S. 41.

46 Alle Zitate ebd., S. 56–58.

47 Vgl. Papastergiadis, »A Breathing Space for Aesthetics and Politics«, S. 13.

andere Ordnung der Sichtbarkeit, »indem sie die Ordnung der Wahrnehmung unterbricht und die sinnlichen Hierarchien erschüttert«.[48] Und genau hier liegt das Schnittfeld von Ästhetik und Politik als Teilhabe und Teilnahme »an einer kollektiven Praxis, die für Rancière in der sozialen und politischen Konstitution der Sichtbarkeit entschieden wird«.[49]

Dabei hat der Begriff der Aufteilung, als Teilung und Einteilung, Trennung und Voraussetzung des Teilens, eine doppelte Bedeutung, die im französischen Nomen *partage* enthalten ist. Die »Aufteilung des Sinnlichen« bestimmt die Art und Weise, in der wir die Realität wahrnehmen und interpretieren. Sie schließt insofern andere Formen der Sichtbarkeit oder auch andere Lesarten aus. Zugleich macht sie »geteilte Bedeutung« überhaupt erst möglich.[50] Im Begriff der Partizipation setzt sich diese doppelte Bedeutung fort: Die Aufteilung ist die Voraussetzung, um miteinander zu teilen.[51] Hier zeigt sich erneut das Aktivische, das Moment der Ausübung, ohne die das Politische nicht existieren kann. Partizipation heißt Teil*habe* und Teil*nahme*. Sie ist jedoch nicht Teil*habe* an »der Macht«, denn es gibt keinen Anteil, den man besitzen kann. Der Anteil der Anteillosen realisiert sich nur im Vollzug. Und so ist die Gleichheitseinschreibung, die letztlich unmöglich ist, auch nicht das abschließende Ziel der Intervention. Denn die Welt lässt sich nicht einfach aufsummieren, sie geht nicht in der Summe ihrer Teile und der Potentialitäten auf, die ihrerseits nicht einfach messbar und vergleichbar sind.[52] Die Unruhe, die der Dissens aufbringt, liegt gerade nicht darin, die Anteillosen in der Zählung aufgehen zu lassen. Sie liegt in der Einsicht, dass die Anteillosen unzählbar sind. Und sie liegt in der Fähigkeit, die Grenzen der Ordnung an ihr selbst aufzuzeigen.

Gleichheit lässt sich nicht realisieren, aber sie lässt sich verifizieren, in der Artikulation eines Dissenses gegenwärtig machen. Dies geschieht im Modus des *als ob*: Der politische Streit aktiviert die egalitäre Voraussetzung der Demokratie und »projiziert« die Gleichheit auf das Moment der Inanspruchnahme »zurück«.[53] Als »Akt der ›Teilhabe‹« hebt

48 Rancière, *Ist Kunst widerständig?*, S. 85.

49 Maria Muhle, »Kunst und Arbeit: zwei Tätigkeitsformen zwischen Politik und Ästhetik«, 2007, online veröffentlicht unter: www.kvhbf.de, S. 10.

50 Vgl. Anat Ascher, »Thinking the Unthinkable as a Form of Dissensus: The Case of the Witness«, in: *Transformations. Journal of Media and Culture* 19, 2011, abrufbar unter: www.transformationsjournal.org.

51 Vgl. Rancière, »Konsens, Dissens, Gewalt«, S. 97f.

52 Vgl. Michael Dillon, »A Passion for the (Im)possible. Jacques Rancière, Equality, Pedagogy and the Messianic«, in: *European Journal of Political Theory* 4 (4), 2005, S. 429–452, hier: S. 442.

53 Jacques Rancière, »Die Gemeinschaft der Gleichen«, in: Joseph Vogl (Hrsg.), Ge-

die Partizipation die gesellschaftlichen Teilungen nicht auf. Sie macht sie sichtbar. Der fiktive Einschluss stellt »einen realen Ausschluss zur Disposition« – und erschüttert die Ordnung in der Behauptung, dass Gleichheit und Gerechtigkeit existieren.[54] Gleichheit ist insofern anwesend und abwesend zugleich.[55] Das Andere der Ordnung ist das nicht realisierte, demokratische Versprechen der Gleichheit, das als vorausgesetztes auch behauptet und eingefordert werden kann – und muss. Der politische Akt liegt in der »Verifikation«.[56]

Das Movens der Intervention begründet sich auch in der Weigerung, historische Notwendigkeiten und die heute so häufig beschworene Alternativlosigkeit zu akzeptieren. Jede »Herrschaft«, so die Annahme, ist kontingent, und die politische Kraft beruht auf den »noch unbekannten Möglichkeiten der von allen geteilten Intelligenz«.[57] Weder bedarf es der vermeintlichen Experten oder Intellektuellen, welche die Macht- und Herrschaftsverhältnisse besser als andere durchschauen würden und daher die Führung übernehmen müssten.[58] Noch ist es erforderlich, die Macht- und Herrschaftsverhältnisse überhaupt erst durchschauen zu müssen, um sich darüber hinwegsetzen zu können. Das Unvernehmen entfaltet sich, wie gesagt, nicht aus dem Immanenzfeld der Macht. Es tritt von einem Außen her ein, indem es – im Versprechen der Gleichheit – zugleich auf etwas rekurriert, das in der Ordnung bereits aufgehoben: enthalten ist.

Das Andere der Ordnung und die Insistenz der Verifikation

Vor dem Hintergrund des bisher Gesagten erscheint das Verhältnis von Sinnlichem und Zählung nunmehr in einem neuen Licht. Beide Momente lassen sich als zentrale Antriebskräfte für die Entwicklung von Widerständigkeit und die Artikulation eines Unvernehmens identifizieren. Zum einen geben jene Prinzipien, welche die bestehende Ordnung für sich in Anspruch nimmt, selbst den Anlass der Intervention. Ähnlich wie im Konzept der sozialen Imagination bei Charles Taylor

meinschaften. Positionen zu einer Philosophie des Politischen, Frankfurt a. M. 1994, S. 101–132, hier: S. 125.

54 Stefan Neuner, »Paradoxien der Partizipation. Eine Einführung«, in: *31 – Das Magazin des Instituts für Theorie* 10/11, 2007, S. 4–6, hier: S. 6.

55 Vgl. Dillon, »A Passion for the (Im)possible«, S. 433.

56 Rancière, *Das Unvernehmen*, S. 50.

57 Rancière, *Ist Kunst widerständig?*, S. 76.

58 Vgl. Nikos Papastergiadis/Charles Esche, »Assemblies in Art and Politics: An Interview with Jacques Rancière«, in: *Theory, Culture & Society* 31 (7/8), 2014, S. 27–41, hier: S. 36; Jacques Rancière, *Der emanzipierte Zuschauer*, Wien 2009, S. 21.

ist es ein – impliziertes – Wissen um demokratische Prinzipien und die Vorstellung, die diese aktualisiert und uns so überhaupt erst veranlasst, demonstrieren oder wählen zu gehen und unsere Rechte einzufordern.[59] Zugleich bilden Momente wie die Imagination, das Verlangen oder die Erfahrung eines Unrechts bei Rancière ihrerseits das Surplus, Momente des Sinnlichen, die immer schon über die bestehende Aufteilung hinausweisen. Sie speisen sich demnach aus einem Affekt, der nicht schon sozial identifiziert ist.[60] Das Sinnliche steht für die Logik des ästhetischen Regimes, in dem die binären Ordnungen von Sprechen und Sehen, Wissen und Nicht-Wissen, Aktivität und Passivität usw. aufgehoben sind. So überschreitet die Vorstellungskraft die Sprache ebenso wie die bloße Visualisierung.[61] Sie ist aktive, innere Wahrnehmung, die sich einer einfachen Dichotomie von bewusst und unbewusst entzieht.[62] In dieser Überschreitung einer dichotomen Ordnung ist das Moment der Überraschung, der Herstellung unerwarteter, neuartiger Verknüpfungen, die von einem Außerhalb kommen, ästhetisch immer schon als Potenz angelegt.[63] Das Moment der Einforderung im Modus des *als ob* ist beides zugleich, Rekurs auf ein demokratisches Versprechen ebenso wie Aufkündigung der vorgegebenen polizeilichen Ordnung.[64]

Zum anderen stellt sich das Denken in der Logik der Zahl und Zählung nunmehr als eine Art Gegenprinzip dar, das die vorherrschende

59 Vgl. Charles Taylor, »Modern Social Imaginaries«, in: *Public Culture* 14 (1), 2002, S. 91–124.

60 Vgl. Patricia Ticineto Clough, »Introduction«, in: Patricia Ticineto Clough/Jean Halley (Hrsg.), *The Affective Turn. Theorizing the Social,* Durham/London 2007, S. 1–33.

61 Vgl. William J. Thomas Mitchell, Picture Theory. Essays on Verbal and Visual *Representation,* Chicago/London 1994, S. 115.

62 Vgl. Jacques Rancière, *Das ästhetische Unbewußte,* Zürich/Berlin 2005.

63 Die »Differenz des Ästhetischen« und die besondere Relevanz der Kunst werden umgekehrt durch deren »Grenzgänge« keineswegs aufgehoben, wie Juliane Rebentisch herausarbeitet: »Im Gegenteil, diese Differenz kommt erst zur vollen Geltung, wo sie nicht mehr als die Differenz des in sich geschlossenen Werks zu seinem Außen missverstanden wird: in der Gegenwartskunst.« Juliane Rebentisch, *Theorien der Gegenwartskunst zur Einführung,* Hamburg 2013, S. 217.

64 Alexander Galloways Befragung von Rancières Begriff des Ästhetischen, der die Undarstellbarkeit für einen Mythos und selbst ein polizeiliches Instrumentarium hält, geht insofern fehl – auch wenn sie mit Blick auf das Problem einer technologisch bedingten Sinnverschiebung, welche die Digitalisierung der Kontrolle bewirkt, ungemein inspirierend ist. Daten, so Galloway, haben keine notwendige sichtbare Form. Die Kritik der Kontrollgesellschaft, deren Machtinstrumente unsichtbar sind, muss deshalb an der Erfindung einer neuen Ästhetik ansetzen. Vgl. Galloway, »Are Some Things Unrepresentable?«, S. 88; Erich Hörl (Hrsg.), *Die technologische Bedingung. Beiträge zur Beschreibung der technischen Welt,* Frankfurt a. M. 2011.

Ordnung buchstäblich durcheinanderwürfelt. Ganz so wie das ästhetische Regime »mit dem hierarchischen System der schönen Künste des repräsentativen Systems bricht«, so ist auch die Rede vom Anteil der Anteillosen der Einsicht geschuldet, dass diese Verteilung eine beliebige, zufällige ist, die es im Umkehrschluss »jedem Beliebigen erlaubt, Anteil zu nehmen an der Gemeinschaft«.[65] Die »Weise der Aufteilung«[66] gleicht einer Faltung,[67] in der die Unterscheidung von einem Innen und einem Außen etwas Willkürliches hat. Jedes kollektive Subjekt, das sich vernehmlich macht, bringt folglich eine neue Zählung in die polizeiliche Ordnung ein, die sich heterogen zu dieser verhält. Sie fungiert darin wie das »Supplement« bei Jacques Derrida: »Es gesellt sich nur bei, um zu ersetzen.«[68] Das politische Subjekt verweist auf einen Mangel in der Ordnung, die sich eigentlich selbst genügt und als vollständige Einheit betrachtet. Das ist das Kennzeichen des konsensuellen Systems.[69] Das Unvernehmen markiert das Andere der Ordnung, das Letztere ausgeschlossen wissen wollte. Es zeigt einen anderen Modus der Zählung auf, der mit dieser nicht kompatibel ist, und macht auf diese Weise sichtbar, dass eine andere Zählung möglich ist. So bringt der Dissens »zwei Welten in ein und dieselbe Welt«[70] ein, zum Beispiel indem er die Welt, in der die Rechte der Menschen und Bürger Gültigkeit haben, mit einer Welt konfrontiert, in der diese Rechte – für die je Anderen, Ausgeschlossenen – keine Gültigkeit haben. Die neue Zählung stört den Common Sense und rüttelt so am Ordnungsprinzip, an der Weise der Zählung und damit auch am Prinzip der Gleichheit selbst. Doch im selben Zuge unterstreicht sie eben dieses Prinzip. Sie verifiziert es, indem sie die Abwesenheit zur Anwesenheit bringt. Sobald die bestehende Ordnung jene andere Zählweise, die die Grenzen der Ordnung aufzeigt, nicht länger ignorieren kann, erzwingt die neue Zählung eine fundamentale Revision der bisher geltenden Ordnung der Intelligibilität.[71]

Wenn das Ausgeschlossene das Movens des Politischen ausmacht, die Teilung indes unaufhebbar ist, dann ist allerdings die »Unterbrechung« der natürlichen beziehungsweise einer natürlich erscheinenden »Ordnung der Herrschaft« entscheidend.[72] Die Vision einer Befreiung und Aufhebung einer Ordnung ist nur Verschiebung, erneute Aufteilung und Instandsetzung einer Ordnung. Das Politische speist sich demnach

65 Muhle, »Kunst und Arbeit«, S. 14, 6.

66 Rancière, *Das Unvernehmen*, S. 125.

67 Vgl. Gilles Deleuze, *Foucault*, Frankfurt a. M. 1987, S. 137.

68 Jacques Derrida, *Grammatologie*, Frankfurt a. M. 1983, S. 250.

69 Vgl. Jacques Rancière, *Zehn Thesen zur Politik*, Zürich/Berlin 2008.

70 Rancière, »Wer ist das Subjekt der Menschenrechte?«, S. 483f.

71 Vgl. Ascher, »Thinking the Unthinkable as a Form of Dissensus«.

72 Rancière, *Das Unvernehmen*, S. 24.

gleichermaßen aus dem Moment der Störung wie der Insistenz gegenüber einer »zementierten Politik«. Sie ist »in sich selbst bedingungslose Bedingung und stets neue Herausforderung« der je vorherrschenden polizeilichen Ordnung.[73]

73 Samuel Sieber, *Macht und Medien. Zur Diskursanalyse des Politischen,* Bielefeld 2014, S. 9f.

Oliver Marchart

In Verteidigung der Korruption – eine postfundamentalistische Perspektive

Zu den schillerndsten und ungreifbarsten Konzepten des politischen Lexikons gehört der Begriff der Korruption. In Politikwissenschaft und Soziologie ist angesichts der scheinbaren Ubiquität des Realphänomens korrupter Funktionseliten in den letzten Jahren nach langer Zeit des Desinteresses ein Berg an Korruptionsstudien gewachsen. An diesen Studien fällt auf, dass kaum Einigkeit bezüglich ihres Gegenstands herzustellen ist. Die Ränder des Phänomens fransen aus, und der Streit um eine auch nur einigermaßen verbindliche Definition ist notorisch: »Man findet nur wenige andere politische Begriffe, bei denen es eine solch große Verständnisvielfalt gibt wie beim Korruptionsbegriff«.[1] In einer solchen Situation würde sich der klärende Rückgriff auf die politische Ideengeschichte anbieten. Zwar existieren dort historische Fallstudien zum Korruptionsbegriff, doch ist keine umfassende Begriffsgeschichte der Korruption greifbar. Es ist symptomatisch, dass sich in den Bänden der *Geschichtlichen Grundbegriffe*[2] nur vier streifende Erwähnungen des deutschen Begriffs Korruption und jeweils drei des französischen und englischen Begriffs finden. So ragt Peter Eubens Artikel zu »Corruption« im einschlägigen Sammelband *Political Innovation and Conceptual Change* aus der ideengeschichtlichen Literatur heraus und dokumentiert doch immer noch eine gewisse Ratlosigkeit, wenn bereits im ersten Satz konzediert wird: »The conceptual history of ›corruption‹ is uncertain«.[3] Am ehesten kommt wohl J. G. A. Pococks *The Machiavellian Moment*[4] – zugleich auch die berühmteste Ideengeschichte des Republikanismus – einer umfassenden Ideengeschichte von Korruption nahe, obwohl selbst hier die Veränderungen des Korruptionsbegriffs nicht im Zentrum stehen, sondern nur mitlaufend erörtert werden.

1 Karsten Fischer, »Korruption als Problem und Element politischer Ordnung. Zur der Geschichte eines Skandalons und methodologischen Aspekten historischer Komparatistik«, in: *Historische Zeitschrift*, Beiheft 48, 2009, S. 49–65, hier: S. 50.

2 Vgl. Otto Brunner/Werner Conze/Reinhart Koselleck (Hrsg.), *Geschichtliche Grundbegriffe: Historisches Lexikon zur politisch-sozialen Sprache in Deutschland*, 8 Bde., Stuttgart 1972–1997.

3 Peter Euben, »Corruption«, in: Terence Ball/James Farr/Russell L. Hanson (Hrsg.), *Political Innovation and Conceptual Change*, Cambridge 1989, S. 220–246, hier: S. 220.

4 Vgl. J. G. A. Pocock, *The Machiavellian Moment: Florentine Political Thought and the Atlantic Republican Tradition*, Princeton 1975.

Dennoch, so meine These, erklärt sich die Ungreifbarkeit des Phänomens, die in der Politikwissenschaft immer wieder beklagt wird, sobald wir Korruption aus einer ideengeschichtlichen, genauer: aus einer diskurstheoretischen Perspektive betrachten, und zwar gerade nicht alleinstehend und in Bezug auf ein Realphänomen, sondern in Hinsicht auf den asymmetrischen Gegenbegriff der Ordnung. Das wird uns erlauben, Selbstwidersprüche jener Art einzuordnen, wie sie sich etwa bei Ulrich von Alemann, einem der führenden Korruptionsforscher Deutschlands, in seinem Grundsatzbeitrag für den Sonderband der *Politischen Vierteljahresschrift* zu politischer Korruption finden lassen (und solche Selbstwidersprüche sind fast unvermeidlich, solange man unter Korruption ausschließlich ein Realphänomen versteht). Einerseits wird dort behauptet, Korruption sei, »so alt und so vielfältig wie die Menschheit« und aus der Korruptionsgeschichte könne man lernen, dass Korruption »ubiquitär ist – zu allen Zeiten, in allen Regimen«.[5] Eine solche Einschätzung klingt vor dem Hintergrund der verbreiteten Alltagserfahrung mit verschiedensten Korruptionsphänomenen zunächst einmal intuitiv überzeugend. Andererseits heißt es nur eine Seite zuvor, es sei durchaus fraglich, ob es im Mittelalter überhaupt Korruption gab, war doch etwa die Wahlbestechung der deutschen Kurfürsten bei der Kaiserwahl eine anerkannte Praxis und folglich keine Korruption.

Dieser Selbstwiderspruch – Korruption als einerseits historisch spezifisches und als andererseits überhistorisches Phänomen – hat Tradition, ja scheint dem Korruptionsbegriff eingeschrieben zu sein. Die Differenz zwischen einem überhistorischen Korruptionsbegriff und einem historischen ist nämlich selbst historisch. Beide Dimensionen wurden bereits im antiken Denken und im Denken des klassischen Renaissance-Republikanismus unterschieden.[6] Wird auf die ideengeschichtliche Perspek-

5 Ulrich von Alemann, »Politische Korruption: Ein Wegweiser zum Stand der Forschung«, in: *Dimensionen Politischer Korruption: Beiträge zum Stand der Internationalen Forschung* (*Politische Vierteljahresschrift*, Sonderheft 35), Wiesbaden 2005, S. 13–49, hier: S. 16.

6 Der überhistorische bzw. ontologische Korruptionsbegriff verbirgt sich auch hinter dem oftmals als ›weit‹ beschriebenen Verständnis von Korruption: »Alle ideengeschichtlichen Traditionen der Thematisierung von Korruption«, so Bluhm und Fischer, »unterscheiden sich […] jeweils durch ein enges beziehungsweise weites Verständnis von Korruption. Korruption im engeren Sinne bedeutet Bestechung, Stimmenkauf und Versuche finanzieller Einflußnahme in je konkreten Kontexten; in einem weiten, umfassenderen Sinne verstanden, wird Korruption hingegen meist mit dem allgemeinen Verfall und sozialer Desintegration identifiziert und als Krankheit des gesamten politischen Körpers diagnostiziert«. Harald Bluhm/Karsten Fischer, »Einleitung: Korruption als Problem politischer Theorie«, in: dies. (Hrsg.), *Sichtbarkeit und Unsichtbarkeit*

tivierung des Korruptionsbegriffs verzichtet, macht sich die politikwissenschaftliche Korruptionsforschung blind gegenüber der in sich nicht nur differenzierten, sondern womöglich sogar paradoxen Struktur des konzeptuellen Instrumentariums, mit dessen Hilfe das Realphänomen der Korruption erfasst werden soll.

Folgt man nun den Spuren des ›überhistorischen‹ Korruptionsverständnisses, so wird man feststellen, dass bereits in der griechischen Antike Korruption eine im strengen Sinn *ontologische* Bedeutung zukam. Aus antiker Perspektive ist alles Sein konstitutiv korrumpiert, wie man Aristoteles' Traktat mit dem lateinischen Titel *De generatione et corruptione*[7] entnehmen kann: Die Substanz oder das Sein ist notwendig einem Prozess des Werdens und Vergehens unterworfen. Noch bei Augustinus wird sich neben der die Menschen betreffenden These vom Sündenfall immer noch eine Ontologie der Korruption finden. Augustinus erkennt in der Korruption des Seienden sogar den Beweis dafür, dass alles Seiende gut ist, denn nur ein ursprünglich Gutes kann überhaupt korrumpiert werden.[8] Das einzige Sein, das als *summum bonum* der Korruption entkommt, ist selbstverständlich Gott. Man könnte ihn mit jenem Beinamen belegen, dem man später Robespierre geben sollte: *L'Incorruptible.*

Im republikanischen Denken der Renaissance wird die Korruption des Seins zum Strukturmerkmal der Geschichte. In Machiavellis *Discorsi* oder Guicciardinis *Dialogo e Discorsi* bezeichnet Korruption im weitesten Begriffssinn die »degenerative Tendenz« sämtlicher Regierungsformen.[9] Sie spiegelt sich in der grundsätzlichen Korrumpierbar-

der Macht. Theorien politischer Korruption, Baden-Baden 2002, S. 9–22, hier: S. 10f. Der Abstieg und in diesem Sinne die Korruption einer politischen Ordnung kann etwa bei Machiavelli zwar hinausgezögert, aber nicht für immer vermieden werden. Insofern kommt Korruption – im weiten Verständnis – überhistorische Bedeutung zu.

7 Vgl. Aristoteles, *Über Werden und Vergehen. De generatione et corruptione*, Hamburg 2011.

8 Vgl. Scott MacDonald, »Augustine's Christian-Platonist Account of Goodness«, in: *The New Scholasticism* 63 (4), 1989, S. 485–509.

9 J. G. A. Pocock, *Die andere Bürgergesellschaft: Zur Dialektik von Tugend und Korruption*, Frankfurt a. M./New York 1993, S. 42. Dies ist die allgemeinste von drei Bedeutungen von Korruption, die Pocock bei Machiavelli und Guiccardini unterscheidet. Zunächst bezeichne Korruption diese allgemeine, nämlich »die degenerative Tendenz, zu der sämtliche Regierungsformen neigen; zweitens den Grund dieses Niedergangs, der darin liegt, daß einzelne Individuen nicht von der Gesamtheit und letztlich nicht von sich selbst abhängig sind, sondern vielmehr von einer beschränkten Gruppe anderer Individuen. Schließlich ist mit ›Korruption‹ der moralische Niedergang des einzelnen gemeint, der unter den genannten Umständen keine Tugend entwickeln kann«. Ebd.

keit jeder Ordnung. Doch erklärt wird diese ›ontologische‹ Korruption nun *weltimmanent.* So tritt der Niedergang einer Ordnung ein, sobald einzelne sich in Abhängigkeit von einer Gruppe oder Fraktion begeben und nicht mehr autark zugunsten der Gesamtheit des Gemeinwesens agieren können. Korruption besteht in der Verwechslung von Partialinteressen mit den Interessen der Gesamtheit. Je stärker sich Einzelinteressen in einem Gemeinwesen Bahn brechen, desto korrupter dieses Gemeinwesen. Und umgekehrt: Je größer die Autarkie des Individuums, desto geringer die Gefahr seiner Korrumpierbarkeit, die je nach Gegebenheiten in unterschiedlichem Gewand auftreten kann – vor allem als Ehrgeiz oder *ambizione*, worin sprachlich der römische *ambitus* steckt (das, so wörtlich, Herumgehen in der Öffentlichkeit zum Zwecke der Wählerwerbung, und das hieß oftmals zum Zwecke des Stimmenkaufs[10]), aber auch – nur scheinbar entgegengesetzt – als Müßiggang oder *ozio* (von Machiavelli dem Feudaladel, dem Klerus und den humanistischen Philosophen angelastet), der zur Verweichlichung der Bürger führt und damit zur Schwächung bürgerschaftlicher *virtù.*

Letztere ist im republikanischen Denken das positive Gegenstück zur Reihe der Korruptionsbegriffe. In den Dienst der Gründung oder Neugründung einer Ordnung gestellt, bezeichnet *virtù* die politischen Eigenschaften eines *condottiere*, wie sie etwa in Machiavellis *Il Principe* beschworen werden. In den Dienst der Republik gestellt, lässt *virtù* sich definieren als Gemeinwohlorientierung auf Basis der Autarkie des Individuums. Allerdings kann wiederum keine Stabilität, d. h. keine endgültige Balance zwischen *virtù* und *corruzione* gefunden werden. Obwohl es das Ziel eines wohlgeordneten Gemeinwesens sein muss, die Korruptionsneigung der Menschen so weit wie möglich zu zähmen, bleibt Ordnung einem ständigen Kreislauf von Konstitution und Selbstaufhebung unterworfen. Wie es in Machiavellis *Istorie Fiorentine* heißt, kann nichts in der menschlichen Welt stillstehen. Sobald es den Punkt seiner Vollkommenheit erreicht hat, muss es »durch die Unordnung« herabsinken bis es, am tiefsten Punkt angekommen, wieder steigen kann:

> »Die Länder pflegen zumeist bei ihren Veränderungen von der Ordnung zur Unordnung zu kommen, um dann von neuem von der Unordnung zur Ordnung überzugehen. Es ist von der Natur den menschlichen Dingen nicht gestattet, stille zu stehen. Sobald sie ihre höchste Vollkommenheit erreicht haben und nicht mehr steigen können, müssen sie daher sinken; ebenso, wenn sie gesunken sind, durch die Unordnung zur tiefsten Niedrigkeit herabgekommen und also nicht mehr sinken können, müs-

10 Vgl. Wolfgang Schuller, »Korruption in der Antike«, in: *Dimensionen Politischer Korruption: Beiträge zum Stand der Internationalen Forschung* (*Politische Vierteljahresschrift*, Sonderheft 35), Wiesbaden 2005, S. 50–60, hier: S. 53.

> sen sie notwendig steigen. So sinkt man stets vom Guten zum Übel und steigt vom Übel zum Guten. Denn die Tapferkeit gebiert Ruhe, die Ruhe Müßiggang, der Müßiggang Unordnung, die Unordnung Verfall. Ebenso entsteht aus dem Verfall Ordnung, aus der Ordnung Tapferkeit, hieraus Ruhm und Glück.«[11]

Ordnung bleibt eine bloße Durchgangsstation in einem unablässigen Auf und Ab, ähnlich dem Werden und Vergehen des Seins selbst, wie es Aristoteles beschrieben hatte.

Zwischen Bruch und Brüchigkeit: die Ordnung als Abjekt

Im Lexikon der politischen Begriffsgeschichte des Westens ist Korruption also nicht allein ein Synonym für das Realphänomen der Bestechlichkeit von Amtsträgern. Von Anfang an ist Korruption ein Schlüsselbegriff der Ontologie wie auch der Regierungslehre. Weshalb hat dieses Konzept – zentral und marginal zugleich – aber dann so wenig Aufmerksamkeit gefunden? Wie lässt sich die stiefmütterliche Behandlung erklären, die es erfahren hat, wenn es doch Schlüsselbegriff ist? Um das begreiflich zu machen, müssen wir unsere Vorstellungen von der Idee politischer Ordnung revidieren, wenn nicht unsere Vorstellungen von politischer Ideengeschichte als solcher. Ideengeschichte und politische Theorie wiesen nämlich immer eine Asymmetrie, eine Art *structural bias* auf. Im Vordergrund stand die Reihe der Ordnungsbegriffe – entlang der Frage etwa, was eine gerechte oder eine stabile Ordnung ausmache. Doch aus Gründen, auf die ich gleich kommen werde, muss jede politische Theorie, um überhaupt von Ordnung sinnvoll sprechen zu können, eine Kontrastfolie aus Gegenbegriffen evozieren. Diese Folie verändert sich freilich historisch, so wie sich Form und Umfang der Ordnungsbegriffe verändern. Dennoch ist sie absolut unvermeidlich: Um zu wissen, was Ordnung jeweils ist, muss man wissen, was sie jeweils nicht ist. Keine politische Theorie der Ordnung, die nicht zugleich – und sei es nur implizit – eine der Unordnung oder Entordnung, d. h. des Verfalls von Ordnung ist. Wenn die verschiedenen Ordnungsbegriffe also nicht zufällig, sondern *notwendig* asymmetrische Gegenbegriffe evozieren, dann lässt sich die politische Theoriegeschichte nicht einfach nur als Abfolge unterschiedlicher Konzeptionen von stabiler, sicherer, legitimer oder gerechter Ordnung schreiben, sondern die ›andere Seite‹ der Ordnung verdient nicht weniger ideengeschichtliche Aufmerksamkeit. Ja mehr noch: Wenn der Verdacht zutreffen sollte, dass

11 Niccolò Machiavelli, *Politische Schriften*, hrsg. v. Herfried Münkler, Frankfurt a. M. 1990, S. 318.

weite Teile der westlichen politischen Theorie die konstitutive Funktion der *Rückseite* von Ordnung verleugnen, um jenes Außen, das Ordnung voraussetzt, zu zähmen oder gar zum Verschwinden zu bringen, dann ließe sich womöglich das Experiment einer alternativen politischen Ideengeschichte wagen. Ordnung wäre dann, so das Postulat einer solchen, von ihrer Rückseite her zu denken, von den Figuren der Un-Ordnung, die sich als konstitutiv für jede Ordnungsbildung erweisen.

Nehmen wir beispielhaft die Idee des Terrors, die ja von nicht geringerer Aktualität ist als die der Korruption. In einer etwas schematischen, aber gängigen Lesart von Hobbes fungiert *der Schrecken*, der den Einzelnen im generalisierten Bürgerkrieg aller gegen alle erfasst, als andere Seite einer Ordnung, die sich angesichts der von Hobbes beschworenen durchgehenden Angst vor der Gefahr gewaltsamen Todes bereits aufgrund ihrer bloßen Form als Ordnung legitimiert. Je radikaler das Bild der Unordnung, desto leerer die Ordnung, die es legitimiert: »Insoweit die Anarchie des Naturzustands die Gesellschaft mit radikaler Unordnung bedroht, wird die Vereinheitlichung des Willens der Gemeinschaft im Willen des Herrschers [...] insofern zählen, als sie Ordnung durchsetzt, welche Inhalte diese auch immer haben mag. Jede Ordnung wird besser sein als radikale Unordnung«.[12] Im Hobbes'schen Modell haben wir es mit einer extremen Verdrängung von Unordnung zu tun – der Spalt zwischen Ordnung und Unordnung ist radikal –, und dennoch bleibt die Drohung des Rückfalls in den Naturzustand allzeit innerhalb der Ordnung präsent, sonst würde letztere ihre Legitimation verlieren. Dieses strukturierende Prinzip latenter Furcht und Paranoia hat übrigens Hans Magnus Enzensberger angesichts des Terrorismus der 1970er Jahre in den westlichen Gesellschaften ausgemacht.[13] Die Attentate der 70er Jahre, vor allem jene ›leeren Attentate‹, auf die keine Bekennerschriften folgten (wie im Fall Olof Palme), diese Beispiele eines ›absoluten Terrors‹, wie Enzensberger sagt, legitimierten letztlich eine ebenso leere oder absolute Ordnung, deren Zweck sich in der Wiederherstellung von Sicherheit erschöpfte.[14]

In der Figur des Terrors wirkt die andere Seite der Ordnung als Stabilitätsgarant dieser Ordnung, ohne jedoch garantieren zu können, dass sie das Innere der Ordnung nicht letztlich selbst unterhöhlt. Etwas weniger dramatisch stellt sich die Situation im Fall des Korruptionsbegriffs

12 Ernesto Laclau, *Emanzipation und Differenz*, Wien 2002, S. 98.

13 Vgl. Hans Magnus Enzensberger, »Die Leere im Zentrum des Terrors«, in: ders., *Mittelmaß und Wahn*, Frankfurt a. M. 1988, S. 245–249.

14 Ich habe diese Logik von absolutem Terror als ›innere Rückseite‹ von Ordnung an anderer Stelle ausführlicher diskutiert, vgl. Oliver Marchart, »The Other Side of Order: Towards a Political Theory of Terror and Dislocation«, in: *Parallax* 9 (1), 2003, S. 97–113.

dar, der als Variation auf das Motiv des inneren Ordnungsverfalls verstanden werden kann, wobei der Grenzfall absoluten Ordnungsverlusts im Vergleich zum Drohpotential des Terrors in den Hintergrund treten mag.[15] Schon weil Korruption nur in den seltensten Fällen ereignishaft auftritt und eine politische Ordnung erschüttert,[16] erscheint sie im Regelfall als Symptom eines latenten Ordnungszerfalls, nicht eines akuten wie im Fall von Bürgerkrieg oder Revolution. Sie ruft weniger die Vorstellung vom *Bruch* mit der Ordnung hervor als die eines schleichenden Zersetzungsprozesses. Die ursprüngliche Verwendung des Begriffs erinnert daran. Wie Euben betont, wird Korruption bei den römischen Autoren im Regelfall auf das Verwesen und Verrotten organischer Materie, insbesondere von Nahrungsmitteln bezogen.[17] Aus dieser Perspektive erscheint Korruption als Name für den Prozess der Transformation eines Objekts zum, mit Kristeva gesprochen, *Abjekt*[18] – zu einem Ekel und Abscheu erregenden Gegenstand. Korruption macht das scheinbar stabile Objekt *Ordnung* zum Abjekt – ja Korruption, so müsste man schließen, *ist nichts anderes als diese Ordnung selbst in ihrer abjekthaften Rückansicht.*

15 Ein an Enzensbergers Begriff des absoluten Terrors gemahnender Topos findet sich in Lord Actons berühmtem Diktum von der ›absoluten Korrumpiertheit absoluter Macht‹. Ironischerweise findet sich das Diktum in einem Brief Actons an einen Bischof, dem auf das Papsttum der Renaissance spezialisierten Mandell Creighton, der schon von Amts wegen Spezialist für absolute Macht, sprich: für den *Allmächtigen* ist. Vgl. Harald Bluhm, »Zwischen invisible und visibler Macht. Machttheoretische Verortungen politischer Korruption«, in: Harald Bluhm/Karsten Fischer (Hrsg.), *Sichtbarkeit und Unsichtbarkeit der Macht. Theorien politischer Korruption*, Baden-Baden 2002, S. 167–193, hier: S. 167. Folgerichtig wäre Gott der Allmächtige gemäß der Logik Actons also nicht wie bei Augustinus Chiffre des absolut Unkorrumpierbaren, sondern Chiffre des absolut Korrumpierten. Darin liegt eine gewisse subversive Pointe, die – unabhängig von der Trivialität der Bemerkung Actons – souveränitätstheoretische Implikationen hat. Denn im erhabenen Bild des absoluten Souveräns – des politischen Stellvertreters Gottes auf Erden – käme wieder der Tyrann zum Vorschein, der er immer schon ist. Denn Tyrannei ist, wie bei Montesquieu, gerade jene Regierungsform, die durch ihre *absolute* Korruptibilität ausgezeichnet ist: »Das Prinzip der despotischen Regierung entartet unaufhörlich, weil es von Natur aus schon verdorben ist. Die anderen Regierungen gehen zugrunde, wenn besondere Ereignisse ihr Prinzip verletzen; diese aber geht an ihrer inneren Fehlerhaftigkeit zugrunde, wenn nicht zufällige äußere Anlässe ihr Prinzip vor dem Verderben schützen«. Charles de Montesqieu, *Vom Geist der Gesetze*, Bd. 1, hrsg. v. Ernst Forsthoff, Tübingen 1992, S. 165f.

16 Ein Beispiel hierfür wären die *mani pulite*-Untersuchungen, die in den 1990er Jahren zum Untergang der Parteienordnung Italiens führten.

17 Vgl. Euben, »Corruption«, S. 220.

18 Vgl. Julia Kristeva, *Pouvoirs de l'horreur. Essai sur l'abjection*, Paris 1980.

Unter den Vorzeichen heutiger postfundamentalistischer politischer Theorie[19] ist daran dreierlei bemerkenswert.

Zum Ersten wird man festhalten, dass jede Ordnung auf ihr konstitutives Anderes, d. h. auf Figuren der Nichtordnung, von denen Korruption eine ist, angewiesen bleibt. Die prekäre Einheit einer sozialen oder politischen Ordnung, um es zu wiederholen, kann nur hergestellt werden durch Abgrenzung gegenüber einer Negativfolie, vor der sich die Ordnung überhaupt erst mithilfe asymmetrischer Gegenbegriffe bezeichnen lässt.[20] Um sich zu instituieren, muss jede Ordnung also zugleich ihr Anderes instituieren. Sie instituiert sich und ihr Außen zugleich.

Zweitens setzt die Thematisierung von Korruption umgekehrt immer das harmonistische retrospektive Wunschbild, ja Phantasma einer *unkorrumpierten* Ordnung voraus. Wer pejorativ von Verfall oder Zersetzung spricht – und Korruption ist im politischen Diskurs so gut wie immer ein pejorativer Begriff –, beschwört damit implizit das Ideal politischer Sauberkeit und harmonischer Ordnung. Wenn im Begriff der Korruption – als Name für die *Brüchigkeit* aller Ordnung – also doch eine Art von *Bruch* beschworen wird, dann ist es ein Bruch im Wunschbild einer mit sich selbst identen Gesellschaft:

> »Achtet man beim Wort Korruption auf das Verb ›rumpere‹, das in ihm enthalten ist, dann kommt in diesem der Vorgang des Brechens zum Ausdruck, der in der Wortverbindung ›cor-rumpere‹ schließlich das Zusammenbrechen benennt. Bekanntlich kann nur dort etwas brechen und zusammenbrechen, wo zuvor etwas heil bzw. ganz ist, und das heißt, dass der Vorgang des Brechens an demjenigen, das zerbricht, d.i. das Zerbrechende als das zuvor Unzerbrochene, geschieht, wie der Vorgang des Zusammenbrechens dasjenige betrifft, das zusammenbricht, d.i. das Zusammenbrechende als das zuvor Unzusammengebrochene.«[21]

19 Vgl. Oliver Marchart, *Die politische Differenz. Zum Denken des Politischen bei Nancy, Lefort, Badiou, Laclau und Agamben*, Frankfurt a. M. 2010; ders., *Das unmögliche Objekt. Eine postfundamentalistische Theorie der Gesellschaft*, Frankfurt a. M. 2013.

20 Korruption ist selbstverständlich nicht das einzige Negativkorrelat von Ordnungsbegriffen. Der Begriff der Zivilisation beispielsweise definiert sich durch Abgrenzung gegenüber dem Außen der Barbaren (als Abjekt, in dem alle ›Unzivilisiertheit‹ kondensiert ist), den Begriff des Terrors hatten wir schon angesprochen, viele weitere Beispiele wären hinzuzufügen.

21 Karen Joisten, »Vom Zerreißen und Stürzen. Ein Versuch zur corruptio humana«, in: Verena von Nell/Gottfried Schwitzgebel/Matthias Vollet (Hrsg.), *Korruption. Interdisziplinäre Zugänge zu einem komplexen Phänomen*, Wiesbaden 2003, S. 19–30, hier: S. 19.

Anders gesagt: Eine ideale, gerechte, harmonische Ordnung ist uns nie als solche zugänglich, sondern nur als verlorene, zerbrochene, beschmutzte, kurzum: in ihrer Idealität korrumpierte Ordnung, die freilich sofort das imaginäre Wunschbild des einstmals Unzusammengebrochenen, Unbeschmutzten, Unkorrumpierbaren aufruft.

Zum Dritten ist unabweisbar, dass dieses Wunschbild des Unkorrumpierbaren für immer Wunschbild bleiben wird. ›Korruption‹ – als degenerative Tendenz *aller Ordnung* – ist nichts anderes als ein begrifflicher Platzhalter dessen, was an einer Ordnung prinzipiell nicht gesichert werden kann. Korruption ist Index der strukturellen Unmöglichkeit stabiler Ordnung. In ein und demselben Zug verweist Korruption auf das phantasmatische Idealbild *und auf die Unmöglichkeit* solcher Ordnung. Daraus folgt freilich nicht, dass Ordnung *per se* unmöglich wäre. Aber es folgt, dass jede Ordnung immer nur partiell stabilisiert werden kann und partiell instabil bleiben wird.[22]

Korruption aus Perspektive von Diskurstheorie und politischem Postfundamentalismus

Weshalb ist das so? Was bislang nur behauptet wurde – Ordnung benötige zu ihrer partiellen Stabilisierung ihr konstitutiv Anderes der Unordnung –, das lässt sich auf stringente Weise aus Perspektive der *Essex School* politischer Diskursanalyse erklären. Die von Ernesto Laclau und Chantal Mouffe entwickelte und im größeren Rahmen der Essex School weitergeführte Diskurstheorie hat nicht nur Erkenntnisse der Sprechakttheorie integriert, wie es die Cambridge School der politischen Ideengeschichte tat, sondern auch solche der dekonstruktiven Sprachtheorie und der Foucault'schen Archäologie. Daraus ergibt sich eine starke Politisierung der Theorie sozialer Bedeutungsproduktion, also von Diskurs schlechthin. Dem stehen andere Traditionen zwar nicht allzu sehr nach, so schlug J. G. A. Pocock vor, nicht nur unter Politik ein Sprachsystem zu verstehen, sondern auch unter Sprache ein

22 Ungeachtet dieser allgemeinen Funktion des Korruptionsbegriffs soll selbstverständlich nicht bestritten werden, dass Menschen in ihrem Alltag mit einer ganzen Reihe von Phänomenen der Vorteilsnahme konfrontiert sind, die man geneigt ist, deskriptiv als Korruptionsphänomene zu bezeichnen bzw. vor dem Legitimationshintergrund moderner demokratischer Gesellschaften auch als solche zu brandmarken. Das ändert jedoch nichts an der diskursiv-ideengeschichtlichen Funktion von Korruption als asymmetrischer Gegenbegriff von Ordnung, in dem sich wiederum die der Ordnungssicherung zugeneigte Prädisposition politischer Theorie spiegelt.

politisches System.[23] In der politischen Ideengeschichte bleibt die Frage aber unbeantwortet, was eigentlich die *Systematizität* eines Systems, sei es sprachlich, sei es politisch, ausmacht. Die Diskurstheorie der Essex School ermöglicht eine Antwort auf diese Frage.

Ausgangspunkt ist, wie oft im Poststrukturalismus, die dekonstruktiv gewendete Signifikationstheorie Saussures. Laclau und Mouffe übernehmen Saussures Grundthese, dass Bedeutung differentiell produziert wird, also ein gegebener Signifikant nur qua Differenz zu allen anderen Signifikanten eines Bezeichnungssystems Bedeutung erlangt (um zu wissen, so ein etwas simplistisches Beispiel, was /Vater/ bedeutet, muss man zugleich wissen, was /Mutter/, /Sohn/ und /Tochter/ bedeutet).[24] Saussure geht davon aus, dass alle Bezeichnungselemente in ihrer Totalität vorhanden sein müssen, um einen Bedeutungseffekt hervorzubringen. Laclau und Mouffe schließen sich dieser Hypothese zunächst an: Ein gewisser Grad an Systematizität ist notwendig, damit die differentiellen Elemente nicht wie nach einem Urknall in alle Richtungen davonstreben, denn dann wäre niemand in der Lage, auch nur annähernd kohärente Bedeutungseffekte zu produzieren. Wenn dies dennoch möglich ist, dann weil dem rein Differentiellen eine Grenze gezogen wird: die differentiellen Elemente werden – zumindest teilweise – systematisiert. Das systemische Außen jenseits dieser Grenze kann jedoch nicht seinerseits eine weitere Differenz sein, so Laclau in einer Weiterentwicklung der Theorie,[25] sondern muss von gänzlich anderer Natur sein. Die Differenzen werden in ein System – eine ›Äquivalenzkette‹, so Laclau und Mouffe – gebracht, indem sie sich abgrenzen gegenüber einer Instanz, die dem System gegenüber radikal inkommensurabel, das heißt: rein negativ, ja *negatorisch* ist. Denn das einzige, was die Differenzen gemeinsam haben, ist der Bezug auf ein Außen, das ihre differentielle Natur *negiert* und sie so zueinander in ein Äquivalenzverhältnis setzt. Laclau und Mouffe nennen diese Instanz radikaler Negation *Antagonismus.*

Damit hätte die von uns beobachtete Verwiesenheit jeder Ordnung auf ein ihr heterogenes Außen eine diskurstheoretische Erklärung gefunden. Das Außen jeder diskursiven Ordnung – und jede politische Ordnung ist, wie alle Bedeutungssysteme, ob sprachlich oder nicht, in Laclaus und Mouffes Sinn ›diskursiv‹ – stellt eine Konstitutionsbedingung dieser Ordnung dar, ohne ihr selbst anzugehören (denn dann wäre

23 Vgl. J. G. A. Pocock, »Verbalizing a Political Act: Toward a Politics Speech«, in: *Political Theory* 1 (1), 1973, S. 27–44, hier: 28.

24 Vgl. Ernesto Laclau/Chantal Mouffe, *Hegemonie und radikale Demokratie*, Wien 2003.

25 Vgl. Laclau, *Emanzipation und Differenz.*

es kein Außen). Doch das Argument ist damit noch nicht abgeschlossen. Denn wir hatten ja gesagt, dass das Außen die Ordnung nur insofern konstituiert, als es die Elemente der Ordnung *negiert*, ja bedroht. Aus diesem Grund müssen wir schließen, dass jene Instanz, die eine Ordnung *als Ordnung* konstituiert – der Antagonismus –, zugleich diese Ordnung subvertiert. Das Außen ist konstitutiv, aber es ist zugleich auch *destitutiv*. Oder in eine typisch dekonstruktive Formel gebracht: Die Bedingungen der Möglichkeit von Systematizität erweisen sich zugleich als Bedingungen der Unmöglichkeit totaler Systematizität. Auf diese Weise erklärt sich, weshalb jede Ordnung nicht etwa zufällig oder in Teilen korrumpiert ist, sondern *notwendig und fundamental*, denn was sie zur Ordnung macht, untergräbt auch die Ordnung als Ordnung. Nochmals anders formuliert: Korruption ist kein Epiphänomen sozialer Ordnung (jene Politikwissenschaftler, die in Korruption eine ›überhistorische‹ Konstante sahen, ohne erklären zu können, weshalb es sich um eine Konstante handelt, hatten diese Ahnung immer schon). Korruption ist auf der Ebene der Fundamente einer Ordnung angesiedelt. Korruption ist, abseits aller empirischen (›ontischen‹) Fälle von Amtsmissbrauch und Vorteilsnahme, eine *ontologische Kategorie.*[26]

Dass Korruption ein ontologisches Konzept sein soll, diese Behauptung mag zunächst irritieren, sie macht den Begriff aber besonders relevant aus Sicht einer postfundamentalistischen politischen Theorie bzw. Gesellschaftstheorie. Unter der Rubrik des Postfundamentalismus lassen sich theoretische Ansätze versammeln, die von der prinzipiellen Unverfügbarkeit letzter Prinzipien oder Gründe ausgehen (ohne deshalb das Ende *aller* Prinzipien oder Gründe von den Dächern zu trompeten, weshalb von Post-, nicht von Antifundamentalismus gesprochen wird).[27] Die Erfahrung der unausweichlichen Korrumpierbarkeit von Ordnung verweist uns zurück auf die Abwesenheit eines letzten Grundes oder ursprünglichen Ordnungsprinzips (einer *arche*). Eines *letzten* Grundes, wohlgemerkt, nicht *aller* Gründe. Was korrumpiert wird, das sind nicht die Fundamente einer Ordnung in ihrer Konkretion (denn jede Ordnung besitzt irgendwelche Fundamente, Verfassungen, Institutionen, Traditionen etc.), sondern es ist der *letztbegründende* Status ebendieser Fundamente. Deshalb ist Korruption nicht nur ein ›ontisches‹ Realphänomen, sondern tangiert zugleich die ontologische Ebene sozialen Seins: Korruption unterhöhlt die *ontologische Statur sozialen Seins*, die

26 Und nicht zuletzt ist Korruption deshalb eine ontologische Kategorie, weil sie auf derselben fundamentalen Ebene angesiedelt ist wie der Antagonismus. Die Korrumpiertheit einer Ordnung ist nichts anderes als ein Effekt bzw. die phänomenische Erscheinungsform des Antagonismus, der die Ordnung zugleich konstituiert und destituiert.

27 Vgl. Marchart, *Die politische Differenz*; ders., *Das unmögliche Objekt*.

ontologischen Sicherheiten. Das Phänomen hat eine profanisierende, ent-gründende und ent-ontologisierende Wirkung. Peter Euben ist daher zuzustimmen, wenn er behauptet:

> »Corruption is not only the absence of an element or principle; it may involve the presence of some foreign element that debases or undermines the whole. The base or basis of something is its foundation, or fundamental and constituting principles, the starting point from which action and analysis proceed. In these terms political corruption involves the altering of the foundations or constitution of something (or someone) in a manner which lowers it (or them) in dignity, quality, character or value.«[28]

Darin erinnert Korruption an die Aufgabe, die sich Nietzsches Genealogie zum Ziel gesetzt hatte: Sie verweist uns auf die unwürdigen Gründe aller Gründe. Ein solcher Verweis besitzt durchaus politische Implikationen. Korruption wirkt, salopp gesagt, als politische Pathosbremse. Ein allgemein als korrupt betrachtetes politisches System wird seine vorgebliche Idealität in Sonntagsreden nur um den Preis der Lächerlichkeit feiern können.[29] Der Verweis besitzt aber auch Implikationen für die politische Theoriebildung. Er zwingt uns nämlich, in Korruption vor allem ein *hantologisches* Konzept zu sehen. Das Kunstwort *Hantologie* – im Französischen homophon mit Ontologie – wird von Derrida eingeführt, um die notwendige Heimsuchung jeder Ontologie durch die Gespenster, die sie selbst hervorgebracht hat, zu bezeichnen. So heißt es bei Derrida: »Spuken heißt nicht gegenwärtig sein, und man muß den Spuk schon in die Konstruktion eines Begriffs aufnehmen. [...] Das ist es, was wir hier eine *Hantologie* nennen möchten. Die Ontologie stellt sich ihr nur in einer Bewegung des Exorzismus gegenüber. Die Ontologie ist eine Beschwörung«.[30] Will man diese Überlegung auf unsere Diskussion übertragen, so erscheint das Realphänomen der Korruption deshalb als *hantologisch*, weil es die stabile Seinsordnung des Sozialen heimsucht und unterhöhlt. Und das Konzept der Korruption wiederum ist *hantologisch*, weil es – ungreifbar und selbstwidersprüchlich – im terminologischen Arsenal der politischen Theorie und Politikwissenschaft herumspukt und sich definitorisch nicht festnageln lässt. Erst wenn wir diese spezifische Leistung von Korruption, die in der Transformation von Ontologie in *Hantologie*, von SEIN in *Spuk* besteht, in Rechnung stellen, lässt sich unsere Ausgangsbeobachtung der merkwürdigen Un-

28 Euben, »Corruption«, S. 222.

29 Was natürlich nicht bedeutet, dass es nicht auch um diesen Preis fortbestehen kann und Pathos nur umso dicker aufgetragen wird, vgl. das Italien Berlusconis.

30 Jacques Derrida, *Marx Gespenster. Der Staat der Schuld, die Trauerarbeit und die neue Internationale*, Frankfurt a. M. 1996, S. 253f.

greifbarkeit von Korruption – und zwar als Begriff wie als soziale Praxis – einer Erklärung zuführen.[31]

Anschlüsse an eine postfundamentalistische Demokratietheorie

All das macht Korruption – ganz so wie jenen anderen klassischen Gegenbegriff zu *virtù*, nämlich *fortuna* – zu einem Kontingenzbegriff. Die Idee der Korruption, ja der notwendigen Korruptibilität einer Ordnung erinnert uns daran, dass diese Ordnung auch *nicht* oder *anders* konstituiert sein könnte. Daraus kann eine postfundamentalistische politische Theorie zumindest zwei Konsequenzen ziehen: Die erste Konsequenz betrifft unseren Politikbegriff, die zweite die Ausgestaltung einer postfundamentalistischen Demokratietheorie. Was Politik betrifft, so garantiert gerade eine korrupte Seinsordnung, *ja ausschließlich eine korrupte Seinsordnung*, die Möglichkeit politischen Handelns. Nur in einer kontingenten oder brüchigen Ordnung eröffnen sich der Politik Spielräume. Denn weder aus einer gänzlich destituierten, noch aus einer gänzlich konstituierten Ordnung (also weder aus einem verallgemeinerten Bürgerkrieg noch aus einer leeren Ordnung, die auf der Idee absoluten Schreckens gründet) geht Politik hervor, sondern aus den *Lücken* einer in sich korrupten, da teils konstituierten, teils destituierten Ordnung. Genuin politisches Handeln besteht gleichsam im Jonglieren mit den immer neu zu reorganisierenden Verfallsprodukten dieser Ordnung.[32] Aus diesem Grund agiert, wer politisch agiert, strategisch. Oder wie man in der Renaissance gesagt hätte: *virtuos.*[33]

31 Aus dieser Sicht erweist sich auch die Anthropologisierung des Phänomens, also die Behauptung einer allgemeinen Korruptibilität des Menschen, als eine schlichte Verschiebung und Verdrängung der *Hantologie des Sozialen*, wie sie von der postfundamentalistischen politischen Theorie beobachtet wird. ›Der Mensch‹ und seine vorgebliche Natur wird so nur zum verschobenen Platzhalter für die in letzter Instanz ungründbare Natur sozialen Seins und sozialer Ordnung.

32 Vgl. Oliver Marchart, *Neu beginnen. Hannah Arendt, die Revolution und die Globalisierung*, Wien 2005.

33 Aus einer ebenfalls postfundamentalistischen Perspektive hat Michael Walzer Korruption ›verteidigt‹ als eine jener profanen Praktiken der Politik (darunter auch Kampagnenarbeit, ja selbst Lobbyisms), ohne die Demokratie undenkbar wäre. Vgl. Michael Walzer, *Vernunft, Politik und Leidenschaft. Defizite liberaler Theorie*, Frankfurt a. M. 1999. Ich kann Walzers Aversion gegen rationalistisch-philosophische Fundierungsversuche von Demokratie, die solche Praktiken als bloße Abirrungen vom Weg der Vernunft oder der Gerechtigkeit verurteilen, teilen, würde aber neben dem alltäglichen Korruptionsbegriff noch einen ›onto-

Betrachtet man Korruption aus dieser Perspektive, so gewinnt der Begriff eine überraschend positive Bedeutung. Ein gewisser Korruptionsgrad ist Voraussetzung dafür, dass politische *virtù* überhaupt zur Entfaltung kommen kann. Der Renaissance-Republikanismus besaß hiervon eine Ahnung. Aufgrund der entsprechenden Profilierungsmöglichkeiten konnte Korruption sogar als eine günstige Gelegenheit (als *occasione*) für politisches Handeln verstanden werden. Ein auf Ruhm bedachter Mann möge Gott darum bitten, in einer korrupten Stadt zu leben, denn nur dort habe er die Möglichkeit, sie zu reformieren, wie es im 10. Kapitel der *Discorsi* heißt: »Fürwahr, strebt ein Fürst nach Weltruhm, so sollte er wünschen, eine verderbte Stadt zu besitzen, nicht um sie völlig zu zerstören, wie Caesar, sondern um sie wieder aufzubauen, wie Romulus«.[34] Postfundamentalistisch verallgemeinert: Politisches Handeln hat die ontologische Korruptibilität des sozialen Seins zur Voraussetzung.

Die zweite Konsequenz ist demokratietheoretischer Natur. Wieder erfährt der Begriff der Korruption eine positive Wendung. In der Lesart postfundamentalistischer Demokratietheorie lässt sich der Korruptionsbegriff normativ umwerten zu einem Kontingenzakzeptanzbegriff, ausgehend von der historischen Erfahrung, dass von einer Gemeinschaft, die sich der Selbstsäuberung verschrieben hat, eine größere Gefahr ausgeht als von einer, die einen gewissen Grad an ›Korruption‹ durch heterogene, ihr äußerliche Momente akzeptiert (und es ist ja, nebenbei gesagt, kein Zufall, dass rechtspopulistische Parteien die Korruption der Eliten, von denen sie selbst zumeist Teil sind, anprangern und gleichzeitig das Gemeinwesen von äußeren Eindringlingen säubern wollen). Es mag durchaus zutreffen, dass die Korruptibilität politischer Eliten – im weiten Sinn etwa durch den Einfluss der Konzerne und Lobbying-Gruppen auf politische Entscheidungen – unsere westlichen Demokratien einem Zustand entgegentreibt, den Colin Crouch emblematisch als Postdemokratie bezeichnet hat.[35] Wie zumeist aber übersieht ein rein empirisch argumentierender Zugang die begrifflich-historischen und metaphorischen Ressourcen, die in die Argumente einfließen und sie mit Überzeugungskraft ausstatten.[36] Denn das Bild, das Crouch verwen-

logischen‹ Korruptionsbegriff berücksichtigen, der – postfundamentalistisch – gerade auf der Ebene der Fundierung des Gemeinwesens dessen Ordnungsgrund negativ symmetrisch unterhöhlt und im pragmatistischen Theoriedesign Walzers keinen Platz hätte.

34 Machiavelli, *Politische Schriften*, S. 156.

35 »Tatsächlich«, so Crouch sei »Korruption ein sehr guter Indikator für die Schwäche demokratischer Systeme. Sie zeigt, daß die politische Klasse zynisch und amoralisch geworden, nicht länger kritischer Überprüfung ausgesetzt und von der breiteren Öffentlichkeit abgeschnitten ist«. Colin Crouch, *Postdemokratie*, Frankfurt a. M. 2008, S. 18.

36 Und zwar indem sie diese Argumente an den stark metaphorisch organisierten

det, um den Wandel der Regierungsformen darzustellen, ist ausgesprochen vielsagend. Wir befänden uns, so Crouch, am auslaufenden Ende einer Parabel[37]: Nach schwachen Anfängen, die auf einen Höhepunkt der Demokratisierung zutrieben, gehe es nunmehr langsam bergab – ohne Chance auf Wiederaufstieg. Aufgrund des ideengeschichtlichen Defizits seiner Argumentation ist sich Crouch nicht im Klaren darüber, dass er mit diesem Bild als ein Polybius der Posthistoire auftritt. Der Posthistoire deswegen, weil nach dem so gut wie unaufhaltsamen Abstieg der demokratischen Ordnung bei Crouch nicht etwa die nächste Station im Zyklus der Regierungsformen folgt, also etwa die Tyrannis, sondern weil Demokratie degeneriert bis in die schlechte Unendlichkeit. Auch bei Crouch vermischen sich historisch spezifische Vorstellungen von empirischer Korruption mit überhistorischen Vorstellungen von Korruptibilität als Zwangsgesetz.[38]

Eine postfundamentalistische Demokratietheorie wird solchen Ideen mit Skepsis begegnen, geht sie doch davon aus, dass keine Ordnung letztbegründet werden kann und daher in einem ergebnisoffenen Prozess ständig und auf alle möglichen Weisen neu-gegründet wird.[39] Ein auf Kontingenzakzeptanz abgestelltes Demokratieverständnis wird unter Korruption also weniger eine der Geißeln der Postdemokratie verstehen, sondern vielmehr eine der Kontingenzformeln, in denen sich die Unwiederbringlichkeit eines letzten Grundes – und damit die Notwendigkeit von Kontingenz – im Lexikon politischen Denkens niederschlägt. Doch ist an der Abwesenheit letzter Gründe, wie sie im Topos

Interdiskurs des allgemeinen Alltagsverstands, in dem nach Antonio Gramsci Konsens und Zustimmungsfähigkeit reguliert werden, anschlussfähig machen.

37 Vgl. Crouch, *Postdemokratie*, S. 30ff.

38 Etwa wenn Crouch von einer »unvermeidlichen Entropie der Demokratie« (ebd., S. 133) spricht, und auch wenn er den Zwangscharakter der von ihm beobachteten historischen Ereignisse schon in den nächsten Sätzen wieder zaghaft zurücknimmt. So gebe es trotz der massiven Veränderungen, die keine Wende erahnen lassen, »Möglichkeiten, die politische Entwicklung zumindest in Ansätzen von ihrem vermeintlich unaufhaltsamen Kurs in Richtung Postdemokratie abzubringen«. Ebd. In Crouch streitet die alte Idee vom historischen Zwangsgesetz der Korruptibilität aller Regierungsformen mit der modernen von der handlungseröffnenden Kraft fundamentaler Ordnungskontingenz.

39 Deshalb kann es per Definition nur Mischverfassungen geben. Und jene Ordnungen, die wir als demokratisch zu bezeichnen trainiert wurden, setzen auch nur auf die Kombination oligarchischer, despotischer, totalitärer und durchaus demokratischer und republikanischer Elemente, ganz zu schweigen von solchen, für die neue Namen gefunden werden mussten (wie etwa ›Disziplinargesellschaft‹ oder ›Kontrollgesellschaft‹) oder die noch auf einen Namen warten. Vgl. Oliver Marchart, *Die Prekarisierungsgesellschaft. Prekäre Proteste. Politik und Ökonomie im Zeichen der Verunsicherung*, Bielefeld 2013.

der Korruption erscheint, nichts zu bedauern. Im Gegenteil, sie ist aus demokratischer Sicht zu begrüßen, denn das symbolische Dispositiv der Demokratie, wie es Claude Lefort[40] beschrieben hat, ist nichts weniger als ein Kontingenzakzeptanzdispositiv. Im Unterschied zu anderen Regierungsformen wird in der Demokratie, so partiell sie in den politischen Ordnungen, die wir kennen, verwirklicht sein mag, die Unmöglichkeit eines transzendenten Legitimationsprinzips *akzeptiert,* nicht verleugnet. Das bedeutet zugleich, dass die Unmöglichkeit einer von Korruption gereinigten Gesellschaft akzeptiert wird, käme die doch einem in sich selbst verbarrikadierten, abschließend geordneten und mit einem letzten Fundament versehenen System gleich.

Demokratie ist nichts anderes als ein Name für all jene Institutionen und Einstellungsweisen, die die Bürger eines Gemeinwesens auf symbolische Weise mit der Anforderung konfrontieren, dessen grundlegende Kontingenz und Konfliktualität zu akzeptieren. Da aber die Abwesenheit eines Grundes, auf dem man stehen könnte, nur äußerst schwer zu akzeptieren ist, wird Demokratie zugleich zum Namen einer Zumutung – weshalb das vielfach diagnostizierte ›Unbehagen in der Demokratie‹ keineswegs erst mit dem Siegeszug ›postdemokratischer‹ Zustände eingekehrt ist, sondern zu Demokratie selbst gehört. (Fast ließe sich sagen: Die Postdemokratie, *das ist die Demokratie.*) In diesem Umstand könnte eine der Ursachen für das Entstehen *pejorativer* Kontingenzformeln wie Korruption liegen. Die Abwesenheit letzter Gründe, die zu akzeptieren uns das demokratische Dispositiv zumutet, produziert ein vages Unbehagen, das sich in der Suche nach Sündenböcken ausdrückt, denen man die Brüchigkeit der Fundamente des Gemeinwesens anlasten kann. Einem Diskurs, der nach neuen Fundamenten sucht (also nach einer gänzlich von Konflikten und Kontingenzen bereinigten Gesellschaft), werden korrupte Funktionseliten – mögen sie tatsächlich korrupt sein oder nur eingebildeterweise – gerade als Kontingenzträger zum Ressentimentobjekt – obgleich man aus historischer Erfahrung weiß, dass von jenen, die das Unkraut der Korruption mit Stumpf und Stiel auszumerzen versprechen, oft weit größere Gefahren ausgehen als von den Korrumpierten.

Soll damit gesagt sein, dass wir unsere Augen vor real-existierenden Korruptionsfällen verschließen sollen? Ist jeder, der Korruption aufdeckt oder anklagt, deswegen schon Antidemokrat? Wohl kaum. Aber wir müssen ein Sensorium für jene Anklänge des Ressentiments entwickeln, die in Antikorruptionsdiskursen, so gerechtfertigt sie in der Sache sein mögen, mitschwingen können. Will man daher denn unbedingt – unter radikaldemokratischen Prämissen – an einem anklagenden Begriff

40 Vgl. Claude Lefort, *L'invention démocratique. Les limites de la domination totalitaires,* Paris 1981.

von Korruption festhalten, dann ist womöglich eine bestimmte Spielart des klassischen republikanischen Korruptionsbegriffs hilfreich, um die Theorie von Ressentiment frei zu halten. Für Machiavelli und andere Denker des Republikanismus nämlich war Korruption kein Alleinstellungsmerkmal der Eliten. Gewiss, wenn Machiavelli Philosophen, Adligen und Klerikern den Müßiggang – *ozio* – als eine Form der Korruption zum Vorwurf machte, dann zielte der Vorwurf auf die Eliten. Aber um welchen Vorwurf handelt es sich? Müßiggang ist nicht an sich (oder aus Perspektive einer frühkapitalistischen Arbeitsethik) zu verwerfen, sondern weil sich im Müßiggang die Bürger ihren politischen Aufgaben entziehen (deshalb ist *ozio* einer der Gegenbegriffe zu *virtù*).[41]

Dieser Vorwurf trifft in einem republikanischen wie in einem demokratischen Gemeinwesen nicht allein die Eliten, sondern letztlich alle Bürger. ›Korrupt‹ im strengen Sinn ist, wer nicht an den Aushandlungen der allgemeinen Angelegenheiten teilzunehmen bereit ist, d. h. wer keine politische Aktivität entfaltet, sondern sich mit der Verfolgung seiner Privatinteressen begnügt oder der politischen Lethargie hingibt. Korruption ist, so betrachtet, nichts anderes als ein Begriff für politischen *Passivismus*. Ein Passivismus, der *jede und jeden* in einem demokratischen oder republikanischen Gemeinwesen befallen kann – und deshalb nichts vom Beigeschmack des Ressentiments gegenüber »denen da oben« besitzt, denn korrupt sind schlechthin *alle*, deren politische Aktivität sich auf den Einwurf einer Wahlkarte alle paar Jahre beschränkt. Freilich müssen zur Ermöglichung weitergehenden Engagements entsprechende politische und soziale Teilhaberechte greifen, deren Rückbau sich in den letzten Jahren zu beschleunigen scheint. Nur wurden auch diese Teilhaberechte ihrerseits noch nie einfach gewährt, sondern

41 Quentin Skinner weist darauf hin, dass die Bürger sich ihren politischen Aufgaben nur um den Preis des Verlusts der Freiheit entziehen können, weshalb Korruption auch einen Mangel an politischer Urteilsfähigkeit dokumentiert: »To be corrupt, however, is to forget – or fail to grasp – something which it is profoundly in our interests to remember: that if we wish to enjoy as much freedom as we can hope to attain within political society, there is good reason for us to act in the first instance as virtuous citizens, placing the common good above the pursuit of any individual or factional ends. Corruption, in short, is simply a failure of rationality, an inability to recognise that our own liberty depends on committing ourselves to a life of virtue and public service. And the consequence of our habitual tendency to forget or misunderstand this vital piece of practical reasoning is therefore that we regularly tend to defeat our own purposes. As Machiavelli puts it, we often think we are acting to maximise our own liberty when we are really shouting, ›Long live our own ruin‹«. Quentin Skinner, »The republican idea of political liberty«, in: Gisela Bock/Quentin Skinner/Maurizio Viroli (Hrsg.), *Machiavelli and Republicanism*, Cambridge 1993, S. 293–309, hier: S. 304.

wurden erkämpft und müssen, sollen sie intakt bleiben, immer wieder neu erkämpft werden. Aus diesem Grund ist der demokratische Horizont – also der durch die demokratische Revolution etablierte Legitimationshintergrund von Freiheit, Gleichheit und Solidarität – eine unabdingbare legitimatorische Voraussetzung des, mit Arendt gesagt, *Rechts auf Rechte*, das all jene in Anspruch nehmen dürfen, denen diese Rechte (noch) verwehrt sind (wie z. B. Flüchtlinge) oder erneut abgesprochen werden sollen. Korrupt – im Sinne des radikaldemokratischen Anklagetopos – wären dann nicht nur die Bürger, die in politische Lethargie verfallen, sondern wäre zugleich auch das politische System, das ihnen die geregelte Möglichkeit zu politischer Partizipation (bis hin zu einem radikalen demokratischen Aktivismus) nimmt. Vielleicht kann es gelingen, Korruption auf diese Weise nicht als Gegenbegriff zu politischer »Sauberkeit«, sondern als Gegenbegriff zu politischem Aktivismus zu konturieren und das Konzept so dem Lexikon radikaldemokratischer politischer Theorie einzuschreiben.

Matthias Leanza

Grenzrauschen

Zur Figur des Parasiten in der Systemtheorie

Der Parasit zwischen System und Umwelt

»Wie ist soziale Ordnung möglich?« – einer weit verbreiteten Auffassung zufolge steht diese Frage im Zentrum der Soziologie. Niklas Luhmann bezeichnete sie gar als die für »die Disziplin konstituierende Problemstellung«.[1] Und in der Tat hat jede Sozialtheorie zu klären, wie soziale Ordnungsbildung möglich ist und in welchen Formen sie sich vollzieht. Freilich existieren soziologische Einzelforschungen, die nicht explizit auf diese Frage reflektieren; dennoch müssen auch sie den Bezug zu den im Fach etablierten Vorstellungen von Sozialität wahren, möchten sie als ein Beitrag zum soziologischen Erkenntnisgewinn verstanden werden. Im Umkehrschluss bedeutet das: Vermag eine Theorie nicht anzugeben, wie soziale Ordnung entsteht, kann sie auch nicht an der für die Disziplin prägenden Problemperspektive partizipieren. Sie bleibt dann soziologisch undiszipliniert und läuft Gefahr, mit einem Platz außerhalb des Fachs vorlieb nehmen zu müssen.

Im Mittelpunkt der systemtheoretischen Ordnungskonzeption, um deren kritische Befragung es im Folgenden gehen soll, steht das Problem der Grenzziehung. Die von Luhmann entwickelte Theorie spürt allgemein der Frage nach, wie Systeme eine Grenze zu einer Umwelt hervorbringen, an der sie ihre Operationen orientieren können. Ob es sich um Maschinen oder Organismen, psychische oder soziale Systeme handelt, ist zunächst nicht weiter relevant, auch wenn unterschiedliche Typen von Operation vorliegen (etwa Leben, Bewusstsein, Kommunikation), die dann spezieller Begriffe bedürfen. Ein System kann somit als etwas betrachtet werden, das sich selbst eine Grenze zu einer Umwelt gibt und derart Ordnungseffekte zeitigt.[2]

In zahlreichen Schriften hat Luhmann Prozesse der Grenzziehung und der Grenzerhaltung sozialer Systeme untersucht, wobei seine Studien zu den Funktionssystemen der modernen Gesellschaft einen zentralen Platz im Gesamtwerk einnehmen. Damit teilt die Systemtheorie ein

1 Niklas Luhmann, »Wie ist soziale Ordnung möglich?«, in: ders., *Gesellschaftsstruktur und Semantik. Studien zur Wissenssoziologie der modernen Gesellschaft*, Bd. 2, Frankfurt a. M. 1993, S. 195–285, hier: S. 195.

2 Vgl. Niklas Luhmann, *Soziale Systeme. Grundriß einer allgemeinen Theorie*, Frankfurt a. M. 1984, S. 15ff.

gemeinsames Erkenntnisinteresse mit den Sozialtheorien des Poststrukturalismus, die sich ebenfalls dem Thema der Differenz widmen. Dennoch wurde von poststrukturalistischer Seite immer wieder der Vorwurf erhoben, dass die Systemtheorie eine fragwürdige Reinheitsvorstellung pflege und kein Gespür für die Prekarität von Differenz besitze.[3] Folgt man der Kritik, so unterstellt Luhmann dort klare Grenzverläufe, wo Autoren wie Jacques Derrida, Judith Butler, Ernesto Laclau und Gilles Deleuze auf Aufschübe und Verunreinigungen, Mehrdeutigkeiten und Vielheiten rekurrieren. Während die Systemtheorie mit ihrem Unwahrscheinlichkeitstheorem das klassische Problem der Möglichkeit sozialer Ordnung ins Zentrum rückt, fragen poststrukturalistische Sozialtheorien nach der Unmöglichkeit sozialer Ordnung, ohne damit partielle Ordnungseffekte leugnen zu wollen.[4] Wenngleich diese Kritik nicht ganz von der Hand zu weisen ist, so bedient sie sich selbst einer fragwürdigen Vereindeutigungsgeste: Denn die Systemtheorie hält durchaus Begriffe und Denkfiguren bereit, um Unschärfen und Unentscheidbarkeiten zu denken. Auch systemtheoretisch lässt sich analysieren, wie soziale Ordnung von Unordnung durchzogen wird, wie sich beide zu einer spannungsreichen Einheit verschränken.[5]

In diesem Zusammenhang ist erwähnenswert, dass sich Luhmann seit Mitte der 1980er Jahre immer wieder auf Michel Serres' Buch *Le parasite* von 1980 bezogen hat.[6] Dies mag den Beobachter zunächst überraschen, schließlich unternimmt Serres den Versuch, die Unmöglichkeit operativer Schließung und stabiler Grenzziehung aufzuzeigen. Auch die Zugangsweisen könnten kaum unterschiedlicher sein: Während Luhmann für die Soziologie eine facheinheitliche Theorie zu entwickeln versucht, die alles Soziale thematisieren kann, scheint Serres dem Ex-

3 So etwa Andreas Reckwitz, »Die Logik der Grenzerhaltung und die Logik der Grenzüberschreitungen: Niklas Luhmann und die Kulturtheorien«, in: Günter Burkart/Gunter Runkel (Hrsg.), *Luhmann und die Kulturtheorie,* Frankfurt a. M. 2004, S. 213–240.

4 Vgl. Ernesto Laclau, *Emanzipation und Differenz,* Wien 2002; Oliver Marchart, *Das unmögliche Objekt. Eine postfundamentalistische Theorie der Gesellschaft,* Frankfurt a. M. 2013.

5 Vgl. nur Peter Fuchs, *Moderne Kommunikation. Zur Theorie des operativen Displacements,* Frankfurt a. M. 1993, S. 198ff.; Urs Stäheli, »System: Unentscheidbarkeit und Differenz«, in: Stephan Moebius/Andreas Reckwitz (Hrsg.), *Poststrukturalistische Sozialwissenschaften,* Frankfurt a. M. 2008, S. 108–123.

6 Vgl. etwa Niklas Luhmann, *Ökologische Kommunikation. Kann die moderne Gesellschaft sich auf ökologische Gefährdungen einstellen?,* Opladen 1986; ders., »›Distinctions directrices‹. Über die Codierung von Semantiken und Systemen«, in: Friedhelm Neidhardt/M. Rainer Lepsius/Johannes Weiss (Hrsg.), *Kultur und Gesellschaft* (*Kölner Zeitschrift für Soziologie und Sozialpsychologie,* Sonderheft 27), Opladen 1986, S. 145–161.

emplarischen und dem Figurativen stets den Vorrang vor allzu strenger Systematik und Begriffshermetik zu geben. Handelt es sich also um ein Missverständnis, eine schlichte Fehlrezeption? Oder hat man es mit jenem »Unsinn«[7] zu tun, den Luhmann nach eigener Auskunft in jedem seiner Bücher versteckt hat?

Beide Fragen sollen hier verneint werden. Meine im Folgenden zu entfaltende These lautet: Die Figur des Parasiten erlaubt es der Systemtheorie, Grenzen und die durch sie hervorgebrachten Ordnungseffekte komplexer zu denken, als es das gängige Bild einer Demarkationslinie suggeriert. Für die Theorie maßgebliche Unterscheidungen, wie die zwischen System und Umwelt, Inklusion und Exklusion, Positivwert und Negativwert eines Codes, werden so in einer nicht-binären, mehrwertigen Weise reformulierbar. Jede Grenzziehung eröffnet demnach die Möglichkeit ihrer parasitären Subversion, die jene zugleich bestätigt und zurückweist. Ja, mehr noch: Am Beginn eines Grenzverlaufs treten notwendigerweise parasitäre Verunreinigungen auf, die auf ein Außen der Grenze verweisen (nicht auf die Außenseite der Innenseite einer Grenze, sondern auf das Außen der in Frage stehenden Grenze zwischen Innen und Außen). Der Parasit erhöht Ordnung und Unordnung, Negentropie und Entropie gleichermaßen. Nicht die Logik eines Nullsummenspiels, sondern ein wechselseitiges Steigerungsverhältnis beschreibt deren Zusammenhang.

Die systemtheoretische Aneignung der Figur des Parasiten gestaltet sich bei genauerer Betrachtung alles andere als unproblematisch, greift sie doch tief in die Mechanik der Theorie ein. Gegen Luhmanns häufig unsystematisch und oberflächlich bleibenden Bezugnahmen auf Serres ist zu betonen, dass sich der Parasit nicht bruchlos in das systemtheoretische Begriffsgefüge integrieren lässt. Insbesondere muss die operative Schließung eines Systems komplexer gedacht werden. Der vorliegende Aufsatz versucht dieses Problem zumindest im Ansatz zu skizzieren und mögliche Lösungswege aufzuzeigen. Hierbei geht es mir weniger um eine werkgeschichtliche Rekonstruktion als vielmehr um eine systematische Suchbewegung, welche in dem von Luhmann entworfenen Theoriegebäude nach Anschlussstellen für die Figur des Parasiten fahndet. Die Argumentation kann sich auf die bereits vorliegende Forschungsliteratur stützen, ohne deswegen jeden Vorschlag aufgreifen zu müssen.[8]

7 Niklas Luhmann, »Biographie im Interview. Gespräch am 8. Januar 1996 in Oerlinghausen«, in: Detlef Horster, *Niklas Luhmann*, München 1997, S. 25–47, hier: S. 46.

8 Vgl. u. a. Niklas Luhmann, »Kausalität im Süden«, in: *Soziale Systeme* 1 (1), 1995, S. 9–28; Urs Stäheli, »From Victimology towards Parasitology. A Systems Theoretical Reading of the Function of Exclusion«, in: *Recherches sociologiques* 27 (2), 1996, S. 59–80; Armin Nassehi, »Eliten als Differenzierungsparasiten. Skizze

In diesem Sinne verstehen sich die folgenden Ausführungen als ein Beitrag zu einer weiteren Öffnung der Systemtheorie für poststrukturalistische Theoriefiguren, die es in einer nicht-trivialisierenden Weise zu integrieren gilt.[9]

Eine Kunst der Grenzvermessung

Luhmann begreift Systembildung als einen Prozess der ›Ausdifferenzierung‹ – ein Begriff, der in mindestens zweierlei Hinsicht missverständlich ist: Erstens wird er häufig mit zunehmender Innendifferenzierung verwechselt. Zweitens suggeriert er, dass bereits eine Umwelt vorliegt, aus der sich dann ein System ›herausdifferenzieren‹ kann. Beides ist aber nicht der Fall. Ausdifferenzierung bedeutet vielmehr, dass sich ein System gegen eine Umwelt schließt, also eine Grenze in die Welt einschreibt, an der es seine Operationen orientieren kann.[10] System und Umwelt sind daher sowohl gleichursprünglich wie gleichzählig. Und wenn Luhmann gelegentlich das System als Einheit der Differenz von System und Umwelt bezeichnet, so ist dies kein Verstoß gegen logisch gebotene Begriffshierarchien, sondern ein Verweis darauf, wer hier den aktiven Part übernimmt: Das System zieht die Grenze zu seiner Umwelt, nicht umgekehrt.[11] Ist ein System nicht mehr in der Lage, die Grenze zu seiner Umwelt zu reproduzieren, so löst es sich auf. Staaten können zusammenbrechen, Ehen geschieden werden, Firmen pleitegehen, Gespräche enden. Das Auflösen einer System/Umwelt-Differenz lässt sich als Entdifferenzierung beschreiben.

Zwischen System und Umwelt herrscht ein Komplexitätsgefälle. Im operativen Außen existieren stets mehr Elemente mit entsprechend selektiver Relationierung als im Systeminneren. Die Umwelt ist daher schwächer integriert als das System, das seine Einheit wahren muss,

eines Forschungsprogramms«, in: Ronald Hitzler/Stefan Hornbostel/Cornelia Mohr (Hrsg.), *Elitenmacht*, Wiesbaden 2004, S. 25–41; Wolfgang Ludwig Schneider/Isabel Kusche, »Parasitäre Netzwerke in Wissenschaft und Politik«, in: Michael Bommes/Veronika Tacke (Hrsg.), *Netzwerke in der funktional differenzierten Gesellschaft*, Wiesbaden 2010, S. 173–210.

9 Vgl. für wichtige Studien in dieser Richtung Urs Stäheli, *Sinnzusammenbrüche. Eine dekonstruktive Lektüre von Niklas Luhmanns Systemtheorie*, Weilerswist 2003; Sven Opitz, *An der Grenze des Rechts. Inklusion/Exklusion im Zeichen der Sicherheit*, Weilerswist 2012.

10 Vgl. Niklas Luhmann, *Die Gesellschaft der Gesellschaft*, Frankfurt a. M. 1997, S. 595ff.

11 Auf die damit einhergehende Frage nach der ersten, letztlich unmöglichen Operation komme ich gleich zurück.

möchte es fortbestehen.[12] Gleichwohl können Systeme innerhalb ihrer Grenzen hohe Grade an Komplexität aufbauen. Ein zentraler Mechanismus ist hierbei die Systemdifferenzierung, das meint die Wiederholung von Systembildung innerhalb eines Systems. Im Unterschied zu klassischen Vorstellungen von Differenzierung begreift Luhmann diese nicht als Dekomposition eines gegebenen Ganzen in seine Teile, sondern als das unvorhersehbare Entstehen neuer Ordnung. Die These einer Summenkonstanz wird zurückgewiesen.[13] Systeme können demnach Komplexität aufbauen, indem sie in sich neue Grenzen etablieren, die zu Teilsystemen und systeminternen Umwelten führen. Mit der übergreifenden Systemeinheit weisen die Subsysteme eine gemeinsame Außengrenze auf, wenngleich sie untereinander in einem Verhältnis relativer Indifferenz stehen. Dies kann anhand der Disziplinendifferenzierung moderner Wissenschaft erläutert werden:[14] Da jede Wissenschaftsdisziplin Teilsystem eines Gesamtsystems ist, muss sie sich fragen lassen, inwiefern ihre Kommunikationen einerseits einen Beitrag zum wissenschaftlichen Erkenntnisgewinn leisten und sie andererseits so speziell sind, dass sie nur innerhalb eines gesonderten Fachs möglich werden. Ist eine Disziplin nicht mehr in der Lage, überzeugende Antworten auf beide Fragen zu liefern, wird sie Schwierigkeiten mit ihrer doppelten Grenzziehung bekommen.

Durch den Mechanismus der Systemdifferenzierung entstehen somit Innendifferenzierungen. Es kommt zu einer Verschachtelung von Systemen im Sinne einer ›Mehrstufigkeit‹.[15] Systeme können demnach als komplexe Ordnungsgefüge begriffen werden, die sich gegen eine überkomplexe Umwelt begrenzen müssen. Die Unordnung wird dann in die Umwelt verbannt; sie ist für das System allenfalls als Irritation erfahrbar.[16] Doch verhält es sich tatsächlich so eindeutig? Lassen sich in Luhmanns Schriften nicht auch Hinweise für eine komplexere Verhältnisbestimmung von Ordnung und Unordnung finden, die es erlaubt, operative Schließung anders zu denken und so Brücken zu Serres' Figur des Parasiten zu schlagen?

12 Vgl. Niklas Luhmann, »Haltlose Komplexität«, in: ders., *Soziologische Aufklärung 5. Konstruktivistische Perspektiven*, Wiesbaden 2009, S. 58–74.

13 Vgl. Niklas Luhmann, *Einführung in die Theorie der Gesellschaft*, hrsg. v. Dirk Baecker, Heidelberg 2005, S. 235–360.

14 Vgl. umfassend dazu Rudolf Stichweh, *Zur Entstehung des modernen Systems wissenschaftlicher Disziplinen. Physik in Deutschland 1740–1890*, Frankfurt a. M. 1984.

15 Siehe zu diesem Begriff Niklas Luhmann, *Politische Soziologie*, hrsg. v. André Kieserling, Berlin 2010, S. 61f.

16 Vgl. Andreas Folkers/Il-Tschung Lim, »Irrtum und Irritation. Für eine kleine Soziologie der Krise nach Foucault und Luhmann«, in: Behemoth 7 (1), 2014, S. 48–69.

Der Begriff des ›Fundierungsparadoxes‹ bietet hierzu eine interessante Möglichkeit.[17] Fundierungsparadoxien treten immer dann auf, wenn Systeme versuchen mit den eigenen Mitteln ihre Ausdifferenzierung zu begründen. Die Kategorien, die begründet werden sollen, werden dann zur Begründung herangezogen. Daher weisen die entsprechenden Gründungserzählungen entweder logische Fehler oder markante Lücken auf.[18] Die Legitimation von Rechten durch den Rekurs auf erlittenes Unrecht unterstellt, dass die Rechte schon vor ihrer Einsetzung existierten, denn sonst hätte es kein Unrecht geben können.[19] Die Gründung einer Organisation markiert ihre allererste Entscheidung, auch wenn sie diese Entscheidung gar nicht treffen konnte, da sie noch nicht gegründet war.[20] Versuchen Interaktionssysteme zu klären, ob die Kommunikation unter Anwesenden bereits begonnen hat, treten ähnliche Probleme auf. Um diesen zu entgehen, existieren Begrüßungsrituale, die den Beginn einer Interaktion anzeigen sollen, hierbei aber voraussetzen müssen, dass die Interaktionsteilnehmer bereits ein gemeinsames Wahrnehmungsfeld teilen – also schon interagieren.[21] Kurzum, jedes System gründet auf einem für das System selbst nicht zugänglichen Grund.[22]

In genetischer Perspektive zeigen sich Fundierungsparadoxien als unreine Anfänge.[23] Die erste Operation eines Systems ist stets unscharf.

17 Vgl. Niklas Luhmann, »Sthenographie und Euryalistik«, in: Hans Ulrich Gumbrecht/Karl Ludwig Pfeiffer (Hrsg.), *Paradoxien, Dissonanzen, Zusammenbrüche. Situationen offener Epistemologie*, Frankfurt a. M. 1991, S. 58–82.

18 Vgl. Albrecht Koschorke, »Zur Logik kultureller Gründungserzählungen«, in: *Zeitschrift für Ideengeschichte* 2 (1), 2007, S. 5–12.

19 Vgl. Niklas Luhmann, »Am Anfang war kein Unrecht«, in: ders., *Gesellschaftsstruktur und Semantik. Studien zur Wissenssoziologie der modernen Gesellschaft*, Bd. 3, Frankfurt a. M. 1993, S. 11–64; ders., »Das Paradox der Menschenrechte und drei Formen seiner Entfaltung«, in: ders., *Soziologische Aufklärung 6. Die Soziologie und der Mensch*, Wiesbaden 2009, S. 218–225. Siehe ferner Jacques Derrida, *Gesetzeskraft. Der ›mystische Grund der Autorität‹*, Frankfurt a. M. 2013.

20 Vgl. Niklas Luhmann, *Organisation und Entscheidung*, Wiesbaden 2011, S. 123–151.

21 Vgl. André Kieserling, *Kommunikation unter Anwesenden. Studien über Interaktionssysteme*, Frankfurt a. M. 1999, S. 110–146.

22 Dieses Problem existiert bereits auf der Ebene jeder einzelnen Form, Beobachtung, Operation: Versucht eine Form mit der eigenen Unterscheidung die Einheit der Unterscheidung zu bestimmen, möchte eine Beobachtung sich selbst hinsichtlich ihres blinden Flecks beobachten, und strebt eine Operation danach, sich selbst zu bewirken, so entsteht eine Paradoxie. Das ist nur eine andere Weise zu sagen, dass keine Form, Beobachtung, Operation sich vollständig schließen kann. Stets gibt es eine teilweise Öffnung zu einem Außen, die die Schließung unterbricht.

23 Vgl. zum Problem des Anfangs in der Systemtheorie Albrecht Koschorke, »Die Grenzen des Systems und die Rhetorik der Systemtheorie«, in: ders./Cornelia

Sie oszilliert zwischen einem Außen, das noch nicht Umwelt geworden ist, und einem Innen, das noch nicht System geworden ist. Dennoch ereignet sie sich empirisch in der wirklichen Welt. Sie vollzieht sich als Übergang zwischen einem Nicht-mehr und einem Noch-nicht. In der retrospektiven Umschrift des Systems[24] markiert die erste Operation die unmögliche Selbstsetzung des Systems, die faktisch dennoch möglich war, da sie von einer bereits existierenden Welt getragen wurde. Mit anderen Worten: Ein System kann seine Ausdifferenzierung gar nicht selbst angestoßen haben, auch wenn es die anfängliche Unreinheit im Nachhinein zu vergessen trachtet. Die Bedingung der Möglichkeit eines Systems wurde nicht vom System selbst generiert. Das wäre der unmögliche Übergang von null zu eins, von nichts zu etwas.

Im Umkehrschluss muss das nicht zwangsläufig zu einem ebenfalls fragwürdigen Reduktionismus führen, der keine qualitativen Übergänge denken kann. Luhmann bietet hierzu eine Alternative: eine moderate Emergenzthese. Denn es müssen stets schon Systeme ausdifferenziert sein, welche die Ausdifferenzierung neuer Systeme als eine Art »Realitätsunterbau«[25] tragen. Luhmann hat dieses Problem als ›mutualistische‹ beziehungsweise ›multiple Konstitution‹ auf den Begriff gebracht.[26] Für soziale Systeme bedeutet dies: Damit doppelte Kontingenz entstehen kann, bedarf es mindestens zweier personalisierbarer Sinnsysteme – Ego und Alter –, welche ihre Verhaltensselektionen wechselseitig voneinander abhängig machen und dabei unterstellen, dass weder die eigenen noch die fremden Selektionen vollständig determiniert sind. Ego und Alter sind daher die mundane Möglichkeitsbedingung für die Ausdifferenzierung eines neuen Sozialsystems, das als »emergente Ebene des Zwischensystemkontakts«[27] zu begreifen ist.

Luhmanns differenzierungstheoretisches Vorgehen gleicht somit dem einer Grenzvermessung: Schritt für Schritt werden Systemgrenzen abgegangen, um sie in ihrer sozialen, sachlichen, zeitlichen (und leider viel zu selten auch räumlichen) Dimension zu beschreiben. An seinem Beginn verwirrt sich jedoch der Grenzverlauf. Die Theorie stößt dann auf eine merkwürdige Kreuzung der behutsam abgeschrittenen Systemgrenze mit anderen Systemgrenzen. Die Verwirrung der Linienführung schafft eine uneindeutige Situation, in der Raum für Neues entsteht. Die erste Operation eines Systems kann daher als das ausgeschlossene,

Vismann (Hrsg.), *Widerstände der Systemtheorie. Kulturtheoretische Überlegungen zum Werk Niklas Luhmanns*, Berlin 1999, S. 49–60.

24 Siehe dazu Peter Fuchs, *Die Umschrift. Zwei kommunikationstheoretische Studien: ›japanische Kommunikation‹ und ›Autismus‹*, Frankfurt a. M. 1995.

25 Luhmann, *Soziale Systeme*, S. 43, 97.

26 Vgl. ebd., S. 65ff., 157, 188, 191f., 333.

27 Ebd., S. 159.

eingeschlossene Dritte derjenigen Systeme verstanden werden, welche die Ausdifferenzierung ermöglicht haben. Neue Ordnungen zeichnen sich stets an der Grenze bereits bestehender Ordnungen ab. Jedes System entsteht in einer Nische.

Was sich der Grenzziehung nicht fügt

Genau an dieser Stelle setzt Serres mit der Figur des Parasiten an. Sein methodisches Vorgehen begreift er denn auch nicht als Grenzvermessung, sondern als *randonnée*, was so viel wie ein Umherwandern, eine »interessante Reise«[28] bedeutet. Demnach soll all den Momenten nachgegangen werden, die sich einer Grenzziehung nicht fügen, auch wenn sie auf diese verwiesen bleiben. Serres versucht zu zeigen, »[d]aß es überall Unterbrecher gibt, die mit großem Aufwand daran arbeiten abzuzweigen und zu unterschlagen, was da über die Wege wandert. Die Bezeichnung, die man diesen verbreiteten und vielfältigen Aktivitäten zumeist beilegt, lautet Parasitentum, und ich fürchte, es ist die gewöhnlichste Sache von der Welt.«[29] Jede Ordnung weist somit Löcher und Risse auf, die es sichtbar zu machen gilt. Eine vollständige Schließung, ein perfektes System kann es nicht geben. Aber umgekehrt ist ebenso richtig, dass das Loch einen Rand und der Riss einen Körper voraussetzt. Ordnung und Unordnung verschränken sich notwendigerweise ineinander – so die These. Doch was hat es mit dem Begriff des ›Parasiten‹ auf sich, der zumeist äußerst negative Konnotationen trägt? Wie möchte ihn Serres stattdessen verstanden wissen? Und inwiefern kann die Systemtheorie die Serres'sche Argumentation für sich fruchtbar machen?

Der griechischen Herkunftsbedeutung folgend, meint der Parasit einen Mitesser. Das Wort bezeichnet jemanden, der sich aus einer Nebenposition heraus (*pará*) ernährt (*sitos*). In der klassischen Antike wurden zunächst die Inhaber eines religiösen Amtes mit diesem Ausdruck belegt; das war insbesondere bei den in Attika beheimateten Kulten der Fall. Als Vertreter ihrer Polis hatten die Parasiten das Opfermahl mit den Göttern zu verspeisen. Seit Mitte des 4. Jahrhunderts v. Chr. erhielt der Begriff Einzug in die attische Theaterwelt, wodurch er eine Umwertung erfuhr. Als ›Parasit‹ wurde nunmehr eine Bühnenfigur bezeichnet, die sich als ungeladener Gast einen Platz an der Tafel anderer Leute zu verschaffen suchte.[30] Zu einem biologischen Terminus wurde der Be-

28 Michel Serres, *Der Parasit*, Frankfurt a. M. 1987, S. 15.

29 Ebd., S. 24.

30 Vgl. Heinz-Günther Nesselrath, »Parasit«, in: *Der Neue Pauly*; Ulrich Enzensberger, *Parasiten. Ein Sachbuch*, Frankfurt a. M. 2001, S. 11–72; Matthias J. Pernerstorfer, »Prolegomena zu einer Kulturgeschichte des Parasiten in der

griff erst in der Mitte des 17. Jahrhunderts, bevor er verstärkt im 19. Jahrhundert in medizinischen Diskursen zu zirkulieren begann. Parallel kam es zu einem abermaligen Bezug auf die Sozialwelt.[31] Unter anderem verbreitete sich die Rede vom ›jüdischen Parasiten‹ – ein Motiv, das im Nationalsozialismus den Ausschluss, die Vertreibung und den Mord von Millionen Juden zu legitimieren half. Und auch heutzutage finden sich in öffentlichen Debatten stark abwertende Klagen über ›Schmarotzer‹ und ›Sozialparasiten‹, welche der Allgemeinheit schadeten.[32]

Michel Serres' Buch *Der Parasit* markiert eine abermalige Wende in der Geschichte des Begriffs, zeigt die vorgestellte Argumentation doch auf, dass parasitäre Verunreinigungen ein allgemeines und letztlich unvermeidbares Phänomen sind. Auf jedem Ordnungsniveau existieren Parasiten, die von Serres als die Rückkehr des Ausgeschlossenen ins Innere beschrieben werden. Überall dort, wo ein ordnungsbildender Ausschluss stattfindet, können sie vorkommen. Diese These ist durchaus als eine Kritik zu lesen: Wenn die parasitäre Störung den Normalfall bildet, verlieren unterkomplexe Reinheitsvorstellungen ihre Überzeugungskraft. Die Figur des Parasiten erweist sich so als ein Sinnbild für die Verschränkung von Ordnung und Unordnung.[33] Ob es sich hierbei um Maschinen, Organismen, Psychen, Sozialstrukturen oder logische Formen handelt, ist zunächst nicht weiter relevant. Serres' Parasit setzt ähnlich allgemein an wie Luhmanns System. Bei genauerer Betrachtung zeigt sich, dass die beiden Zugänge miteinander kompatibel sind und in gewisser Hinsicht einander implizieren.[34] »Kein System ohne Parasit«,[35] heißt es apodiktisch bei Serres, der seine Überlegungen ebenfalls in einem informations-, evolutions- und systemtheoretischen Rahmen entwickelt. »Aber auch, kein Parasit ohne System«, ließe sich im Geiste Luhmanns ergänzen.

Wie Petra Gehring betont, präsentiert Serres *die* Figur des Parasiten mithilfe einer Vielzahl von Figuren.[36] Damit soll gesagt sein, dass an-

griechisch-römischen Komödie«, in: *Literatur- und Theatersoziologie* 7, 2012, S. 99–116.

31 Vgl. zur interdiskursiven Zirkulation der Parasitenmetapher um 1900 Eva Johach, *Krebszelle und Zellenstaat. Zur medizinischen und politischen Metaphorik in Rudolf Virchows Zellularpathologie*, Freiburg i. Br. 2008, S. 227–331.

32 Vgl. Enzensberger, *Parasiten*, S. 92–275; Andreas Musolff, »Metaphorische Parasiten und ›parasitäre‹ Metaphern: Semantische Wechselwirkungen zwischen politischem und naturwissenschaftlichem Vokabular«, in: Matthias Junge (Hrsg.), *Metapher und Gesellschaft. Die Bedeutung der Orientierung durch Metaphern*, Wiesbaden 2011, S. 105–119.

33 Vgl. Serres, *Der Parasit*, S. 131.

34 Vgl. Stäheli, »From Victimology towards Parasitology«.

35 Serres, *Der Parasit*, S. 26.

36 Vgl. Petra Gehring, »Der Parasit. Figurenfülle und strenge Permutation«, in:

hand einer Fülle von literarischen Versatzstücken, philosophischen Theoremen, kulturellen Formen, naturwissenschaftlichen Phänomenen und anderem mehr ein allgemeines Ordnungsproblem thematisiert wird – ein Problem, das all diese besonderen Bereiche übergreift und in ein Kontinuum stellt. Der Parasit ist überall zu finden, wenn auch immer anders. Ebenso vielfältig sind die Figuren, die Serres anführt, um letztlich ein gemeinsames Grundmotiv aufscheinen zu lassen. Die Systemtheorie Luhmanns kann jedoch bei einer solch figurativen Darstellung nicht verbleiben. Sie ist durch und durch auf Theorie ›geeicht‹, sofern man darunter eine Menge aufeinander abgestimmter Begriffe versteht, die eine kontrollierte Mustererkennung erlauben. Daher sollen im Folgenden zunächst vier Elemente der Serres'schen Figur des Parasiten herauspräpariert werden, die so etwas wie das Grundgerüst bilden, bevor im Anschluss daran zu fragen ist, wie sich dieses in einem systemtheoretischen Begriff neu fassen lässt.

(a) Der Parasit ist erstens durch Paradoxalität gekennzeichnet. Mit einer Formulierung Serres' kann er als der »ausgeschlossene, eingeschlossene Dritte«[37] beschrieben werden. Dies ist keine Wortspielerei, sondern der Versuch einer schwierigen Verhältnisbestimmung. Der Parasit meint eine eigentümliche Relation zu einer Relation, genauer: Als nicht vorgesehener Dritter nährt er sich von einem bestehenden Produktions- oder Austauschverhältnis, das er zugleich bestätigt wie zurückweist. Die parasitäre Relation akzeptiert und unterläuft die Wirtsrelation.[38] Auf diese Weise kommt Rauschen in das System, dessen Grenzen werden brüchig und uneindeutig.[39] Die Stadtratte hat ihren Vetter die Landratte zum Mahl eingeladen – so das Eingangsbeispiel Serres' –, verspeist werden die Lebensmittel des Steuerpächters, der sich selbst seinen Teil vom Produzenten abgezweigt hat. Der Parasit ist der ungebetene Gast, der mitisst. Er ist der Ausgeschlossene, der ins Innere zurückkehrt.[40] Daraus resultiert seine Unruhe: Schon beim ersten Knarren der Tür rennen die Ratten auseinander, in der Angst entdeckt zu werden.

(b) Zweitens ist die parasitäre Beziehung einseitig ausgerichtet. Der eine nimmt, ohne zu geben. Der andere gibt, ohne einen Gegenwert zu erhalten. »Parasitär nenne ich eben dieses Halbleiterphänomen, dies

Eva Eßlinger et al. (Hrsg.), *Die Figur des Dritten. Ein kulturwissenschaftliches Paradigma*, Frankfurt a. M. 2010, S. 180–192.

37 Serres, *Der Parasit*, S. 41ff.

38 Vgl. ebd., S. 29.

39 Benötigt wird daher eine nicht-klassische Logik, die mit Paradoxien und Unschärfen umgehen kann. Vgl. Serres, *Der Parasit*, S. 88f.

40 Vgl. ebd., S. 118f., 226.

Ventil, diesen einfachen Pfeil, diese Beziehung, die nur eine Richtung kennt.«[41] Der Parasit unterbricht jede Reziprozität. Ohne Gegenleistung eignet er sich ein Gut an, das andere hergestellt haben. Produktions- und Tauschlogik liegen dem Parasiten fern, auch wenn er funktionierende Produktions- und Tauschverhältnisse voraussetzt. In gewisser Weise verkörpert er das Gegenmodel zur Gabe: das reine Nehmen. Und falls der Parasit doch einmal tauschen sollte, so wechselt er die Münzart. Das Speisen an der Tafel anderer Leute wird mit Scherzen und Geschichten beglichen. Der Parasit ›diagonalisiert‹ den Tausch.[42]

(c) Die Figur des Parasiten beschreibt drittens einen reflexiven Mechanismus.[43] Parasitäre Ordnungen sind parasitierbare Ordnungen: Des einen Laus ist des anderen Wirt. Parasiten unterwandern nicht nur Grenzen, sie verfügen auch über eigene; dies macht sie zum möglichen Gegenstand von Grenzverletzungen. ›Parasitär‹ bezeichnet somit keine ontologische Eigenschaft, sondern eine relationale Position. Der Steuerpächter nährt sich vom Produzenten, die Stadtratte findet ihre Speisen in der Kammer des Steuerpächters, die Landratte schmarotzt bei ihrem Vetter in der Stadt. Zusammen bilden sie eine parasitäre Kaskade, eine Kette von »aufeinandergepfropften Parasiten«,[44] in der jeder versucht, der letzte zu sein. Die eigenen Grenzen sollen intakt bleiben, auch wenn an denen der anderen fleißig genagt wird. Gleichzeitig ist es attraktiv, möglichst nah an der Produktionsquelle zu sitzen, obgleich dadurch die Gefahr steigt, selbst zum Ziel parasitärer Unterwanderungen zu werden. Das Ergebnis ist eine nicht still zu stellende Dynamik in der parasitären Kaskade. Fortwährend vollziehen sich Positionswechsel.[45]

(d) Viertens lässt sich nicht immer eindeutig und verbindlich entscheiden, wer *l'hôte* im Sinne von Wirt und wer *l'hôte* im Sinne von Gast ist.[46] Das Französische ist in diesem Punkt genauso unentschieden wie die Sache, die es zur Sprache bringt. Die Verortung des parasitären Rauschens ist somit abhängig von der »Stellung des Beobachters«,[47] der Parasit ist an eine Perspektive gebunden. Serres führt hierzu das Beispiel einer Abendgesellschaft an, bei der die

41 Ebd., S. 14.

42 Vgl. Serres, *Der Parasit*, S. 57–65.

43 Das meint einen Mechanismus, der auf sich selbst anwendbar ist. Vgl. Niklas Luhmann, »Reflexive Mechanismen«, in: ders., *Soziologische Aufklärung 1. Aufsätze zur Theorie sozialer Systeme*, Wiesbaden 2009, S. 116–142.

44 Serres, *Der Parasit*, S. 25.

45 Vgl. ebd., S. 82.

46 Vgl. ebd., S. 31ff.

47 Ebd., S. 102.

Unterhaltung der Gäste durch das Klingeln des Telefons kurzfristig unterbrochen wird: »Sobald ich das Gespräch aufnehme, setzt die Unterhaltung an der Festtafel wieder ein, sie wird zum Lärm, zum Rauschen, für das neue Wir. Das System schaukelt. Nähere ich mich wieder der Tafel, so wird der Lärm nach und nach wieder zur Konversation.«[48] Was Lärm und was Information ist, wird von der Position des Hörers im Raum mitbestimmt. Wer produziert und wer konsumiert, wer nimmt und wem genommen wird, in welche Richtung die parasitäre Kaskade also verläuft, ist nur durch die Angabe einer kontingenten Beobachterposition zu klären. Unterschiedliche Zuordnungen können die Folge sein.

Mit seinen vier Grundmerkmalen – Paradoxalität, Einseitigkeit, Reflexivität, Perspektivität – verweist der Parasit auf Relationen und Grenzen, die er sowohl bestätigt als auch zurückweist. Ordnung und Unordnung werden von ihm gleichermaßen gestiftet. Systemtheoretisch lässt sich dieser Gedanke wie folgt reformulieren:[49] Parasitäre Relationen können überall dort entstehen, wo sich Elemente zu einem System verknüpfen.[50] Jede Ausdifferenzierung einer System/Umwelt-Differenz ermöglicht das Einnisten spezifischer Parasiten, welche die Grenzziehung konsolidieren und unterlaufen. Es handelt sich dann weder um eine reibungslose Differenzierung noch um eine vollständige Entdifferenzierung. Der Parasit sperrt sich gegen eine solch eindeutige Zuordnung. Er operiert paradox, da er sich eine etablierte System/Umwelt-Grenze zunutze macht, sie aber zugleich verwirrt. Die Grenze verschwimmt, sie wird uneindeutig, brüchig, durchlässig. Die volle operative Schließung des Systems wird dadurch verhindert, auch wenn eine ausreichend starke Schließungsbewegung vorausgesetzt bleibt. Der Parasit ist das Dritte zwischen Differenzierung und Entdifferenzierung.

Diese abstrakte, formal ansetzende Begriffsbestimmung eignet sich für Spezifizierungen in mehrere Richtungen. Zunächst ist sie hinsicht-

48 Ebd.

49 Die folgende Begriffsbestimmung orientiert sich an der System/Umwelt-Differenz. Der Formbegriff im Anschluss an George Spencer-Brown ließe eine noch allgemeinere Bestimmung des Parasiten zu, da Systemdifferenzierung ein Sonderfall von Formdifferenzierung ist (vgl. Athanasios Karafillidis, *Soziale Formen. Fortführung eines soziologischen Programms*, Bielefeld 2010, S. 243–347). Demnach sind nicht nur ganze Systeme, sondern auch sachliche, soziale, zeitliche und räumliche Differenzierungen unterhalb der Systemschwelle parasitierbar.

50 Die Letztelemente eines Systems können durch einen Beobachter selbst wiederum als eine Relationierung von Elementen auf einem niedrigeren Emergenzniveau dekomponiert werden. Systeme erweisen sich so als eine Relationierung von Relationen. Vgl. Luhmann, *Soziale Systeme*, S. 41ff.

lich verschiedener Systemtypen zu konkretisieren. Technische, biologische, psychische und soziale Parasiten besitzen einen jeweils anderen Charakter, da es sich um verschiedenartige Formen von Operation und Grenzziehung handelt, auf die sie bezogen sind. In der soziologischen Diskussion wurden bislang vor allem codierte Sozialsysteme betrachtet.[51] Aber auch nicht-codierte Systeme sind parasitierbar, weshalb die obige Begriffsbestimmung ihren Ausgang vom allgemeineren Problem der Grenzziehung genommen hat. Codierung ist nur eine Möglichkeit, wie sich ein System operativ schließen kann. Ferner bedarf weiterer Klärung, inwiefern Parasiten notwendigerweise auftreten, was von Serres immer wieder nahegelegt wird. Zwar leuchtet es intuitiv ein, dass die Wahrscheinlichkeit von parasitären Grenzverunreinigungen mit der Zeit zunimmt, worauf auch der Entropiegedanke verweist.[52] Ebenfalls besitzt die erste Operation eines Systems, wie bereits gezeigt wurde, stets einen parasitären Charakter (und damit in abgeschwächter Form alle weiteren Operationen, die an ihr anschließen). Dennoch ist das Auftreten einer solchen Operation nicht notwendig, sondern mit einem Wahrscheinlichkeitswert versehen, der kleiner ist als eins. Es wäre dann nach den Bedingungen zu fragen, die das Auftreten einer parasitären Verunreinigung wahrscheinlich oder unwahrscheinlich werden lassen. Ebenso ist zu unterscheiden, ob Parasiten situativ anfallen oder sich verstetigen und zu eigener Systembildung führen.[53] Hierbei kann vermutet werden, dass ein enger Zusammenhang zwischen dem Grad an Ausdifferenzierung einer parasitären Relation und der Wahrscheinlichkeit ihrer neuerlichen parasitären Unterwanderung besteht.

Das sind einige der Grundprobleme einer – wenn man so möchte – systemtheoretischen Parasitenkunde. Auch wenn der vorliegende Aufsatz eine solche nicht voll entfalten kann, soll doch im Folgenden ihr gesellschaftstheoretisches Potenzial aufgezeigt werden. Da es sich bei der von Luhmann entwickelten Systemtheorie, trotz aller Ausgriffe in andere Disziplinen, im Kern um einen Beitrag zum soziologischen Erkenntnisgewinn handelt, hat sich der Begriff des ›Parasiten‹ nicht zuletzt für das Gesellschaftssystem als instruktiv zu erweisen. Denn mit diesem ist das umfassende Sozialsystem angesprochen, das die Freiheitsspielräume aller anderen Sozialsysteme konditioniert (nicht: determiniert). Der Be-

51 Vgl. etwa Stäheli, *Sinnzusammenbrüche*, S. 303ff.; Wolfgang Ludwig Schneider, »Terrorismus und andere Parasiten. Ein systemtheoretischer Deutungsversuch der Intitialphase des nordirischen Konflikts«, in: Thorsten Bonacker/Rainer Greshoff/Uwe Schimank (Hrsg.), *Sozialtheorien im Vergleich. Der Nordirlandkonflikt als Anwendungsfall*, Wiesbaden 2008, S. 181–203, hier: S. 181; Opitz, *An der Grenze des Rechts*, S. 251ff.

52 Vgl. Serres, *Der Parasit*, S. 285ff.

53 Vgl. Schneider, »Terrorismus und andere Parasiten«, S. 182.

griff des ›Parasiten‹, so die hier vertretene Auffassung, kann dabei helfen, Luhmanns Gesellschaftstheorie in ihrer Bauweise reichhaltiger und in ihrem Gegenstandsbezug angemessener zu gestalten.

Die (Un-)Ordnung der Gesellschaft

Unter Gesellschaft versteht Luhmann das umfassende Sozialsystem, das alle anderen sozialen Systeme einschließt.[54] Daher besitzt die Systemgrenze der Gesellschaft, die an der Unterscheidung zwischen Kommunikation und Nicht-Kommunikation orientiert ist, für Interaktionen, Organisationen und Konflikte einen bindenden Charakter. Nur innerhalb der Gesellschaft können Gespräche stattfinden, Firmen ihre Kunden werben und Streitigkeiten ausgetragen werden.[55] Dennoch sind die hiermit angesprochenen Sozialsysteme nicht deckungsgleich mit dem Gesellschaftssystem, da ihre Grenzen deutlich enger gesteckt sind. Sie vollziehen Gesellschaft mit und bleiben trotzdem von ihr unterscheidbar.

Die moderne Gesellschaft sieht Luhmann durch einen Primat funktionaler Differenzierung gekennzeichnet.[56] Demnach gewinnt sie durch das Nebeneinander sachlich spezialisierter Subsysteme (wie Recht, Massenmedien, Politik, Kunst, Ökonomie, Wissenschaft, Erziehung) an Struktur. Die funktional differenzierten Teilsysteme sind füreinander nicht substituierbar und können in keine gesellschaftsweite Rangfolge gebracht werden – aber genau aus diesem Grund bleiben sie aufeinander verwiesen. Die Einheit der Gesellschaft besteht strukturell nur noch in der Differenz der Funktionssysteme. Es ist dieses Trennungsmuster, das den gesellschaftlichen Zusammenhang stiftet. Luhmanns gesamte Gesellschaftstheorie ist letztlich dem Versuch gewidmet, die These einer funktionalen Primärdifferenzierung der modernen Gesellschaft zu plausibilisieren. Ein Großteil der hierzu vorgetragenen Argumente vermag zu überzeugen. Dennoch existieren Probleme und offene Fragen, von denen insbesondere drei für den hier interessierenden Zusammenhang von Bedeutung sind.

54 Vgl. Niklas Luhmann, »Gesellschaft«, in: ders., *Soziologische Aufklärung 1. Aufsätze zur Theorie sozialer Systeme*, Wiesbaden 2009, S. 173–193.

55 Vgl. Niklas Luhmann, »Interaktion, Organisation, Gesellschaft«, in: ders., *Soziologische Aufklärung 2. Aufsätze zur Theorie der Gesellschaft*, Wiesbaden 2009, S. 9–24.

56 Siehe neben Luhmanns umfassenden Monographien zu den meisten der Funktionssysteme auch Renate Mayntz/Bernd Rosewitz/Uwe Schimank (Hrsg.), *Differenzierung und Verselbstständigung. Zur Entwicklung gesellschaftlicher Teilsysteme*, Frankfurt a. M./New York 1988; Armin Nassehi, »Die Theorie funktionaler Differenzierung im Horizont ihrer Kritik«, in: *Zeitschrift für Soziologie* 33 (2), 2004, S. 98–118.

Erstens vertritt die Systemtheorie die Auffassung, dass die moderne Gesellschaft als Weltgesellschaft ausdifferenziert ist.[57] Demnach gibt es weltweit nur noch ein einziges Gesellschaftssystem. Der Horizont füreinander erreichbarer Kommunikationen hat sich zu einem globalen ausgeweitet. Dieser Prozess beginnt mit der Frühen Neuzeit, unter anderem eingeleitet durch Kolonialismus und globale Arbeitsteilung, und setzt sich in der Moderne so weit durch, dass er vorerst als irreversibel erscheint. Die Rede von einer deutschen, pakistanischen oder brasilianischen Gesellschaft verliert damit ihre soziologische Berechtigung. In einigen späten Arbeiten hat Luhmann jedoch selbstkritisch Bedenken geäußert, ob die Weltgesellschaft tatsächlich mittels des Prinzips funktionaler Differenzierung adäquat beschrieben werden kann.[58] Einerseits kündige sich bereits eine Primärdifferenzierung der Weltgesellschaft nach Maßgabe der Unterscheidung zwischen Inklusion und Exklusion an; andererseits verhinderten parasitäre Netzwerke in der Semi-Peripherie der Weltgesellschaft die volle Realisierung funktionaler Differenzierung. Die von den Funktionssystemen und ihren Organisationen hervorgebrachten Produkte (wie politische Macht, ökonomischer Reichtum, mediale Aufmerksamkeit, rechtliche Entscheidungsgewalt) würden von klientelistischen, formal ausgeschlossenen Netzwerken angeeignet.[59] Was bei diesen Überlegungen letztlich auf dem Spiel steht, ist nichts weniger als die These von der funktionalen Primärdifferenzierung der Weltgesellschaft. Aller Wahrscheinlichkeit nach, so meine Vermutung, muss sie zugunsten von Beschreibungen aufgegeben werden, die historisch und regional deutlich feingliedriger ansetzen. Hierzu

57 Vgl. Niklas Luhmann, »Die Weltgesellschaft«, in: ders., *Soziologische Aufklärung 2. Aufsätze zur Theorie der Gesellschaft*, Wiesbaden 2009, S. 63–88; Rudolf Stichweh, *Die Weltgesellschaft. Soziologische Analysen*, Frankfurt a. M. 2000; Jens Greve/Bettina Heintz, »Die ›Entdeckung‹ der Weltgesellschaft. Entstehung und Grenzen der Weltgesellschaftstheorie«, in: *Zeitschrift für Soziologie. Sonderheft ›Weltgesellschaft‹*, 2005, S. 89–119.

58 Vgl. Niklas Luhmann, »Inklusion und Exklusion«, in: ders., *Soziologische Aufklärung 6. Die Soziologie und der Mensch*, Wiesbaden 2009, S. 226–251; ders., »Jenseits von Barbarei«, in: ders., *Gesellschaftsstruktur und Semantik. Studien zur Wissenssoziologie der modernen Gesellschaft*, Bd. 4, Frankfurt a. M. 1999, S. 138–150; Luhmann, »Kausalität im Süden«.

59 Vgl. Boris Holzer, »Wie ›modern‹ ist die Weltgesellschaft? Funktionale Differenzierung und ihre Alternativen«, in: *Soziale Systeme* 13 (1/2), 2007, S. 357–368; Klaus P. Japp, »Regionen und Differenzierung«, in: *Soziale Systeme* 13 (1/2), 2007, S. 185–195; Matthias Leanza, »Zentren und Ränder funktionaler Differenzierung. Niklas Luhmanns Theorie der modernen Gesellschaft«, in: Sina Farzin/Henning Laux (Hrsg.), *Gründungsszenen soziologischer Theorie*, Wiesbaden 2014, S. 155–174.

könnte sich der Begriff des ›Parasiten‹ als fruchtbar erweisen, da er die ›Gleichzeitigkeit des Ungleichzeitigen‹ thematisierbar macht.

Zweitens vernachlässigt Luhmanns Gesellschaftstheorie Phänomene und Mechanismen sozialer Ungleichheit in der Moderne. Stratifikation erscheint auf der Ebene des Gesellschaftssystems entweder als ein vormodernes Strukturmuster oder als eine nicht weiter zu beachtende Größe.[60] Die These einer funktionalen Primärdifferenzierung der Weltgesellschaft schließe, so Luhmann, die Existenz genuin moderner Stratifikationsformen nicht aus, seien für ganze Gesellschaftssysteme doch »Gemengelagen mehrerer Differenzierungsformen typisch«. Dennoch ließe sich zeigen, dass diese lediglich als »Nebenprodukte der Eigendynamik der Funktionssysteme« abfielen.[61] Selbst wenn man sich hierbei auf die Kernregionen funktionaler Differenzierung beschränkt, ist jedoch mehr als fraglich, ob eine solche Herangehensweise der Bedeutung sozialer Ungleichheit für die moderne Gesellschaft tatsächlich gerecht wird. Ist nicht vielmehr davon auszugehen, dass die Kategorien sozialer Ungleichheit (wie Klasse, Geschlecht, Ethnizität) unter den Bedingungen funktionaler Differenzierung zwar formal weitestgehend marginalisiert sind, aber gleichzeitig eine faktische Prägekraft für individuelle Karrieren und kollektive Lagen aufweisen?[62] Sollte die Antwort positiv ausfallen, könnte der Begriff des ›Parasiten‹ ein wichtiges Beschreibungsinstrumentarium liefern: Die Kategorien sozialer Ungleichheit stehen demnach in einem parasitären Verhältnis zu den Funktionssystemen der modernen Gesellschaft und ihren Organisationen. Die ungleich verteilten Ressourcen werden zwar von den primären Teilsystemen hergestellt, aber bisweilen nach Maßgabe von Kriterien verteilt, die

60 Vgl. für diese Kritik Thomas Schwinn (Hrsg.), *Differenzierung und soziale Ungleichheit. Die zwei Soziologien und ihre Verknüpfung*, Frankfurt a. M. 2004; Markus Schroer, »Funktionale Differenzierung versus soziale Ungleichheit. Ein Beitrag zur Debatte über die Grundstruktur der modernen Gesellschaft«, in: Georg Kneer/Stephan Moebius (Hrsg.), *Soziologische Kontroversen. Beiträge zu einer anderen Geschichte der Wissenschaft vom Sozialen*, Berlin 2010, S. 291–313.

61 Vgl. Luhmann, *Die Gesellschaft der Gesellschaft*, S. 612.

62 Formale Marginalisierung soll heißen: Die Differenzierung nach Klassen, Geschlechtern und Ethnien ist in der modernen Gesellschaft so lange legitim, wie sie auf der Ebene der Interaktion verbleibt. Nur dürfen diese Kategorien nicht – von wenigen Ausnahmen abgesehen – für die Operationen von Funktionssystemen und Organisationen leitend sein, da mit ihnen Prozesse der Statuszuweisung verbunden sind. Dass es sich faktisch aber anders verhält, wie die empirische Ungleichheitsforschung immer wieder nachweist, macht das Skandalon dieser Kategorien aus. Vgl. dazu auch Adrian Itschert, *Jenseits des Leistungsprinzips. Soziale Ungleichheit in der funktional differenzierten Gesellschaft*, Bielefeld 2013.

durch diese Differenzierungsform ausgeschlossen sind.[63] Die Kategorien sozialer Ungleichheit sind daher weder vormoderne Relikte noch fügen sie sich bruchlos in die strukturelle Grundsignatur der Moderne. Eher sollten sie als »die dunkle Kehrseite der bewußten, klaren Organisation« begriffen werden, als »die dunklen Flecken des Systems«.[64] Dies kann auch über den Protest aufklären, der ihnen regelmäßig entgegengebracht wird.

Drittens scheint es in der von Luhmann beschriebenen Gesellschaft keine Kriege zu geben. Zwar wird in historischen Einschüben gelegentlich auf kriegerische Konflikte verwiesen. Dennoch ist dieses für die Gesellschaftsgeschichte so wichtige Phänomen im Theoriegebäude nur unzureichend verankert, weshalb es weitestgehend unbegriffen bleiben muss. Wie Hans Joas und Wolfgang Knöbl herausgearbeitet haben, handelt es sich hierbei um ein allgemeines Problem der Soziologie, das keineswegs auf die Systemtheorie beschränkt ist.[65] Die relative Abwesenheit von Kriegen in Luhmanns Schriften hat also nur sehr bedingt mit der vermeintlichen Konfliktferne systemtheoretischen Denkens zu tun, im Gegenteil: In *Soziale Systeme* wird in einem umfangreichen Kapitel das Konzept eines parasitären Konfliktsystems entwickelt. Ein Konflikt gelangt demnach immer dann zur Ausdifferenzierung, wenn in der Kommunikation eine Zurückweisung zurückgewiesen, eine Negation negiert wird. So entsteht Gegnerschaft, die systembildend wirkt.[66] Unabhängig vom Anlass, der trivial gewesen sein mag, kann sich ein Konfliktsystem auf diese Weise reproduzieren und zahlreiche neue Themen integrieren. Überhaupt tendieren Konflikte dazu, den anfänglichen Widerspruch in der Sache auf die Sozialdimension zu übertragen, was sowohl ihre thematische Flexibilität wie ihre prinzipielle Gewaltnähe erklärt. Mit der Zeit wird der Andere, der sich dem eigenen Willen nicht fügt, zum eigentlichen Ärgernis.

Stets finden Konflikte ihre Auslöser in bereits ausdifferenzierten Sozialsystemen. Diese werden von jenen als parasitäre Nische genutzt und ausgehöhlt.[67] Mitunter überlebt der Konflikt sein Wirtssystem, nachdem er es vollständig zerstört hat. Der Ehestreit lässt sich auch nach

63 Vgl. Lutz Ohlendieck, »Gender Trouble in Organisationen und Netzwerken«, in: Ursula Pasero/Christine Weinbach (Hrsg.), *Frauen, Männer, Gender Trouble. Systemtheoretische Essays*, Frankfurt a. M. 2003, S. 171–185; Nassehi, »Eliten als Differenzierungsparasiten«; Schneider/Kusche, »Parasitäre Netzwerke in Wissenschaft und Politik«.

64 Serres, *Der Parasit*, S. 25.

65 Vgl. Hans Joas/Wolfgang Knöbl, *Kriegsverdrängung. Ein Problem in der Geschichte der Sozialtheorie*, Frankfurt a. M. 2008.

66 Vgl. Luhmann, *Soziale Systeme*, S. 488–550; Kieserling, *Kommunikation unter Anwesenden*, S. 257–302.

67 Vgl. ebd., S. 532f.

der Scheidung weiterführen. Er produziert seine eigene Wirklichkeit, die für Außenstehende oft nicht nachvollziehbar ist. Wolfgang Ludwig Schneider hat nun den Vorschlag gemacht, moderne Kriege als parasitäre Konfliktsysteme des politischen Systems zu verstehen.[68] Demnach überführen sie in Abhängigkeit von ihrer konkreten Form (Staatenkrieg, Guerillakrieg, Bürgerkrieg etc.) auf je spezifische Weise die politisch ohnehin ablaufenden Konflikte in eine gewalttätige Auseinandersetzung, die dann in der Regel weitere Konfliktlinien generiert. Ein Krieg gelangt zu seiner vollen Ausdifferenzierung, wenn das rechtlich und moralisch codierte Tötungsverbot fällt. Wer als Kämpfer an Kriegshandlungen teilnimmt, muss damit rechnen, getötet zu werden. Das Töten orientiert sich dabei an der Differenz von Freund und Feind, in vielen Fällen auch an der von Kombattant und Zivilist. Als äußerst aggressiver Parasit zerstört das kriegerische Konfliktsystem die organischen, psychischen und sozialen Systeme in seiner Umwelt. Es hinterlässt Trümmer der verschiedensten Art.

Alle drei Problemfelder besitzen einen gemeinsamen Fluchtpunkt: An die Stelle einer allzu glatten Gesellschaftsbeschreibung, die jedem System einen festen Platz im Differenzierungsgefüge zuweist, treten parasitäre Verstrickungen und Grenzverwischungen. Das Nebeneinander der Funktionssysteme wird durch das Ineinander, ja Durcheinander verschiedener Systemtypen und Differenzierungsformen herausgefordert. Gesellschaft meint die umfassende Sozial(un)ordnung. Ihre Struktur ist unscharf.

Zwischen Hermes und Pfingsten

Wie sichtbar wurde, gestaltet sich die systemtheoretische Aneignung der Figur des Parasiten alles andere als unproblematisch, greift sie doch tief in die Mechanik der Theorie ein. Neben Innenseite und Außenseite einer Unterscheidung ist nunmehr ein weiteres Glied in die differenztheoretische Kette einzufügen: das ausgeschlossene, eingeschlossene Dritte. Die bei Luhmann häufig binär angelegten Leitunterscheidungen müssen dann anders gedacht werden. In das Konzept operativer Schließung sind Unterbrecher einzufügen, welche die Grenzziehung uneindeutig werden lassen. Einer solchen Umschrift der Systemtheorie mag jedoch

68 Vgl. Schneider, »Terrorismus und andere Parasiten«, S. 185–189. Siehe für ein systemtheoretisches Verständnis von Militär und Krieg Tobias Kohl, »Zum Militär der Politik«, in: *Soziale Systeme* 15 (1), 2009, S. 160–188; Barbara Kuchler, *Kriege. Eine Gesellschaftstheorie gewaltsamer Konflikte*, Frankfurt a. M./New York 2013.

ein Denkmotiv entgegenstehen, das sich mit Serres als »Pfingstschema«[69] bezeichnen lässt. Während der griechische Götterbote Hermes als Überbringer von Nachrichten die Notwendigkeit von Mediatisierung symbolisiert, beschreibt das christliche Pfingstereignis eine Kommunikation ohne Mittler und Verteiler.[70] Es meint eine Situation, in der »jedes beliebige Element mit jedem anderen in Beziehung treten könnte, ohne auf einen Vermittler angewiesen zu sein«.[71] Systemtheoretisch entspräche dies einer vollständigen Entdifferenzierung bei gleichzeitiger Totalintegration. Es ist kein Zufall, dass eine solche Vorstellung in der religiösen Kommunikation beheimatet ist. Die von Luhmann entwickelte Systemtheorie folgt indes entschieden dem Modell des Hermes. Noch das religiöse Pfingstthema bedarf ihr zufolge einer Kommunikation, die operativ durch Immanenz, Selektivität und Grenzbildung gekennzeichnet ist.[72] Hermes muss die frohe Botschaft überbringen, sie verbreitet sich nicht selbst. Trotz dieses – man ist versucht zu sagen – Bekenntnisses zum Medialen erwecken systemtheoretische Texte nicht selten den Eindruck, dass die Prozesse der Grenzziehung eindeutig, fehlerfrei und unumstritten vonstattengehen. Dem Pfingstschema entsprechend, wird die Systemgrenze scheinbar nicht durch Mittler unterbrochen. Rekursiv geschlossene Operationskreisläufe, die autopoietisch ihre konstitutiven Elemente im Netzwerk ihrer Elemente konstituieren, erzeugen scharf gezogene Grenzen zwischen Innen- und Außenbereichen. Möchte man diesem Denkmotiv entsagen, muss Differenz stärker problematisiert werden. Der Begriff des ›Parasiten‹ leistet genau dies.

69 Serres, *Der Parasit*, S. 73.

70 Vgl. Kurt Röttgers, »Michel Serres. Strukturen mit Götterboten«, in: Joseph Jurt (Hrsg.), *Von Michel Serres bis Julia Kristeva*, Freiburg 1999, S. 87–111.

71 Serres, *Der Parasit*, S. 73.

72 Vgl. Niklas Luhmann, *Die Religion der Gesellschaft*, hrsg. v. André Kieserling, Frankfurt a. M. 2002.

Sven Opitz

Verbreitete (Un-)Ordnung: Ansteckung als soziologischer Grundbegriff

1. Epidemiologische (Un-)Ordnung: Die Virulenz der Ansteckung

Die Ansteckung besitzt im Glossar der Gegenwart einen herausragenden Stellenwert. Egal ob es um Pandemien, schädliche Software oder Turbulenzen im Finanzsystem geht – die Kategorie der Ansteckung verweist jeweils auf eine Verbreitungsdynamik mit potentiell krisenhaften Zügen. Sie bedroht die Ordnung der körperlichen Interaktion, der digitalen Kommunikation oder der finanziellen Transaktion.[1] Zugleich firmiert die Ansteckung nicht nur als diagnostische Krisensemantik. Sie erlebt derzeit auch eine konzeptuelle Konjunktur, die ebenfalls über den biologischen Sachverhalt der Infektion hinausweist. So vermag die Kategorie der Ansteckung Akte der Verbindung zu erfassen, bei denen die Prozesse der Übertragung und der Transformation ineinandergreifen.[2] Während in *diagnostischer* Hinsicht der Eindruck *bedrohter Ordnung* dominiert, erscheint die Ansteckung in *konzeptueller* Hinsicht primär als Modus der dynamischen *Ordnungsbildung*. Der vorliegende Text möchte diesem Spannungsverhältnis im Rahmen der soziologischen Artikulation des Ansteckungsbegriffs Rechnung tragen. Die Ausarbeitung der Kategorie soll Mechanismen der Ordnungsbildung erfassen, die an der Grenze der Unordnung ablaufen.

Aktuell kristallisieren sich innerhalb der Sozialwissenschaften zwei Bereiche heraus, in denen die Diagnostik in eine Konzeption der Ansteckung übergeht: die Debatten um das Globale und um Netzwerke. Netzwerke, so liest man, besitzen eine »infektiöse Qualität«.[3] Diese Eigenschaft ist nicht alleine auf die Verbreitung von Computerviren be-

1 Zur gegenwärtigen »Topik des Viralen« vgl. bereits Ruth Mayer/Brigitte Weingart (Hrsg.), *Virus! Mutationen einer Metapher*, Bielefeld 2004; zur Ansteckung als ästhetischer Kategorie vgl. Mirjam Schaub/Nicole Suthor/Erika Fischer-Lichte (Hrsg.), *Ansteckung. Zur Körperlichkeit eines ästhetischen Prinzips*, München 2003.

2 Vgl. Sybille Krämer, *Medium, Bote, Übertragung: Kleine Metaphysik der Medialität*, Frankfurt a. M. 2008, S. 138ff.

3 Jussi Parikka, »Contagion and Repetition: On the Viral Logic of Network Culture«, in: *Ephemera* 7 (2), 2007, S. 287–308, hier: S. 287; Eugene Thacker »Living Dead Networks«, in: *Fiberculture* 4, 2005, online veröffentlicht unter: four.fibreculturejournal.org, zuletzt aufgerufen am 23. September 2015.

schränkt. Sie zeigt sich emblematisch am Phänomen des *going viral*: der rasenden Verbreitung von Nachrichten, Protestnoten, Bildern und Trends.[4] Allerdings geht die Begriffsverwendung über einen spezifischen Gegenstandsbezug hinaus. Denn die serielle, sich über biologische, informationelle und technologische Körper hinweg vollziehende Ansteckung wird als die basale Aktionsform der Netzwerkgesellschaft angesehen. Diese Position findet sich ebenfalls im sozialwissenschaftlichen Mainstream. »Contagion«, so verkünden etwa Nicholas Christakis und James Fowler, »pertains to what [...] flows across the ties [of networks]. It could be [...] germs, money, violence, fashions, happiness, or obesity.«[5] Offenbar gibt es in Netzwerken nichts, was nicht ansteckend ist. Doch Ansteckung ist nicht einfach ubiquitär. Sie kennzeichnet den grundlegenden Mechanismus der dynamischen Verbreitung unterschiedlichster Phänomene, unabhängig davon, ob diese primär affektiv (»happiness«), organisch (»germs«) oder semiotisch (»fashion«) sind.

Zugleich soll die Ansteckung Verbindungen von maximaler Reichweite erfassen. Ansteckung vollzieht sich über Grenzen hinweg und durchzieht die Welt. Was diese Dimension globaler Konnektivität angeht, so ist das epidemiologische Imaginäre der Gegenwart vor allem durch eine neue Erfahrung von Pandemien geprägt.[6] Spätestens seit SARS sieht sich die Menschheit mit Mikroben, Tieren und materiellen Trägern zu Ansteckungsgemeinschaften verbunden, welche die Trennlinien zwischen dem transnationalen Verkehr von Personen, Gütern und Viren verschwimmen lassen.[7] Es sind die materiellen Kontakte von Körpern in »global flows«, über die die Ansteckung verläuft und die ansteckend

4 Vgl. bereits Douglas Rushkoff, *Media Virus. Hidden Agendas in Popular Culture*, New York 1996; Tiziana Terranova, *Network Culture. Politics for the Information Age*, London 2004, S. 67.

5 Nicholas A. Christakis/James Fowler, *Connected. The Surprising Power of Our Social Networks and How They Shape Our Lives*, New York/Boston 2011, S. 16. Ähnlich auch Malcom Gladwell in seinem komplexitätswissenschaftlichen Bestseller: »[T]he best way to understand the emergence of fashion trends, the ebb and flow of crime waves, [...] the rise of teenage smoking, or [...] any number of mysterious changes that mark everyday life is to think of them as epidemics. [...] [T]hey are clear examples of [T]he contagious behavior.« Malcom Gladwell, *The Tipping Point*, New York/Boston 2001, S. 7.

6 Zum Konzept globaler Konnektivität vgl. Ute Tellmann/Sven Opitz/Urs Stäheli, »Operations of the Global: Explorations of Connectivity«, in: *Distinktion* 13 (3), 2012, S. 209–214.

7 Vgl. Nigel Clark, »Mobile Life: Biosecurity Practices and Insect Globalization«, in: *Science as Culture* 22 (1), 2013, S. 16–37; Michael Schillmeier, »Globalizing Risks – The Cosmo-Politics of SARS and its Impact on Globalizing Sociology«, in: *Mobilities* 3 (2), 2008, S. 179–199.

sind.[8] In diesem Sinne ist die Diagnose zu lesen, dass das »Zeitalter der Globalisierung […] das Zeitalter universeller Ansteckung [ist].«[9] Ansteckung ist demnach nicht bloß ein Gegenstand der Globalisierungsforschung, sondern eine »Trope der Globalisierung«.[10] Indem sie einen Schlüsselmechanismus bezeichnet, der weltweit Verbindungen herstellt, verweist sie auf eine spezifische Konstitution des sozialen Bandes. Sie bringt »heterogene Terme ins Spiel« und akzentuiert dadurch die grenzüberschreitende, nach hochgradig chaotischen Mustern ablaufende Verknüpfung von organischen, dinghaften und symbolischen Entitäten.[11]

In der Auseinandersetzung mit Netzwerk- und Globalisierungsphänomenen lässt sich somit ein Trend zu einem epidemiologischen Verständnis des Sozialen diagnostizieren, bei dem die Ansteckung in die Position eines Grundbegriffs rückt. Allerdings bleibt der begriffliche Durchdringungsgrad in diesen Debatten vergleichsweise niedrig. Über eine vage Idee von Übertragung und Verbreitung gelangen die meisten Studien zumeist nicht hinaus. Um etwas an dieser Situation zu ändern, gilt es eine Lektion zu beherzigen, welche die Wissensgeschichte in Bezug auf den Ansteckungsbegriff zu erteilen vermag. Wie Margaret Pelling herausgearbeitet hat, lassen sich schon im medizinischen Diskurs zur Ansteckung mannigfaltige Überlagerungen und Übersetzungen von Bedeutungen feststellen, so dass sich der genaue Begriffssinn immer erst im Kontext spezifischer Krankheitstheorien ergibt.[12] Deshalb wäre es auch zu einfach, die Begriffsverwendung in den Sozialwissenschaften als »weiche« metaphorische Übernahme eines »harten« buchstäblichen Konzepts anzusehen. Vielmehr bedarf sie einer eigenständigen theoretischen Respezifikation, die zwar von mikrobiologischen Übertragungs-

8 Vgl. John Urry, *Global Complexity*, Cambridge 2003, S. 66, 71.

9 Antonio Negri/Michael Hardt, *Empire: Die neue Weltordnung*, Frankfurt a. M. 2002, S. 149.

10 »[C]ontagion [… is] a vexed trope of globalization itself, […] a double-edged sword for thinking about global processes.« Bruce Magnusson/Zahi Zalloua, »The Hydra of Contagion«, in: dies. (Hrsg.), *Contagion: Health, Fear, Sovereignty*, Seattle 2012, S. 3–24, hier: S. 4. Sehr prominent fungiert die Ansteckung als »Trope der Globalisierung« im Bereich der Finanzwirtschaft, vgl. Enrique G. Mendoza/Vincenzo Quadrini, »Financial Globalization, Financial Crisis and Contagion«, in: *Journal of Monetary Economics* 57 (1), 2010, S. 24–39.

11 Gilles Deleuze/Félix Guattari, *Tausend Plateaus: Kapitalismus und Schizophrenie*, Berlin 1992, S. 330.

12 Margaret Pelling, »The Meaning of Contagion: Reproduction, Medicine and Metaphor«, in: Alison Bashford/Claire Hooker (Hrsg.), *Contagion. Historical and Cultural Studies*, London/New York 2001, S. 15–38. Der Aufsatz geht zurück auf den Beitrag »Contagion/Germ Theory/Specificity«, in: *Companion Encyclopedia of the History of Medicine*, Abingdon 1993, S. 309–334.

modellen Anregungen beziehen kann, aber letztlich den Erfordernissen sozialwissenschaftlicher Begriffsbildung genügen muss.

Diese Respezifikation soll im Folgenden im Zuge einer Lektüre der Schriften Gabriel Tardes geleistet werden. Tardes Werk drängt sich für ein solches Unterfangen auf, weil es die Ansteckung bereits in der Geburtsstunde der Soziologie in den Rang eines Grundbegriffs erhoben hat.[13] Kurz nachdem bakterielle Erreger in der zweiten Hälfte des 19. Jahrhunderts als Krankheitsursache identifiziert wurden, bestimmt Tarde die »ansteckende Kommunikation« als Schlüsselmoment in seiner Ontologie des Sozialen.[14] Dabei erweist sich die von ihm vorgelegte Konzeption in höchstem Maße anschlussfähig für die aktuellen Verwendungsweisen. So wird Ansteckung von ihm als operativer Begriff ins Spiel gebracht, der die Register des Symbolischen, Organischen und Affektiven kreuzt. Dem entspricht eine Distanzierung vom mittlerweile klassischen Programm der Kultursoziologie, das die »moralischen Geschichten« der Ansteckung auf die Art und Weise hin analysiert, wie sie die gemeinschaftliche Organisation bestimmen.[15] Anstatt zu untersuchen, wie die Klassifikationen des Reinen und Schmutzigen, des Eigenen und des Fremden oder des Zivilisierten und Unzivilisierten über Ansteckungsvorstellungen geführt werden, wird die Ansteckung als Prozesskategorie eingesetzt. Sie bezeichnet eine spezifische Operation der Verbindung, die materiell vollzogen wird. Entsprechend sollen im folgenden Abschnitt die *Relationalität*, *Affektivität* und *Medialität* der Ansteckung ausgehend von Tarde systematisch entfaltet werden.

Auf diese Weise wird das Ziel verfolgt, das eingangs markierte Problem der Ordnungsbildung scharf zu stellen. Tardes Arbeit zeichnet sich

13 Damit wird nicht behauptet, dass Tarde der einzige Soziologe ist, der den Begriff verwendet hat. Unter dem Einfluss der Massenpsychologie wurde die Ansteckung vermittelt über die Arbeiten Robert E. Parks vor allem von Herbert A. Blumer zur Beschreibung kollektiven Verhaltens eingeführt. Hier bezeichnet sie ein bestimmtes Stadium der »Interstimulation«: »an intense form of [...] collective excitement«, Herbert Blumer, »Collective Behaviour«, in: Alfred McClung Lee (Hrsg.), *New Outline of the Principles of Sociology*, New York 1946, S. 167–224, hier: S. 176. Zu den Querverbindungen zwischen Paris und Chicago vgl. Clark McPhail, »Blumer's Theory of Collective Behavior: The Development of a Non-Symbolic Interaction Explanation«, in: *The Sociological Quarterly* 30 (4), 1989 S. 401–423.

14 Lisa Blackman, »Reinventing Psychological Matters: The Importance of the Suggestive Realm of Tarde's Ontology«, in: *Economy and Society* 36 (4), 2007, S. 574–596, hier: S. 579.

15 Vgl. Mary Douglas, *Purity and Danger. An Analysis of the Concept of Pollution and Taboo*, New York 1966; mit teilweise ähnlichen Sensibilitäten im Blick auf die Narrative der Ansteckung verfährt Precilla Wald, *Contagious. Cultures, Carriers and the Outbreak Narrative*, Durham 2008.

innerhalb der soziologischen Theorietradition dadurch aus, dass sie die Ansteckung von einer eindeutig pejorativen Beschreibungsformel abgehoben hat. Die Kategorie verweist bei ihm nicht immer schon auf eine Sozialpathologie. Vielmehr eröffnet sie ein Verständnis von Vergesellschaftungsdynamiken, die durch unterschiedliche Grade der Intensität gekennzeichnet sind. Dabei bricht Tarde mit den Prämissen des »methodologischen Nationalismus«, noch bevor dieser überhaupt als Problem markiert werden sollte.[16] Mithilfe des Ansteckungsbegriffs wird auf konzeptueller Ebene die Annahme negiert, dass soziale Prozesse immer schon in einer politisch integrierten Nationalgesellschaft eingehegt sind. Allerdings hat Tarde nicht im Entferntesten die Ordnungsproblematik in jener Radikalität wahrgenommen, wie sie die heutigen Phänomene globaler Ansteckung charakterisiert. Seine Vorstellung von Weltgesellschaftlichkeit erweist sich als soziologische Adaption des liberalen Kosmopolitismus, insofern sich die Ansteckungswellen bei ihm tendenziell in einer universellen Friedensordnung auslaufen. An diesem Punkt bedürfen seine Arbeiten einer Korrektur. Das heißt selbstverständlich nicht, erneut auf das Gegenbild einer ultimativen Sozialpathologie umzuschwenken, das in der gegenwärtigen Krisensemantik der Ansteckung fortlebt. Es bedeutet, die Ansteckung als Mechanismus einer hochgradig turbulenten, nach nicht-linearen Mustern verlaufenden Form der Ordnungsbildung zu begreifen, welche die Bedrohung bestimmter Ordnungszustände in sich einschließt. Ansteckung verwiese demnach weder auf die perfekte Weltordnung noch auf das absolut Andere der Ordnung, sondern auf eine andere Ordnung.[17] Ihre operative Dynamik ließe sich dadurch qualifizieren, dass sie Ordnung am Rande der Unordnung generiert – kein einfaches Chaos, sondern chaotische Ordnungsmuster.

2. Tardes soziale Epidemiologie: Affekte, Medien, Selbstorganisation

Ansteckung bildet zwar nicht den gewissermaßen »offiziellen« Grundbegriff in Tardes Soziologie. Sie ist jedoch eng mit jener Kategorie verknüpft, anhand derer Tarde einen sozialen gegenüber einem nicht-so-

16 Zur Diagnose und Kritik des »methodologischen Nationalismus« in der gegenwärtigen Soziologie vgl. Ulrich Beck, »Jenseits von Klasse und Nation: Individualisierung und Transnationalisierung sozialer Ungleichheiten«, in: *Soziale Welt* 59 (3), 2008, S. 301–325, hier: insbesondere S. 309–311.

17 Sehr illustrativ sind hier neuere Protestformen, die über schwarmförmige Ansteckung operierenden, vgl. Carolin Wiedemann, »Between Swarm, Network and Multitude: Anonymous and the Infrastructures of the Common«, in: *Distinktion* 15 (3), 2014, S. 309–326.

zialen Sachverhalt abgrenzt: das Nachahmungshandeln. Nachahmung ist für Tarde immer schon »ansteckende Nachahmung«, die »kontagiöse Einwirkung« besteht in der »Fernwirkung eines Geistes auf einen anderen«.[18] Die epidemiologische Fassung der Nachahmung findet sich dabei im Verbund mit Metaphern der Fluidität (Strömungen) und der Energie (Strahlen). Im Unterschied zu den letzteren beiden Fassungen der Nachahmung akzentuiert die Ansteckung die relationale Sequenzialität sozialer Operationen in spezifischer Weise. Im bakteriologischen Modell setzt die Ansteckung eine Differenz voraus zwischen einem Körper, der von einem Erreger erfasst ist, und einem Körper, bei dem das noch nicht der Fall ist.[19] Auch wenn Tarde selbst nicht auf das Konzept des Erregers zurückgreift, liegt seiner »interzerebralen Psychologie« (SG 15) eine ähnliche Vorstellung von Relationalität zugrunde. Das Imitationsgeschehen erfolgt einseitig gerichtet und erzeugt eine Zustandsänderung in der durch Nachahmung »infizierten« Person. Indem Tarde das Soziale als »contagiousness of point-to-point encounters« begreift, erscheint es als Verkettung serieller und transformativer Übertragungen, im Zuge derer grundsätzlich heterogene Elemente einander angeglichen werden.[20]

Was aber wird per Ansteckung übertragen und verbreitet, wenn nicht Erreger? In phänomenaler Hinsicht scheint Tarde ebenso freizügig mit dem Begriff umzugehen wie manche der aktuellen Netzwerktheorien: Das Religiöse und Politische breite sich ebenso ansteckend aus wie Entdeckungen (vgl. GN 53, 112); von der »Ansteckung der Mode« (SG 53) ist ebenso die Rede wie von den »Epidemien des Luxus, des Spiels, der Lotterie, der Börsenspekulation, der gigantischen Eisenbahnarbeiten usw.« (GN 164). Zugleich spezifiziert Tarde den Gegenstand der Ansteckung jedoch: Überzeugungen und Begehren werden als jene Kräfte bestimmt, die übertragen werden und für die die Einzelnen in ihrer Neigung, zu glauben oder zu wünschen, empfänglich sind.[21] In Tardes Epidemiologie besteht das Soziale somit aus »molecular flows of desire, sensation, and feelings that influence cognitive belief and so-

18 Gabriel Tarde, *Die Gesetze der Nachahmung*, Frankfurt a. M. 2009 [1890], S. 98, 10, im Folgenden mit dem Sigel GN abgekürzt; Gabriel Tarde, *Die sozialen Gesetze: Skizze einer Soziologie*, Marburg 2008 [1898], S. 23, im Folgenden mit dem Sigel SG abgekürzt.

19 Vgl. Krämer, *Medium, Bote, Übertragung*, S. 143, 149.

20 Tony D. Sampson, *Virality. Contagion Theory in the Age of Networks*, Minneapolis/London 2012, S. 35. Das schließt im Übrigen auch Serien der »Nachahmung durch Entgegensetzung« (GN 13) ein, bei denen gerade die heftige Antireaktion eine gegensätzliche Ansteckungsdynamik antreibt (vgl. SG 54).

21 Gabriel Tarde, *Monadologie und Soziologie*, Frankfurt a. M. 2009, S. 33ff.

cial action.«[22] Die Übertragung von Überzeugungen und Begehren in Nachahmungsserien bestimmt das Soziale als operativen Modus.

Im Kontext der gegenwärtigen Debatte um einen »neuen Materialismus« wurde schnell bemerkt, dass Tardes Ansteckungsbegriff insbesondere die affektive Ladung dieser operativen Dynamik unterstreicht.[23] Religiöse Dogmen, politische Positionen, Moden oder neue Technologien entfachen Begeisterung, Hoffnung oder Faszination. Sie entfalten Suggestionen, die sich gerade deshalb so spielend verbreiten, weil sie körperlich empfangen werden. Durch das Prisma der Ansteckungssoziologie betrachtet, formiert sich das Soziale nicht primär über reflexive Akte des Verstehens, sondern über »aneinandergereihte Magnetisierungen« (GN 105). Indem Tarde den Somnambulismus – also: die »hypnotic absorbtion of the contagion of others« – als Paradigma der Nachahmungsbeziehung vorstellt, entwirft er den sozialen Menschen als affektives Relais: als Vermögen affiziert zu werden und andere zu affizieren.[24] Der Ansteckungsbegriff hebt somit die prä-kognitive Dimension sozialer Kommunikabilität hervor. Die Nachahmungsketten laufen zu einem wesentlichen Grad über Affekte wie etwa die spontane Lust, die ein bestimmtes modisches, technisches oder sportliches Vorbild weckt. Zudem signalisiert die Ansteckung die grundsätzliche Offenheit der sozialen Akteure für externe Einflüsse. Als Form der Aufnahme des Un-Eigentlichen ins Eigene erklärt sie die »Verkörperung des Fremden im Material der eigenen Existenz« zum Grundtatbestand des Sozialen.[25]

Ansteckung wird für Tarde besonders in den städtischen Massen virulent. Prinzipiell würde sich die »Ausbreitung über Ansteckung« durch die »zunehmende Bevölkerungsdichte [...] ungemein beschleunigen, so wie die Geschwindigkeit des Tons von der Dichte des Mediums abhängt.« (GN 40f.) Die Ansteckung erfolgt also nicht bloß vermittelt, sondern die Anordnung der »Mittler« hat selbst einen Effekt auf das relationale Geschehen.[26] Ebenso wie der Klang sich in Abhängigkeit von

22 Tony D. Sampson, »Tarde's Phantom Takes a Deadly Line of Flight – From Obama Girl to the Assassination of Bin Laden«, in: *Distinktion* 13 (3), 2012, 354–366, hier: S. 358.

23 Vgl. Anna Gibbs, »Panic! Affect Contagion, Mimesis and Suggestion«, in: *Cultural Studies Review* 14 (2), 2008, S. 130–145.

24 Sampson, *Virality*, S. 13.

25 Susanne Lüdemann, »Die imaginäre Gesellschaft: Gabriel Tardes anti-naturalistische Soziologie der Nachahmung«, in: Christian Borch/Urs Stäheli (Hrsg.), *Soziologie der Nachahmung und des Begehrens: Materialien zu Gabriel Tarde*, Frankfurt a. M. 2009, S. 107–124, hier: S. 115.

26 Es verwundert nicht, dass Bruno Latour seine Unterscheidung zwischen rein funktionalen Zwischengliedern und modifizierenden Mittlern in Auseinandersetzung mit Tarde gewinnt, vgl. ders., *Eine neue Soziologie für eine neue Gesellschaft: Einführung in Akteur-Netzwerk-Theorie*, Frankfurt a. M. 2007, S. 66ff.

der Beschaffenheit des Mediums verbreitet, bestimmt die Versammlung der Körper die Intervalle der Nachahmung. Dieses Moment der medialen Konfiguration der Passage des Sozialen tritt in Tardes Gegenüberstellung von Massen und Publika noch deutlicher hervor. Während die Masse auf einer dichten physischen Ko-Präsenz beruht, bei der »die wechselseitige Ansteckung der Empfindungen« durch den Sichtkontakt begünstigt wird, werden die »über ein großes Gebiet verstreuten« Publika durch Tageszeitungen medial verschaltet.[27] Die Tageszeitungen sind in dieser Hinsicht funktional äquivalent zur dichten Positionierung von Körpern. Sie ermöglichen eine »unsichtbare Ansteckung« bzw. eine »Ansteckung auf Distanz«.[28] Tarde begreift Kommunikabilität damit als prinzipiell medienabhängig. Mehr noch, seine Sozialtheorie liefert Ansätze, um die formatierende Kraft des Mediums für die Spezifik von Ansteckungen zu verstehen. So verweist der Unterschied zwischen Massen und Publika immer schon zurück auf unterschiedliche Übertragungseigenschaften unterschiedlicher Medien: Körper stellen eine andere Konnektivität her als Tageszeitung, und Tageszeitungen mit ihren printtechnischen Vertriebskanälen konfigurieren Verbindungen wiederum anders als die heute so genannten *social media* mit ihren digitalen Infrastrukturen.[29]

Die Relationalität, Affektivität und Medialität der Ansteckung führt in Tardes Behandlung der Masse schließlich zu einer spezifischen Artikulation der sozialen Ordnungsproblematik. Tardes Ausführungen sind an diesem Punkt bemerkenswert, weil sie sich systematisch von der Massenpsychologie des 19. Jahrhundert unterscheiden, welche die Masse mit starken kulturkritischen Untertönen als das Andere der Ordnung skandalisiert hat.[30] Bei Tarde spitzen sich in der Masse die Merkmale des städtischen Lebens eher zu, als dass ein Ordnungsbruch konstatiert wird. So erscheint die Masse als ein besonders intensives »Bündel psychischer Ansteckungen, die durch physische Kontakte produziert

27 Gabriel Tarde, *L'Opinion et la foule*, Paris 1989 [1901], S. 24, 10.

28 Ebd., S. 10, 82.

29 So weisen Publika und Massen für Tarde unterschiedliche operative Qualitäten auf: »Dans celle-ci, c'est la supériorité intellectuelle ou imaginative qui est surtout opérante; dans celle-là, c'est surtout la force de la décision, même brutale, de la conviction, même fanatique, de l'orgueil, même fou, qui est contagieuse.« (ebd., S. 97)

30 Die Masse »bezeichnet im 19. Jahrhundert zunehmend eine Art negatives Kehrbild des ›Volkes‹ [...] Die Masse ist [...] ein amorphes, undifferenziertes Gebilde, das gleichsam aus der Zivilisation herausgefallen ist und schon per se eine Bedrohung der bürgerlichen Ordnung darstellt.« Susanne Lüdemann/Uwe Hebekus, »Einleitung«, in: dies. (Hrsg.), *Massenfassungen. Beiträge zur Diksurs- und Mediengeschichte der Menschenmenge*, München 2010, S. 7–24, hier: S. 10.

werden«.[31] Aufgrund der räumlichen Verdichtung von Körpern bildet die Stadt das ideale Milieu zur Massenbildung. In diesem Milieu formiert sich die Masse in der Spontanität emotionaler Ansteckung, die ihre magnetisierende Kraft entfaltet und die umgebenden Passanten unmittelbar erfasst.[32] Auch wenn Tardes Bewertung der Masse dabei durchaus ambivalent ausfällt, führt doch die enge Bindung der Ansteckung an den Nachahmungsbegriff zu der Einschätzung, dass sich in der Masse das Soziale in konzentrierter, gewissermaßen »reiner« Form zeigt. Die Masse ist keine Ausnahme, sondern ein Extrempunkt, an dem das Soziale in hyperanimierter Gestalt auftritt.

Dementsprechend lassen sich Tarde zufolge an der Massenansteckung soziale Dynamiken der Selbstorganisation in größter Intensität und Turbulenz beobachten:

> »Die Masse [...] ist eine Versammlung heterogener Elemente [...]; aber sobald ein Funke der Leidenschaft entstanden ist, der von einem ihrer Elemente ausgeht, wird dieses Durcheinander elektrisiert; auf diese Weise findet ein spontaner und plötzlicher Organisationsprozess statt. Die Inkohärenz wird kohärent, der Lärm wird zur Stimme, und die Tausende eng zusammengepferchten Leute verwandeln sich in nichts anderes als eine einzige Bestie.«[33]

Urs Stäheli hat darauf hingewiesen, dass Tarde in dieser Passage einen proto-kybernetischen Mechanismus der Ordnungsbildung skizziert: *order from noise*.[34] Gesellschaftliche Ordnung ergibt sich nicht aus der Bindungskraft übergeordneter Normen, sondern emergiert gerade aus akzidentiellen Ereignissen und kontingenten Relationierungen. Zugleich scheint die gesteigerte Dynamik der Massenansteckung die Ord-

31 Bei Tarde in Form einer rhetorischen Frage: »N'est-elle pas un faisceau de contagions psychiques essentiellement produites par des contacts physiques?« Tarde, *L'Opinion et la foule*, S. 9.

32 »[L]a caractéristique me paraît consister d'abord dans la spontanéité de sa formation, par la contagion d'une émotion qui envahit de proche en proche tous les passants [...].« Gabriel Tarde, *Études pénales et sociales*, Lyon 1892, S. 288.

33 »Une *foule* est un phénomène étrange : c'est un ramassis d'éléments hétérogènes, inconnus les uns aux autres; pourtant dès qu'une étincelle de passion, jaillie de l'un d'eux, électrise ce pêle-mêle, il s'y produit une sorte d'organisation subite, de génération spontanée. Cette incoherence devient cohésion, ce bruit devient voix, et ce millier d'hommes pressés ne forme bientôt plus qu'une seule et unique bête, un fauve innommé et monstrueux.« Gabriel Tarde, *La philosophie pénale*, Paris 1972 [1890], S. 320.

34 Urs Stäheli, »Übersteigerte Nachahmung – Tardes Massentheorie«, in: Christian Borch/Urs Stäheli (Hrsg.), *Soziologie der Nachahmung und des Begehrens: Materialien zu Gabriel Tarde*, Frankfurt a. M. 2009, S. 397–416.

nungsbildung an ihren Rand zu treiben. In der Masse erblickt Tarde eine »bestialische« Ordnung, die im positiven Feedback einander aufschaukelnder Affekte ihr Prinzip findet. Die konzeptuelle Herausforderung besteht daher darin, weder diesen »monströsen« Zug zu unterschlagen noch ihn als Hinweis auf eine letztlich doch anomische Pathologie des Sozialen zu lesen. Stattdessen gilt es, die intensive Massenansteckung als eine dem Sozialen innewohnende kritische Schwelle zu begreifen. Sie bildet ein immanentes Exzessmoment relationaler Übertragungsprozesse, das sich immer dann einzustellen droht, wenn die in einem spezifischen Milieu angeordneten Elemente einen extrem gesteigerten Grad an Affizierbarkeit aufweisen: wenn also die Herstellung sozialer Beziehungen gewissermaßen zu spielend und ungehindert vonstattengeht, weil die involvierten Entitäten äußerst leicht auf Stimulationen anspringen. Paradoxerweise ist es damit gerade die extreme Sozialität der Massenansteckung, die das Soziale in der Übersteigerung zu unterminieren droht.[35]

Im Hinblick auf die Konjunktur der Ansteckung in der Netzwerksoziologie wird nun der Beitrag deutlich, den ein an Tarde geschärftes Begriffsverständnis zu liefern vermag. Die theoretische Respezifikation der Ansteckung als medienabhängiger affektiver Mechanismus fügt ein vitales Moment in das Netzwerkdenken ein.[36] Die Ansteckung umschreibt einen dynamischen Prozess, der als relationales Geschehen jene Verknüpfungen, die das Netzwerk ausmachen, zugleich aktualisiert und übersteigt. Die Ansteckung ist konstitutiv für das Netzwerk und weist zugleich über seine Struktur hinaus: »The age of networks introduces powerful new vectors through which contagion spreads. Nonetheless, [...] the network does not solve the problem of the epidemic. It is the epidemic that problematizes the network. [...] The network fixes things for a while [...], whereas contagion is a floating line [...].«[37] Die Ansteckung ist also gleichermaßen ein Ordnungsfaktor wie ein Unordnungsfaktor – ein Ordnungsfaktor *als* Unordnungsfaktor und umgekehrt.

Diese Pointe ist nicht zuletzt deshalb von Bedeutung für die aktuelle sozialwissenschaftliche Debatte, weil das Netzwerk zu dem dominanten Modell avanciert ist, anhand dessen Globalisierung vorstellbar gemacht wird – und Globalisierung, wie eingangs dargelegt, das zweite thematische Feld bildet, in dem der Ansteckungsbegriff aktuell aufgegriffen wird.[38] In Bezug auf die Ordnungsproblematik stellt sich daher

35 Vgl. Christian Borch, »Urban Imitations: Tarde's Sociology Revisited«, in: *Theory, Culture & Society* 22 (3), 2005, S. 81–100, hier: S. 91.

36 Vgl. Anna Munster, *An Aesthetics of Networks: Conjunctive Experience in Art and Technology*, Cambridge 2013, S. 99ff.

37 Sampson, »Tarde's Phantom Takes a Deadly Line of Flight«, S. 361.

38 Vgl. Annelise Riles, *The Network Inside Out*, Michigan 2001, S. 3ff.

die Frage, inwiefern sich Tardes insbesondere an der Masse gewonnenen Einsichten über diese hinaus verallgemeinern lassen: Welche Anknüpfungspunkte bietet der Ansteckungsbegriff für ein Verständnis sozialer Ordnungsbildung jenseits der physischen Ko-Präsenz von Körpern im städtischen Milieu? Und welches (Un-)Ordnungswissen generiert die »soziale Epidemiologie« Tardes dabei in Bezug auf globale Ansteckungsprozesse?

3. Die globale (Un-)Ordnung der Ansteckung: Big Data

Bisher wurde die Zeitdimension bei der Knüpfung sozialer Relationen in den Vordergrund gerückt. Doch Ansteckung umschreibt bei Tarde einen Modus der Affizierung, der immer schon temporal und räumlich zugleich ist. Der Begriff verweist auf Intervalle der vervielfältigenden Verbreitung: »Das soziale wie das lebendige Ding möchte sich hauptsächlich ausbreiten, nicht organisieren.« (GN 95) Diese Konzeption des Sozialen als Diffusionsphänomen eröffnet prinzipiell die Möglichkeit, die Ansteckung jenseits der Interaktionsgrenzen zu begreifen, gerade wenn man die bereits ausgeführte medientechnologische Komponente des Arguments berücksichtigt.[39] Bei Tarde wird dieses theoretische Potenzial bereits erkennbar. Es zeigt sich jedoch in Gestalt einer recht eigentümlichen Verbindung von Globalisierungs- und Ordnungsdiagnostik.

Tatsächlich finden sich in Tardes Arbeiten Ansätze für ein weiträumiges Verständnis von Gesellschaft. Lange bevor die Soziologie den »methodologischen Nationalismus« ihrer grundlegenden Konzepte beklagen sollte, hatte Tarde entsprechende sozialtheoretische Verengungen schon in der Geburtsstunde des Faches ausgeräumt.[40] Denn soziale Grenzen sind für ihn nur als extrem variable, in ständiger Bewegung befindliche Grenzen zwischen unterschiedlichen Imitationszonen vorstellbar, die nicht in der Geographie nationaler Territorien fundiert sind. Aufgrund des Verbreitungscharakters der Nachahmung prognostiziert er gar »die Geburt einer einzigen Gesellschaft, ihr Wachsen und ihre universelle Ausdehnung« (GN 18). Für Tarde ist Gesellschaft, mit ande-

39 Zur Rezeption Tardes in der Diffusionsforschung vgl. Elihu Katz, »Theorizing Diffusion: Tarde and Sorokin Revisited«, in: *The ANNALS of the American Academy of Political and Social Science* (566), 1999, S. 144–155.

40 Zur Diagnostik und Kritik des »methodologischen Nationalismus« vgl. zusätzlich zu der bereits angeführten Arbeit von Beck auch den Aufsatz von Andreas Wimmer/Nina Glick Schiller, »Methodological Nationalism and Beyond: Nation-State Building, Migration and the Social Sciences«, in: *Global Networks* 2 (4), 2002, S. 301–334.

ren Worten, potenziell immer schon Weltgesellschaft. Mehr noch: Zwar stellt er die Turbulenzen in Rechnung, die sich durch Interferenzen gegenläufiger Nachahmungswellen bilden. Letztlich geht er jedoch davon aus, dass die Gegensätze durch die »Gesamtheit der Erdkugel« (SG 57) integriert würden. So werde »der soziale Fortschritt« durch eine »Unmenge ganz kleiner und fruchtbarer Anpassungen« (SG 73) »in einer einzigen Gesamtkultur enden [...], die so harmonisch als nur möglich sein wird.« (SG 86) Tarde entwirft auf diese Weise eine Theorie der Weltgesellschaft, die Globalisierung als Harmonisierung vorstellt.

Man könnte meinen, dass sich das Ordnungsproblem damit schlichtweg aufgelöst hat. Tatsächlich verleitet das Vertrauen in die pazifizierende Kraft der Nachahmung Tarde immer wieder dazu, sich einen zukünftigen universellen Frieden auszumalen, in dem der »Austausch« und die »Unterhaltung« das Weltgeschehen dominieren (vgl. SG: 70). In dieser Hinsicht übersetzt der Soziologe die bürgerlich-liberale Verkehrsvision des Kosmopolitismus in ein seiner noch jungen Disziplin entsprechendes Theoriedesign. Allerdings ist die Zukunftsvision nicht ungetrübt. Denn das soziale Gleichgewicht, in das die fortschreitende Verbreitung durch Nachahmung mündet, führt zu einer ebenfalls problematischen Gleichförmigkeit und Statik. Ganz der geistesgeschichtlichen Konjunktur des 19. Jahrhunderts folgend, erscheint Tarde das Ordnungsproblem im globalen Maßstab als Entropieproblem: Wo die Nivellierung der Temperaturunterschiede auf das statische Ende des Universums im »Wärmetod« hinausläuft, droht die durch Nachahmung erzeugte Angleichung einen sozialen Stillstand in der vollends globalisierten Weltgesellschaft zu erzeugen.[41] Nicht der Einbruch der Differenz in Form eines singulären Ereignisses ist also das Problem, sondern umgekehrt die Differenzlosigkeit. Sobald die Nachahmungsprozesse an ihre letzte Grenze stoßen, läuft das Soziale Gefahr, sich in einem vollends homogenisierten Zustand zu erschöpfen. Ein Mangel an Impulsen, die das Soziale in Gang bringen, ist deshalb die Kehrseite der Harmonie in Tardes Weltgesellschaftstheorie.

Mit Blick auf den Ansteckungsbegriff ist dabei von Interesse, dass sich insbesondere die affektiven Kräfte in dieser theoretisch antizipierten Entwicklung abschwächen. Die Extensivität sozialer Relationen verhält sich bei Tarde umgekehrt zu ihrer Intensivität: »in dem Maße, wie eine Gesellschaft sich ausdehnt, [...] verliert sie ihren kulturellen und fortschrittlichen Schwung« (GN 166). Das Begehren als »Antriebskraft des Fortschritts« sterbe ab und sedimentiere sich in Form von Überzeu-

41 Dieses Problem wird von Tarde nicht zuletzt mit fiktiven Mitteln in dem von ihm verfassten Roman *Fragment d'histoire future* aus dem Jahr 1896 bearbeitet, vgl. Barbara Loop, *Katastrophengesellschaften: Die Semantiken des Sozialen in Katastrophennarrativen*, Lizentiatsarbeit, Basel 2010, S. 42ff.

gungen; Glaube, Vertrauen und Gewissheit würden an die Stelle von Neugierde, Begeisterung und Verlangen treten. Damit verflüchtigt sich ausgerechnet jenes vitalisierende Moment, das die Ansteckung bei Tarde verkörpert und das in seiner extremen Ambivalenz in der Soziologie der Masse hervortritt. Während die Massenansteckung ein radikales Disäquilibrium in das städtische Milieu injiziert, gehen derartige stürmische Einbrüche *in the long run* in ein stabiles Equilibrium über. Es ist bezeichnend, dass die epidemiologische Fassung des Sozialen sich in diesem Zusammenhang in eine Hydrostatik verwandelt: Die »universelle Vereinheitlichung« in der sich ausbildenden Weltgesellschaft komme einer »Überschwemmung der meisten ursprünglichen Kulturen durch eine von ihnen« gleich, »deren Strömung sich in ständig größer werdenden Nachahmungsflächen ausbreitet.« (GN 74) Von Instabilitäten, Plötzlichkeiten und sich rasant beschleunigenden Fluchtbewegungen fehlt in diesem Bild jede Spur. Die chaotische Emergenz der Massenansteckung beruhigt sich vielmehr in einem stillen Ozean, der die dynamisierenden Kräfte schluckt.

Diese spezifische Verknüpfung von Globalisierungs- und Ordnungsdiagnostik ist aus heutiger Perspektive – trotz gewisser Resonanzen mit George Ritzers McDonaldisierungs-These – das wohl anachronistische Element in Tardes sozialer Epidemiologie. Die gegenwärtige Virulenz der Ansteckung zeigt sich nämlich gerade darin, dass die Epistemologie des Lebens in völlig neuartiger Form als Paradigma dient, um die Turbulenz globaler Krisen zu begreifen.[42] Die dem Leben zugeschriebenen Eigenschaften der Mutation und der spontanen Emergenz führen zu einem Modell nicht-linearer Entwicklung, in dem potenziell katastrophische Bedrohungen absolut unvorhersehbar hereinbrechen.[43] Diese Form der Konstruktion unkalkulierbarer Risiken findet man mittlerweile nicht nur auf dem Gebiet der nun als *Emerging Infectious Disease* begriffenen Krankheit, sondern auch in Bereichen wie der globalen Finanzwirtschaft oder dem globalen Terrorismus.[44] Die Ansteckung erscheint jeweils als eine unberechenbare Dynamik, welche die Übertragungseigenschaften unterschiedlichster Mittler ausnutzt und dadurch globale Turbulenzen erzeugt: etwa Derivatstrukturen im Bereich der

42 Vgl. Melinda Cooper, »Pre-empting Emergence. The Biological Turn in the War on Terror«, in: *Theory, Culture & Society* 23 (4), 2006, S. 113–135.

43 Zur Analyse der Effekte eines derart katastrophischen Imaginären vgl. Sven Opitz/Ute Tellmann, »Future Emergencies: Temporal Politics in Law and Economy«, in: *Theory, Culture & Society* 32 (2), 2015, S. 107–129.

44 Vgl. Michael Dillon, »Governing Terror: The State of Emergency of Biopolitical Emergence«, in: *International Political Sociology* 1 (1), 2007, S. 7–28; Urs Stäheli. »Political Epidemiology and the Financial Crisis«, in: Poul F. Kjaer/Gunther Teubner/Alberto Febbrajo (Hrsg.), *The Financial Crisis in Constitutional Perspective: The Dark Side of Functional Differentiation*, Oxford 2011, S. 113–130.

Finanzwirtschaft, massenmediale Attraktoren im Bereich des Terrorismus oder Mobilitätsstrukturen im Bereich der öffentlichen Gesundheit. Tardes Diagnostik eines entropischen Gleichgewichtszustands läuft somit dem zuwider, was gegenwärtig unter Inanspruchnahme des Ansteckungsbegriffs phänomenal verhandelt wird. Auch wenn er in fast schon visionärer Weise das Faktum der Verweltgesellschaftung konzeptuell hergeleitet hat, neigt das von ihm entworfene globale Ordnungsdenken dazu, exakt jene chaotischen Dynamiken zu verfehlen, welche in der weltweiten Affizierung heterogener Körper entstehen und zu deren Beschreibung sich der Ansteckungsbegriff offenbar aufdrängt.

Allerdings lag die von Tarde prognostizierte entropische Zukunft für ihn selbst noch in weiter Ferne. Das erklärt, weshalb er für die Untersuchung seiner negentropischen Gegenwart eine Methodik der Datenerhebung entwirft, die gerade auf die Erfassung des sozialen Übertragungsgeschehens eingestellt ist – und die frappierende Ähnlichkeit mit jenen Informationssystemen aufweist, welche die Ansteckungskrisen der Gegenwart bearbeitbar halten sollen.[45] In einer Fußnote konzipiert Tarde einen Mechanismus der soziologischen Registratur, welcher der Pragmatik des Ansteckungsbegriffs entspricht und der zugleich ein Ordnungswissen in Aussicht stellt, dessen Bezugsproblem die Schwankungsgrade in Verbreitungsvorgängen sind. Es lohnt sich daher ein ausführliches Zitat:

> »Will man die Soziologie zu einer wahrhaft experimentalen Wissenschaft machen und ihr das tiefste Siegel der Präzision aufdrücken, so muss meiner Ansicht nach, durch das Zusammenwirken einer großen Zahl aufopfernder Beobachter, die Methode des Abbé Rousselot [...] generalisiert werden. Gesetzt den Fall, zwanzig, dreißig, fünfzig in verschiedenen Gegenden Frankreichs oder anderer Länder ansässige Soziologen notierten mit der größtmöglichen Genauigkeit und Sorgfalt die Reihe der kleinen Umformungen in der Politik, in der Staatswirtschaft usw., welche sie in ihrer kleinen Vaterstadt, oder in ihrem heimatlichen Dorfe und zunächst in ihrer allernächsten Umgebung beobachtet haben können; gesetzt den Fall, sie notierten, anstatt sich auf Allgemeinheiten zu beschränken, bis ins kleinste die individuellen Kundgebungen des Hoch- oder Tiefstandes des religiösen Glaubens oder der politischen Überzeugung [...] – man würde sehen, dass [...] die wichtigsten Wahrheiten zutage treten, und zwar wichtig nicht nur für den Soziologen, sondern auch für den Staatsmann. [...] Die sozialen Veränderungen gilt es, im Kleinsten zu erfassen, um die sozialen Zustände zu verstehen, und das Gegenteil ist nicht richtig.« (SG 101)

45 Lindsay Thomas, »Pandemics of the Future: Disease Surveillance in Real Time«, in: *Surveillance & Society* 12 (2), 2014, S. 287–300.

Als Tarde dieses Forschungsprogramm 1897 aufsetzt, war er bereits seit vier Jahren Leiter der Abteilung für Kriminalstatistik im französischen Justizministerium. Alles deutet darauf hin, dass er sich der Ko-Konstitution von theoretischen Konzepten, methodologischen Instrumenten und dem Gegenstand der Soziologie bewusst war. Wie die nur auf den ersten Blick kurios anmutende Passage vorführt, korrespondiert die spezifische Art der statistischen Beobachtung mit einer spezifischen Vision des Sozialen.[46] Anstelle der Erhebung von Daten, die Auskunft über die normative Integration der Gesellschaft geben, konzipiert Tarde eine soziometrische Anordnung, die gerade auf die Erfassung des Transformationsmoments innerhalb der sozialen Verbindung hin angelegt ist. Die dezentrale Registratur der »kleinen Umbildungen« entspricht seiner sozialen Epidemiologie, insofern sie die Prozessualität der Übertragung in den Mittelpunkt rückt. Anstatt auf dem Weg der Aggregation zu Durchschnittswerten im Rahmen von Normalverteilungen zu gelangen, zielt sie auf die Verzeichnung von Bewegungstrends innerhalb relationaler Verknüpfungen und erscheint daher unserer »konnektionistischen« Gegenwart äußerst nah.

In der zitierten Passage betont Tarde ferner die Einsatzfähigkeit eines derartigen soziologischen Wissens als politisches Ordnungs- und Kontrollwissen. Bemerkenswert ist daran nicht der allgemeine Umstand, dass die Soziologie als Angehörige ihres Gegenstands an dessen Selbsteinwirkung teilhat. Entscheidend ist vielmehr, wie sich die Spezifik des Regelungswissens ändert, sobald es auf die in der Ansteckungssequenz vollzogene Transformation abzielt. Die Besonderheit von Tardes Experimentalsystem besteht darin, dass es auf eine gesellschaftliche Selbstbeobachtung in der »Echtzeit« der relationalen Vollzüge angelegt ist.[47] Während klassische Zensusdaten Auskunft über *Zustände* in der kollektiven Verteilung etwa der Konfessionszugehörigkeit, von Berufsgruppen oder von Werteorientierungen geben, verzeichnet das distribuierte Netzwerk von Datensammelpunkten gerade die Zustands*änderungen* in verstreuten sozialen Akten. Wenn Tardes Forschungsanlage trotz allem ein wenig verschroben anmutet, liegt das lediglich daran, dass die technologischen Bedingungen für die von ihm ersonnene nicht-statische

46 Bettina Heintz hat in Anlehnung an Friedrich Tenbrucks berühmten Aufsatz in treffender Weise von »der Geburt der Gesellschaft aus dem Geist der Statistik« gesprochen, vgl. dies., »Welterzeugung durch Zahlen: Modelle politischer Differenzierung in internationalen Statistiken, 1948–2010«, in: *Soziale Systeme* 18 (1/2), 2012, S. 7–39, hier: S. 18. Im Anschluss an Tarde erkennt man die Heterogenität dieses statistischen Geistes in dem Umstand, dass unterschiedliche statistische Selbstbeobachtungstechniken mit unterschiedlichen Ausprägungen des epistemischen Objekts einhergehen.

47 Vgl. Andrew Barry/Nigel Thrift, »Gabriel Tarde. Imitation, Invention and Economy«, in: *Economy and Society* 36 (4), 2007, S. 509–525, hier: S. 517.

Statistik noch nicht vorhanden waren. Sein Forschungsdesign verweist voraus auf ein System »transaktionaler Metriken«, in dem jeder Einkauf, jeder Arztbesuch, jeder Blog-Eintrag und jede Suchanfrage durch den Anschluss an Infrastrukturen der digitalen Registratur zur Datenquelle wird.[48] Erst auf der Grundlage der Digitalisierung ergeben sich auch gemäß der Einschätzung Bruno Latours jene Verfahren der Quantifizierung und der Verfolgbarkeit, die Tardes Methodologie entsprechen.[49]

Zugleich ist davon auszugehen, dass die Dynamik der Massenansteckung die von Tarde entworfene soziometrische Anordnung immer auch überschreitet. Dieser Punkt gewinnt noch an Bedeutung, wenn man das radikale Disäquilibrium der Massenansteckung als jenes (Un-)Ordnungsmodell ansieht, das den globalen Prozessen der Gegenwart am ehesten angemessen ist.[50] Zum einen funktioniert Tardes Anlage der Datenerhebung, wie bereits ausgeführt, gemäß epidemiologischen Prämissen. Sie soll anhand einer denkbar feinen Sensorik Veränderungen im Übertragungsgeschehen erspüren. Zum anderen neigt die Massenansteckung jedoch dazu, sich als eine Konstellation übersteigerter Mittelbarkeit jeder Apparatur zu entziehen. Ein solcher Exzess liegt nicht alleine in der hohen Fluktuationsgeschwindigkeit und der Komplexität der Verbreitungsmuster begründet, sondern ist vor allem auf das Potenzial überschießender Affizierbarkeit zurückzuführen, welches die Masse in paradigmatischer Form aufweist. Es ist vor diesem Hintergrund interessant zu beobachten, dass die zur globalen Ansteckungskontrolle installierten Informationsdispositive vorzugsweise über die Registratur von *Syndromen* verfahren.[51] Ganz so als ob die global vernetzte Gesellschaft die gleichen hoch-irritablen Übertragungseigenschaften aufweist

48 Evelyn S. Ruppert, »Making Populations: From Censuses to Metrics«, in: Leon Hempel/Susanne Krasmann/Ulrich Bröckling (Hrsg.), *Sichtbarkeitsregime. Überwachung, Sicherheit und Privatheit im 21. Jahrhundert* (*Leviathan,* Sonderheft 25), Wiesbaden 2011, S. 157–173, hier: S. 164f.

49 Vgl. Bruno Latour et al., »›The Whole Is Always Smaller than its Parts‹ – A Digital Test of Gabriel Tardes' Monads«, in: *British Journal of Sociology* 63 (4), 2012, S. 590–615, hier: S. 591. Insbesondere das Internet sei eine »Tardesche Technologie«, Bruno Latour, »Gabriel Tarde und das Ende des Sozialen«, in: Christian Borch/Urs Stäheli (Hrsg.), *Soziologie der Nachahmung und des Begehrens: Materialien zu Gabriel Tarde*, Frankfurt a. M. 2009, S. 39–61, hier: S. 53.

50 In diese Richtung argumentiert auch Sampson: »a return to a theory of crowd contagion can potentially provide valuable resource by which to think through the operations of the global.« Sampson, »Tarde's Phantom Takes a Deadly Line of Flight«, S. 354.

51 Für die Ausbildung entsprechender Rationalitäten der Risikobearbeitung im Feld der »Biosicherheit« vgl. Limor Samimian-Darash, »Governing Future Potential Biothreats: Toward an Anthropology of Uncertainty«, in: *Current Anthropology* 54 (1), 2013, S. 1–22.

wie Tardes städtische Masse, soll die Ansteckung bereits im Zustand ihres Potenzials adressiert werden. Die Informationstechnologien der Gegenwart verlagern ihren Fokus vom verifizierten Fall zu Ereignissen, welche syndromatisch auf das Risiko einer Ansteckungskaskade verweisen, ohne dass diese aktuell vorliegen muss.

Es bleibt zu betonen, dass sich Tarde trotz seiner statistischen Ambitionen nicht auf die Entwicklung von Techniken des Risikomanagements verlegt hat. Selbst wenn er der Massenansteckung ambivalent gegenüber eingestellt war und die Ansteckungsterminologie verstärkt im Hinblick auf Phänomene der Kriminalität in Anschlag gebracht hat, signalisiert der Begriff bei ihm keine pathologische Abweichung von der normalen Ordnung. Im Gegenteil, in der engen Bindung an das Nachahmungskonzept markiert die Ansteckung ein das Soziale vitalisierendes Moment, so dass teilweise gerade die mangelnde Übertragungsfähigkeit als Problem hervorsticht. In dieser Hinsicht halten Tardes Ausführungen zur Figur des Eingeschüchterten eine bemerkenswerte medientheoretische Lektion bereit.[52] Der Schüchterne bringt den Nachahmungsstrom nämlich zum Stocken, weil er in seinem situativen Unbehagen die Suggestionen seiner Umwelt nur unzureichend weitergibt. Aufgrund einer »unvollständigen Magnetisierung« (GN 106) agiert er als Widerstand des Sozialen. In Bezug auf die Ansteckungskapazitäten bedeutet das, dass der Schüchterne Ansteckungen zwar empfängt, aber sie dann neutralisiert.[53] Man könnte ihn daher als eine Art widerspenstiges Medium mit schlechten Leitungs- und Übertragungseigenschaften ansehen.

Probt man auch hier die Gegenblende in die Gegenwart, so scheinen zum einen die Strategen des *viral marketing* die medientheoretische Lektion des Schüchternen gelernt zu haben – wenn auch im Umkehrschluss. Denn geht es im *viral marketing* nicht darum, die Transmissionskapazitäten von Bildern, Klängen und Nachrichten so zu manipulieren, dass sie sich praktisch von selbst multiplizieren? Virale Kampagnen stacheln das Begehren an, eine Idee, einen Scherz oder schlicht eine Faszination möglichst ungehemmt aufzunehmen und auf andere überspringen zu lassen. Eine solche Ansteckungsdynamik verdankt sich der Artikulation des Begehrens in verbreitungstechnisch verstärkten Medienökologien, die auf die Erzeugung eines Höchstmaßes an Kommunikabilität hin angelegt sind.

Zum anderen hat die Minderung der Transmissionskapazitäten den entgegengesetzten Effekt der Eindämmung des Verbreitungsgeschehens.

52 Vgl. Urs Stäheli, »Die Angst vor der Gemeinschaft: Figuren des Schüchternen«, in: *Merkur* 67 (10/11), 2013, S. 928–940, hier: S. 934.

53 »Chose à remarquer, l'intimidation, cet état qui dispose si puissamment à recevoir la contagion, n'est pas elle-même contagieuse.« Tarde, *Études Pénales*, S. 347.

An der Sozialfigur des Schüchternen zeigt sich, mit anderen Worten, ebenfalls eine spezifische Sicherheitsstrategie. Diese besteht in der Bearbeitung von Verbindungsgliedern, die gerade auf die Abschwächung der sogenannten »Kaskadeneffekte« zielt. Gemäß den Windungen der »reflexiven Moderne« ergibt sich die Verletzlichkeit ihrer »Vitalsysteme« aus dem Umstand, dass die Konnektivtitäten, von denen das kollektive Leben abhängt, immer auch ein Ansteckungspotenzial bergen, das man eindämmen möchte: jene Infrastrukturen, welche die weltweiten Informationsnetzwerke errichten, transportieren *auch* Computerviren; jene Verbindungen, welche die globale Finanzwirtschaft ausmachen, sorgen *auch* für die Verbreitung der Krise; jene massenmedialen Kanäle, welche den öffentlichen Austausch von Nachrichten erlauben, werden *auch* zum Vehikel für Massenpaniken; jene logistischen Ketten, welche die globalen Ströme orchestrieren, erleichtern *auch* die Zirkulation von Pathogenen etc.[54] Dabei können dezentrale Netzwerke nur partiell unterbrochen und der Quarantäne unterzogen werden. Entsprechend liegt es nahe, zusätzlich zu dem Einziehen von *firewalls* und zu Praktiken die aktiven Immunisierung, die Leitungseigenschaften der Vermittlungsinstanzen zu konfigurieren. Egal also, ob es um die Steigerung oder die Minimierung von Ansteckungsdynamiken geht – beide Strategien des *social engineering* setzen am Medium an und offenbaren darin ihre Übereinstimmung mit den Prämissen von Tardes sozialer Epidemiologie.

4. Ansteckung als soziologischer Grundbegriff: Anschlussmodalitäten

Welche Schlussfolgerungen lassen sich ausgehend von der sozialtheoretischen Respezifikation der Ansteckung ziehen, die nun im Durchgang durch die Schriften Gabriel Tardes vollzogen wurde? Welche Qualitäten hat der Begriff als soziologischer Grundbegriff? Wie deutlich geworden sein sollte, akzentuiert die Ansteckung die Aktförmigkeit des Sozialen in bestimmter Weise: Sie dramatisiert die materielle Relationalität sozialer Prozesse in ihrer zeitlichen und ihrer räumlichen Dimension. So wird *erstens* begreiflich, dass das Soziale eine Geschwindigkeit und Rhythmik besitzt.[55] Hier verweisen die Raten der Ansteckung auf Be-

54 Zum Paradigma des »vital system« und der Entstehung einer »reflexiven Biopolitik« im Anschluss an die Risikosoziologie Ulrich Becks vgl. Stephen J. Collier/Andrew Lakoff, »Vital Systems Security: Reflexive Biopolitics and the Government of Emergency«, in: *Theory, Culture & Society* 32 (2), 2015, S. 19–51.

55 In diesem Sinne vermag die Soziologie der Ansteckung durchaus Hartmut Rosas Beschleunigungstheorem zu ergänzen. Vgl. ders., *Beschleunigung: Die Veränderung der Zeitstrukturen in der Moderne*, Frankfurt a. M. 2005. Zum Konzept der

schleunigungen und Turbulenzen, aber auch auf Dynamiken der Abschwächung. Insbesondere die Rhythmisierung der Ansteckungsraten bildet dabei ihre eigenen, extrem instabilen Strukturen aus: Eine Massenpanik, ein Modetrend oder eine Verkaufswelle rhythmisiert sich insofern selbst, als die Ansteckungsakte einen Rhythmus erzeugen, der die Rhythmik der folgenden Akte präformiert. *Zweitens* generiert jeder Ansteckungsprozess ein räumliches Verbreitungsmuster. Die Vektoren der Übertragung erzeugen einen topologischen Raum, in dem topographisch Entferntes in engen Kontakt treten kann. In sachlicher Hinsicht schließlich deutet die Ansteckung dabei *drittens* nicht einfach auf eine serielle Verflüssigung des Sozialen, sondern auf ein materielles Transformationsgeschehen, das in den affizierten Körpern eine Zustandsänderung herbeiführt.[56] Ansteckung ist in diesem Sinne ein transversaler Begriff, der auf unterschiedliche Phänomene Anwendung finden kann. Anstelle eines *Typus* zeigt er einen spezifischen *Modus* der Kommunikabilität an, der durch besonders intensive rhythmische, topologische und transformative Beziehungen gekennzeichnet ist.

Diese Eigenschaften machen begreiflich, weshalb die Ansteckung sich als veritable Krisensemantik eignet. Die Diagnostik der Ansteckung signalisiert die Unkontrollierbarkeit eines gewissermaßen »wilden« Anschlussgeschehens – was in einer Mehrzahl der Fälle den Ruf nach verbesserten Kontrollverfahren vorbereitet. Als soziologischer Begriff erweist sich die Ansteckung hingegen dadurch, dass sie in den Einzugsbereich der Frage nach der Möglichkeit sozialer Ordnung interveniert.[57] Wie dargelegt, führt der Ansteckungsbegriff die für die Soziologie konstitutive Problemstellung an einen Extrempunkt. Er bezeichnet einen Modus der Ordnungsbildung, der sich aufgrund seiner nicht-linearen, kaskadenhaften, kontaminierend-transformativen Dynamik an der Grenze zum Chaos vollzieht. Tardes nicht zu unterschätzender Beitrag besteht hier darin, dass er die der Ansteckung zugrunde liegende ord-

sozialen Rhythmik vgl. Henri Lefebvre, *Rhythmanalysis: Space, Time and Everyday Life*, London/New York 2004.

56 Heinz Bude zufolge korrespondiert »die Konzeption des Sozialen als serielle Struktur« prinzipiell mit der »Erfahrung von der Kontingenz der gesellschaftlichen Praktiken« vgl. ders., »Auflösung des Sozialen? Die allmähliche Verflüssigung des soziologischen ›Gegenstandes‹«, in: Stefan Müller-Dohm (Hrsg.), *Jenseits der Utopie. Theoriekritik der Gegenwart*, Frankfurt a. M. 1991, S. 100–122, hier: 112. Auch wenn das vorliegende Argument über diese Einschätzung hinausweist, widerspricht es ihr doch nicht.

57 Vgl. Luhmann, »Wie ist soziale Ordnung möglich?«, insbesondere S. 200. Dabei sollte der Umstand, dass ein Terminus zugleich als politische Krisensemantik und als wissenschaftlicher Begriff fungiert, eigentlich kein Erstaunen hervorrufen. Man denke nur an das doppelte Fungieren von soziologischen Termini wie der »Klasse«, der »Integration« oder auch der »Rationalität«.

nungstheoretische Paradoxie freigelegt hat: Es ist gerade die intensive Sozialität, welche die soziale Ordnung zu unterminieren droht. Zugleich hat Tarde erkannt, dass die mit dem Ansteckungsbegriff korrespondierende Neufassung des soziologischen Gegenstands in Form von operativen Ereignisketten methodologische Implikationen birgt. In einer Vorwegnahme zeitgenössischer Techniken des *tracking* und *tracing* hat er eine soziometrische Anordnung entworfen, welche Modifikationen in dezentral verteilten Anschlussprozessen verzeichnet.

Allerdings birgt die soziologische Respezifikation des Ansteckungsbegriffs auch eine grundsätzliche Frage nach den Grenzen seines Anwendungsbereichs, die bisher eher umgangen als gelöst wurde. Man könnte mit einer gewissen Plausibilität argumentieren, dass durch Tardes Begriff der Suggestibilität ausschließlich Prozesse der mentalen Einwirkung erfasst werden. Viele der in diesem Aufsatz behandelten Ansteckungsphänomene würden somit unter Umständen gar nicht in den Einzugsbereich von Tardes Soziologie fallen, wenn diese restriktiv als »Inter-Psychologie« ausgelegt werden würde. Demgegenüber haben Autoren wie Gilles Deleuze und zuletzt vor allem Bruno Latour Tardes Ansatz in eine wahrlich umfassende Ontologie differierender Wiederholungen überführt.[58] Sie knüpfen dabei an Tardes Lehre von den Monaden an. Diese infinitesimal kleinen und an Potenzialen reichen Letztelemente des Kosmos sind für Tarde allesamt mit Begehren und Überzeugungen ausgestattet. Deshalb kann er in letzter Konsequenz auch sagen, »dass jedes Ding eine Gesellschaft ist und alle Phänomene soziale Tatsachen sind.«[59] Folgt man diesem Strang, dann endet man bei einer denkbar weiten »Assoziologie« (Latour). Insofern praktisch alles mit allem in Verbindung treten kann, weitet sich auch der soziologische Anwendungsbereich des Ansteckungsbegriffs entsprechend aus, mit dem Effekt, dass die Grenzen des Sozialen insgesamt fließend werden.[60]

Die Frage ist allerdings, ob man sich zwischen diesen beiden Extrempositionen entscheiden muss. Die nun vorgelegte Rekonstruktion deutet vielmehr auf eine dritte Position hin, welche die Allgemeinheit des begrifflichen Anwendungsbereichs mit der Möglichkeit kombiniert, die Spezifität der jeweiligen Übertragungen zu bestimmen. Dazu muss man

58 Zur Kritik, dass genau dadurch die innovative Konzeption sozialer Suggestibilität unterschlagen werde vgl. Blackmann, »Reinventing Psychological Matters«, S. 577–579.

59 Tarde, *Monadologie und Soziologie*, S. 51. Zur Untermauerung seiner These führt Tarde bekanntlich Tiergesellschaften an und fragt umgehend: »warum nicht auch […] Atomgesellschaften?«, ebd.

60 Zu einer Kritik dieser Position vgl. das Kapitel »Das Verschwinden der Gesellschaft in der Flut der Dinge – Die Soziologie der Assoziationen: von Tarde zu Latour« in Oliver Marchart, *Das unmögliche Objekt. Eine postfundamentalistische Theorie der Gesellschaft*, Berlin 2013, S. 129ff.

lediglich erneut die medientheoretische Lektion Tardes ernstnehmen. Man muss untersuchen, wie bestimmte Medien in bestimmter Weise Anschlüsse herstellen und dabei in bestimmter Weise Ansteckungsdynamiken freisetzen. Diese Aufmerksamkeit für die Spezifität der durch Medien konfigurierten Kommunikabilität verhindert das Abgleiten in eine Kosmologie, in der letztlich alles mit allem verbunden ist. Sie erlaubt es, positiv formuliert, die Erkenntnis der soziologischen Differenzierungstheorie aufzunehmen und die Debatte umgekehrt mit neuen Impulsen zu versorgen. Erst wenn man etwa die biologische Ansteckung über physische Kontakte, die affektive Ansteckung über somatische Übertragungen, die massenmediale Ansteckung über alarmierende Nachrichtenmeldungen, die religiöse Ansteckung über apokalyptische Glaubenslehren oder die ökonomische Ansteckung über komplexe Finanzinfrastrukturen unterscheiden kann, lassen sich auch deren Resonanzen und Interferenzen systematisch verzeichnen. Es könnte sogar sein, dass sich im Modus der Ansteckung eine wechselseitige Überdeterminierung dieser operativ distinkten Prozesse einstellt, weil sie sich in einer Art überschießenden Konnektivität wechselseitig in Anspruch nehmen und genau deshalb an der Grenze etablierter Ordnungsmodelle manövrieren. Das wäre jedoch im Detail und unter Bezugnahme auf konkrete Fälle zu prüfen. Entscheidend ist vorerst, dass der Ansteckungsbegriff in dieser Fassung gleichzeitig hinreichend allgemein und hinreichend spezifisch ist, um ihn in der dargelegten Form (erneut) als soziologischen Grundbegriff zum Einsatz zu bringen.

Tobias Schlechtriemen

Akteursgewimmel

Hybride, Netzwerke und Existenzweisen bei Bruno Latour

1. Opening Pandoras Box – Latours epimetheische Geste

Der Überlieferung zufolge lässt sich Epimetheus die hübsche Pandora mitsamt ihrer Büchse von Zeus schenken, obwohl sein vorausdenkender Bruder Prometheus ihn gewarnt hatte. In der Büchse der Pandora soll es vor lauter schlimmen Dingen nur so gewimmelt haben.[1] Bei Hesiod ist es Pandora, die die Büchse öffnet, bei anderen Autoren Epimetheus, der den Deckel hebt. Jedenfalls beschert die Büchse den Menschen nichts Gutes: Sorgen, Plagen und Krankheiten entweichen dem Gefäß.

Es ist unklar, wer die Büchse wieder geschlossen hat. Klar ist, dass Prometheus sie sicherlich schnellstmöglich verschlossen hätte. Er lässt sich auch nicht vom schönen Aussehen der Pandora täuschen, zu dem alle (*pan*) Götter ihre Gaben (*dora*) beigetragen haben. Er ahnt, dass sie kein Geschenk, sondern vielmehr Zeus' Rache dafür ist, dass Prometheus den Göttern das Feuer gestohlen hatte. Das ist die erste Täuschung, die Prometheus, der ›Voraus-Denkende‹ (*pro-methes*), durchschaut. Epimetheus ist in diesem Fall der Dumme, derjenige, der seinem Namen gemäß ›das Nachsehen hat‹. Aber es gibt noch eine zweite Täuschung. Ihr unterliegen diejenigen, die sich vor den vermeintlichen ›Plagen‹ in dem Gefäß fürchten und die möglichst schnell den Deckel wieder schließen wollen. Denn am Boden der Büchse wartet noch *elpis*, die Hoffnung.

Bruno Latour greift das Bild von Pandoras Büchse immer wieder auf.[2] Er beschreibt seine eigene Vorgehensweise bei der Untersuchung wissenschaftlicher Praktiken als ein Öffnen der gefährlichen Büchse, welche die imaginäre Aufschrift trage »DANGER: DO NOT OPEN.«[3]

1 Zur Überlieferung der Geschichte der Pandora vgl. Almut-Barbara Renger/Immanuel Musäus (Hrsg.), *Mythos Pandora. Texte von Hesiod bis Sloterdijk*, Leipzig 2002. Die Version aus Hesiods *Theogonie* findet sich in ebd., S. 46–51.

2 Auch eine von ihm mitbegründete Forschungsinitiative zu Wissenschafts- und Technikforschung trägt, wie ihr Publikationsorgan, den Namen *Pandore*. Vgl. dazu Henning Schmidgen, *Bruno Latour zur Einführung*, Hamburg 2011, S. 79ff.

3 Bruno Latour, *Science in Action. How to follow scientists and engineers through society*, Cambridge, Mass. 1987, S. 7.

Aber diese Anweisung befolgt Latour nicht. Stattdessen macht er sich daran, die abgesicherten Ergebnisse und Verfahren in der Wissenschaft zu hinterfragen. »Als wir die *black box* der wissenschaftlichen Fakten öffneten, wußten wir, daß es die Büchse der Pandora sein würde.«[4]

Latour sieht sich in dem Bild als denjenigen, der die Büchse öffnet. Er identifiziert sich also nicht mit dem klugen Prometheus, sondern mit seinem Bruder Epimetheus. Und er folgt auch nicht dem Impuls, die Box gleich wieder zu schließen. »Jetzt, wo die Büchse geöffnet ist und Plagen und Flüche, Sünden und Übel umherschwirren, bleibt nur noch eines zu tun: noch tiefer in die nahezu leere Büchse hineinzugreifen, um etwas zu finden, das nach der ehrwürdigen Legende an ihrem Grunde zurückgeblieben ist, die Hoffnung.«[5] Aus Sicht des traditionellen Wissenschaftsverständnisses mag das, was Latours Wissenschaftsforschung freisetzt, eine Plage oder ein Übel sein. Anstatt wissenschaftliche Fakten zu produzieren, »passions, deadlines, decisions escape in all directions from a box that lies open.«[6] Aber für Latour geht es gerade darum, dieses Gewimmel, das wissenschaftliches Arbeiten kennzeichnet, in den Blick zu nehmen.

Den alten Mythos und Latours Ansatz noch etwas weiter verwebend, ergibt sich folgende Figurenkonstellation. Da ist zunächst einmal die Figur des abendländischen Vorzeigeaufklärers Prometheus. Er plant, sorgt vor, schließt und kategorisiert. Für Latour beruht dieses Schließen auf einer unbegründeten Angst und ist außerdem vorschnell oder kurzsichtig. Denn Prometheus sieht als zu verhinderndes Übel, was in der Summe nicht so schlimm gewesen wäre wie die langfristigen Folgen seiner logischen Schlüsse und (Büchsen-)Schließungen. Das kategorische Trennen, die »Reinigungspraktiken«[7] der Modernen ermöglichen erst die Entstehung der wirklich gefährlichen Mischwesen und Ereignisse mit unabsehbaren Folgen.

Latour tritt in die Fußstapfen von Epimetheus. Diese Figur des Nach-Denklichen, dessen, der um- oder drumherum-denkt (*epi-methes*), entspricht seinem Denkgestus. Die Dinge, das Gewimmel der Akteure, haben Vorrang. Ihnen gilt es nachzudenken, ihren Verbindungen und Verknüpfungen zu folgen. An die Stelle der »vorzeitigen *Schließung*«[8] und der kategorialen Trennung in verschiedene Boxen treten bei ihm

4 Bruno Latour, *Die Hoffnung der Pandora. Untersuchungen zur Wirklichkeit der Wissenschaft*, Frankfurt a. M. 2002, S. 35.

5 Ebd.

6 Latour, *Science in Action*, S. 7.

7 Bruno Latour, *Wir sind nie modern gewesen. Versuch einer symmetrischen Anthropologie*, Frankfurt a. M. 2002, S. 19.

8 Bruno Latour, *Eine neue Soziologie für eine neue Gesellschaft. Einführung in die Akteur-Netzwerk-Theorie*, Frankfurt a. M. 2007, S. 445.

die Öffnung und das Verbinden. Latour will die Verbindungen, die zwischen den vermeintlich getrennten Bereichen bestehen, nachzeichnen, will die komplexen Verknüpfungen (wieder) sichtbar machen und – anstatt zu reinigen – »Übersetzungsarbeit«[9] leisten.

Die Verschiebung, die er vorschlägt, führt also von Prometheus zu Epimetheus, vom kontrollierenden Vor-Denken zum einfühlsamen Nach-Denken, von der geschlossenen Box zum Gewimmel der Akteure, von getrennten Bereichen zu komplexen Netzwerken. Noch etwas weiter zugespitzt könnte man sagen, dass Prometheus Ordnung herstellen will. Es geht ihm um klar getrennte Bereiche, um geschlossene *black boxes* und kategoriale Reinigung. Latours epimetheische Geste hingegen zeichnet sich durch Langsamkeit aus: Er zeichnet nach und folgt den Akteuren. Er will da noch einmal genau hinschauen, wo vermeintlich alles klar und geordnet ist und entdeck[el]t das Unreine, die Vielfalt und Verbindungen, kurz: das Gewimmel der Akteure. Damit stellt sich Latour zunächst auf die Seite des Anderen der Ordnung. Aber er bleibt dort nicht stehen, sondern behält seinen ordnungsliebenden Bruder im Blick. Latour will verstehen, wie sich Ordnung herausbildet und er macht einen Vorschlag, wie sich ein friedlicheres Nebeneinander verschiedener Ordnungen gestalten könnte.

Der Frage, wie Ordnung und ihr Anderes bei Latour verhandelt werden, oder sich ihr Verhältnis ausgehend von der Akteur-Netzwerk-Theorie beschreiben lässt, will ich im Folgenden ausführlich nachgehen. Latours Texte bilden zunächst den Gegenstand, um zu analysieren, welche Formen von Ordnung und Anderem der Ordnung sich darin finden, wie sich das Verhältnis von Ordnung und Anderem der Ordnung gestaltet und auf welche Weise Latour das Andere der Ordnung darin adressiert. Darüber hinaus soll ausgelotet werden, inwieweit sich ausgehend von Latour methodologisch ein Zugang zum Anderen der Ordnung entwickeln lässt.

Der Argumentationsverlauf des Textes beschreibt dabei zwei Schlaufen. Im ersten Teil (Abschnitte 1 und 2) geht es darum, wie Latour die *moderne* Ordnung erklärt und ihr sein Modell der ›Akteur-Netzwerke‹ gegenüberstellt. Der zweite Teil (Abschnitte 3 und 4) setzt bei den Akteur-Netzwerken an und geht der Frage nach, wie sich *in* ihnen Ordnungen herausbilden. Dann werden Kriterien einer Beschreibung von Akteur-Netzwerken als empirischer Zugang, als Methode, herausgearbeitet. Schließlich wird Latours Vorschlag der Untersuchung unterschiedlicher ›modes of existence‹ als Koexistenz verschiedener Ordnungen vorgestellt.

9 Latour, *Wir sind nie modern gewesen*, S. 20.

2. Blackboxing – die Umkehrung der Erklärungsrichtung

In der Soziologie wird unter ›Ordnung‹ in der Regel die ›soziale Ordnung‹ verstanden.[10] ›Soziale Ordnung‹ kann im soziologischen Kontext wiederum oftmals synonym zu ›dem Sozialen‹ oder ›der Gesellschaft‹ gebraucht werden, weil letzteren immer schon eine geordnete Struktur unterstellt wird. Bei Latour taucht ›Ordnung‹ als Begriff selten auf. ›Das Soziale‹ oder ›die Gesellschaft‹ hingegen finden sich immer wieder in seinen Texten. Schaut man sich allerdings die entsprechenden Stellen genauer an, erscheint die Weise, wie er sich auf das Soziale oder die Gesellschaft bezieht, sehr ungewöhnlich. Denn es ist Latours Anliegen, die traditionelle Erklärungsrichtung der Soziologie umzukehren.

Latour beschreibt die Weise, wie soziologische Erklärungen funktionieren folgendermaßen: Die Gesellschaft oder das Soziale dienen als unhinterfragter, nicht erklärungsbedürftiger Ausgangspunkt, von dem ausgehend oder mit dem *ein anderer Sachverhalt* erklärt wird.[11] So wird etwa ein infrage stehendes Phänomen auf ›die Gesellschaft‹ oder ›soziale Ursachen‹ zurückgeführt, oder es ist die Rede davon, dass etwas ›gesellschaftlich bedingt‹ sei usf. Mit »der Berufung auf ›soziale Faktoren‹ ließen sich die ›sozialen Aspekte‹ nicht-sozialer Phänomene erklären.«[12] Die Erklärungsrichtung verläuft also üblicherweise vom Sozialen oder der Gesellschaft als Ursache zu einer auf sie folgenden Wirkung.

Diese Richtung will Latour nun umkehren.[13] Er fragt danach, wie eigentlich so etwas wie ›das Soziale‹ oder ›die Gesellschaft‹ zustande

10 Keith Baker zeigt, dass im 18. Jahrhundert an die Stelle der Religion als grundlegender Ordnungsinstanz ›das Soziale‹ oder ›die Gesellschaft‹ treten. Vgl. Keith M. Baker, »Enlightenment and the Institution of Society. Notes for a Conceptual History«, in: Willem Melching/Wyger Velema (Hrsg.), *Main Trends in Cultural History*, Amsterdam 1994, S. 95–120. Vor diesem Hintergrund lässt sich der Versuch verstehen, im 19. Jahrhundert die Soziologie als neue Leitdisziplin und Ordnungswissenschaft zu begründen.

11 Vgl. vor allem die Einleitung zu Latour, *Eine neue Soziologie für eine neue Gesellschaft*, S. 9–38.

12 Ebd., S. 13. Als Beispiel für einen solchen Ansatz führt Latour Émile Durkheim an: »In der Interpretation Durkheims ist Gesellschaft allerdings eine ursprüngliche Gegebenheit: Sie geht individuellem Handeln voraus, hat eine sehr viel längere Dauer als jede Interaktion und beherrscht unser Leben; in ihr werden wir geboren, leben und sterben wir. Gesellschaft ist nach dieser Denkweise externalisiert, verdinglicht, wirklicher als wir selbst und daher auch der Ursprung« jedes konkreten, zu erklärenden sozialen Phänomens. Latour, *Die Hoffnung der Pandora*, S. 255f.

13 Vgl. Erhard Schüttpelz, »Der Punkt des Archimedes. Einige Schwierigkeiten des Denkens in Operationsketten«, in: Georg Kneer et al. (Hrsg.), *Bruno Latours Kollektive. Kontroversen zur Entgrenzung des Sozialen*, Frankfurt a. M. 2008, S. 234–258, hier: S. 237.

gekommen sind. Damit entzieht er dem Gegenstand der Soziologie, dem üblichen Ausgangspunkt soziologischer Erklärungen, die Selbstverständlichkeit und fragt stattdessen: Gibt es so etwas wie ›das Soziale‹ oder ›die Gesellschaft‹ in Reinform überhaupt? Seine Antwort ist ein deutliches ›Nein‹ – es sei denn als wirkmächtige Fiktion der Modernen.

›Die Modernen‹, das sind bei Latour geographisch gesehen vor allem die Menschen im globalen Norden und, zeitlich gefasst, etwa die Epoche seit der Neuzeit.[14] In erster Linie aber werden sie durch ihre modernen Selbstverständnisse und Praktiken charakterisiert. Zu den grundlegenden Überzeugungen der Modernen gehört, dass sich das Soziale und die Technik, genauso wie Natur und Kultur voneinander unterscheiden und trennen lassen. Die Trennungen sind wiederum Grundlage (in gewisser Weise auch Resultat[15]) wissenschaftlicher Praktiken – das spiegelt sich schon in der disziplinären Aufteilung in die verschiedenen Zuständigkeitsbereiche der Natur-, Sozial- und Kulturwissenschaften. Wie ein Kühlschrank funktioniert, das ist eine technische Frage, der sich die Ingenieure und Physikerinnen annehmen. Ob und wie sich die klimatischen Verhältnisse wandeln, damit beschäftigen sich Meterologinnen und Klimaforscher. Für die Klärung der Frage, ob es alternative Verfahren zur Produktion von Fluorchlorkohlenwasserstoffe gibt, sind Chemikerinnen zuständig. Es handelt sich also um vermeintlich getrennte Gegenstandsbereiche, für die es jeweils bestimmte Fachleute gibt.

Latour zeigt nun an diesem Beispiel, dass alle Akteure zusammen aufgerufen werden, wenn in einem Zeitungsartikel über das Ozonloch berichtet wird.[16] Dann treten sie alle als Beteiligte im »Akteur-Netzwerk«[17] des Ozonlochs auf. Sobald es aber um die ›seriöse‹ Behandlung der in diesem Zusammenhang auftauchenden Fragen geht, werden auf einmal wieder unterschiedliche Zuständigkeiten ausgemacht. Auf diese Weise trennen und homogenisieren die Modernen praktisch, wie auch systematisch ein Netzwerk miteinander verbundener Akteure in (vermeintlich) fein säuberlich getrennte Bereiche, die dann reine »Substanzen, Oberflächen, Domänen und Sphären«[18] darstellen.

Fasst man die grundlegenden Trennungen zusammen, aus denen die »Übereinkunft der Modernen« besteht, ergibt sich die folgende Ordnung: »›dort draußen‹ oder die Natur; ›dort drinnen‹ oder der Geist;

14 Vgl. Bruno Latour, *An Inquiry into Modes of Existence. An Anthropology of the Moderns*, Cambridge, Mass. 2013, S. 8f.

15 Vgl. Latour, *Eine neue Soziologie für eine neue Gesellschaft*, S. 441f.

16 Vgl. Latour, *Wir sind nie modern gewesen*, S. 7.

17 Latour, *Eine neue Soziologie für eine neue Gesellschaft*, S. 229.

18 Ebd., S. 416.

›dort unten‹ oder die Gesellschaft; ›dort oben‹ oder Gott.«[19] Im Gegensatz dazu setzt sich die Welt für Latour nicht aus Natur, Geist, Gesellschaft, Gott usf. zusammen, sondern aus »soziotechnischen Hybriden«[20] oder anderen Akteur-Netzwerken die immer wieder neu verknüpft werden können.

Wenn man also nach Ordnungskonzepten in Latours Texten sucht, so ist eine erste Variante *die moderne Ordnung*, die aus einer bestimmten Sortierung unterschiedlicher Bereiche besteht. Außerdem könnte man sagen, dass jeder Bereich nochmals eine Ordnung für sich darstellt – die ›soziale Ordnung‹ ist hier nur eine (wenn auch eine wichtige) unter vielen. Diese Ordnungen existieren Latour zufolge nicht schon von jeher, sondern werden erst durch aufwendige Praktiken und Theoriearbeit als solche stabilisiert. Wenn die Reinigung und Schließung eines Bereichs gelingt, entsteht eine ›black box‹.[21] Den Prozess des Reinigens und Schließens bezeichnet Latour entsprechend als »black boxing«.[22] Gerade weil es sich bei *black boxes* eigentlich um instabile Ordnungen handelt, wird ein hoher Aufwand betrieben, um die Trennungen aufrecht zu erhalten.

Mit ›black box‹ ist im Grunde eine Haltung gegenüber oder eine Umgangsweise mit einer komplexen Situation, einem Akteur-Netzwerk, gemeint. Sie lässt sich folgendermaßen beschreiben: Erstens, betrachte das komplexe Akteur-Netzwerk als *eines*, als *ein* Ding; zweitens sollte klar sein, wenn ich A mache (bspw. einen Schalter drücke) (*input*), dann passiert B (bspw. einen Kaffee produzieren) (*output*);[23] und drittens kann ich die *black box* in andere Kontexte übertragen, sie an anderer Stelle zur Anwendung bringen.[24] Alle Zwischenschritte und alternativen Möglichkeiten zwischen Input und Output werden dabei ausgeblen-

19 Latour, *Die Hoffnung der Pandora*, S. 23.

20 Ebd., S. 262.

21 Latour übernimmt das Konzept aus der Kybernetik: »The word *black box* is used by cyberneticians whenever a piece of machinery or a set of commands is too complex. In its place they draw a little box about which they need to know nothing but its input and output.« Latour, *Science in Action*, S. 2f. Das Konzept taucht bereits in der frühen Studie *Laboratory Life* von 1979 auf. Vgl. Bruno Latour/Steve Woolgar, *Laboratory Life. The Construction of Scientific Facts*, Princeton 1986, S. 242. Zur ›black box‹ bei Latour vgl. auch Christian Kassung/Albert Kümmel-Schnur: »Wissensgeschichte als Malerarbeit? Ein Trialog über das Weißeln schwarzer Kisten«, in: Kneer et al., *Bruno Latours Kollektive*, S. 155–179; Graham Harman, *Prince of Networks. Bruno Latour and Metaphysics*, Melbourne 2009, S. 33f.

22 Latour, *Science in Action*, S. 21.

23 Vgl. ebd., S. 2.

24 Vgl. dazu Latour/Woolgar, *Laboratory Life*, S. 259.

det.[25] Im Kontext wissenschaftlicher Praktiken bedeutet das, dass alle strittigen Punkte ausgeräumt sind und alle Akteure so reibungslos zusammen funktionieren, dass sie als ›eine Entität‹, ›ein Ganzes‹, agieren. Latour schreibt hier vom »Unsichtbarmachen wissenschaftlicher und technischer Arbeit durch ihren eigenen Erfolg«.[26] Wird nun das Konzept der ›black box‹ – wie von Latour in der Wissenschaftsforschung – angewendet, bedeutet das, dass man vom »Gewordensein dessen, was nun als selbstverständlich und unhinterfragt gilt«, ausgeht und »die prinzipielle Möglichkeit der Wieder-Öffnung einer jeden black box«[27] konstatiert.

Ist eine *black box* erst einmal etabliert, dann können daran monokausale Erklärungen anschließen. Das trifft auch auf ›die Gesellschaft‹ und entsprechende soziologische Beschreibungen zu. In *Eine neue Soziologie für eine neue Gesellschaft* bezeichnet Latour das ›geblackboxte‹ Soziale als »das Soziale Nr. 1«.[28] Davon unterscheidet er ein ›Soziales Nr. 2‹,[29] das noch nicht geschlossen ist, sondern als Geflecht von Assoziationen offenliegt, das Kollektiv: »Aus diesem Grund wird von nun an das Wort ›Kollektiv‹ die Stelle von ›Gesellschaft‹ einnehmen. ›Gesellschaft‹ werde ich nur für die Versammlung bereits zusammengebrachter Entitäten beibehalten, von denen die Soziologen des Sozialen glauben, daß sie aus sozialem Stoff bestehen. ›Kollektiv‹ wird dagegen das Projekt des Versammelns neuer Entitäten bezeichnen, die noch nicht zusammengebracht worden sind und von denen es daher offenkundig ist, daß sie nicht aus sozialem Stoff bestehen.«[30]

Ein solches Geflecht von Assoziationen, das »auf ungewisse, fragile, kontroverse und sich ständig verlagernde Bindungen zurückgreift«[31] und das aus neu auftretenden Akteuren besteht, kann nur schwerlich als Bezugspunkt kausaler Erklärungen dienen. Vielmehr ist es selbst erklärungsbedürftig bzw. es erfordert eine Form von Beschreibungen, die das Ziel haben, möglichst viele Akteure zum Sprechen zu bringen. Latour geht es folglich um komplexe Erklärungen, die nicht nur *einen* Faden aufgreifen und auf *eine* Ursache hin zurückverfolgen, sondern ein *komplexes Netzwerk* nachzeichnen. »Ein Text in unserer Definition von

25 Sie werden als bloße Zwischenglieder betrachtet und nicht als ›vollwertige Mittler‹, die das transformieren, was sie transportieren. Vgl. Latour, *Wir sind nie modern gewesen*, S. 108–111.

26 Latour, *Die Hoffnung der Pandora*, S. 373.

27 Lars Gertenbach, *Entgrenzungen der Soziologie. Bruno Latour und der Konstruktivismus*, Weilerswist 2015, S. 215.

28 Latour, *Eine neue Soziologie für eine neue Gesellschaft*, S. 23.

29 Später kommen auch noch ein Soziales Nr. 3, die »face-to-face-Interaktionen«, und Nr. 4, das »Plasma«, hinzu. Ebd., S. 112, 419.

30 Ebd., S. 129.

31 Ebd., S. 51.

Sozialwissenschaft ist demnach ein Test darüber, *wie viele* Akteure der Schreiber als Mittler zu behandeln vermag und *wie weit* er oder sie das Soziale führen kann, das von neuem vor den Augen der Leser sichtbar gemacht worden ist.«[32]

Das Bild des Netzwerks fungiert hier zum einen als eine Alternative zu monokausalen Erklärungsweisen, weil es die *eine* Ursache-Wirkungskette vervielfältigt; zum anderen wird das Soziale als einheitlicher Gegenstand mit einer glatten Oberfläche zu einem Geflecht aus Verknüpfungen von unterschiedlichsten Akteuren umgedeutet.[33] Latour streicht immer wieder andere Vorteile der Netzwerk-Metaphorik heraus. Dazu gehört für ihn die Semantik materieller Netzwerke, wie des Eisenbahnnetzwerks, die verdeutlicht, dass auch ein großes Netz aus vielen kleinen, konkreten Knotenpunkten besteht. Außerdem betont er, dass Netzwerke keine geschlossenen Flächen darstellen, sondern größtenteils aus Löchern bestehen.[34]

Latour kehrt also die übliche Richtung soziologischer Erklärungen um: ›Das Soziale‹ ist hier nicht der Ausgangspunkt der Erklärungen, sondern das, was erklärt werden muss. Erklärungsbedürftig sind die Reinigungs- und Stabilisierungsverfahren moderner Ordnungen, zu denen auch der Container ›des Sozialen‹ oder ›der Gesellschaft‹ gehört. Ist einmal festgestellt, dass ›das Soziale‹ oder ›die Gesellschaft‹ nicht einfach vorliegen, kann untersucht werden, wie ihre Stabilisierungen vollzogen werden und eine entsprechende Ordnung hergestellt wird.

Unter ›Ordnung‹ wird dann die moderne Fiktion voneinander zu trennender und in sich bereinigter Bereiche gefasst, für die es jeweils fachspezifische Expertinnen gibt. Demgegenüber stellt sich ›das Soziale Nr. 2‹, das Kollektiv oder Akteur-Netzwerk als das Andere der modernen Ordnung dar. Es ist anders, weil sich zeigt, dass in den modernen Boxen oder Containern nicht nur das drin ist, ›was außen drauf steht‹ – wie ›Natur‹, ›Soziales‹, ›Technik‹ – sondern ein Gewimmel an Akteuren.[35] Aus Sicht der modernen Ordnung handelt es sich bei den

32 Ebd., S. 224.

33 Zum Bild des Netzwerks im Werk von Latour vgl. Kap. 4: »Das Bild der Netze bei Bruno Latour«, in: Tobias Schlechtriemen, *Bilder des Sozialen. Das Netzwerk in der soziologischen Theorie*, Paderborn 2014, S. 303–359. Wichtige Stellen, an denen Latour auf sein Netzwerk-Konzept eingeht, sind Latour, *Wir sind nie modern gewesen*, S. 10; *Eine neue Soziologie für eine neue Gesellschaft*, S. 223ff., 416; *An Inquiry into Modes of Existence*, S. 31–37.

34 Vor allem aber grenzt Latour sein Verständnis von ›Netzwerk‹ gegenüber der gängigen Vorstellung von Netzen ab, die sich zusammen mit dem Internet herausgebildet hat. Vgl. Bruno Latour, »Über den Rückruf der ANT«, in: Andréa Belliger/David J. Krieger (Hrsg.), *ANThology. Ein einführendes Handbuch zur Akteur-Netzwerk-Theorie*, Bielefeld 2006, S. 561–572.

35 Die Metapher des Gewimmels ist ebenfalls ein von Latour häufig verwendetes

neu auftretenden Akteuren in der Regel um Störfälle, zu überwindende Hindernisse etc. – eben die Plagen und Sorgen aus der Büchse der Pandora, die es zu vermeiden gilt. Aus der Perspektive der Akteur-Netzwerke ist die moderne Ordnungsvorstellung eine Vereinfachung komplexer Verhältnisse, eine Fiktion, die empirisch widerlegt werden kann und auch eine Gefahr, denn das Ausblenden der Zusammenhänge fördert letztlich die Hybridbildung in unkontrolliertem Ausmaß und stellt damit einen unverantwortlichen Umgang mit der Welt dar. Für Latour ist Prometheus letztlich derjenige, der sich täuscht, nicht Epimetheus.

Mit Latour lässt sich ein anderer Blick auf soziologische Erklärungen und allgemeiner auf das Selbstverständnis der Moderne werfen. Durch das Öffnen der Boxen wird dabei nicht nur ›das Soziale‹ als ein reiner, in sich geschlossener Bereich fragwürdig, auch ›die Natur‹, ›die Technik‹ usf. entpuppen sich als Netzwerke, in denen unterschiedlichste Akteure miteinander verknüpft sind. Diese Akteur-Netzwerke stellen aus moderner Sicht das Andere der Ordnung dar.[36] Aus der Perspektive der Akteur-Netzwerk-Theorie wiederum lässt sich danach fragen, wie es überhaupt zu der modernen Ordnung kam. Genau das ist das Ziel, das Latour mit seiner ›Anthropologie der Modernen‹ verfolgt.[37]

Bild. So schreibt er von der »wimmelnde[n] Erde« (Latour, *Die Hoffnung der Pandora*, S. 69) oder davon, dass es unter »den Füßen der Sozialtheorie [von nicht-menschlichen Wesen] wimmelt«. Ebd., S. 256. Es besteht hier ein bildlicher Übergang zu den Ameisen, die ihm als Vorbild dienen: »Eine Ameise (*ant*), die für andere Ameisen schreibt, das paßt sehr gut zu meinem Projekt!« Latour, *Eine neue Soziologie für eine neue Gesellschaft*, S. 24. In *Eine neue Soziologie* taucht immer wieder das Modell einer Ameise auf, die »winzige[...] Gänge« (ebd., S. 378) gräbt und mit dieser Taktik letztlich gewinnt. Vgl. auch ebd., S. 405.

36 Neben der Figur des Akteur-Netzwerks sind es ähnlich angelegte Konzepte, wie ›die Hybriden‹ oder ›die Kollektive‹, die man bei Latour als Chiffren des Anderen der modernen Ordnung lesen könnte. Eine eigene Facette dessen stellt das »*Plasma*« dar, das sich in den Leerstellen, in den Löchern, zwischen den Netzwerk-Verbindungen bewegt. Latour, *Eine neue Soziologie für eine neue Gesellschaft*, S. 419. Latour versteht darunter das, »was noch nicht formatiert, noch nicht gemessen, noch nicht sozialisiert ist«. Ebd.

37 Im Untertitel von *Wir sind nie modern gewesen* nennt Latour sein Vorhaben eine ›symmetrische Anthropologie‹, im Untertitel von *An Inquiry into Modes of Existence* heißt es: ›An Anthropology of the Moderns‹. Darin fasst Latour seine Forschungen der letzten 25 Jahre als *ein* Projekt zusammen. Vgl. Latour, *An Inquiry into Modes of Existence*, S. xix. Dieses Projekt stellt letztlich eine Selbstauslegung der Modernen dar: »Meine vielleicht etwas phantastische Vorstellung ist [...], dass die Modernen jetzt zum ersten Mal die Zeit haben, ihr eigene Anthropologie zu erarbeiten.« Bruno Latour, »Existenzweisen der Moderne. Ein Gespräch mit John Tresch«, in: *Zeitschrift für Ideengeschichte* 7 (4), 2013, S. 65–78, hier: S. 71.

3. Vernetzte Welt – das Andere der Ordnung als Normalfall

Latour lernt bereits sehr früh anthropologische bzw. ethnologische Forschungen kennen.[38] Zwischen 1973 und 1975 führt er während seines Zivildienstes ethnographische Studien an der Elfenbeinküste für das *Institut Français de Recherche Scientifique pour le Développement en Coopération* durch.[39] Während ethnologische Ansätze traditionellerweise ›die Anderen‹, also vermeintlich ›vormoderne‹ oder ›primitive Völker‹ erforschen, kehrt Latour auch hier die Blickrichtung um und wendet den ethnologischen Zugang auf den Kern der modernen, westlichen Gesellschaften an: die Wissenschaften, die Wirtschaft, die Politik, das Recht usf.[40] Ein zentraler Vorteil ethnologischer Ansätze liegt für ihn darin, dass sie, wenn sie eine fremde Kultur studieren, *alle* Bereiche und Aspekte mit in die Beschreibung einbeziehen: »[M]an erhält jedesmal einen einzigen Bericht, in dem Himmel, Ahnen, Hausbau, Jamswurzel-, Maniok- oder Reiskulturen, Initiationsriten, Regierungsformen und Kosmologien miteinander verwoben sind.«[41] Allerdings beruhten diese einheitlichen Beschreibungen auf der Annahme, dass es sich hier um eine ›andersartige Welt‹ als die eigene, moderne, wissenschaftliche handelt. »Den Mut, in der Fremde zu vereinheitlichen, haben sie nur, weil sie bei sich zu Hause trennen.«[42] Deshalb sei es für westliche Anthropologen auch lange Zeit nicht in Frage gekommen, die Methoden zum Studium ›der Anderen‹ auf die eigene Kultur anzuwenden.

Latours Anthropologie der Moderne beginnt 1975 im Labor.[43] Er beobachtet die Wissenschaftler bei der Arbeit. Dabei fällt ihm auf, dass an den naturwissenschaftlichen Experimenten nicht nur die Forscherinnen beteiligt sind, sondern auch unterschiedliche natürliche oder chemische

38 Latour schreibt sowohl von »Anthropologie« als auch von Ethnologie oder Ethnographie. Latour, *Wir sind nie modern gewesen*, S. 14f. Die deutsche Übersetzung ›Anthropologie‹ ist irreführend, denn Latour steht in der Tradition der Cultural oder Social Anthropology, die sich eher mit der Ethnologie im deutschsprachigen Raum verbinden lässt. Explizit ist Latours Bezug zu Harold Garfinkels Ethnomethodologie. Vgl. Bruno Latour, »Biography of an Inquiry: On a Book about Modes of Existence«, in: *Social Studies of Science* 43 (2), 2013, S. 287–301, hier: S. 292. Zu Garfinkels Ansatz vgl. Schüttpelz in diesem Band.

39 Vgl. Gertenbach, *Entgrenzungen der Soziologie*, S. 188.

40 Vgl. Latour, *An Inquiry into Modes of Existence*, S. 28.

41 Latour, *Wir sind nie modern gewesen*, S. 14f.

42 Ebd., S. 15.

43 1979 erscheint das Buch *Laboratory Life*, das Latour zusammen mit Steve Woolgar verfasst hat. Es folgen dann die Arbeiten zu Pasteur *Les Microbes: Guerre et paix* von 1984 und *Science in Action* von 1987. Vgl. Latour, *Laboratory Life*; ders., *Les microbes: Guerre et paix, suivi de Irréductions*, Paris 1984; ders., *Science in Action.*

Substanzen und diverse technische Geräte. Von allen Beteiligten hängt der Ausgang des Experiments ab bzw. an jedem Einzelnen kann es scheitern. Oftmals zeigt sich erst im Nachhinein, wer oder was ein ausschlaggebender Faktor gewesen sein wird.

Um diese verschiedenen Beteiligten ›gleichberechtigt‹ beschreiben zu können, übernimmt Latour aus der Semiotik das Konzept des ›Akteurs‹ oder ›Aktanten‹.[44] Zusammen mit dem Konzept des Netzwerks spricht er dann von ›Akteur-Netzwerken‹, also jenen spezifischen Formationen, zu denen sich die unterschiedlichen Akteure zusammenfinden, verknüpfen oder »assoziieren«[45] lassen.

Damit hat er auch eine Beschreibungsform gefunden, die sich nicht nur auf die experimentellen Situationen im Labor anwenden lässt, sondern die er so ausweitet, dass sie als eine neue Sozialtheorie fungieren kann. In dem 1991 auf Französisch publizierten Buch *Wir sind nie modern gewesen* entwirft Latour sein Projekt einer ›symmetrischen Anthropologie‹, die die modernen Praktiken adäquat beschreiben soll. Dabei geht es vor allem darum, den Akteuren zu folgen, die Netze, die sie bilden, nachzuzeichnen und aufzuzeigen, dass die großen modernen Bereiche nicht ›gereinigt‹ sind, sondern jeder einzelne von unterschiedlichen Akteuren nur so wimmelt.[46] Entgegen des modernen Anspruchs und Selbstverständnisses besteht jede Box nicht nur aus *einer* Substanz, sondern es stecken unterschiedlichste Akteure darin, von denen sich der Tendenz nach unendliche Listen anlegen lassen. Je mehr Akteure eine Beschreibung sichtbar macht und auftreten lässt, desto besser ist sie.

Sein Ausgangs- und Zielpunkt ist folglich eine vernetzte Welt, eine »Hybridwelt, die gleichzeitig aus Göttern, Menschen, Sternen, Elektronen, Atomkraftwerken und Märkten besteht«.[47] Damit hat Latour alle Trennungen, die die Modernen aus seiner Sicht zu Unrecht annehmen,

44 Vgl. Latour, *Wir sind nie modern gewesen*, S. 85ff., 116. »Der Begriff des Aktanten hat – neben dem des Akteurs – in der literarischen Semiotik den Begriff der Person oder der *dramatis persona* ersetzt, denn er umfaßt nicht nur Menschen, sondern auch Tiere, Objekte oder Konzepte.« Ebd., S. 116. Er bezieht sich dabei auf die Arbeiten von Algirdas Greimas: »Es wäre nicht übertrieben zu sagen, daß die ANT sich halb Garfinkel und halb Greimas verdankt«. Latour, *Eine neue Soziologie für eine neue Gesellschaft*, S. 96.

45 Ebd., S. 20.

46 Ganz im Gegensatz zum modernen Selbstverständnis gibt es keine zunehmende Reinigung der Bereiche, sondern Latour zufolge eine immer stärkere Verquickung: »Es ist so sicher wie das Amen in der Kirche, daß wir morgen *in sogar noch enger verwobenen* Gemengen von Wissenschaft, Technik und Gesellschaft leben werden«. Latour, *Die Hoffnung der Pandora*, S. 244. Und diese Kollektive werden immer größer, beziehen immer mehr menschliche und nicht-menschliche Akteure mit ein. Vgl. ebd.

47 Ebd., S. 27.

überwunden und stattdessen an vielen konkreten Beispielen einerseits und als epistemologische Grundhaltung andererseits die Verbindungen in den Blick gerückt. Gegenüber der modernen Ordnung hat er diese nicht-moderne Sicht der Dinge entwickelt: eine Welt, die aus vielfältigen Vernetzungen heterogener Akteure besteht.

Kurz gefasst weist Latour nach, dass ›wir nie modern gewesen sind‹ und dass die Unterscheidungen der modernen Ordnung nicht zutreffen. Das, was die Modernen als ihr Anderes gesetzt hatten, also unzulässige Vermischungen und Verunreinigungen ihrer Ordnung, was sie höchstens bei den sogenannten ›primitiven Kulturen‹ zugelassen hatten, dieses Andere stellt in der modernen Welt den Normalfall dar. Die Modernen werden folglich ihrem eigenen Ordnungsanspruch nicht gerecht. Auf diesen ›negativen‹ Befund folgt gerade in seinen neueren Arbeiten der Versuch, ›positiv‹ zu beschreiben, welche unterschiedlichen ›Existenzweisen‹ es gibt und was sie jeweils auszeichnet. Dieser Ansatz lässt sich als eine Theorie über die Herausbildung von Ordnungen, aber auch als eine Differenzierungstheorie lesen. Treffender jedoch könnte man ihn als eine Methode fassen – Latour selbst schreibt von einer »empirical philosophy«[48] –, um empirisch die verschiedenen Existenzweisen beschreiben zu können. Ob es sich bei den Existenzweisen dann noch um Ordnungen im engeren Sinn handelt, soll hier noch offen bleiben. Aber schon der Plural verweist darauf, dass damit keine *übergeordnete* Struktur mehr gemeint ist.

Zunächst einmal geht es um das Stabilisieren bestimmter Verknüpfungen in einem Netzwerk. Unterschiedliche Akteure werden in einer durchgängigen Kette verbunden. Bei dieser Stabilisierung handelt es sich um das, was oben bereits als *black boxing* beschrieben worden ist. Ein sehr schönes Beispiel dafür ist Latours Beschreibung der Forschungsreise der Bodenkundler nach Boa Vista, die er begleitet hat.[49] Die Forscherinnen und Forscher wollen herausbekommen, warum die Savanne an einer bestimmten Stelle aufhört und gleichzeitig der Regenwald anfängt, und ob sich diese Grenze verschiebt, also der Wald vorrückt oder zurückgedrängt wird. Latours Frage ist eine andere. Er möchte die wissenschaftliche Praxis verstehen und genauer: wie Referenz in der Wissenschaft hergestellt wird. Einfach ausgedrückt geht es darum: »Wie fassen wir die Welt in Worte?«[50]

48 Latour, *An Inquiry into Modes of Existence*, S. xxi.

49 Vgl. Bruno Latour, »Zirkulierende Referenz. Bodenstichproben aus dem Urwald am Amazonas«, in: ders., *Die Hoffnung der Pandora. Untersuchungen zur Wirklichkeit der Wissenschaft*, Frankfurt a. M. 2002, S. 36–95.

50 Ebd., S. 36. Die ausführlichere Variante der Fragestellung der Wissenschaftsforschung lautet: »We wanted to understand how – with what instruments, what machinery, what material, historical, anthropological conditions – it was possi-

Als Ethnograph richtet er seinen Blick nicht wie die Naturwissenschaftler auf den Waldboden, die Natur, sondern auf das, was die Wissenschaftler machen und vor allem auf die Dinge, die technischen Geräte, die dabei zum Einsatz kommen. Er erstellt Listen der beteiligten Akteure und fotografiert. Daraus entsteht seine »foto-philosophische[...] Montage«,[51] die die Akteurskette vom brasilianischen Waldboden bis zum wissenschaftlichen Artikel genau nachzeichnet. Der Boden wird mithilfe von Kompass, Gefällemesser, Karte, »Pedologenfaden«[52] und Millimeterpapier vermessen; Bodenproben kommen in den »Pedokomparator«;[53] die Farbe und Konsistenz werden bestimmt und die entsprechenden Werte einer Skala notiert. Auf diese Weise werden der Waldboden, die Pflanzen usf. in einer kontinuierlichen Kette Schritt für Schritt in einen wissenschaftlichen Text mit Zahlenwerten, Diagrammen und daraus abgeleiteten Schlüssen transformiert. Jeder Akteur in der Kette ›übersetzt‹ dabei das, was übertragen wird.[54] Es geht folglich um eine »Substitutionsbewegung, in deren Verlauf ein realer Boden zu einem von der Pedologie erfaßten Boden wird.«[55]

Über diese »Kette von Übersetzungen«[56] kann die Referenz zirkulieren. Geht allerdings ein Apparat kaputt, oder wird eine Verknüpfung infrage gestellt, ist die Verbindung unterbrochen. Aber wenn die Kette der Akteure einwandfrei funktioniert, kann die wissenschaftliche Referenz zirkulieren und das gesamte Ensemble zu einer *black box*, einer wissenschaftlichen Tatsache, werden, auf die dann in anderen Zusammenhängen zurückgegriffen werden kann. Um das traditionelle Referenzmodell zu erhalten, muss man nur alle Mittler in der Kette ausblenden und allein die Pole des Urwaldes und des Textes behalten.[57]

Soweit geht das, was Latour in seinen früheren Arbeiten entwickelt und was er als *black boxing* bezeichnet hat. In seinen neueren Forschungen kommt ein weiterer Schritt hinzu, der es Latour ermöglicht, Differenzen in den Blick zu nehmen. Denn die Weisen, wie sich bestimmte Akteursketten stabilisieren, *wiederholen sich* und lassen sich *voneinander unterscheiden*. Wie am Beispiel der bodenkundlichen Expedition gezeigt, zeichnet sich die wissenschaftliche Praxis dadurch aus, dass sie

ble to produce objectivity.« Latour, *An Inquiry into Modes of Existence*, S. 5.

51 Latour, »Zirkulierende Referenz«, S. 37.

52 Ebd., S. 57.

53 Ebd., S. 61.

54 Das Konzept der Übersetzung verwendet Latour in Anlehnung an Michel Serres und meint damit grob gesagt ›Transformation‹. Vgl. Latour, *Eine neue Soziologie für eine neue Gesellschaft*, S. 188.

55 Latour, »Zirkulierende Referenz«, S. 64.

56 Ebd., S. 40.

57 Vgl. ebd., S. 89.

die Referenz zu ihrem Gegenstand herstellen will und muss. Die Wissenschaftlerinnen richten sich danach, dass ihre Vorgehensweise ›rational‹ und ›objektiv‹ ist. In religiösen Praktiken geht es hingegen um Botschaften, die diejenigen, die sie empfangen, grundlegend verändern. Die Botschaften verwirklichen sich dadurch, dass sie ausgesprochen und artikuliert werden.[58] Entsprechend geht es hier nicht um die nüchterne Übertragung einer Information, sondern um ein ergriffenes Sprechen, das sich durch ständige performative Wiederholung der Existenz des Angerufenen versichern will.[59] Latour führt als Beispiel frisch Verliebte an, deren ›Seelenheil‹ von ihren wiederholten Liebesbekenntnissen abhängig ist.[60]

In anderen Bereichen der alltäglichen Praxis finden sich wiederum andere Formen der Verknüpfung, andere ›modes of connection‹,[61] und andere Werte, die dem Netzwerk »its specific tonality«,[62] seine spezifische Färbung, verleihen. Zusammen machen sie das aus, was Latour als *modes d'existence*, Existenzformen oder -weisen bezeichnet.[63]

Latour orientiert sich bei der Differenzierung der Existenzweisen zwar zunächst grob an den traditionellen *domains* der Modernen, wie Wissenschaft, Religion, Technik etc. Aber zum einen sind damit nicht die bereinigten Bereiche im modernen Verständnis gemeint, sondern eben stabilisierte Akteur-Netzwerke; zum anderen geht er vom Alltagswissen der Akteure selbst aus, um deren spezifische Praktiken zu identifizieren. In seiner *Inquiry into Modes of Existence* startet er mit der, wie er betont, ›provisorischen‹[64] Beschreibung von 15 Existenzweisen.[65] Aber die Liste ist offen und erweiterbar. Da die Existenzweisen Alltagserfahrungen darstellen und insofern diejenigen, die im Alltag diese Praktiken

58 Vgl. das elfte Kapitel der *Inquiry* »Welcome the Beings Sensitive to the Word«, S. 295–325. Zuvor bereits in Bruno Latour, *Jubilieren. Über religiöse Rede*, Berlin 2011.

59 Vgl. Latour, *An Inquiry into Modes of Existence*, S. 310. Geht es in der Wissenschaft um Referenzketten, so geht es bei der religiösen Existenzweise um Performanz – Latour schreibt von »*processions*«. Ebd., S. 227.

60 Vgl. ebd., S. 302f.

61 Vgl. ebd., S. 38.

62 Ebd., S. 36.

63 Latour übernimmt den Begriff von Étienne Souriau und Gilbert Simondon. Vgl. Étienne Souriau, *Les différents modes d'existence*, Paris 2009 [1943] und Gilbert Simondon, *Du mode d'existence des objets techniques*, Paris 1989 [1958], das 2012 in Zürich auf Deutsch erschien als *Die Existenz technischer Objekte.* Zu der Neuauflage von Souriaus Buch über die Existenzweisen hat Latour zusammen mit Isabelle Stengers ein Vorwort geschrieben. Vgl. dies., »Le Sphinx de l'oeuvre«, in: Souriau, *Les différents modes d'existence*, S. 1–75.

64 Vgl. Latour, *An Inquiry into Modes of Existence*, S. xx.

65 Vgl. die zusammenfassende Tabelle ebd., S. 488f.

ausüben, die Experten sind, und außerdem die schiere Menge an möglichen Existenzweisen den Rahmen individueller Forschung sprengt, hat Latour die Untersuchung als eine kollektive Studie angelegt. Über die Website, die das Buch begleitet, kann man Berichte zu einzelnen Existenzweisen beisteuern und auch neue Existenzweisen vorschlagen.[66]

Da es sich um einen empirischen Zugang handelt, sollen hier noch einmal die methodischen Grundregeln vorgestellt werden, um seinen Ansatz auch methodologisch verständlich und als Methode anwendbar zu machen.[67] Ein erster methodologischer Schritt besteht darin, *keine kategorialen Vorannahmen* zu treffen. Anstatt der modernen Anweisung der strikten Trennung in Natur, Soziales, Technik etc. zu folgen, gilt es »unsere zeitsparenden Abstraktionen allesamt beiseite [zu] lassen.«[68] Das Ziel ist vielmehr, an keiner Stelle »das Spektrum der Entitäten zu begrenzen, die die soziale Welt bevölkern können«,[69] sondern der Erfahrung zu folgen: »following experience, but following it all the way to the end.«[70]

Der Untersuchungsgegenstand soll nicht im Vorhinein begrenzt werden, vielmehr geht es darum, den Verbindungen der Erfahrungswelt zu folgen. Das bedeutet zunächst einmal, *sich ›ins Feld‹ zu begeben* und die Menschen bei dem zu begleiten, was sie tun. Denn diejenigen, die tagtäglich eine bestimmte Praxis ausüben, wissen am besten, *wie* sie das tun und *was* sie dazu alles benötigen. Allerdings konstatiert Latour hier einen Widerspruch zwischen den Selbstbeschreibungen der Akteure (die er zunächst zurückstellt und mit seiner nichtmodernen Erzählung der Moderne kontrastiert) und den Praktiken, die sie ausüben (die er genau beobachten und aufzeichnen möchte).[71] Eine andere Möglichkeit besteht darin, sich ein ›Vehikel‹[72] zu suchen und zu schauen, welche Akteure sich darum gruppieren. Das rechtliche Patent ist dafür ein Beispiel. Es führt über direkte Verbindungen vom Labor zur Gutachterin, weiter in ein Anwaltsbüro, dann zur Bank usf.

66 Die Website findet sich unter www.modesofexistence.org. Bis Mai 2014 konnten dort Beiträge hochgeladen werden. Ein Team von ›mediators‹ hat diese dann begutachtet und betreut.

67 Viele dieser Regeln seines ethnographischen Zugangs finden sich im ersten Kapitel von Latours *Inquiry*, S. 27–46.

68 Latour, *Die Hoffnung der Pandora*, S. 36.

69 Latour, *Eine neue Soziologie für eine neue Gesellschaft*, S. 390.

70 Bruno Latour, »Reflections on Etienne Souriau's *Les différents modes d'existence*«, in: Graham Harman et al. (Hrsg.), *The Speculative Turn. Continental Materialism and Realism*, Melbourne 2011, S. 304–333, hier: S. 315.

71 Zur praxeologischen Ausrichtung von Latours Ansatz vgl. Hilmar Schäfer, *Die Instabilität der Praxis. Reproduktion und Transformation des Sozialen in der Praxistheorie*, Weilerswist 2013.

72 Vgl. Latour, *An Inquiry into Modes of Existence*, S. 30f.

Ein weiteres wichtiges Moment ist die *Überraschung*.[73] Gerade wenn man sich in einem bestimmten Bereich nicht auskennt, ist es überraschend, welche unterschiedlichen Akteure mobilisiert werden müssen. Die *Distanz*, die hier zu den Selbstverständlichkeiten der Beteiligten besteht, kreiert die Möglichkeit, alle Akteure wahrnehmen zu können.[74] Eine Alternative dazu sind *Krisensituationen*, in denen der reibungslose Ablauf gestört ist.[75] Denn dann wird jeweils deutlich, wer oder was alles involviert ist. Erst wenn der Herd ausfällt, zeigt sich, dass die Gasleitung in der Ukraine zum Netzwerk des Feinschmeckerrestaurants in Paris gehört.

Für den ethnographischen Beobachter geht es darum, *eine Liste anzulegen*.[76] Sie soll möglichst viele der beteiligten Akteure erfassen. Auch hier gilt wieder, dass keine kategorialen Sortierungen vorgenommen, sondern die heterogenen Akteure in einer Reihe aufgelistet werden. Auch wenn dieser Punkt von Latour nicht ausgeführt wird, ist die *Reihenfolge der Akteure* in der Kette wichtig. Ihre Abfolge muss eingehalten werden – Sprünge oder Ersetzungen würden Kontroversen auslösen.

Für einen Außenstehenden ließe sich die Liste der Akteursketten endlos erweitern. Aber für die beteiligten Akteure selbst ist klar, *an welcher Stelle die Grenze verläuft*. Sie können benennen, was noch dazu gehört, was sie benötigen, damit sie in der Lage sind, ihre Praxis auszuüben. Damit wird die Grenze nicht kategorial im Vorhinein gesetzt, sondern aus der Erfahrung der Beteiligten abgeleitet. Es lässt sich auch testen, was Teil der Kette ist, wenn einzelne Akteure wegfallen oder herausgenommen werden und das dann einen spürbaren oder auch keinen Effekt für das Funktionieren der Akteurskette hat. Auf diese Weise kann eine begrenzte Liste erstellt werden, eine »list of things necessary for existence.«[77]

Die Liste gibt an, welche Akteure beteiligt sind bzw. eine Kette bilden. Zusammen mit der *Weise, wie diese Akteure verknüpft sind*, dem

73 Vgl. ebd., S. 34f.

74 Latour führt fünf Formen der Distanznahme an: die kontroverse Innovationssituation, die ethnologische, historische oder ungelernte Distanz, Unfälle oder Pannen, die wissenschaftshistorische Rekonstruktion des Krisenzustands und fiktive Gedankenexperimente. Vgl. Latour, *Eine neue Soziologie für eine neue Gesellschaft*, S. 138ff. Schmidgen bringt Latours Strategie prägnant auf den Punkt: »Distanz aufbauen, um Nähe zu erreichen.« Henning Schmidgen, »Die Materialität der Dinge? Bruno Latour und die Wissenschaftsgeschichte«, in: Kneer et al. (Hrsg.), *Bruno Latours Kollektive*, S. 15–46, hier: S. 41.

75 Vgl. Latour, *An Inquiry into Modes of Existence*, S. 34, 41.

76 Zum methodologischen Konzept der Liste vgl. Urs Stäheli, »Das Soziale als Liste. Zur Epistemologie der ANT«, in: Friedrich Balke et al. (Hrsg.), *Die Wiederkehr der Dinge*, Berlin 2011, S. 83–101.

77 Latour, *An Inquiry into Modes of Existence*, S. 34.

Wert, der in dieser Verkettung zirkuliert und ihrer *Tonalität* bilden sie die Charakteristika einer Existenzweise. Diese zeichnen sich besonders gut ab, indem man unterschiedliche Verknüpfungsweisen und Werte miteinander *kontrastiert*.[78] Dabei gibt es allerdings nicht nur ein synchrones Nebeneinander verschiedener Existenzweisen, sondern auch deren Veränderungen in der Zeit. Eine Untersuchung muss folglich auch die *historische Transformation* berücksichtigen.[79]

In die Beschreibung des Geschehens gehört auch *die Rolle, die die Beobachterin selbst spielt*. Die vorgenommene Perspektivierung durch Fragestellung, Erkenntnisinteresse etc., wird genauso mit expliziert, wie die eigene Tätigkeit bei der teilnehmenden Beobachtung oder bei der – durchaus ordnenden – anschließenden Darstellung.[80] Bei dieser Form der Selbstreflektion geht es nicht darum, im Sinne einer *prima philosophia* einen autonomen Standpunkt zu etablieren, sondern den Beschreibenden als Teil des Prozesses mit in die Beschreibung zu integrieren.

Latour möchte auf diese Weise dem »pluralism of modes of existence«[81] gerecht werden. Denn erst dann geht es nicht mehr darum, den wissenschaftlichen Wert der Rationalität oder Objektivität auf alle anderen Bereiche anzuwenden, sondern die Möglichkeit einzuräumen, dass es andere Existenzweisen gibt, die sich an anderen Werten orientieren und von ihrer eigenen ›Tonalität‹ bestimmt werden. Es geht ihm also nicht um verschiedene Modalitäten *einer* Entität, sondern unterschiedliche Existenzweisen mit ihrer jeweiligen Ontologie.

4. Schluss – die *modes of existence* als verschiedene Formen des Ordnens

Für die Frage nach dem Anderen der Ordnung lässt sich festhalten, dass Latour eine andere Sicht auf die Moderne bietet und einen alternativen methodologischen Zugang zu ihrer Beschreibung und Untersuchung entwickelt. Dieser Ansatz zeichnet sich dadurch aus, dass er bestimmte

78 Vgl. dazu ebd, S. 7, 17. Latour arbeitet dabei auch mit dem Mittel der Montage: Zum einen montiert er in *Science in Action* verschiedene Zeitbilder zusammen, mit denen er den unterschiedlichen Status des kontroversen Experiments bis hin zur geblackboxten Technik zeigt; zum anderen schreibt er auch selbst von einer »Fotomontage« bezüglich seines Berichts zur bodenkundlichen Expedition. Latour, *Die Hoffnung der Pandora*, S. 43.

79 Vgl. Latour, *An Inquiry into Modes of Existence*, S. 45.

80 An dieser Stelle passt der Hinweis auf Latours rhetorischen Einsatz einer fiktiven Anthropologin, die er in den ersten Kapiteln seiner *Inquiry* auftreten lässt. Vgl. ebd. An ihr kann er ihre vermeintlichen Reflektionen und auch Affekte ausführen.

81 Ebd., S. xxvi.

Ordnungspraktiken nicht vornimmt, sondern sich über die enge Orientierung an den Akteuren möglichst nah an der Erfahrung, den materiellen Praktiken, halten will.[82] Gerade indem er kategoriale Ordnungen im Vorfeld einer Untersuchung vermeidet, kann er außerdem der Ereignishaftigkeit einer Situation gerecht werden.[83] Diesbezüglich wirkt noch die Prägung seines Ansatzes durch die Experimentalsituation im Labor nach.[84]

Insgesamt ist es Latours erklärtes Ziel, dass sich die Akteure weitgehend selbst in den ethnographischen Beschreibungen artikulieren können. Bezüglich der Umsetzung dieses Vorhabens und vor allem der quasi-objektiven Rolle, die Latour oder die ethnographische Beobachterin darin spielen, stellen sich viele Fragen.[85] Aber es ist dennoch ein ernst zu nehmender Versuch, sich weitgehend von der ordnenden Aufgabe sozialwissenschaftlicher Forschung zu lösen, diese zu reflektieren und gerade dadurch möglichst unvoreingenommene Beschreibungen vielgestaltiger, sich immer wieder wandelnder Wirklichkeiten anfertigen zu können. Zu Recht ließe sich hier vom ›Anderen der modernen Ordnung‹ sprechen.

In seinen neueren Arbeiten entwirft Latour das Szenario eines Nebeneinanders verschiedener Existenzweisen. Da die Existenzweisen in sich jeweils stabilisiert sind, enthalten sie insofern auch ein Ordnungsmoment. Unter ›Ordnung‹ wird dann allerdings nur noch eine wiedererkennbare Verknüpfungsform verstanden. Diese kann weder auf andere ›modes of connection‹ angewendet werden, noch bildet sie in irgendeiner Weise eine übergeordnete Struktur. *Eine Ordnung* kann es folglich im engeren Sinn nicht mehr geben. Da es um die Praxis des Verknüpfens geht, wäre es auch angemessener, verbalisierend vom ›Ordnen‹ zu sprechen. Annemarie Mol schreibt diesbezüglich von »Modes of ordering«.[86] Aber auch die Seite des *Anderen* der Ordnung ist dann in

82 Vgl. ebd., S. xxv.

83 Marc Rölli bezeichnet den traditionellen Ordnungsanspruch vieler Theorien als ›Theoretizismus‹. Vgl. dazu den Beitrag von Rölli in diesem Band.

84 Zum Labor als ›Gründungsszene‹ des Latour'schen Ansatzes vgl. Ute Tellmann, »Die Welt als Labor. Über eine folgenreiche Gründungsszene der ANT«, in: Sina Farzin/Henning Laux (Hrsg.), *Gründungsszenen soziologischer Theorie*, Wiesbaden 2014, S. 25–40.

85 So schwankt Latour beispielsweise zwischen der Übernahme der ›Sprache der Akteure‹, also gesellschaftlich etablierter Formulierungen, auf der einen und eigenwilligen Umdeutungen oder einer ›Metasprache‹ auf der anderen Seite. Vgl. Schlechtriemen, *Bilder des Sozialen*, S. 355. Zu weiteren Schwierigkeiten vgl. Schüttpelz, »Der Punkt des Archimedes«, und Tellmann, »Die Welt als Labor«.

86 Annemarie Mol, »Actor-Network Theory: Sensitive terms and enduring tensions«, in: Gert Albert/Steffen Sigmund (Hrsg.): *Soziologische Theorie kontrovers*

Frage gestellt bzw. muss entsprechend neu gedacht werden, wenn es das ›große Gegenüber‹ der Ordnung nicht mehr gibt. Latours grundlegende Denkfigur des Netzes widerspricht ebenfalls der Konzeption eines klar abgegrenzten Anderen (als Außen zu einer Ordnung), weil es den Fokus eben nicht auf Grenzziehungen, sondern auf Verbindungen lenkt.[87]

Davon ist auch die Position des wissenschaftlichen Beobachters betroffen, der nun keine Außenperspektive mehr einnehmen kann, von der aus sich alle Existenzweisen als *eine* Ordnung überblicken und nach *einem* alleingültigen Kriterium (wissenschaftlicher Wahrheit und Rationalität) beurteilen ließen.[88] Was bleibt, ist allein die Artikulation, das Sichtbarmachen der Existenzweisen und deren Vergleich (ohne Vergleichsmaßstab).[89] Die Asymmetrie, die üblicherweise das Verhältnis von Ordnung und ihrem Anderen charakterisiert, ist dann aufgehoben.

Für Latour ist das nicht wenig. Denn die Haltung, die mit der Annahme unterschiedlicher Existenzweisen einhergehe, sei ›diplomatisch‹[90] und unterscheide sich insofern grundlegend von der modernen Hybris. Es liege darin die Möglichkeit eines anderen Umgangs mit der Welt, den Dingen und den Menschen, zu dem es angesichts der Katastrophen des 20. Jahrhunderts auch keine Alternative gebe:

»In diesem glücklicherweise zu Ende gegangenen Jahrhundert scheinen wir die Übel ausgeschöpft zu haben, die aus der offenen Büchse der ungeschickten Pandora herausschwirrten. Obwohl es ihre unbeherrschte Neugierde war, die das künstliche Mädchen die Büchse öffnen ließ, gibt es keinen Grund, nicht mehr darauf neugierig zu sein, was darin zurückgeblieben ist. Um die Hoffnung wiederzufinden, die sich dort verbirgt, brauchen wir einen neuen und eher verwickelten Kunstgriff. Ich habe einen Versuch unternommen. Vielleicht wird es uns mit dem nächsten gelingen.«[91]

(*Kölner Zeitschrift für Soziologie und Sozialpsychologie*, Sonderheft 50), Wiesbaden 2010, S. 253–269, hier: S. 263.

87 Vgl. Schlechtriemen, *Bilder der Sozialen*, S. 373f.

88 Dass dies auch nicht dem Ansatz der Akteur-Netzwerk-Theorie entspricht und sie sich in diesem Sinne auch nicht als ›Theorie‹ versteht, betont Mol. Vgl. dies., »Actor-Network Theory«.

89 »From mode to mode, therefore, the comparison should not be conducted by passing through the intermediary of a substance common to all, of which each would be a mere variation. Instead, each should be granted the capacity to produce, in its own way, the assemblage of ontological categories that are its very own.« Latour, »Reflections on Etienne Souriau's *Les différents modes d'existence*«, S. 316.

90 Vgl. Latour, *An Inquiry into Modes of Existence*, S. 12ff.

91 Latour, *Die Hoffnung der Pandora*, S. 369.

Alex Demirović

Ordnung und Integration

Adornos Kritik am Gravitationsgesetz des Ganzen

1. Die Norm der Integration

Wie Rolf Tiedemann, der Herausgeber der Gesammelten Schriften Theodor W. Adornos mitteilt, hatte dieser den Plan, Aufsätze soziologischen Inhalts unter dem Titel *Integration - Desintegration* zu publizieren und einen entsprechenden Titelaufsatz zu schreiben.[1] Dazu ist es dann wegen des überraschenden Todes Adornos im Sommer 1969 nicht gekommen. Aber der Plan zeigt an, dass in seiner Gesellschaftstheorie der Begriff der Integration eine zentrale Bedeutung hatte. Sogleich und mit Nachdruck muss betont werden, dass er diesen Begriff im gesellschaftstheoretischen Kontext nur kritisch verwendete. Darin unterscheidet er sich von einem großen Teil der soziologischen Tradition, die diesem Begriff im Anschluss an Spencer, Durkheim und Parsons in verschiedener Hinsicht eine positive Bedeutung verleiht. Die Integration einer Gesellschaft ist weniger ein analytisches Konzept als vielmehr ein ordnungspolitisches und kulturkritisches Kriterium für die Beurteilung ihres Zustands. Eine integrierte Gesellschaft gilt als eine gute Ordnung. Das binäre Schema der Integration: integriert, nichtintegriert bzw. desintegriert bestimmt dann die sozialwissenschaftliche Aufmerksamkeit und beflügelt ein ganzes Genre soziologischer Sorge. Es wird beobachtet, dass es soziale Gruppen gibt, die nicht integriert sind: Behinderte, Jugendgruppen, Migranten. Auch wird die Befürchtung geäußert, der Zusammenhalt sei gefährdet, die Gesellschaft könne ihrer Bindekräfte verlustig gehen, auseinanderdriften und auseinanderfallen. Entsprechend wird die Frage danach gestellt, was die Gesellschaft zusammenhält, und nach den Mechanismen, den Kräften und Institutionen gesucht, die zur Integration beitragen.[2] So wirkt also ein Konzept,

1 Vgl. Rolf Tiedemann, »Editorische Nachbemerkung«, in: Theodor W. Adorno, *Gesammelte Schriften*, Bd. 9.2, hrsg. v. Rolf Tiedemann, Frankfurt a. M. 1975, S. 399–415, hier: S. 404.

2 Vgl. Wilhelm Heitmeyer (Hrsg.), *Bundesrepublik Deutschland: Auf dem Weg von der Konsens- zur Konfliktgesellschaft*, 2 Bde., Frankfurt a. M. 1997; Jürgen Friedrichs/Wolfgang Jagodzinski (Hrsg.), *Soziale Integration* (*Kölner Zeitschrift für Soziologie und Sozialpsychologie*, Sonderheft 39), Opladen/Wiesbaden 1999; kritisch äußert sich hierzu Klaus Kraemer, »Integration und Desintegration. Wie aktuell sind diese soziologischen Schlüsselbegriffe noch für eine moderne Gesellschaftsanalyse?«, in: *Swiss Journal of Sociology* 34 (1), 2008, S. 37–53.

das zunächst einmal systematisch in seiner diskursiven Stellung zu überdenken wäre, unmittelbar operativ und normativ, womit es zeitdiagnostisch den Zustand der Gesellschaft bestimmt, deren Ordnung im Lichte dieses Konzeptes immer als fragil und bedroht erscheint. Die Sorge um die Ordnung lenkt bereits die Frage nach den Ursachen für die zentrifugalen Prozesse: Individualisierung und Pluralisierung, Wahlenthaltungen, Destabilisierung der Familie, Desorganisation der Schule, schwächere Bindung an die Kirche, geringere Attraktivität der Vereine, ethnisch-kulturelle Konflikte. Rechte Orientierungen oder Gewalthandlungen von rechtsradikalen Jugendlichen wären dann der Beleg dafür, dass sich in der Gesellschaft anomische Entwicklungen bemerkbar machen, also die gesellschaftlichen Werte und Normen ihre Verbindlichkeit verlieren und die Jugendlichen aus Mechanismen der sozialen Regelmäßigkeit oder Kontrolle herausfallen. Als Ursachen dafür können dann die Destabilisierung sozialer Zusammenhänge durch Arbeitslosigkeit, die Auflösung der Familie und der lokalen Milieus oder die kulturelle Desorientierung als Ergebnis einer hinsichtlich ihrer Werte verunsicherten Gesellschaft angesehen werden. Nach diesem Verständnis lockern sich die gesellschaftlichen Beziehungen oder lösen sich auf, und im Ergebnis gewähren Institutionen wie die Familie, der Betrieb, die Gewerkschaft, die Partei, der Verein, die Dorfgemeinschaft oder die Nachbarschaft keinen Halt mehr. In dieser Perspektive gilt ›Integration‹ als Maßstab für die Bestimmung von Stabilität der Gesellschaft. Es wird jedoch nicht danach gefragt, ob nicht gerade die Gewaltbereitschaft von rechten Jugendlichen den starken Integrations- und Normalitätserwartungen der Gesellschaft entspricht. Denn diese Jugendlichen sind häufig sehr konventionell, sie unterwerfen sich bereitwillig Hierarchien und Macht, sie befürworten Wettbewerb und die Notwendigkeit der Selbstbehauptung. So verstanden wäre das, was als Hinweis auf Desintegration gilt, gerade ein Symptom für gelingende Integration. Umgekehrt können die Auflösung der Familie oder sexistischer Männerbünde, die Pluralisierung sexueller Orientierungen, die Schwächung provinzieller Vereinsmilieus, die geringere Bindung an Kirchen oder der Loyalitätsschwund gegenüber politische Parteien durchaus auch rationale und wünschenswerte Formen der Auflösung von Machtgewohnheiten und der emanzipatorischen Veränderung beinhalten – die sich jedoch kaum im Rahmen solcher Konzepte wie Integration oder Desintegration denken lassen.

Ergänzen lassen sich die eher normativen Integrationserwartungen mit einer besonderen Perspektive auf das Subjekt und seine soziale Integration. Es kann dann angenommen werden, dass sich Individuen auf unterschiedliche Weise in die Gesellschaft integrieren lassen. Individuen, die zu besonderen sozialen Klassen oder Straten gehören, fallen dann vielleicht eher aus dem Gesellschaftszusammenhang heraus als andere, weil sie über wenig oder kein Geld verfügen, am kulturellen Leben nicht teilnehmen, keine Berufsbildung erhalten und keine Familie gründen. Die soziale Exklusion trägt demnach zur Desintegration bei. Allerdings handelt es sich weitgehend um einen verfügenden und ordnenden Blick von oben. Denn die Reichen und Superreichen, die über mehrere Villen und Penthouses auf verschiedenen Kontinenten verfügen, auf Inseln leben, die ihnen allein gehören, die derealisiert und getrennt von vielen sozialen Zusammenhängen einen luxuriösen Alltag praktizieren, werden nicht nach dem Gesichtspunkt der Desintegration beurteilt. Offensichtlich wird ihre Lebensform als unproblematisch – wenn nicht sogar als zu erfüllender Maßstab für Normalität – empfunden, obwohl sie mit dem von ihnen getragenen Mechanismus der Reichtumserzeugung und -aneignung, ihren Konsummustern und Sicherheitserwartungen das Leben der überwiegenden Mehrheit der Menschheit erheblich belastet und weitreichende zerstörerische Folgen hat. Wenig bekümmert ist die sozialwissenschaftliche Forschung, wenn es um Reiche, Investoren oder Oligarchen – oder wenn es um die desintegrativen Auswirkungen des deutschen Tourismus auf die italienische oder spanische Gesellschaft oder Rückwirkungen auf die eigene Gesellschaft, die Steuervermeidungs- oder korrumpierenden Praktiken deutscher Unternehmen oder den Export von Waffen geht. Der Blick auf soziale Desintegration ist, so lässt sich schlussfolgern, einseitig und asymmetrisch; er zielt auf die Verwaltung von Menschen. In diesem Sinn richtet sich die Aufmerksamkeit auf eine Vielzahl von ›Randgruppen‹ in den unteren Bereichen der Gesellschaft: Migranten, Jugendliche, Sozialhilfeempfänger. Sie werden als spezifische Gruppen beobachtet, isoliert, fixiert, analysiert, bewertet unter dem Gesichtspunkt, ob sie integriert sind, ob sie sich ohne weiteres integrieren lassen oder ob sie integrationsunwillig sind – und entsprechenden Integrations- und Kontrollmaßnahmen unterworfen werden sollten.

In der Soziologie hat das Konzept der Integration die Funktion einer praktischen Ideologie. Mit ihm lässt sich bestimmen, was als normales soziales Verhältnis gelten kann. Den Maßstab dafür gewinnt sie aus den beobachteten statistischen Normalverteilungen und den Abweichungen nach links oder rechts, nach oben oder unten. Dies führt zu Unterscheidungen dieser Art: gesundes Maß an Patriotismus – übersteigerter, pathologischer Nationalismus; Kavaliersdelikt – kriminelle Handlung; friedfertige Demonstranten – Berufsrandalierer. Integration und Desintegration bestimmen sich wechselseitig. Wenn diese Normalität an Integration nicht erreicht wird oder ein bestehendes Normalmaß an Integration bedroht zu sein scheint – und immer stellt sich die Frage nach denjenigen, die Phänomene der Desintegration feststellen, beurteilen, das Maß festlegen, also Macht und symbolische Gewalt ausüben, indem sie Normalität definieren –, entsteht Beunruhigung und Bedarf für die

Soziologie und die mit ihr verbundenen Praktiken von der Statistik bis zur sozialen Arbeit, sich an der Wiederherstellung des bedrohlich desintegrierten Zustands zu beteiligen. Das Konzept der Integration begründet und erlaubt also eine zirkuläre Argumentation, die für die Soziologie den Vorteil hat, dass sie statistisch beobachtbare Abweichungen von der Normalität beobachten und mehr gesellschaftliche Aufmerksamkeit für ein vermeintliches Gefährdungspotenzial, also auch mehr soziologische Forschung, mobilisieren kann.

Dieser Zirkularität lässt sich nur durch die Orientierung an einer willkürlich festgelegten autoritären Utopie entkommen: Die Integration bezeichnet dann einen Zustand, in dem alle funktionalen Abläufe reibungslos stattfinden und die Individuen sich widerspruchslos in die systemisch erforderlichen Vorgänge einordnen. Das ist eine ordnungssoziologische Utopie, die sich allein aus den Phänomenen ableiten lässt, die als Mangel an Integration erklärt werden.

In der soziologischen Diskussion hat es durchaus kritische Reaktionen auf diese Integrationsutopie gegeben, die zwar nicht weniger ordnungsaffirmativ sind, aber doch problematische Implikationen des Integrationskonzepts wahrnehmen. Erstens, so wird zu bedenken gegeben, kann zu viel normative Integrationserwartung am Ende zur Ablehnung der Gesellschaft führen, die diese Forderung erhebt. Niklas Luhmann betont deswegen, dass Integration nicht besser ist als Desintegration. Dieser Standpunkt zur Beurteilung der Einheit des differenzierten Gesellschaftssystems stehe gar nicht zur Verfügung. In diesem Sinn bezeichnet Integration die bewegliche Justierung der Teilsysteme im Verhältnis zueinander.[3] Diese Überlegung von Luhmann bleibt ordnungssoziologisch, weil er um die Funktionsfähigkeit der Teilsysteme fürchtet, wenn sie zu stark integriert sind. Zweitens wird die starke Ordnungsutopie von Integration kritisiert, weil sie sehr streng jede Abweichung von den verbreiteten Mustern sozialen Verhaltens schon als Gefahr für den Bestand der Gesellschaft bewertet. Insbesondere demokratischen Gesellschaften muss zugestanden werden, dass sie als pluralistische Gesellschaften nicht nur verschiedene Wertegemeinschaften, normative Orientierungen oder Interessengruppen voraussetzen, die unterschiedliche und gegensätzliche Interessen verfolgen. Gerade der Konflikt zwischen diesen Gruppen, ihren Erfahrungen und Interessen wird als ein belebendes, die Erneuerung der Gesellschaft selbst begünstigendes Element verstanden. Integration vollzieht sich also über den Konflikt.[4] Von beiden Überlegungen her wird die ordnungssozio-

3 Vgl. Niklas Luhmann, *Die Gesellschaft der Gesellschaft*, Frankfurt a. M. 1997, S. 603f.

4 Vgl. Helmut Dubiel, »Integration durch Konflikt?«, in: Friedrichs/Jagodzinski (Hrsg.), *Soziale Integration*, S. 132–143.

logische Sicht komplexer, denn nun handelt es sich darum, Integration und Desintegration als ein Spiel in der Wirklichkeit selbst zu erkennen und sich um die Balance zwischen beiden zu bemühen. Desintegration ist nicht erwünscht, aber lässt sich nicht vermeiden, sie folgt der Integration wie der Schatten dem Licht. Die Sorge um die Ordnung und die Bewahrung der Normalität besteht also dauerhaft. Über Alternativen zu diesem Schema wird nicht nachgedacht.

2. Die antagonistische Gesellschaft: Integration und Desintegration

Solche in der Soziologie verbreiteten Vorstellungen veranlassten Adorno, in der Soziologie eine Ordnungswissenschaft zu sehen, die keinen Begriff davon hat, warum überhaupt Integration eine derartige positive Bedeutung hat. Aus seiner Sicht ist der Begriff der Gesellschaft seit Spencer mit dem der Integration intern verbunden. Doch darüber kann sich die Soziologie keine Rechenschaft ablegen, da sie den Begriff der Gesellschaft selbst zurückweist. Dieser muss also zunächst verteidigt werden, da die Soziologie, Adorno zufolge, positivistisch dazu tendiert, sich an Tatsachen und vielfach an durch die Meinungsforschung erhobenen Daten zu halten und Gesellschaft als eine spezifische Wirklichkeitsebene zu leugnen. In der Tradition des Nominalismus versteht sie einen Begriff wie den der Gesellschaft also lediglich als einen Namen, der eine Vielzahl von Einzeltatsachen zusammenfasst. Aber etwas wie Gesellschaft scheint es dann gar nicht zu geben. Der Begriff der Gesellschaft, so Adorno, werde in der Soziologie von Comte bis René König tabuisiert. »Gegen den Begriff der Gesellschaft wird ja weitgehend eingewendet heute, er sei ein metaphysischer Begriff. Es ist sehr interessant, daß überhaupt kritische Gedanken heute nicht mehr, wie es früher der Fall war, etwa als zersetzend oder als aggressiv angegriffen werden, sondern daß man versucht, sie dadurch zu erledigen, daß man sagt, sie seien eigentlich hinter der Entwicklung zurückgeblieben.«[5] Deswegen plädiert er dafür, an einem philosophischen Begriff der Gesellschaft festzuhalten. »Der Grund ist einfach der, daß man sich also doch zunächst einmal sehr schwer dem entziehen kann, daß wir eigentlich in einem allumfassenden gesellschaftlichen System leben und daß das, was wir an Tatsachen innerhalb dieses Systems registrieren und was uns zunächst einmal entgegentritt, bereits weitgehend durch dieses System präformiert ist; daß alle einzelnen sozialen Akte, also alle einzelnen Handlungen, die wir als gesellschaftliche Wesen überhaupt vollziehen,

5 Theodor W. Adorno, *Einleitung in die Soziologie* [1968]. Nachgelassene Schriften, Bd. 15, hrsg. v. Christoph Gödde, Frankfurt a. M. 1993, S. 80.

miteinander verflochten sind, und zwar nicht in einer zufälligen Weise verflochten, sondern verflochten nach Regeln, verflochten in einer ganz bestimmten Gesetzmäßigkeit.«[6] Die sozialen Tatsachen stehen im Zusammenhang eines Systems, das sich als Gesellschaft begreifen lässt. »Wenn man schon den Begriff der Gesellschaft selber charakterisieren will, dann würde der Begriff des Systems, der Begriff einer in gewisser Weise auferlegten Ordnung, einer in gewisser Weise abstrakt auferlegten Ordnung, weit besser genügen als der Begriff der Ganzheit oder des Organischen, nur eben mit der Einschränkung, daß, wenn wir vom System der Gesellschaft reden, es sich dabei nicht um die Systematisierung des Betrachtenden handelt, sondern daß dieser Systemcharakter in der Sache selbst steckt.«[7] Die Soziologie, die es vermeidet, von Gesellschaft zu sprechen, unterlässt es, den erzwungenen Zusammenhang in den Blick zu nehmen, unterstellt ihn aber stillschweigend. Adorno erläutert dies mit Bezug auf Durkheim: Der gesellschaftlich vermittelte soziale Zwang bringt sich in dem Augenblick zur Geltung, in dem ein Individuum sich anders benimmt als das System von ihm verlangt; systemimmanente Verbesserungsvorschläge stoßen unweigerlich an eine rasch sich einstellende Grenze, die nur zu begreifen sei durch »das Vorgeordnete der Gesellschaft«.[8] Unterstellt werde, dass alles, »was dazu beiträgt, die Vergesellschaftung zu verstärken, was die Kohärenz einer Gesellschaft also befördert, daß das als ihr wahrer Gegenstand zugleich auch das Positive, und daß das, was diese Kohärenz schwächt, eben darum das Negative sei«.[9]

Adorno könnte zunächst so verstanden werden, als wolle er sagen, dass Gesellschaft als Totalität ein Vermittlungszusammenhang sei, in dem alles mit allem zusammenhänge. Doch ein kritischer Begriff von Gesellschaft, so betont er, beschränke sich nicht auf diese Trivialität. Gesellschaft sei nicht die höchste Abstraktion der Soziologie, auch nicht das Universum der Elemente des Begriffs Gesellschaft. Gesellschaft wird von Adorno als eine funktionale Kategorie bestimmt, als Abhängigkeit der Einzelnen von der Totalität, die sie bilden. »Das Ganze erhält sich nur vermöge der Einheit der von seinen Mitgliedern erfüllten Funktionen. Generell muß jeder Einzelne, um sein Leben zu fristen, eine Funktion auf sich nehmen und wird gelehrt, zu danken, solange er eine hat.«[10] In diesem Sinn kann gesagt werden, dass Gesellschaft weniger ist

6 Theodor W. Adorno, *Philosophie und Soziologie* [1960]. Nachgelassene Schriften, Bd. 6, hrsg. v. Dirk Braunstein, Berlin 2011, S. 53.

7 Adorno, *Einleitung in die Soziologie*, S. 77.

8 Ebd., S. 88; vgl. ders., *Philosophie und Soziologie*, S. 55.

9 Adorno, *Philosophie und Soziologie*, S. 60.

10 Theodor W. Adorno, »Gesellschaft« [1965], in: ders., *Gesammelte Schriften*, Bd. 8, hrsg. v. Rolf Tiedemann, Frankfurt a. M. 1972, S. 9–19, hier: S. 10.

als das Ganze, denn sie ist eine besondere Form der Verknüpfung, eben ein spezifischer Funktionszusammenhang. Gesellschaft ist etwas, das sich in der Praxis von Menschen auf spezifische Weise erst herstellt, sie ist eine Tendenz, die sich historisch allmählich durchsetzt. Man könne »von einem System der Gesellschaft immer nur als von einer Tendenz sprechen«.[11] Es handelt sich um den Prozess der Vergesellschaftung, der das Netz der zwischen den Menschen gesponnenen gesellschaftlichen Beziehungen immer enger spinnt.[12] Der logische Extrempunkt dieser Tendenz der Vergesellschaftung ist die »totale Integration« der Gesellschaft als System.[13]

Bis zu diesem Punkt habe ich zunächst dargelegt, dass Adorno zufolge der Begriff der Gesellschaft unerlässlich für das Verständnis der modernen Gesellschaft ist und sich die Soziologie trotz aller Abwehr seiner stillschweigend doch bedient – und zwar dann, wenn sie soziale Kohäsion oder Integration erwartet. Bei Gesellschaft handelt sich um einen kooperativen Zusammenhang zwischen Menschen, der jedoch eine falsche Form annimmt. Die Ganzheit erhält sich in diesem Fall nicht solidarisch als gesellschaftliches Gesamtsubjekt am Leben, sondern nur durch die antagonistischen Interessen der Individuen. Eine konflikttheoretische Soziologie, der zufolge ohne Streit, ohne Antagonismus soziale Stagnation stattfinden müsse, lehnt Adorno ab. Sie ignoriere das Leiden und hypostasiere den sozialen Konflikt, indem sie ihn aus dem »Zusammenhang von ganz bestimmten, erklärbaren und tendenziell überwindbaren Gegensätzen« herausnehme.[14] Die antagonistische Gesellschaft formiert die Menschen derart, dass sie, um ihr Leben zu sichern, ihren je einzelnen Vorteil, ihren Profit suchen. Gerade das Beharren auf dem Individuationsprinzip ist Bedingung dafür, dass sich das Ganze »unter unaussprechlichen Opfern am Leben erhält und überhaupt reproduziert«.[15] Adornos Gesellschaftstheorie will das Erstaunen zum Ausdruck bringen, dass die Soziologie diesen Zusammenhang, der Ausgangspunkt von so viel Irrationalität ist, nicht systematisch in den Blick nimmt oder zum Ausgangspunkt ihrer Analysen macht. Aber gleichzeitig ist nicht verwunderlich, dass dieser Zusammenhang positiv bewertet

11 Theodor W. Adorno, *Philosophische Elemente einer Theorie der Gesellschaft* [1964]. Nachgelassene Schriften, Bd. 12, hrsg. v. Tobias ten Brink, Frankfurt a. M. 2008, S. 48.

12 Vgl. Adorno, *Einleitung in die Soziologie*, S. 73.

13 Vgl. Max Horkheimer/Theodor W. Adorno, »Zur Neuausgabe« [1969], in: dies., *Dialektik der Aufklärung*, in: Max Horkheimer, *Gesammelte Schriften*, Bd. 5, hrsg. v. Alfred Schmidt, Frankfurt a. M. 1987, S. 13–14, hier: S. 13.

14 Adorno, *Einleitung in die Soziologie*, S. 115; vgl. Theodor W. Adorno/Ursula Jaerisch, »Anmerkungen zum sozialen Konflikt heute« [1968], in: Theodor W. Adorno, *Gesammelte Schriften*, Bd. 8, S. 177–195, hier: S. 178f.

15 Adorno, *Einleitung in die Soziologie*, S. 78.

wird, da er die Gewähr dafür ist, dass das Kollektiv seine Subsistenz sichern kann. Die Frage stellt sich, wie diese Form der Kooperation, wie Gesellschaft ein System bildet, wie sie zustande kommt, wie sie funktioniert, welche Folgen sie nach innen für die Einzelnen und nach außen für all das hat, was nicht eines ihrer Momente bildet.

Der gesellschaftliche Zusammenhang stellt sich für Adorno vermittels des Tauschgesetzes her. Dieses Tauschverhältnis werde seit der bürgerlichen Revolution im 18. Jahrhundert rücksichtslos durchgesetzt; alle zwischenmenschlichen Beziehungen würden radikal kapitalisiert.[16] Mit der Durchsetzung der bürgerlichen Gleichheit, also des »Tauschprinzip[s] als des einzigen Maßstabs der Gesellschaft« werde diese »entformt« und »entstrukturiert«[17] – und alle Elemente derart geformt, dass sie sich in den funktionalen Zusammenhang einfügen. Integration sei kein von den Individuen ausgehender Prozess, sondern vollziehe sich von oben her vermittels »technologisch gesetzter Methoden der Standardisierung im Arbeitsprozeß ebenso wie in den Massenkommunikationen, wie zusätzlich doch auch durch weitgehende Planung der mächtigsten Gruppen, die da in so ungeheuer einflußreichen Sphären wie denen der Reklame und der Propaganda eben in einer so außerordentlich drastischen Weise sich durchsetzen«.[18] Integration ist für Adorno ein herrschaftssoziologischer Begriff, der auf die Bedeutung sehr starker Machtgruppen hinweist. Sie erhalten ihre Macht, weil sie die sozialen Verhältnisse derart organisieren, dass das Überleben des Kollektivs und der sich unterordnenden Einzelnen davon abhängt, dass sich der Wille, die Lebensform dieser partikularen Machtgruppe behauptet. »Durch die Unterstellung des gesamten Lebens unter die Erfordernisse seiner Erhaltung garantiert die befehlende Minorität mit ihrer eigenen Sicherheit auch den Fortbestand des Ganzen.«[19]

Die Gesellschaft erweist sich als ein System, das von oben integriert wird. Dies ist folgenreich auch für die einzelnen Individuen. »Die Integration der Gesellschaft ist angewachsen im Sinn einer zunehmenden Vergesellschaftung; das gesellschaftliche Netz ist immer enger gesponnen worden, es gibt immer weniger Bereiche, immer weniger Sphären der sogenannten Subjektivität, die nicht ganz unmittelbar von der Gesellschaft mehr oder minder beschlagnahmt werden.«[20] Die Individuen werden im Tauschverhältnis zu Gleichen und zu Funktionsträgern

16 Vgl. Adorno, *Philosophische Elemente einer Theorie der Gesellschaft*, S. 107.

17 Adorno, *Philosophie und Soziologie*, S. 31.

18 Theodor W. Adorno, *Philosophische Elemente einer Theorie der Gesellschaft*, S. 108.

19 Max Horkheimer/Theodor W. Adorno, *Dialektik der Aufklärung* [1947], in: Horkheimer, *Gesammelte Schriften*, Bd. 5, S. 54.

20 Adorno, *Philosophische Elemente einer Theorie der Gesellschaft*, S. 106.

systemischer Abläufe: »So liegt in dem Integrationsbegriff selbst von Anfang an auch ebenso die Tendenz, die Menschen, je mehr sie integriert werden, umso vollkommener und umso vollständiger dem System einzupassen, und sie nach der Logik der Anpassung zu gestalten und sie selber eigentlich zu mikrokosmischen Abbildern des Ganzen zu machen.«[21] Die Sphäre der Individualität werde immer mehr herabgesetzt, es komme zu einer totalen Sozialisierung auch der individuellen und intimen Bereiche. Individuen werden rationalisiert und verwandeln sich im Verhältnis zu sich selbst zu Produktionsmitteln.[22] Mit der durch die »Allherrschaft des Tauschprinzips entqualifizierten Gesellschaft« wird auch das Individuum seiner Besonderheit beraubt und entformt. Es empfange nichts an »Formen und Strukturen«, mit denen es sich identifizieren und auseinandersetzen könne und als Subjekt autonom werde.[23] Es schwinde die Erinnerung, die Kontinuität im Verhältnis zu sich, durch welche jene Synthesis des Erfahrenen im Bewusstsein entstehe, die Adorno als Bildung begreift.[24] Im Sinne der bürgerlichen Metaphysik der Freiheit sei jeder einzelne Mensch nur noch seinem eigenen Gewissen gegenüber verantwortlich. Dies setze in der Gesellschaft »entformende, destruktive, anarchische Kräfte« frei, die dann wieder in irgendeiner Weise gebändigt und neutralisiert, also integriert werden müssen.[25] Diese Überlegungen könnten das Missverständnis nahelegen, als sei Adorno gegen die Vergesellschaftung der Individuen, so als ob es diese vor und außerhalb der Gesellschaft gäbe und sie erst nachträglich dem kooperativen Zusammenhang und der Macht unterworfen würden. Doch Adorno setzt den Akzent auf einen spezifischen Aspekt, der in gewisser Weise als demokratietheoretisch bezeichnet werden kann. Denn die beschriebenen Integrationsprozesse beseitigen den Widerspruch von heteronomer Ordnung und Einzelnen, die Spannung von Allgemeinem und Besonderen. Es kommt zu einer falschen Identität beider, indem das Besondere dem Allgemeinen eingegliedert und unterworfen wird: »Das Besondere ist vielfach schon von sich aus bereits so verstümmelt, wie das Allgemeine es erst zu verstümmeln wünscht.«[26] Die Individuen sehen sich gezwungen, unter dem Druck der Integration und der Gleichheit zu konformieren. Erwartend, dass ihr Widerstand vergeblich sein könnte, reagieren sie schuldbewusst, da sie handeln müssten: Sie verzichten der Selbsterhaltung wegen auf ihr Selbst;

21 Adorno, *Einleitung in die Soziologie*, S. 74.

22 Vgl. Adorno, *Philosophische Elemente einer Theorie der Gesellschaft*, S. 110.

23 Theodor W. Adorno, »Theorie der Halbbildung« [1959], in: ders., *Gesammelte Schriften*, Bd. 8, S. 93–121, hier: S. 103f.

24 Ebd., S. 115.

25 Adorno, *Philosophie und Soziologie*, S. 32.

26 Adorno, *Philosophische Elemente einer Theorie der Gesellschaft*, S. 112.

sie regredieren intellektuell – kritisches Wissen wird von ihnen als störend, unverständlich, unpraktisch sowie überholt abgewehrt – und affektiv, indem sie sich mit dem Angreifer identifizieren und sich selbst noch einmal antun, was ihnen angetan wird. Die falsche Identität erweist sich also als brüchig, die Individuen zahlen dafür mit Leiden und Rückzug, mit Neurosen, mit Ressentiments, Irrationalität und intellektueller Selbstbeschränkung. »Weil die Integration Ideologie ist, bleibt sie selbst als Ideologie brüchig.«[27]

Integration, die Adorno zunächst begreift als Prozess der Herstellung der bürgerlichen Gesellschaft, der Formierung der kollektiven Lebensweise wie auch der Individuen, ihrer psychologischen Muster ebenso wie ihrer intellektuellen Orientierungen, gilt ihm also als Ideologie: Das Rationale ist mit dem Herrschaftlich-Irrationalen untrennbar verbunden. Das ideologische Moment ist, dass die bürgerliche Gesellschaft sich darum bemüht, ein System zu werden, eine Einheit zu bilden, es ihr aber nicht gelingen kann. »Der mit Gesellschaft gemeinte [Gegenstand der Erkenntnis] ist nicht in sich rational kontinuierlich.«[28] Das Eine kann trotz aller Anstrengung nicht eins werden, die Totalität scheitert. Die bürgerliche Gesellschaft ist grundsätzlich durch Desintegration gekennzeichnet. »Integration ist Desintegration, und in ihr findet der mythische Bann mit der herrschaftlichen Rationalität sich zusammen.«[29] Aus dem Prinzip des Äquivalententauschs, also aus der Tendenz der Gleichheit heraus entsteht die Tendenz zum Gegenteil. Mit dieser Überlegung argumentiert Adorno ganz in der Tradition von Marx und kommt damit zum zentralen Element seiner Überlegung, der Klassenspaltung der bürgerlichen Gesellschaft und der Ausbeutung. Obzwar die Individuen in der Lohnarbeit als Gleiche konstituiert werden, Mitglieder der integrierten Gesellschaft sind, erhalten sie doch gleichzeitig im Lohnarbeitsverhältnis nicht das volle Äquivalent der von ihnen geleisteten Arbeit, sondern nur den Teil, der dem Wert ihres Arbeitsvermögens entspricht, das sich bemisst an der gesellschaftlich im Durchschnitt notwendigen Arbeitszeit, die erforderlich ist, es zu reproduzieren. Sie werden also nicht betrogen, sie werden als Gleiche und Privatrechtssubjekte respektiert – und gerade deswegen können sie gleichzeitig betrogen und missachtet werden: Indem sie als Gleiche und mit Willen begabte Freie gelten, kann von den Individuen und ihrer Besonderheit, ihrer Lebensweise, ihren Bedürfnissen abstrahiert werden. Wir leben weiterhin in einer Klassengesellschaft – auch wenn diese sich historisch verändert hat. Die Gesellschaft hätte im 19. Jahrhundert noch eine »ganze Klasse« gehabt, »die

27 Adorno, »Theorie der Halbbildung«, S. 101.

28 Adorno, »Gesellschaft«, S. 9.

29 Adorno, »Aufzeichnungen zu Kafka« [1953], in: ders., *Gesammelte Schriften*, Bd. 10.1, hrsg. v. Rolf Tiedemann, Frankfurt a. M. 1977, S. 254–287, hier: S. 268f.

zwar auf der einen Seite die gesellschaftliche Arbeit besorgt hat, die aber auf der andern Seite dann doch so halb exterritorial zu der Gesellschaft stand, die gar nicht dringestanden hat und die ebenfalls erfaßt und, wie man sagt, integriert worden ist, also von dem, was man so Kulturindustrie nennt, völlig eingefangen und eingesponnen worden ist«.[30] Die Arbeiterklasse ist seit jeher ein Moment der bürgerlichen Gesellschaft, insofern jene dem Äquivalententausch unterworfen ist. Gleichzeitig aber steht sie auch außerhalb, weil sie die ausgebeutete Klasse ist. Ihre Bestimmung geht im Äquivalent nicht auf; sie ist nicht-identisch und steht damit für das Andere. Allerdings hat sich der Kapitalismus, die bürgerliche Gesellschaft auf die Arbeiterklasse ausgedehnt. Durch eine Vielzahl von Maßnahmen und Mechanismen – die Kulturindustrie und den Konsumismus, die Anpassung und Formierung der Subjekte, die von Adorno für außersystemisch gehaltenen Formen der wohlfahrtsstaatlichen Sicherheit – ist es gelungen, die Arbeiterklasse zu integrieren. Die Ideologie »verschleiert die Spaltung weithin auch denen, welche die Last zu tragen haben. Sie sind während der letzten hundert Jahre vom Netz des Systems übersponnen worden. Der soziologische Terminus dafür lautet: Integration.«[31]

Aber die Integration betrifft auch die Mächtigen in ihrem Verhältnis zueinander. Die bürgerliche Gesellschaft ist strukturell bestimmt durch die Konkurrenz der Staaten, der Unternehmen, der Einzelnen gegeneinander. Sich selbst zu erhalten ist in einer Gesellschaft, die nicht auf Solidarität beruht, davon abhängig, dass andere keinen Erfolg haben und im Prozess der Selbsterhaltung scheitern. Dies führt zwangsläufig zu Desintegration. »Integration selber erweist sich am Ende als Ideologie für die Desintegration in Machtgruppen, die einander ausrotten. Wer hineingerät, ist verloren.«[32]

Adorno beobachtet eine widersprüchliche Dynamik der fortschreitenden Integration. Sie bedeutet die Unterwerfung der Einzelnen unter die gesellschaftliche Arbeitsteilung, entformende Gleichheit und Konformismus. Dem steht, wie Adorno im Anschluss an Spencer betont, als positiver Aspekt gegenüber, dass Integration mit einer Differenzierung der Individuen einhergehen kann. Allerdings beobachtet er auch, dass mit zunehmender Integration gerade die Tendenz der Differenzierung sistiert werde.[33] »Der Prozeß der Verselbständigung des Individuums, Funktion der Tauschgesellschaft, terminiert in dessen Abschaffung durch Integration. Was Freiheit produzierte, schlägt in

30 Adorno, *Einleitung in die Soziologie*, S. 74.

31 Adorno, »Theorie der Halbbildung«, S. 100.

32 Theodor W. Adorno, *Minima Moralia* [1951]. Gesammelte Schriften, Bd. 4, hrsg. v. Rolf Tiedemann, Frankfurt a. M. 1980, S. 274.

33 Vgl. Adorno, *Einleitung in die Soziologie*, S. 75.

Unfreiheit um.«[34] Dieser negativen Entwicklung gewinnt Adorno aber durchaus noch das positive Moment ab, dass mit der Homogenisierung der Arbeitsvollzüge letztlich wiederum mehr Freiheit für alle möglich ist, denn »die angeblich qualitative Differenzierung durch Arbeitsteilung« werde »durch deren eigene Konsequenz – wieder ein dialektisches Motiv – schließlich aufgehoben, so daß am Ende eigentlich jeder alles besorgen kann«.[35] Die bürgerliche Gesellschaft reagiert auf die Möglichkeit von Freiheit und Differenziertheit aber mit weiterer Integration. Wenn die Produktivkräfte derart entwickelt und die Gesellschaft derart reich sind, dass die Selbsterhaltung des Ganzen wie aller Einzelnen ohne weiteres gewährleistet werden könnte; wenn die Einfügung in die Arbeitsteilung nicht mehr erforderlich ist, um die gesellschaftliche Totalität, das Kollektiv zu erhalten, sondern umgekehrt die Arbeitsteilung von den Individuen bestimmt werden könnte; wenn also höchste Differenzierung der Einzelnen und ihre Freiheit möglich ist; dann ist die Macht jener partikularen Interessen bedroht, die sich im Namen der Erhaltung des Ganzen behaupten. Sie erhöhen den Druck und die Integration. Dies verstärkt, Adorno zufolge, die Tendenz zur Desintegration »in dem Sinn, daß die verschiedenen gesellschaftlichen Prozesse, die zusammengeschweißt sind, aber weitgehend aus divergenten oder einander widersprechenden Interessenlagen erwachsen, immer mehr einander widerstreben, anstatt jenes Moment von Neutralität, von relativer Gleichgültigkeit gegeneinander zu behalten, das sie in früheren Phasen der gesellschaftlichen Entwicklung einmal gehabt haben«.[36]

Für die bürgerliche Gesellschaft als ganzer ist also der Prozess der Integration, der vor allem auf auch die Arbeiterklasse und ihr revolutionäres Potential zielt, folgenreich. Der Klassenkampf wird institutionalisiert, indem es zu einer Reihe von Modifikationen der liberalen Gesellschaft selbst kommt, mit denen, Adorno zufolge, die klassische kritische Theorie von Marx nicht gerechnet hat. Es hat sich der Sozialstaat gebildet, es werden keynesianische Instrumente zur Bewältigung von Krisen eingesetzt, die Arbeitslosen werden abgesichert, die Lohnabhängigen haben am Konsum teil. So verbürgerlichen sie und haben mehr zu verlieren als ihre Ketten.[37] Zur Integration gehört, dass das grundlegende Problem der Gesellschaft, die herrschaftliche Verfügung über die Arbeit anderer mittels des Äquivalententauschs, geleugnet wird. Dies ist ernst zu nehmen. Wenn das Bewusstsein der Arbeiter von ihrer Lage

34 Theodor W. Adorno, *Negative Dialektik* [1966]. Gesammelte Schriften, Bd. 6, hrsg. v. Rolf Tiedemann, Frankfurt a. M. 1973, S. 259.

35 Adorno, *Einleitung in die Soziologie*, S. 75.

36 Ebd., S. 79.

37 Vgl. Adorno, *Philosophische Elemente einer Theorie der Gesellschaft*, S. 83; Adorno/Jaerisch, »Anmerkungen zum sozialen Konflikt heute«, S. 183f.

abwesend ist, dann nimmt auch dies die Form einer materiellen Gewalt an. Doch indem dieser grundlegende Antagonismus durch Einfügung und Formierung der Subjekte oberflächlich beseitigt wird, ist der »objektive Antagonismus«, sind die »ökonomischen Grundprozesse der Gesellschaft, die Klassen hervorbringen«,[38] nicht verschwunden; werden die Spannungen, die in der Gesellschaft insgesamt bestehen – zwischen Gesellschaft und Einzelnen, Kapitaleigentümern und Lohnabhängigen, zwischen den Geschlechtern, im bürgerlichen Lager, im Verhältnis zur Natur – keineswegs beseitigt, sondern vielmehr intensiviert. Es ließe sich sagen, dass der Druck zur Integration, der insbesondere auf den Individuen der Arbeiterklasse lastet, sich verschiebt und sich lateral in anderen Formen zur Geltung bringt. Der Klassenkampf, der aufgrund der sozialpartnerschaftlichen Arrangements zwischen Kapital und Arbeit unsichtbar bleibt, »äußert sich in gesellschaftlichen Randphänomenen; entweder dort, wo die Integration noch nicht ganz hinreicht, oder in jenem ›Abhub der Erscheinungswelt‹, den der antagonistische Prozeß nach wie vor aus sich ausscheidet; vielfach in den irrationalen Ausbrüchen derer, die weder als Arbeitskräfte noch als Konsumenten der Gesellschaft voll immanent sind«.[39] Integration geht auf unberechenbare Weise in Desintegration über. Adorno gibt eine umfangreiche Phänomenologie: die Leiden der Einzelnen, Apathie, Rancune, Ressentiments, Neid, Häme, mangelnde Empathie, Gezänk, Gewalt gegen andere Individuen, Keifen, Schimpfen, Zanken, Nationalismus, rechtsradikale Mobilisierungen, Rassismus und Antisemitismus. Das Potential an Irrationalität, das durch Integration freigesetzt wird, wendet sich gegen Minderheiten, gegen Intellektuelle, gegen die, die nicht konformieren, die abweichen, die anders, die schutzlos sind. Jeder partikulare Konflikt sei das Deckbild der antagonistischen Totalität.[40] Die desintegrativen, zentrifugalen Tendenzen der klassengespaltenen Gesellschaft, die darauf drängt, ein geschlossenes System, eine in sich vermittelte Totalität zu werden, lassen die Integration immer wieder scheitern, die gleichzeitig umso mehr forciert werden muss und ein immer höheres Niveau zahlreicher verschobener Irrationalitäten, Widersprüche und Konflikte hervorbringt. Weil das eigentliche Problem nicht gelöst wird, die Befreiung der Menschen von der bürgerlichen Gesellschaft und den sie strukturierenden Merkmalen: Selbsterhaltung, Tauschprinzip, Herrschaft, Instrumentalismus, erhält sich die Gesellschaft nur, indem sie sich selbst immer weiter zur einheitlichen Gesellschaft integriert und damit gleichzeitig desintegriert.

38 Adorno/Jaerisch, »Anmerkungen zum sozialen Konflikt heute«, S. 184.
39 Ebd., S. 188.
40 Ebd., S. 187.

3. Die bürgerliche Ordnung und ihr Anderes

Adorno scheint sich mit seiner Analyse von Integration und Desintegration in der Problematik der soziologischen Tradition zu bewegen. Der Begriff der Integration wird von ihm in seiner Gesellschaftstheorie nur wenig explizit theoretisch entfaltet, auch wenn er für Adornos theoretische Bestimmung der bürgerlichen Gesellschaft und ihrer konkreten Entwicklung von zentraler Bedeutung ist: Individuen, soziale Gruppen und soziale Lebensbereiche sind zunehmend in die gesellschaftliche Kooperation und Arbeitsteilung eingegliedert, sie nehmen in stärkerem Maße an der Kultur teil und sind kommunikativ zunehmend intensiver vernetzt. Gleichzeitig dient der Begriff Adorno aber auch zur Zeitdiagnose. Der Begriff wird, abweichend von der soziologischen Tradition, nicht positiv verstanden; die implizite Norm, dass Integration gut sei, lehnt Adorno ab. Integration wird von ihm als ein Problem bewertet. Das könnte auf den ersten Blick nahelegen, Adorno sei ein Liberaler, der letztlich an einem vorgesellschaftlichen Individuum festhält und bedauert, dass Individuen mit der Moderne nicht einfach für sich sein können. Doch genauer verstanden, bricht Adorno mit der Logik des soziologischen Konzepts Integration. Integration ist ein Begriff, der die interne Logik der bürgerlichen Gesellschaft charakterisiert, also ihre Ausdehnung und die damit einhergehende Unterwerfung von Lebensverhältnissen unter das Tauschprinzip. Damit verbunden ist eine Integration der Individuen, die für sie selbst folgenreich ist: Zwar werden gesellschaftlich Möglichkeiten zu Bildung, Erfahrung und Autonomie neu geschaffen; doch gleichzeitig werden sie den Individuen vorenthalten oder genommen, denn in den vom Tauschprinzip bestimmten Verhältnissen wird von den Besonderheiten der Individuen abstrahiert: Sie werden an einheitlichen Maßstäben gemessen und kulturell homogenisiert. Zur Konformität gezwungen, werden die Individuen also auf paradoxe Weise gleichzeitig formiert und entformt. Da Adorno nicht der Überzeugung war, dass es vor dem Beginn der kapitalistischen Integration und Formierung des Individuums ein schon selbstbestimmtes Individuum gegeben hat, weist diese Kritik auf seine Überlegung hin, dass die Individuen unter den modernen Bedingungen der Gesellschaft – also trotz eines deutlichen höheren Niveaus an Vergesellschaftung und den realen Bedingungen der Freiheit, also der Überwindung des Zwangs zur Selbsterhaltung – immer noch nicht über sich selbst bestimmen können. Die Möglichkeiten, eine differenzierte und nuancierte Individualität auszubilden, werden durch den Druck, sich in die Ordnung der Gesellschaft einzufügen, blockiert. Adorno kritisiert am Konzept der Integration, dass sie zu einer negativen Einheit der Gesellschaft führt, die als ein Positives dargestellt wird. Anders als die gängige Soziologie betont Adorno, dass Integration zentral für eine Herrschaftsordnung ist, die von Mächtigen geschaffen wird. Es ist die bürgerliche Gesellschaft, die bestrebt ist, sich als einheitliches und kontinuierliches System zu konstituieren, sich aber gleichzeitig als unfähig erweist, sich all den Widersprüchen zu stellen, die dabei entstehen, und diese leugnet, ausgrenzt, marginalisiert, pathologisiert, um zwanghaft jene angestrebte Einheit herzustellen. Sie integriert die Individuen in eine Einheit, sie homogenisiert sie und unterwirft sie der Gleichheit. Die mögliche Freiheit wird mit sozialstaatlicher Sicherheit getauscht: »Die Gleichgültigkeit gegen die Freiheit, ihren Begriff und die Sache selbst, wird gezeitigt von der Integration der Gesellschaft, die den Subjekten widerfährt, als wäre sie unwiderstehlich. Ihr Interesse daran, daß für sie gesorgt werde, hat das an einer Freiheit gelähmt, die sie als Schutzlosigkeit fürchten.«[41] Es kommt nicht dazu, dass die Individuen ihre Kooperation und Arbeitsteilung selbst bestimmen und über den Reichtum gemeinsam entscheiden. Integration ist destruktiv für die Gesellschaft ebenso wie für die Individuen.

Adorno begreift die bürgerliche Gesellschaft als ein funktionales Ordnungsprinzip, das die Selbsterhaltung des Kollektivs historisch für eine Weile sichern konnte. In dem Maße jedoch, wie der gesellschaftliche Reichtum genutzt wird, um Herrschaft zu erhalten und die Individuen weiter unter den Imperativ der Selbsterhaltung zu zwingen, nehmen gleichzeitig mit den integrativen die desintegrativen Tendenzen zu. Für Adorno repräsentieren diese Tendenzen der Desintegration aber nicht bereits als solche schon das Andere der Ordnung, sondern sind noch Teil ihrer Momente. Er ist also kein Randgruppentheoretiker, der im Namen der Ausgegrenzten, Entrechteten, der Marginalisierten, der nicht Sichtbaren, derer, die keine Stimme haben, spricht. Denn eine solche Sprecherposition könnte selbst noch affirmativ missverstanden werden als Plädoyer für eine bessere Integration. Auch wenn Adorno sich immer wieder für Reformen ausspricht und an ihnen mit sozialwissenschaftlicher Beratung mitwirkt, so betont er doch auch, dass sie an die Grenzen der sich integrierenden Gesellschaft stoßen. Seine Unterstützung ist von zwei Motiven geleitet. Einmal ist er daran interessiert, das Ungleichzeitige zu bewahren. Es stellt nicht als solches schon das Andere dar. Aber weil es noch nicht aufgeht in der Totalität, kann es ein Residuum der Freiheit darstellen, ein Rückzugsort, ein Ausgangspunkt, um die Tendenz zur integrierten Gesellschaft selbst in den Blick nehmen zu können und zu begreifen. »Maß des neuen Schlechten ist einzig das Frühere.«[42] Deswegen verteidigt er die philosophische Tradition, die Bildung, die Universität gegen die technokratische Bildungsre-

41 Adorno, *Negative Dialektik*, S. 259.

42 Adorno, »Theorie der Halbbildung«, S. 102.

form.[43] Zum zweiten aber werden mit den Reformen eben die Grenzen des Ganzen selbst erfahrbar; und die Erfahrung und Erkenntnis dieser Grenzen ermöglichen schon den Schritt darüber hinaus, wenn sie als Grenzen des Ganzen begriffen werden. Gerade deswegen wird von der ordnungssoziologischen Tradition ein Begriff dieses Ganzen – Gesellschaft – geleugnet.

Die Überlegungen Adornos zielen auf eine Überwindung des Prinzips des Äquivalententauschs, des geschlossenen Systems, das alles mit Gleichheit schlägt, der Tendenz zur Totalität, zur vollständig integrierten Gesellschaft. Die Dialektik ist für ihn ein zentraler Begriff, weil sie ermöglicht, aus dem Zentrum des Prozesses der immer umfassenderen Vergesellschaftung heraus das Andere denkbar zu machen. Denn Adorno versteht Dialektik als Erfahrung des Begriffs, als Erfahrung der Prozesse, die sich im Denken dieser Begriffe vollziehen. Menschen können sich ihre Welt nur durch Begriffe erschließen und gestalten. Das, was sie tun, ist immer schon vermittelt. Sie können also nicht aus Begriffen heraustreten und sich unmittelbar zu den Dingen und zu anderen Menschen verhalten. Begriffe verweisen aufeinander und tendieren dazu, ein System zu bilden. So scheinen die Menschen in ihrer intellektuellen Praxis wie eingesperrt zu sein. Die philosophische Tradition des deutschen Idealismus und insbesondere die Philosophie Hegels erscheint Adorno deswegen so bedeutungsvoll, weil in diesem Denken mit seiner Tendenz, die Aufklärung und den Begriff zu einem geschlossenen System zu totalisieren, die bürgerliche Gesellschaft noch nicht vor sich zurückschreckt und sich selbst auf den Begriff bringt. Gerade deswegen darf auch diese Tradition, die den Begriff der Dialektik erhalten und neu belebt hat, nicht verdrängt werden. Dialektik spielt für die frühe bürgerliche Gesellschaft noch eine so große Rolle, weil sie der begriffliche Prozess ist, der das noch nicht Integrierte für das System selbst noch zu erschließen sucht und auf Integration und Totalisierung in einer einmal vernünftigen, vom Bürgertum vollständig durchdrungenen und gestalteten Wirklichkeit zielt. Gleichzeitig ist Dialektik aber auch die Erfahrung der Bewegungen und Widersprüche der Begriffe in diesem Prozess. Sie macht bewusst, dass Begriffe immer über sich auf das Nichtbegriffliche hinausweisen, also niemals nur in sich aufgehen und abgeschlossen sind. Adorno zeichnet diese Denkerfahrungen nach, betont aber gerade das Widersprüchliche und Diskontinuierliche, wenn er davon spricht, dass er Modelle geben will. Dies gilt für den Begriff der Gesellschaft, die als Tendenz begriffen wird, die sich in einer Totalität zum Abschluss bringen will, der es aber nicht gelingt, ihre Immanenz herzustellen.

43 Vgl. Alex Demirović, *Der nonkonformistische Intellektuelle. Die Entwicklung der Kritischen Theorie zur Frankfurter Schule*, Frankfurt a. M. 1999.

Der Begriff der Integration verweist von sich aus auf den Umschlag, mit dem die Dynamik der Integration in Desintegration übergeht. Als positivistisch kritisiert Adorno ein Denken, was diese Widersprüche, Wendungen und Umschläge glaubt, analytisch durch saubere logische Lösungen oder Definitionen beseitigen zu können – also die Erfahrung des über sich hinaustreibenden Denkens abschneidet: Das, was logisch aus dieser Ordnung folgt, Krisen, Krankheiten, Pogrome, Kritik, wird ihr gar nicht zugerechnet. Das kommt dann wie von außen, ist eine unerwartete Störung, entspricht nicht der Norm der intakten Einheit. Ordnung in all ihrer sich abschließenden und totalisierenden Kraft zu denken und dabei deutlich zu machen, dass sie ständig scheitert, geht bereits in das Andere über. Adorno verlässt damit das Terrain der Integrationsproblematik. Doch das ist mehr als ein theoretischer Schritt; aus seiner Sicht kann man sich von diesem Begriff nicht einfach abwenden und ihn als wissenschaftlich überholt ansehen. Adorno macht deutlich, dass es Integration als Praxis gibt. Und wenn in den vergangenen Jahren über Globalisierung, Neoliberalismus, Netzwerkgesellschaft oder über Landnahme gesprochen wird – dazu stellvertretend Stuart Hall: »Natürlich werden jetzt alle immer stärker hineingezogen ins globale Netz von Investitionen, Konsum und Technik. So gesehen ist eine weltweite kulturelle Homogenisierung im Vormarsch.«[44] –, dann werden damit Tendenzen beschrieben, die Adorno als Integration bezeichnet hätte. Aber die bürgerliche Gesellschaft und ihre Praktiken können selbst nicht gelingen, sie verweisen auf ein Anderes, das ganz anders ist. Gesellschaft, die ihrem Begriff entspräche, in der die Menschen als Freie und Gleiche selbstbestimmt kooperieren würden, wäre keine Gesellschaft, keine zusammenzuhaltende Ordnung mehr, sondern eine Assoziation von freien Individuen.[45] Adorno ist Dialektiker genug, um selbst diese Bestimmung des ganz Anderen noch zu befragen: Würde Freiheit sich nicht selbst aufheben, wenn die Menschen frei wären? Ist das psychologische Modell des Individuums nicht eine Festschreibung für die Emanzipation, die Menschen erwarten können? Bleibt Emanzipation nicht begrenzt, wenn Menschen sich ihrer selbst nicht als Natur bewusst werden?

44 Stuart Hall, »Die Stadt zwischen kosmopolitischen Versprechungen und multikulturellen Realitäten«, in: ders., *Populismus, Hegemonie, Globalisierung*. Ausgewählte Schriften, Bd. 5, Hamburg 2014, S. 172–197, hier: S. 195.

45 Vgl. Alex Demirović, »Freiheit und Menschheit. Zur Idee der Gattung in Freiheit bei T. W. Adorno«, in: Jens Becker/Heinz Brakemeier (Hrsg.), *Vereinigung freier Individuen. Kritik der Tauschgesellschaft und gesellschaftliches Gesamtsubjekt bei Theodor W. Adorno*, Hamburg 2004, S. 18–33.

4. Eine kritische Nachbemerkung

Trotz des kritischen und dialektischen Gebrauchs des soziologischen Konzepts der Integration, den uns Adorno lehrt, stellt sich die Frage, ob es im Sinne einer fortzuschreibenden kritischen Gesellschaftstheorie plausibel und fruchtbar ist, an diesem Konzept festzuhalten. Denn es drängt dazu, die Fragen binär anzuordnen: Individuen oder soziale Gruppen sind in den herrschenden Gesellschaftszusammenhang integriert oder sie stehen außerhalb. Dies wird in besonderer Weise deutlich, wenn sich Adorno mit der Frage auseinandersetzt, ob es noch eine Arbeiterklasse gibt. Diese Klasse war seiner Annahme zufolge einmal halb exterritorial oder gar vollständig exterritorial und wurde dann integriert[46] – aus dem Blickwinkel der Marx'schen Theorie eine durchaus problematische Annahme, da der Widerspruch zwischen Kapital und Lohnarbeit für die Form der bürgerlichen Gesellschaft selbst konstitutiv ist und von ihr prozessiert wird. Mit dieser Integration stellt sich das Problem, dass die Klasse selbst als Klasse nicht mehr erscheint. Wenn aber ihr Wesen über längere Zeit hinweg nicht erscheint, dann ist dies selbst ein gesellschaftstheoretisch relevanter Vorgang. Denn die Integration erweist sich als dauerhaft erfolgreich und verändert die bürgerliche Gesellschaft selbst in ihrer Tiefenstruktur. Dies veranlasst Adorno dazu, den Prozessen der Desintegration und der Verschiebung der gesellschaftlichen Konfliktlagen Aufmerksamkeit zu widmen. Weil Klassengegensätze nicht offen zur Geltung kommen, nicht als solche ausgetragen werden, und revolutionäres Handeln verstellt ist, kommt es zur Bildung einer Vielzahl von Symptomen, die zwar alle kuriert werden können, aber das eigentliche Problem nicht lösen. Es handelt sich um ›Nebenwidersprüche‹ oder vielleicht besser noch um ›Folgewidersprüche‹, die Adorno dennoch ernst genommen wissen will – und anders als Ulrich Beck trennt Adorno die Nebenfolgen auch nicht von den Ausgangsursachen, also der kapitalistischen Verwertung.

Die Folgewidersprüche stehen für eine historische Dynamik der bürgerlichen Gesellschaft, die sich selbst totalisiert, also darum bemüht, Einheit zu erlangen, ohne diese wirklich jemals erlangen zu können, und die deswegen auf immer höherer Stufenleiter Zwang, Konformität und, damit verbunden, Irrationalität, Leiden, Ressentiment und Widerstand als Gegenreaktionen erzeugen muss. Es wiederholt sich hier auf jeder Stufe von neuem die Frage nach dem Stand der Integration. Adorno hat zu einem Diskursgenre beigetragen, in dem sich seit Jahrzehnten viele KünstlerInnen, WissenschaftlerInnen, PädagogInnen, Linke und

46 Vgl. Adorno, *Philosophische Elemente einer Theorie der Gesellschaft*, S. 54f.

BewegungsaktivistInnen bewegen und die quälende Frage stellen, ob sie schon integriert oder ob sie widerständig sind und sich im Außerhalb befinden. Anders als Slavoj Žižek, der durchaus eine ähnliche Position vertritt und in den kulturellen Dynamiken das ideologische, weil verdrängte Ergebnis des unversöhnten Gegensatzes zwischen den Klassen sieht und deswegen in einer radikalen Geste auf die Ökonomie als eigentliche Ursache verweist, hält Adorno in gewisser Weise an der komplexen Konstellation desintegrierter Verhältnisse fest. Er geht nicht über die Erscheinungen als gleichgültige hinweg; er argumentiert nicht dafür, dass es möglich wäre, auf der Grundlage der Erkenntnis des Symptomcharakters der gesellschaftlichen Probleme einfach noch einmal zu einer befreienden Handlung einer ökonomisch bestimmten Klasse zurückzukehren, die Verhältnisse also durch Rückkehr zu einem ›letzten‹ und ›reinen‹ Widerspruch zu verändern. Vielmehr will er Handlungsfähigkeit aus der Einsicht in die Widersprüchlichkeit des gesellschaftlichen Gesamtzusammenhangs gewinnen, also aus der Kritik an Gesellschaft als Ordnung. Das schließt neben der Emanzipation von der Lohnarbeit das emanzipatorische Handeln aller ein, die die Erfahrung der Widersprüche machen, in die sie die bürgerliche Gesellschaft verwickelt. Doch dabei gerät ihm aus dem Blick, dass das Schema von Integration und Desintegration selbst noch zu eng ist. Die Lohnabhängigen sind nicht einfach nur noch-nicht-integriert, integriert oder desintegriert, sie waren immer schon Moment der erweiterten Reproduktion der bürgerlichen Gesellschaft. Deswegen sind ihre Lebensverhältnisse in sich widersprüchlich: Sie leben zunächst bürgerlich als Rechtssubjekte, sie übernehmen bestimmte Gewohnheiten und Überzeugungen von den Herrschenden und verbinden sie mit der Rationalität des eigenen Lebenszusammenhangs; ihre Alltagspraktiken, ihre Kultur besteht aus Unterwerfung, aus Formen des Widerstands und aus der Rationalität selbstbestimmter Arbeitsteilung. Erst in diesen Prozessen gewinnen sie Autonomie. Exterritorialität wäre das Ergebnis einer emanzipatorischen Theorie und Praxis. Diesem Aspekt ist der Begriff der Hegemonie angemessener als der der Integration.

Vor allem lässt sich mit dem Integrationsbegriff kaum erklären, warum es die kritische Gesellschaftstheorie (und die Sprecher/innen-Position kritischer Intellektueller) selbst gibt und warum sie sich fortlaufend erneuert. Denn es muss ja angenommen werden, dass die Möglichkeiten, die Widersprüche und das Andere auszusprechen, selbst von zunehmender Integration, also vom Verschwinden bedroht sind. Hegemonietheoretisch lässt sich jedoch sagen, dass die Redeposition, von der aus kritische Theorie und Alternativen formuliert werden, organisch aus den Gegensätzen der bürgerlichen Gesellschaft hervorgeht und sich mit dieser reproduziert und erneuert. Diese widersprüchliche Dynamik jedoch als Desintegration zu begreifen, würde daran vorbei zielen. Denn

Desintegration bezeichnet einen Vorgang des Diskontinuierlichen im System, also irrationaler Komplexitätssteigerung des sich totalisierenden Systems. Demgegenüber betont Adorno zu Recht die Öffnung des Horizonts, um das Neue zu denken, auf das wir zugehen.

Lars Gertenbach

Ausgang – Supplement – Schwelle

Das Andere der Ordnung bei Walter Benjamin, Jacques Derrida und Giorgio Agamben

Es gehört zu den Eigentümlichkeiten der Postmoderne, dass die Erschöpfung utopischer Energien und das Ende der großen Erzählungen von einem Interesse an Figuren der Andersheit oder des Anderen der Ordnung begleitet wird. Eine Diskussionslinie, die seit den 1990er Jahren vermehrt in den Blickpunkt rückt, bezieht die Frage nach dem Anderen der Ordnung auf rechtsphilosophische Überlegungen und darin zumeist auf das Verhältnis von Recht und Gewalt. Das Andere der Ordnung erscheint hier als deren verdrängter Teil, als eine die Ordnung als solche gründende Gewalt, weshalb diese Diskussion insbesondere um Fragen der Gründung, der Begründbarkeit sowie der Entgründung kreist. Einen prominenten Ort hat sie in poststrukturalistischen Theorien erlangt, was nicht nur aufgrund des Interesses an (Be-)Gründungsfragen wenig überrascht, sondern auch, weil das Verhältnis von Recht und Gewalt in einigen Texten von Jacques Derrida und Giorgio Agamben prominent verhandelt wird. Beiden gemeinsam ist aber nicht nur, dass sie diese Fragen erneut zur Debatte gestellt haben, sondern auch, dass sie trotz unterschiedlicher Argumentationsweisen den gleichen Bezugspunkt aufweisen: Walter Benjamins 1921 publizierte Schrift *Zur Kritik der Gewalt*.[1]

Um diese Dreierkonstellation zwischen Benjamin, Derrida und Agamben soll es im Folgenden gehen.[2] Im Zentrum des Aufsatzes ste-

1 Vgl. Walter Benjamin, *Zur Kritik der Gewalt*, in: ders., *Gesammelte Schriften*, Bd. II.1, Frankfurt a. M. 1999, S. 179–204.

2 Der Anschluss von Derrida und/oder Agamben an Benjamin ist zahlreich kommentiert worden. Vgl. Petra Gehring, »Force and ›Mystical Foundation‹ of Law: How Jacques Derrida Addresses Legal Discourse«, in: *German Law Journal* 6, 2005, S. 151–169; Burkhardt Lindner, »Derrida. Benjamin. Holocaust. Zur Dekonstruktion der ›Kritik der Gewalt‹«, in: Klaus Garber/Ludger Rehm (Hrsg.), *global benjamin. Internationaler Walter-Benjamin-Kongress 1992*, Bd. 3, München 1999, S. 1691–1723; Vivian Liska, »The Legacy of Benjamin's Messianism: Giorgio Agamben and Other Contenders«, in: Rolf J. Goebel (Hrsg.), *A Companion to the Works of Walter Benjamin*, New York 2009, S. 195–215; Rudolf Maresch, »Gespensterverkehr. Derrida liest Benjamins ›Zur Kritik der Gewalt‹«, in: *Concordia. Internationale Zeitschrift für Philosophie* 29, 1996, S. 31–44; James Martel, »Waiting for Justice: Benjamin and Derrida on Sovereignty and Immanence«, in: *Republics of Letters. A Journal for the Study of Knowledge, Politics,*

hen die hier zutage tretenden Modelle des Anderen der Ordnung. An ihnen lassen sich nicht bloß die unterschiedlichen Positionen rekonstruieren, vielmehr stehen sie im Falle von Derrida und Agamben auch sinnbildlich für die Art des Anschlusses an den Benjamin-Text – samt der jeweiligen Fehllektüren und Einseitigkeiten – und können als paradigmatisch für die jeweiligen Philosophien angesehen werden. Die Frage nach dem Anderen der Ordnung richtet sich damit im Folgenden primär auf das Recht, wobei allgemein nach der Konzeptualisierung des Anderen der Rechtsordnung und weniger nach den personalen Verwerfungen des Rechts (also etwa rechtsfreie Subjekte, Exklusion u. ä.) gefragt wird. Der Text beginnt chronologisch mit Benjamin, bevor in den anschließenden Abschnitten auf Derrida und Agamben eingegangen wird. Der letzte Abschnitt widmet sich der Gesamtkonstellation und versucht die Eigenheiten und Probleme der jeweiligen Positionen zusammenzutragen. Durch den Fokus auf die Frage nach dem Anderen der Ordnung weist die hier anvisierte Auseinandersetzung mit *Zur Kritik der Gewalt* über exegetische und philologische Fragen der Rezeption Benjamins hinaus. Da hierin prototypische Positionen der politischen Philosophie verhandelt und begründet werden, ist diese Debatte auch ein Eingangstor zum Verständnis poststrukturalistischer (oder dekonstruktiver) politischer Theorie.[3]

and the Arts 2, 2011, S. 158–172; Bettine Menke, »Die ›Kritik der Gewalt‹ in der Lektüre Derridas«, in: Klaus Garber/Ludger Rehm (Hrsg.), *global benjamin. Internationaler Walter-Benjamin-Kongress 1992*, Bd. 3, München 1999, S. 1671–1690; Claas Morgenroth, »Benjamin – Agamben. Politik des Posthistoire«, in: Vittoria Borsò/Claas Morgenroth/Karl Solibakke/Bernd Witte (Hrsg.), *Benjamin – Agamben. Politik, Messianismus, Kabbala*, Würzburg 2010, S. 129–158; David Pan, »Against Biopolitics: Walter Benjamin, Carl Schmitt, and Giorgio Agamben on Political Sovereignity and Symbolic Order«, in: *The German Quarterly* 82, 2009, S. 42–62; Robert Sinnerbrink, »Deconstructive Justice and the ›Critique of Violence‹: On Derrida and Benjamin«, in: *Social Semiotics* 16, 2006, S. 485–497; Robert Sinnerbrink, »Violence, Deconstruction, and Sovereignty: Derrida and Agamben on Benjamin's ›Critique of Violence‹«, in: Andrew Benjamin/Charles Rice (Hrsg.), *Walter Benjamin and the Architecture of Modernity*, Melbourne 2009, S.77–91; Robert Zacharias, »›And yet‹: Derrida on Benjamin's Divine Violence«, in: *Mosaic* 40, 2007, S. 103–116.

3 Dass sich die Arbeiten Benjamins für eine Diskussion poststrukturalistischer Positionen eignen, zeigt sich auch an Beiträgen, die ihn als Grenzgänger zwischen Kritischer Theorie und Poststrukturalismus porträtieren. Vgl. Sigrid Weigel (Hrsg.), *Flaschenpost und Postkarte. Korrespondenzen zwischen Kritischer Theorie und Poststrukturalismus*, Köln/Weimar 1995. Insbesondere seit Derridas Anschluss an *Zur Kritik der Gewalt* ist dieser Text zu einem zentralen Diskussionspunkt geworden. Vgl. Sinnerbrink, »Violence, Deconstruction, and Sovereignty«, S. 78.

1. Das Andere als Ausgang: Walter Benjamin

Zur Kritik der Gewalt ist ein eigentümlicher Text, auch innerhalb des Werkes von Benjamin. Nicht nur enthält er bereits geschichtsphilosophische und messianische Motive, die üblicherweise erst den späteren Schriften – also vor allem den geschichtsphilosophischen Thesen[4] – zugerechnet werden, auffällig ist auch seine stilistische Differenz. Im Unterschied zu anderen Texten Benjamins verfügt er über einen relativ strikten Argumentationsaufbau, der entlang mehrerer Grundunterscheidungen entwickelt wird.[5] Dennoch gilt der Aufsatz gleichzeitig als einer der schwierigsten und wegen seiner politischen Argumentation auch problematischsten Texte Benjamins. Dieser Sonderstellung innerhalb des Werkes entspricht auch eine Sonderstellung innerhalb der Rezeption, die nicht zuletzt mit dem Bezug auf George Sorel und der Nähe zu Carl Schmitt zusammenhängen.

Der Hinweis auf Schmitt lässt bereits erkennen, dass das Modell der Ordnung bei Benjamin am Recht orientiert ist.[6] Es geht allgemein um das Problem der Rechtsordnung und deren Begründung (im doppelten Sinne von Legitimation und Fundierung), das vor allem als eines der Gewalt erscheint: Im Zentrum stehen die »im Ursprung und Ausgang mit Gewalt behafteten Rechtsordnungen«.[7] Die Bemühungen des Textes zielen auf das Verhältnis von Recht und Gewalt, wobei im Hintergrund die Frage nach dem Verhältnis von Recht und Gerechtigkeit steht. Benjamins Gegenstand ist zunächst die rechtliche Begründbarkeit von Gewalt, sei es als Mittel zu (gerechten) Zwecken oder als Zweck selbst. An diesem Punkt unterscheidet er zwischen zwei grundsätzlichen Positionen der Rechtstheorie: dem Naturrecht und dem positiven Recht, deren wesentlicher Unterschied im Verhältnis von Zweck und Mittel gefunden werden kann: »Das Naturrecht strebt, durch die Gerechtigkeit der Zwecke die Mittel zu ›rechtfertigen‹, das positive Recht durch die Berechtigung der Mittel die Gerechtigkeit der Zwecke zu ›garantieren‹.«[8] Beide bemühen sich um eine Begrenzung der Legi-

4 Vgl. Walter Benjamin, *Über den Begriff der Geschichte*, in: ders., *Gesammelte Schriften*, Bd. I.2, Frankfurt a. M. 1991, S. 691–704. Zum Entstehungskontext und der Datierung des Textes vgl. die Anmerkungen der Herausgeber im zweiten Band der Gesammelten Schriften: Walter Benjamin, *Gesammelte Schriften*, Bd. II, Frankfurt a. M. 1991, S. 943ff.

5 Vgl. Zacharias, »›And yet‹: Derrida on Benjamin's Divine Violence«, S. 104.

6 Eine Diskussion der Bezüge zwischen Benjamin und Schmitt findet sich insbesondere bei Agamben. Vgl. Giorgio Agamben, *Ausnahmezustand. Homo sacer II.1*, Frankfurt a. M. 2004, S. 64ff. Vgl. auch Pan, »Against Biopolitics«; Sinnerbrink, »Violence, Deconstruction, and Sovereignty«.

7 Walter Benjamin, *Zur Kritik der Gewalt*, S. 191.

8 Ebd., S. 180.

timität von Gewalt, die allerdings in beiden Fällen auf dem gleichen Grunddogma beruht und, so Benjamin, daran scheitert: der Setzung, dass innerhalb der Unterscheidung von Zweck und Mittel überhaupt eine widerspruchsfreie und »gerechte« Rechtfertigung von Gewalt möglich sei.[9] So vermögen es beide Positionen nicht, diesen Zirkel zu verlassen und ermöglichen dadurch auch keine Einsicht in das Verhältnis von Recht und Gerechtigkeit.[10] Während sich das Naturrecht mit dem Versuch, die Legitimität der Gewalt über den Zweck ihrer Anwendung zu begründen, gänzlich in »eine bodenlose Kasuistik«[11] manövriert, hält Benjamin dem positiven Recht immerhin zugute, dass es durch seine Befragung von Gewalt als Mittel zu einer konkreteren Bestimmung von Gewalt beiträgt. Es ermöglicht eine Unterscheidung zwischen sanktionierter und nicht-sanktionierter[12] und hieraus folgend auch zwischen rechtsetzender und rechtserhaltender Gewalt.[13] Damit kommt dem positiven Recht das Verdienst zu, die Frage der Gewalt auf die historischen Rechtsverhältnisse zu beziehen, weshalb Benjamin hier zunächst argumentativ anschließt und darin einen strategischen Ansatzpunkt erblickt, »um einen logischen Zirkel aufzubrechen, in dem er sowohl das Naturrecht als auch das positive Recht befangen sieht«.[14] Die Befangenheit beider Positionen bezieht er auf eine begrifflich-konzeptionelle Unzulänglichkeit, die verhindert, dass sie den Zirkel von Zweck und Mittel verlassen. Genau dies beschränkt sie in der Analyse der Formen von Gewalt, da sie sich als außerstande erweisen, andere Formen der Gewalt in den Blick zu nehmen als solche, die unmittelbar (d. h. setzend oder erhaltend) auf Rechtsverhältnisse verweisen.

Dieser Aspekt ist für Benjamin entscheidend, um den Zusammenhang von Recht, Gewalt und Gerechtigkeit zu problematisieren. Die Frage nach dem Anderen der Ordnung lässt sich daher an die Suche »nach andern Arten der Gewalt [...], als alle Rechtstheorie ins Auge faßt«[15] adressieren. Damit wird auch deutlich, dass es hier nicht um die Kritik geht, das bestehende Recht halte den selbstformulierten oder zugesprochenen Anspruch an Gerechtigkeit nicht ein.[16] Benjamin will vielmehr aus den Begrenzungen der rechtstheoretischen Begriffe eine andere Konzeption von Gewalt, Recht und vor allem Gerechtigkeit formulieren, die eine tiefere Einsicht in das Verhältnis von Recht und

9 Vgl. ebd.
10 Vgl. ebd., S. 181.
11 Ebd.
12 Vgl. ebd.
13 Vgl. ebd., S. 187.
14 Lindner, »Derrida. Benjamin. Holocaust«, S. 1695.
15 Benjamin, *Zur Kritik der Gewalt*, S. 196.
16 Vgl. Lindner, »Derrida. Benjamin. Holocaust«, S. 1696.

Gewalt ermöglicht und zugleich auch eine Aufhebung der Ordnung denkbar werden lässt, die aus dem Zirkel von Recht und Gewalt herausführt. Benjamins Text ist damit vom Ringen nach einem *Außerhalb* der Grundunterscheidungen des Rechts durchdrungen, das die Grenzen der bestehenden Rechtsbetrachtungen aufzeigen und schließlich auch als Fundament seiner *Kritik* der Gewalt fungieren kann. Aus der Erkenntnis, dass ein Recht ohne Gewalt unmöglich ist, zielt Benjamin darauf, eine Gewalt ohne Bezug zum Recht zu finden, da sich erst darin das zirkuläre Band im Verhältnis von Recht und Gewalt trennen ließe, das die bestehende Ordnung konstituiert. Auch Gerechtigkeit ist als Außen des Rechts konzipiert und muss innerhalb der bestehenden Rechtsordnungen uneingelöst bleiben. Statt auf Gerechtigkeit beruht das Recht auf Gewalt, so dass die Frage nach Gerechtigkeit für Benjamin zur Frage nach dem Anderen der (rechtlichen) Ordnung wird.

Zentral für diese Argumentation ist die an Sorel anschließende Unterscheidung zweier Formen des Generalstreiks: des politischen und des proletarischen.[17] Während der politische Generalstreik auf eine rechtliche Neuordnung drängt und damit selbst rechtsetzend ist, zielt der proletarische Generalstreik nicht auf ein neues Recht, sondern auf die Suspendierung und Delegitimierung der bestehenden Ordnung – womit »die erste dieser Unternehmungen rechtsetzend, die zweite dagegen anarchistisch ist«.[18] Während das bestehende Recht zur Absolutsetzung der Rechtsgewalt im Sinne des staatlichen Gewaltmonopols tendiert, bezeichnet der Generalstreik (wohlgemerkt nur in seiner proletarischen Form) eine im wörtlichen Sinne ›außerordentliche‹ Form von Gewalt. Für Benjamin ermöglicht diese an Sorel gewonnene Unterscheidung eine andere Betrachtung des Verhältnisses von Recht und Gewalt und zeigt damit auch sein Gesamtziel genauer an: eine Sphäre der Gewalt zu finden, die weder Mittel für einen ihr äußeren Zweck ist, noch sich selbst als Zweck setzt, sondern einen Ausgang aus der bestehenden Ordnung, d. h. der Verstrickung von Recht und Gewalt, zu weisen vermag. Die zentrale Kategorie innerhalb dieser Diskussion ist die der ›reinen Gewalt‹, womit zunächst eine Gewalt gemeint ist, die – außerhalb des Verhältnisses von Zweck und Mittel – reines Mittel ist und die sich nicht wiederum selbst als rechtmäßige, rechtsetzende instituiert.[19] Erst mit dieser Bestimmung ist es nach Benjamin möglich, die Frage der Gerechtigkeit in den Blick zu nehmen, die allerdings nicht nur nicht mit dem Recht identisch ist, sondern – und das ist entscheidend – ebenso wenig mit der reinen Gewalt als solcher. Diese wird selbst noch einmal

17 Vgl. Georges Sorel, *Über die Gewalt*, Frankfurt a. M. 1969, S. 134ff., 341; Benjamin, *Zur Kritik der Gewalt*, S. 193ff.

18 Benjamin, *Zur Kritik der Gewalt*, S. 194.

19 Vgl. Pan, »Against Biopolitics«, S. 44.

in zwei Formen unterteilt, die sich gerade in Bezug zum Recht fundamental unterscheiden: die mythische und die göttliche Gewalt.[20] Die in der Literatur zu Benjamin häufig problematisierte Figur der göttlichen Gewalt ist letztlich jene, die auf ein Außerhalb der Ordnung verweist. Sie vollzieht eine Suspension des Rechts, während die mythische Gewalt – obwohl auch sie zunächst als reines Mittel auftreten mag – in Recht und Ordnung zurückfällt. Verweist die eine auf Gerechtigkeit, so die andere auf Macht und Rechtsetzung: »Weit entfernt, eine reinere Sphäre zu eröffnen, zeigt die mythische Manifestation der unmittelbaren [d. h.: reinen, LG] Gewalt sich im tiefsten mit aller Rechtsgewalt identisch.«[21]

Aufgrund der komplexen und teils auch undurchsichtigen Argumentation des Textes ist es nicht verwunderlich, dass gerade diese Unterscheidung in der Rezeption Benjamins zu zahlreicher Kritik und gravierenden Missverständnissen geführt hat – auch bei Derrida und Agamben. Daher sei an dieser Stelle noch einmal das Motiv hinter diesen Begriffen benannt: Es geht Benjamin letztlich um eine »Durchbrechung dieses Umlaufs im Banne der mythischen Rechtsformen«[22] bzw. um die Suche nach einem Ausweg aus dem »dialektischen Auf und Ab in den Gestaltungen der Gewalt als rechtsetzender und rechtserhaltender«.[23] Ohne eine solche »Idee des Ausgangs« erscheint ihm weder eine Einsicht in das Verhältnis von Recht und Gewalt, noch eine »Kritik der Gewalt« möglich.[24] Das Andere der Ordnung bleibt zunächst weitgehend unbestimmt – er spricht im Text lediglich zweimal vage von einer »höheren Ordnung«[25] –, besitzt jedoch einerseits einen zentralen Stellenwert als Erkenntnisfigur innerhalb des Modells der Kritik; und steht andererseits in dem insbesondere für Benjamins Spätwerk eigentümlichen Zusammenhang von anarchistischen und messianistischen Motiven als grundlegendes Gegenmodell zu aller rechtlich bestimmten bestehenden Ordnung.

2. Das Andere als Supplement und konstitutives Außen: Jacques Derrida

In den späten 1980er Jahren beginnt Derrida sich intensiver politischen, rechtsphilosophischen und ethischen Fragen zuzuwenden. Den Hintergrund bilden hierbei nicht zuletzt politische Entwicklungen, wie

20 Vgl. Benjamin, *Zur Kritik der Gewalt*, S. 198.
21 Ebd., S. 199.
22 Ebd., S. 202.
23 Ebd.
24 Ebd.
25 Ebd., S. 193.

der Siegeszug eines ins Religiöse abdriftenden Marktradikalismus oder das mit Transnationalisierung und Globalisierung verbundene Schwinden vermeintlich unteilbarer Souveränitäten.[26] Angesichts der früheren Schriften ist dies bemerkenswert, weil Derrida nun wie selbstverständlich deklariert, »daß Untersuchungen dekonstruktiven Stils in das Problemfeld des Rechts, des Gesetzes und der Gerechtigkeit einmünden«.[27] Die Dekonstruktion überschreitet damit den engeren Kreis des philosophischen Diskurses und erhält einen deutlich politischeren Zug. Eine zentrale Wegmarke bildet hierbei Derridas Auseinandersetzung mit dem Recht, die er mit zwei in *Gesetzeskraft. Der ›mystische Grund der Autorität‹* abgedruckten Vorträgen der Jahre 1989 und 1990 eröffnet. Diese Texte nehmen eine Schlüsselrolle in der politischen Wendung der Dekonstruktion ein und sie sind es auch, die sich Benjamins *Zur Kritik der Gewalt* zuwenden.

Doch obwohl diese beiden Texte für Derridas politische Philosophie von immenser Bedeutung sind, finden sich verwandte Überlegungen auch bereits in früheren Arbeiten. Neben den sprachtheoretischen Texten, in denen Ordnungsfragen anhand des Systems der Sprache diskutiert werden,[28] sind dies vor allem jene Schriften, in denen die Figur des Supplements diskutiert wird. Diese steht paradigmatisch für die Konzeption des Anderen der Ordnung bei Derrida, in der es um die Untrennbarkeit des Anderen von der Ordnung bzw. um die Innerlichkeit des Außen geht. Wie vor allem in der Auseinandersetzung mit Rousseau deutlich wird, kritisiert Derrida die identitätslogische Trennung von Innen und Außen und setzt an ihre Stelle eine »Logik der Supplementarität, in der das Draußen drinnen ist, das Andere und der Mangel sich wie ein Mehr einem zu vervollständigenden Weniger hinzufügen, das, was an eine Sache sich anfügt, für den Fehler dieser Sache einspringt, der Fehler als das Draußen des Drinnen bereits innerhalb des Drinnen ist, usw.«[29] Dieses Modell des konstitutiven Außens konfiguriert das Andere nicht als das ›ganz Andere‹, sondern vielmehr als das ›innere Andere‹, das als Bedingung der Möglichkeit (und Unmöglichkeit) der Schließung des Innens fungiert. Es ist zugleich das stabilisierende »Organisationsprinzip der Struktur«[30] wie auch das, was dieser Schließung

26 Vgl. Jacques Derrida, *Marx' Gespenster. Der Staat der Schuld, die Trauerarbeit und die neue Internationale*, Frankfurt a. M. 2004, S. 115ff.; ders., *Schurken. Zwei Essays über die Vernunft*, Frankfurt a. M. 2003.

27 Jacques Derrida, *Gesetzeskraft. Der ›mystische Grund der Autorität‹*, Frankfurt a. M. 1996, S. 17.

28 Vgl. Jacques Derrida, »Gewalt und Metaphysik. Essay über das Denken Emmanuel Levinas«, in: ders., *Die Schrift und die Differenz*, Frankfurt a. M. 1976, S. 121–235.

29 Jacques Derrida, *Grammatologie*, Frankfurt a. M. 1983, S. 371.

30 Jacques Derrida, »Die Struktur, das Zeichen und das Spiel im Diskurs der Wissen-

entgegensteht, d. h. eine vollständige und abgeschlossene Identität unmöglich macht. Das Andere ist ein Riss innerhalb des Eigenen, das Supplement ein Zusatz, der nicht bloß äußerlich ist und daher »weder eine Präsenz, noch eine Absenz« bezeichnet.[31] Das Andere bekommt damit eine konstitutive Bedeutung: Ordnung ist ohne ihr Anderes nicht zu begründen. Das Modell ist das einer Verwerfung, die als Fundament der Ordnungsbildung begriffen werden muss. Eine entscheidende politische Geste der Dekonstruktion besteht daher im Aufzeigen der in der Operativität von Ordnung begründeten Verwerfungen – ein Aspekt, der (stärker personalistisch gewendet) in die postkoloniale Debatte als »Othering« eingegangen ist.[32] Da sich diese Denkfigur des Anderen der Ordnung aber nicht bloß auf personale Exklusion bezieht, kehrt sie auch in den allgemeinen ordnungs- und rechtstheoretischen Überlegungen Derridas wieder. An der spezifischen Art der Benjamin-Lektüre und den darin enthaltenen Folgerungen für die Frage nach dem Anderen der Ordnung lässt sich dies nachvollziehen.

Als Haupteinsatzpunkt müssen die verschiedenen Grundunterscheidungen Benjamins gelten, die Derrida vor allem auf ihre Ununterscheidbarkeit und paradoxale Struktur hin liest. Wie in anderen dekonstruktiven Lektüren liegt dem die Annahme zugrunde, dass die Dekonstruktion in diesen Unterscheidungen bereits ›am Werk‹ ist.[33] Eine zentrale Textoperation Derridas besteht darin (entlang einer insgesamt äußerst fragwürdigen Lesart und recht tendenziösen Umschreibung des Textes von Benjamin[34]), die Unterscheidung der beiden

schaften vom Menschen«, in: ders., *Die Schrift und die Differenz*, Frankfurt a. M. 1976, S.422–442, hier: S. 422.

31 Derrida, *Grammatologie*, S. 537.

32 Gayatri Chakravorty Spivak, »The Rani of Sirmur. An Essay in Reading the Archives«, in: *History and Theory* 24 (3), 1985, S. 247–272, hier: S. 252ff.; vgl. Julia Reuter, *Ordnungen des Anderen. Zum Problem des Eigenen in der Soziologie des Fremden*, Bielefeld 2002.

33 So heißt es dort: »Es scheint mir also dringend zu sein, diese Benjaminschen Gegensätze zu dekonstruieren; sie dekonstruieren sich selbst, auch als Paradigmen für die Dekonstruktion.« Derrida, *Gesetzeskraft*, S. 82f. Eine genauere Formulierung der Annahme, dass die von ihm untersuchten Texte mit »selbstdekonstruktiven Tendenzen zu kämpfen haben« (Derrida, *Schurken*, S. 202, Anm. 39), findet sich in einem Text zu Paul de Man. Dort schreibt Derrida, »daß sogar die Bedingung einer Dekonstruktion ›am Werk‹, ›im Werk‹ sein kann [...], im zu dekonstruierenden System, daß sie darin bereits vorgefunden werden kann und bereits an der Arbeit ist und daß sie sogar einen Anteil hat an der Konstruktion dessen, was sie gleichzeitig zu dekonstruieren droht.« Jacques Derrida, *Mémoires. Für Paul de Man*, Wien 1988, S. 102f.

34 Die gravierenden Fehlinterpretationen des Textes von Benjamin stehen hier nicht im Zentrum. Die deutlichste Fehllektüre besteht darin, all jene Begriffe und Über-

Formen des Generalstreiks mit dem Bezug auf das Problem der Rechtsetzung bzw. -gründung zusammenfallen zu lassen. Da für Derrida die Differenz zwischen einer politischen, auf Herstellung einer neuen Ordnung gerichteten und einer proletarischen, auf Suspendierung der Ordnung gerichteten Form des Streiks »nie ein reiner Gegensatz« ist, wird der (nun nicht weiter differenzierend im Singular auftretende) Generalstreik so charakterisiert, dass er »ein verliehenes *Recht ausübt*, um die existierende Rechtsordnung in Frage zu stellen und eine revolutionäre Situation zu schaffen, in der es darum geht, ein *neues Recht*, ja vielleicht auch einen *neuen Staat* zu *(be)gründen*«.[35] Als Konsequenz ergibt sich daraus eine prinzipielle Gründungsbezogenheit *aller* Gewalt – und nicht wie bei Benjamin die prinzipielle Gewaltbezogenheit allen Rechts. So heißt es unmittelbar weiter im Text: »Alle revolutionären Situationen, alle revolutionären Diskurse [...] *rechtfertigen* die Gewaltanwendung, indem sie sich auf die *Einrichtung eines neuen Rechts* berufen, die gerade stattfindet oder die noch aussteht.«[36]

In der Konsequenz findet sich hier eine andere Konzeption des Verhältnisses von Recht und Gewalt und damit auch eine Verschiebung der Frage nach dem Anderen der Ordnung. Derrida ›übersetzt‹ Benjamins Unterscheidungen recht eigenwillig in das allgemeinere Problem, dass die rechtsetzende nicht von der rechtserhaltenden Gewalt getrennt werden kann – ein Problem, das nun Pate steht für die These einer prinzipiellen Kontamination von Recht und Gewalt.[37] Für die Konzeption des Anderen des Rechts hat dies zwei unmittelbare Folgen: Erstens, dass das vom Recht in der Regel als außerrechtlich bzw. als Gegenprinzip begriffene Moment der Gewalt im Innern des Rechts selbst präsent ist und gerade dessen Ordnung und Wirken konstituiert. Und zweitens, dass Gerechtigkeit nun nicht als das Andere des Rechts erscheint, sondern im Innern dieser Paradoxie von Recht und Gewalt verankert ist. Wurde die These der Unentscheidbarkeit aller Rechtsprobleme innerhalb der bestehenden Rechtsbegriffe von Benjamin als Ausweis für einen blinden Fleck der Rechtstheorie genommen und als Hinweis be-

legungen, die auf eine Loslösung des Bezugs der Gewalt auf das Recht (in seinen beiden Formen) gerichtet sind, in die eigentlich anders strukturierte und auf einer anderen Ebene angesiedelte Unterscheidung von rechtsetzender und rechtserhaltender Gewalt einzuschreiben und *diese* zu dekonstruieren. Vgl. Derrida, *Gesetzeskraft*, S. 82–84.

35 Ebd., S. 82, 76, Herv. LG.

36 Ebd., S. 76f., Herv. LG.

37 Vgl. ebd., S. 83. Derrida übergeht zudem, dass dieses Problem bei Benjamin bereits zentral diskutiert wird, wenn er behauptet, dass er »über das von Benjamin formulierte Vorhaben« hinausgeht, sofern er »deutlich macht, daß die ›rechtsetzende Gewalt‹ eine ›rechtserhaltende Gewalt‹ in sich bergen muß und sich nicht von ihr loslösen kann.« Ebd. Vgl. Benjamin, *Zur Kritik der Gewalt*, S. 189, 196.

griffen, dass Gerechtigkeit nicht in den bestehenden Formen des Rechts aufgehen kann, so situiert Derrida die Frage der Gerechtigkeit gerade in diesem Zwiespalt: »[D]iese Aporien sind die bevorzugte Gegend, der bevorzugte Ort der Dekonstruktion«.[38] Beide Punkte machen deutlich, dass hiermit auch das (anarchistische bzw. revolutionäre) Moment der Suspension der Ordnung verschwindet. Letztlich ist so keine Gewalt ohne positiven Rechtsbezug denkbar, da für Derrida jede Suspension des Rechts unmittelbar mit der Setzung eines neuen Rechts zusammenfällt: »Im Recht ist sie [die eben nicht genauer bestimmte Gewalt, LG] indes jenes, was das Recht suspendiert. Sie unterbricht das etablierte Recht, um ein neues zu begründen.«[39] Jede Form der Unterbrechung oder Aufhebung des Rechts erscheint so als Akt, der wiederum selbst Recht setzt und sich in den Zirkel von rechtsetzender und rechtserhaltender Gewalt einschreibt.[40]

An den Umschreibungen des Benjamin-Textes zeigen sich mindestens zwei Aspekte, die charakteristisch für Derridas Modell des Anderen der Ordnung sind. Erstens findet mit der Einschreibung jeglicher Gewalt in das Problem der Rechtsetzung eine Verabsolutierung des Unentscheidbaren statt. Gemeint ist damit, dass die Beziehung von Recht und Gewalt (und die hierin zutage tretenden Aporien und Unentscheidbarkeiten) nicht mehr als historisch und d. h. auch als ›endlich‹ gedacht werden können. Das Andere der Ordnung ist nicht als Ausgang konzipiert, sondern prozessiert im Innern der Rechtsordnung, d. h. innerhalb der »logisch-formalen Paradoxien«[41] des Rechts. Damit verbunden wird zweitens die Frage der Gerechtigkeit auf Aporien und Unentscheidbarkeiten innerhalb der bestehenden Rechtsformen verlagert. Gerechtigkeit wird so enger mit dem Recht verknüpft als es bei Benjamin der Fall ist – sie erscheint am ›Grund‹ des Rechts, wenn Derrida sie in deren paradoxaler Gründungsstruktur verankert. Nur so ist es zu begründen, dass die Dekonstruktion selbst auf Gerechtigkeit verweist, ja als solche bezeichnet wird: »Diese Gerechtigkeit, die kein Recht ist, ist die Bewegung der Dekonstruktion: sie ist im Recht oder in der Geschichte des Rechts am Werk«.[42] Dadurch distanziert sich Derrida mit dem Ziel der »Umgestaltung« bzw. »Neu(be)gründung

38 Derrida, *Gesetzeskraft*, S. 44.

39 Ebd., S. 78.

40 Vgl. Sinnerbrink, »Deconstructive Justice and the ›Critique of Violence‹«, S. 493. Ähnlich problematisch argumentiert Morgenroth, wenn er Benjamins Figur der reinen Gewalt mit dem Modell der regulativen Idee verknüpft und als »unerreichbar« beschreibt. Vgl. Morgenroth, »Benjamin – Agamben. Politik des Posthistoire«, S. 151.

41 Derrida, *Gesetzeskraft*, S. 44.

42 Ebd., S. 52; vgl. auch S. 30.

des Rechts und der Politik«[43] grundlegend von Benjamins Motiv der »Durchbrechung«[44] des Zirkels von gründender und erhaltender Gewalt. Während dieser bemüht ist, Gerechtigkeit von der Beziehung zum Recht und damit den Mechanismen der Gründung und Erhaltung bestehender Ordnung zu lösen (und so als das Andere der Ordnung auszuweisen), sind es für Derrida jene Mechanismen selbst, welche die Dekonstruktion (als Gerechtigkeit) gewährleisten: »Weil sie sich dekonstruieren läßt, sichert die Struktur des Rechts oder – wenn Sie wollen – der Gerechtigkeit, der Justiz als Recht, die Möglichkeit der Dekonstruktion.«[45] Oder anders: Das Recht ermöglicht »die Dekonstruktion, das Praktizieren einer Dekonstruktion, die im Grunde stets Rechtsfragen, Fragen der Rechtmäßigkeit und der Berechtigung, Fragen, die das Recht betreffen, aufwirft«.[46] Entlang der bereits beschriebenen dekonstruktiven Figur des Supplements wird Gerechtigkeit so als eine Art unendliche Forderung begriffen und in den Aporien des Rechts verankert.

3. Das Andere als Schwelle: Giorgio Agamben

Neben Derrida haben die Schriften von Giorgio Agamben einen wesentlichen Anteil an den aktuellen Diskussionen um den Nexus von Recht und Gewalt und dem Interesse am Anderen der Ordnung. Agamben folgt hierbei zunächst einer anderen Argumentationslinie als Derrida. Denn die zentrale Bedeutung obliegt dem Verhältnis von Recht und Ausnahme, wobei der Ausnahmezustand den Moment der »Suspendierung der Rechtsordnung« bezeichnet, dem zugleich ein »für die Rechtsordnung paradigmatisch-konstitutives Wesen« zukommt.[47] Dennoch zeigt sich Agamben zunächst von ähnlichen Phänomenen fasziniert wie Derrida. So spricht er in *Ausnahmezustand* etwa von »der Grenze zwischen Recht und Politik«, der »Zone der Unentscheidbarkeit« oder der »Schwelle der Unbestimmtheit zwischen Demokratie und Absolutismus«.[48] Derartige Schwellen-, Grenz- und Vermischungsfiguren sind symptomatisch und theorietragend für die gesamte Argumentation der *Homo-sacer*-Bände, die ein Paradoxon zu ihrem Ausgangspunkt wählen – den (fiktiven) Ausspruch des Souveräns: »Ich, der Souverän, der ich außerhalb des Rechts stehe, erkläre, daß es kein Au-

43 Ebd., S. 56.
44 Benjamin, *Zur Kritik der Gewalt*, S. 202.
45 Derrida, *Gesetzeskraft*, S. 30.
46 Ebd.
47 Agamben, *Ausnahmezustand*, S. 32, 13.
48 Ebd., S. 7, 8, 9.

ßerhalb des Rechts gibt.«[49] So zeigt sich auch Agamben maßgeblich an Fragen der Gründung und der Unentscheidbarkeit interessiert, wenngleich es ihm stärker um den Aspekt der (souveränen) Entscheidung, die Gewaltförmigkeit derartiger Schließungen sowie die damit verbundenen Verwerfungen geht.[50] Eine andere Akzentuierung bekommt die Frage nach dem Anderen der Ordnung aber dadurch, dass Agamben sie im Rahmen der Diskussion des Ausnahmezustands primär als topologisches Problem der Schwelle aufwirft. »In Wahrheit steht der Ausnahmezustand weder außerhalb der Rechtsordnung, noch ist er ihr immanent, und das Problem seiner Definition betrifft genau eine Schwelle oder eine Zone der Unbestimmtheit, in der innen und außen einander nicht ausschließen, sondern sich un-bestimmen.«[51] Bei dem Problem des Ausnahmezustands – und damit dem der Geltung und Suspendierung der Rechtsordnung – handelt es sich um eine topologische Auseinandersetzung, da »der Konflikt um den Ausnahmezustand wesentlich als Streit um den *locus*, der ihm zukommt«[52] zu begreifen ist.

Im Rahmen der Einschreibung des Verhältnisses von Recht und Ausnahme in ein topologisches Register findet bei Agamben eine zweifache Besetzung der Figur des Anderen statt: Das Andere ist zum einen das durch die Ordnung Verworfene (und so in sie Einbezogene), zum anderen aber auch als Moment jenseits der Schwelle der Ordnung konzipiert. Beide Aspekte machen deutlich, dass Ordnung und deren Anderes weder entlang einer komplementären noch einer supplementären Logik aufeinander bezogen sind: Das Andere der (Rechts-)Ordnung ist nicht bloß ein (noch) nicht gesetzlich regulierter Raum – und zugleich wird mit der Figur der Schwelle auch ein Umschlagen der Ordnung denkbar. Diese zweifache Besetzung der Figur des Anderen findet sich auch im Konzept des Ausnahmezustands: im Schmitt'schen Sinne der temporären Aussetzung des Rechts zur Erhaltung der Ordnung des Gesetzes[53] und, an Benjamin orientiert, als »Pforte«, die zur »Deaktivierung und Untätigkeit des Rechts«[54] führt. Agamben schlägt damit ein anderes Modell vor als Derrida und distanziert sich trotz der Orientierung an den Unentscheidbarkeiten und Aporien des Rechts vom Gestus der Dekonstruktion.[55] Denn gerade die Diskussion um die »Entsetzung des Rechts«[56]

49 Giorgio Agamben, *Homo sacer. Die souveräne Macht und das nackte Leben*, Frankfurt a. M. 2002, S. 25.
50 Vgl. ebd., S. 74.
51 Agamben, *Ausnahmezustand*, S. 33.
52 Ebd.
53 Vgl. ebd., S. 41.
54 Ebd., S. 77.
55 Vgl. ebd., S. 39.
56 Ebd., S. 65; vgl. Benjamin, *Zur Kritik der Gewalt*, S. 202.

findet unter der Annahme statt, dass es sich hierbei »nicht um eine Übergangsphase [handelt], die nie zu ihrem Ende kommt, und ebensowenig um den Prozeß einer unendlichen Dekonstruktion, der das Recht in einer gespenstischen Welt aufrechterhält und zugleich nicht mehr mit ihm zu Rande zu kommen vermag«.[57]

Bemerkenswert ist an derartigen gegen Derrida gerichteten Formulierungen, dass sie bei Agamben in der Regel mit einem direkten (und positiven) Bezug auf Benjamin einhergehen und so auch als Kritik an Derridas Annäherung von Benjamin an die Dekonstruktion verstanden werden müssen.[58] Es ist daher kein Zufall, dass Benjamin für Agamben gerade in Bezug auf das Andere der Ordnung von zentraler Bedeutung ist. Dabei rekurriert er allerdings nicht allein auf *Zur Kritik der Gewalt*, sondern auch auf dessen sprachtheoretische Arbeiten. Während Sprache für Derrida (und den Poststrukturalismus insgesamt) stets mit einer Gewalt der Benennung einhergeht, nämlich »einzuschreiben, zu ordnen, zu suspendieren«[59], versucht Agamben im Anschluss an Benjamin eine andere Sprache auszuweisen, die als »reine Sprache«[60] nicht dem Modell der performativen Zurichtung folgt. Relevant für die Frage nach dem Anderen der Ordnung ist dieser Aspekt, weil in allen drei Positionen Recht und Sprache in eine Analogie gesetzt werden und Sprache neben der Rechtsordnung als Modell von Ordnung schlechthin gilt – so dass es weitreichende Folgen hat, wenn Sprache als notwendig gewaltförmig begriffen wird.

Doch so unübersehbar die Anleihen Agambens bei Benjamin sind,[61] gerade die Frage nach dem Anderen der Ordnung macht deutlich, dass

57 Agamben, *Ausnahmezustand*, S. 76.

58 Allerdings ignoriert Agamben dabei Derridas Ausführungen nahezu komplett. Lediglich in *Homo sacer* findet sich eine, Derridas Lektüre deutlich zurückweisende Bemerkung. Dort betont er, dass die mangelnde Bestimmung der göttlichen Gewalt bei Derrida den »gefährlichsten Mißverständnissen ausgeliefert« ist und schreibt diesbezüglich: »[D]avon zeugen die Skrupel, mit denen Derrida in seiner Interpretation des Essays vor ihr warnt, indem er sie, mit bemerkenswerter Verkennung, der nazistischen ›Endlösung‹ annähert.« Agamben, *Homo sacer*, S. 74. In *Ausnahmezustand* wird Derrida lediglich erwähnt, um den Begriff der Gesetzeskraft genauer in den Blick zu nehmen. Vgl. Agamben, *Ausnahmezustand*, S. 47.

59 Derrida, *Grammatologie*, S. 197; vgl. ders., »Gewalt und Metaphysik«, S. 225.

60 Agamben, *Ausnahmezustand*, S. 75.

61 Seine Vertrautheit mit Benjamins Werk bezeugt etwa auch die detailreiche Auseinandersetzung mit der Figur des Engels und dem Verhältnis von Erlösung und Glück bei Benjamin. Vgl. Giorgio Agamben, »Walter Benjamin und das Dämonische. Glück und geschichtliche Erlösung im Denken Benjamins«, in: ders., *Die Macht des Denkens. Gesammelte Aufsätze*, Frankfurt a. M. 2013, S. 237–273. Für die Diskussion zu Benjamin und Paulus vgl. ders., *Die Zeit, die bleibt. Ein Kommentar zum Römerbrief*, Frankfurt a. M. 2006, S. 153ff.

an einem wesentlichen Punkt erhebliche Differenzen bestehen. Um dies zu rekonstruieren, ist es wichtig daran zu erinnern, dass bei Benjamin zunächst kein prinzipieller Gegensatz zwischen mythischer und reiner Gewalt besteht. Denn auch wenn die mythische Gewalt in letzter Instanz »der rechtsetzenden sich nächstverwandt, ja identisch erweisen möchte«, so tritt sie doch zunächst als reine, d. h. »unmittelbare Gewalt« auf.[62] Agamben versucht demgegenüber die mythische Gewalt aufgrund ihrer letztinstanzlichen Verwandtschaft mit der rechtsetzenden Gewalt von den Formen der reinen Gewalt abzutrennen – mit der Konsequenz einer Identifikation von mythischer und rechtlicher Gewalt auf der einen und reiner und göttlicher Gewalt auf der anderen Seite. Während Benjamin mythische und göttliche Gewalt als zwei Formen der reinen Gewalt ins Spiel bringt, steht bei Agamben die reine Gewalt einer diffusen »mythisch-rechtlichen«[63] Gewalt entgegen.

Verdeckt wird dadurch zunächst, dass Benjamin bei der Bestimmung der reinen Gewalt gerade am Beispiel der mythischen Gewalt ansetzt. Denn reine Gewalt ist zunächst nur jene, die sich »nicht als Mittel auf einen vorgesetzten Zweck bezieht«, sondern sich zu dem Verhältnis von Zweck und Mittel »vielmehr irgendwie anders« verhält.[64] Sie ist zunächst nichts anderes als reines Mittel oder – wie Benjamin am Beispiel des Zorns formuliert – bloße »Manifestation«, läuft aber *als mythische Gewalt* darauf hinaus, sich wiederum ans Recht zu binden bzw. Recht zu setzen.[65] Der entscheidende Unterschied besteht nun darin, dass Agamben mit der Gleichsetzung von mythischer und rechtlicher Gewalt ein für Benjamin wesentliches Problem ignoriert, das darin besteht mythische und göttliche Gewalt zu unterscheiden.[66] Erkennbar ist dies an einer Formulierung am Ende des Textes. Dort heißt es: »Nicht gleich möglich noch auch gleich dringend ist aber für Menschen die Ent-

62 Benjamin, *Zur Kritik der Gewalt*, S. 197.

63 Agamben, *Ausnahmezustand*, S. 74.

64 Benjamin, *Zur Kritik der Gewalt*, S. 196.

65 Ebd.; vgl. ebd. S. 197f. Bei Benjamin sind diese Formulierungen etwas unklar, weil er durch die späteren Passagen zur göttlichen Gewalt nahelegt, dass die mythische Gewalt aufgrund ihrer Beziehung zum Recht im Grunde keine reine Gewalt mehr ist – und an einigen Stellen suggeriert, dass reine und göttliche Gewalt identisch sind. Vgl. ebd., S. 203. Auf der Basis der Abfolge des Argumentationsganges und der Stoßrichtung seines letzten Absatzes ist eine solche Lesart jedoch irreführend, zumal sie nicht imstande ist, jene Befürchtung zu begreifen, um die es im Folgenden geht.

66 Hinzu kommt, dass die Bestimmung der reinen Gewalt (im Sinne der göttlichen Gewalt ohne Bezug zum Recht) bei Agamben letztlich anhand des Zorns (für Benjamin nicht ausschließlich, aber hauptsächlich eine Form mythischer Gewalt) vollzogen wird und anhand dieses Beispiels als reine »Manifestation« beschrieben wird. Vgl. Agamben, *Ausnahmezustand*, S. 75.

scheidung, wann reine Gewalt in einem bestimmten Falle wirklich war. Denn nur die mythische, nicht die göttliche, wird sich als solche mit Gewißheit erkennen lassen«[67] Entscheidend ist hier der Tempuswechsel: Er deutet an, dass eine Gewissheit nur im Nachhinein möglich ist und eine sichere Bestimmung der Form der reinen Gewalt nur im Falle der mythischen gelingen kann. Bedeutend ist dieser Aspekt – auch über die Interpretation des Textes hinaus – deshalb, weil er für Agambens gesamte Konzeption emblematischen Charakter hat. Die eigenwillige Sortierung der verschiedenen Formen der Gewalt führt bei Agamben dazu, dass reine Gewalt als solche ohne Beziehung zum Recht – und daher als ihr Anderes – erscheinen kann. Während für Benjamin reine Gewalt stets gefährdet ist, in mythische Gewalt umzuschlagen, scheint diese Sorge bei Agamben nicht mehr adressierbar zu sein. Er erweckt vielmehr den Eindruck, es könne vorab zwischen den Formen der Gewalt unterschieden werden.

Damit geht Agamben in der Bestimmung des Anderen der Ordnung einen anderen Weg als Benjamin. Indem die fragwürdige Abtrennung der mythischen von der reinen Gewalt zugleich auch die Sorge der Korrumpierung bzw. des Rückfalls der reinen Gewalt beseitigt, übersieht (oder ignoriert) Agamben, dass reine Gewalt für Benjamin *in der Regel* die Form mythischer Gewalt annimmt. Als mythische Gewalt aber verweist die reine Gewalt eben gerade *nicht* auf ein Anderes der Ordnung, da sie nicht aus dem Bannkreis der Rechtsgewalten hinausführt. Angesichts der Diskussion der verschiedenen Formen des Generalstreiks und der Tatsache, dass Benjamin hier auf »revolutionäre Gewalt«[68] zielt, wird schließlich erkennbar, welches Sachproblem hierin enthalten ist: Es geht um einen politischen Umsturz, der sich nicht wiederum selbst als neues Recht setzt, in mythisch-willkürliche Gewalt umschlägt oder (wie im orthodoxen Marxismus) auf eine Aneignung des Staatsapparates hinausläuft. Bei Agamben hingegen führt diese eigentümliche Begriffsverschiebung zu einer Verschärfung des Dualismus zwischen aporetischer Rechtsordnung und ihrem ganz Anderen – in Form der zweckbefreiten, reinen Gewalt. Damit wird reine Gewalt als solche zur Figur des Anderen der Ordnung und erscheint letztlich selbst in mythischem Gewand. Sie wird zur blanken Erlösungsformel innerhalb einer abendländischen Verfallsgeschichte.

67 Ebd., S. 202f.
68 Ebd., S. 202.

4. Vom Anderen des Rechts und dem Anderen der Ordnung

Die Auseinandersetzung mit Benjamin ist für Derrida und Agamben von zentraler Bedeutung. Bei Derrida leitet die Lektüre von *Zur Kritik der Gewalt* eine politische Wende der Dekonstruktion ein und formt eine Position, die er in weiteren Schriften noch stärker entfaltet und in das Konzept der »kommenden Demokratie« münden lässt.[69] Bei Agamben ist es werkgeschichtlich weniger dieser Text als die bereits in seinen ersten Schriften präsente Sprachtheorie Benjamins, wenngleich gerade die Thesen aus *Zur Kritik der Gewalt* seine politischen und rechtsphilosophischen Schriften durchziehen und auch die Diskussion von (und Wendung gegen) Schmitt beeinflussen. Dementsprechend sind die Lesarten und Umschreibungen des Benjamin-Textes keineswegs nur von werkgeschichtlichem oder exegetischem Interesse. Sie lassen sich vielmehr als Vergrößerungsglas der politischen Philosophie beider Autoren begreifen, zumal gerade in diesen Bezügen die Frage nach dem Anderen der Ordnung verhandelt wird.

Eine zentrale, bereits benannte Differenz zwischen den Positionen betrifft die Figur des Unentscheidbaren. Obwohl Benjamin deutlich auf die »Unentscheidbarkeit aller Rechtsprobleme« hinweist, insistiert er auf einer »geschichtsphilosophischen Rechtsbetrachtung«,[70] um sowohl das naturrechtliche als auch das positiv-rechtliche Gewaltkonzept zurückzuweisen. Die Kritik dieser beiden Positionen soll den Weg für eine andere Betrachtung der Gewalt eröffnen. Derrida hingegen verschließt sich einer solchen Annahme und lässt die Dekonstruktion genau jenen »Zwischenraum«[71] der Unentscheidbarkeit einnehmen – mit dem Ziel, diesen Raum offen zu halten. Was bei Benjamin lediglich die Kritik der Gewalt motiviert und die Notwendigkeit dieses Unternehmens anzeigt, macht Derrida zum eigentlichen Inhalt der Auseinandersetzung um Recht und Gerechtigkeit. Damit geht es Derrida nicht um ein Moment außerhalb dieser Rechtsformen (als freizulegendes Fundament der *Kritik*), sondern um die konstitutive Ununterscheidbarkeit zwischen rechtserhaltender und rechtsetzender Gewalt. Letztlich kulminieren die Differenzen zwischen Benjamin und Derrida darin, ob diese Paradoxien als historische oder logisch-formale zu begreifen sind – ein Unterschied, der sich auch am Konzept des Messianischen zeigt.[72] Demgegenüber

69 Vgl. Jacques Derrida, *Schurken*, S. 13f.; ders., *Politik der Freundschaft*, Frankfurt a. M. 2002, S. 156f.

70 Benjamin, *Zur Kritik der Gewalt*, S. 182.

71 Derrida, *Gesetzeskraft*, S. 30.

72 Vgl. Sinnerbrink, »Deconstructive Justice and the ›Critique of Violence‹«, S. 487. Bei Benjamin bezieht sich Gerechtigkeit auf eine Figur der Erlösung.

zielt Agamben auf eine Entsetzung dieser paradoxalen Struktur des Rechts und sucht in den Diskussionen um den Ausnahmezustand und das »messianische Ereignis« nach »Mittel[n] und Wege[n] einer neuen Politik«.[73] Er wendet sich gerade gegen Derridas Verabsolutierung des Unentscheidbaren: Denn in einer solchen Konzeption wird »das Gesetz unbegreiflich und gerade deshalb unüberwindbar, nicht absetzbar (in den Worten der Dekonstruktion: unentscheidbar)«.[74]

Die maßgeblichen Differenzen in Bezug auf die Konzeption des Anderen der Ordnung lassen sich entlang dieser Lesarten und Umschreibungen des Textes von Benjamin entfalten: An die Stelle des Sprungs »aus dem Kontinuum des Geschichtsverlaufs«[75] tritt bei Derrida die »unendliche Aufgabe«[76] der Dekonstruktion. Sie findet ihre Fortsetzung in der »kommenden Demokratie«: Diese ist zwar »not hopeless, in despair, but foreign to the teleology, the hopefulness, and the *salut* of salvation«.[77] Agamben hingegen schreibt die Thesen Benjamins stärker in den Kontext von Schmitt und damit in das Verhältnis von Souveränität und Ausnahme ein – eine Position, die »symptomatisch für Agambens Benjamin-Interpretation [ist], die vor allem unter Vernachlässigung der ›Kritik‹ Benjamins dialektische Geschichtstheorie po-

Obschon Derrida zunächst ähnlich zu argumentieren scheint, wenn er Gerechtigkeit als »zu kommend« (Derrida, *Gesetzeskraft*, S. 56f.) charakterisiert, meint er jedoch etwas strukturell anderes, wodurch sich Derridas Konzept eines »Messianischen ohne Messianismus« erheblich von Benjamin unterscheidet. Derrida, *Marx & Sons*, Frankfurt a. M. 2004, S. 81–83; ders., *Marx' Gespenster*, S. 97.

73 Giorgio Agamben, »Der Messias und der Souverän. Das Problem des Gesetzes bei Walter Benjamin«, in: ders., *Die Macht des Denkens. Gesammelte Aufsätze*, Frankfurt a. M. 2013, S. 287–310, hier: S. 308; ders., *Homo sacer*, S. 196.

74 Agamben, »Der Messias und der Souverän«, S. 303; vgl. ebd., S. 302. Zum Verhältnis von Agamben zu Derrida vgl. Leland de la Durantaye, *Giorgio Agamben. A Critical Introduction*, Stanford, Calif. 2009, S. 184ff.; Elke Lachert, »Wege dorthin. Zum Problem der Unentscheidbarkeit bei Agamben und Derrida«, in: Janine Böckelmann/Frank Meier (Hrsg.), *Die gouvernementale Maschine. Zur politischen Philosophie Giorgio Agambens*, Münster 2007, S. 207–215.

75 Walter Benjamin, *Das Passagen-Werk*, in: ders., *Gesammelte Schriften*, Bd. V, Frankfurt a. M. 1991, S. 595.

76 Derrida, *Marx' Gespenster*, S. 96f.; ders., *Schurken*, S. 171.

77 Jacques Derrida, *Rogues. Two Essays on Reason*, Stanford 2005, S. xv. Ich zitiere diese Aussage aus *Schurken* hier auf Englisch, weil die deutsche Ausgabe den wesentlichen (und für Derrida paradigmatischen) Aspekt falsch übersetzt. Dort heißt es: »Nicht verzweifelt, doch jeder Teleologie, jeder Hoffnung und jedem Erlösungsheil fremd.« Derrida, *Schurken*, S. 13f. Sowohl im französischen Original als auch in der englischen Übersetzung sind alle Bestandteile der Aufzählung syntaktisch auf »salvation« bezogen – es geht also nicht schlechthin um Hoffnung und Teleologie.

litisch-messianisch verkürzt«.[78] Dies führt bei Agamben dazu, dass seine Arbeiten zwar deutlich näher an Benjamin sind, aber »durchwegs den Eindruck [machen], als würden sie den dekonstruktiven Denkgestus in schmittianisch verschärfter Form weiterführen wollen«.[79] Es ist damit gerade das für Benjamin zentrale Modell der Kritik und die eigentümliche Melange aus Anarchismus und Messianismus, die Derrida und Agamben in den Hintergrund treten lassen.[80]

Was folgt daraus für die Frage nach dem Anderen der Ordnung? Während Benjamin sie in Richtung einer *anderen Ordnung* im Sinne einer Überwindung der bestehenden Formen des Rechts beantwortet, bezieht sie vor allem Derrida, z. T. aber auch Agamben, stärker auf das Andere im Sinne eines konstitutiv Verworfenen bzw. einer Andersheit im Innern der Ordnung. Die auf den ersten Blick paradoxe Konsequenz ist aber, dass die Frage gerade dadurch einen politisch wie theoretisch prominenteren Status erlangt. Das Andere der Ordnung entwickelt sich in dem Moment zu einem diskutablen theoretischen Konzept, als es im Anschluss an die Leitmodelle der Unentscheidbarkeit und Supplementarität zu einer Grenz- und Schwellenfigur wird. Denn zum einen ist hierüber wenig zu sagen, wenn sich das Andere auf eine eschatologische Figur der Erlösung zusammenzieht. Und zum anderen ermöglicht gerade jene Betrachtung der Ordnung von ihrer Grenze her einen anderen Zugang zu dieser Frage. So bieten sich diese Positionen gerade wegen ihrer Konzentration auf das Unentscheidbare für eine Verschiebung des Blicks auf jene Differenzfiguren des Nicht-Gedachten, Heterogenen oder »Marginalen«[81] an. Folglich ist es nicht überraschend, dass jene Alteritätsfiguren überhaupt erst im Anschluss an Positionen der Dekonstruktion die ihnen aktuell zukommende Stellung erlangt haben. Der Preis der Faszination für die Paradoxien im Verhältnis von Recht und Gewalt, für die Struktur der möglich-unmöglichen Gründung sowie (in gelegentlichen Überhöhungen) für das Minoritäre und Heterogene schlechthin ist jedoch (wie der Kontrast zu Benjamin sichtbar macht), dass das Andere der Ordnung im Sinne eines grundlegenden Bruchs entweder zur unvermittelten und selbst mythischen Setzung wird (Agamben) oder gänzlich verschwindet (Derrida).

Damit zeigen sich an der Dreierkonstellation nicht nur die Eigenheiten der jeweiligen Positionen, sondern auch unterschiedliche Konzeptionen des Anderen der Ordnung, die als paradigmatisch für bestimmte Linien der politischen Theorie gelten können: von der Kri-

78 Morgenroth, »Benjamin – Agamben. Politik des Posthistoire«, S. 131.

79 Oliver Marchart, *Die politische Differenz. Zum Denken des Politischen bei Nancy, Lefort, Badiou, Laclau und Agamben*, Frankfurt a. M. 2010, S. 221.

80 Vgl. Sinnerbrink, »Violence, Deconstruction, and Sovereignty«, S. 90.

81 Derrida, *Gesetzeskraft*, S. 59.

tischen Theorie (bei Benjamin und Adorno) über einen dekonstruktivistischen Poststrukturalismus (von Derrida bis Butler und Laclau) bis zu neueren Theorien des Politischen mit ihrer eigentümlichen Faszination für den Messianismus von Paulus (Agamben, Badiou und Žižek). Zudem wird ersichtlich, dass die Eingemeindung Benjamins in den Dekonstruktivismus gezwungen ist, einige theoretische und politische Aspekte seiner Schriften abzuschneiden. Betroffen ist davon auch der für Benjamin notwendige Bezug zwischen der Kritik des Verhältnisses von Recht und Gewalt und der Figur der reinen Gewalt, der gerade gewährleistet, dass die reine (göttliche) Gewalt nicht als willkürlicher oder idiosynkratischer Zusatz zu begreifen ist.[82] Denn diese ist für Benjamin Ergebnis der *Kritik der Gewalt* selbst und nicht nach Vorliebe oder politischem Willen aus dem Problemzusammenhang von Recht und Gewalt zu streichen.[83] Trotz seines zunächst affirmativen Bezugs auf die Figur der göttlichen Gewalt ist auch Agamben mit diesem Problem konfrontiert, das sich letztlich als Verhältnis von Profanem und Messianischem begreifen lässt. Während Benjamin die profane »Jetztzeit« mit einer »schwachen messianischen Kraft« ausstattet,[84] fungiert das Messianische bei Agamben jedoch eher als unverbundene Gegenfigur zu einer negativen Universalgeschichte, die zwar die Idee des Ausgangs noch festzuhalten versucht, jedoch kaum mehr aus der Gegenwart heraus bestimmen kann.[85] Seinen Grund hat dies nicht zuletzt in der problematischen Unterscheidung von reiner und mythischer Gewalt bei Agamben, da sie die reine Gewalt gänzlich von dem Problem des Rechts abtrennt und zu einer Differenzlosigkeit in der Einschätzung von Gewalt führt. Letzten Endes fallen so alle Formen von Gewalt und Exklu-

82 Vgl. Liska, »The Legacy of Benjamin's Messianism«, S. 208.

83 Im Prinzip betont gerade Agamben diesen Punkt, wenn er auf die Unannehmbarkeit der Thesen Benjamins für Schmitt hinweist. Vgl. Agamben, *Ausnahmezustand*, S. 64ff.

84 Benjamin, *Über den Begriff der Geschichte*, S. 704, 694.

85 So potenziert sich in diesem Punkt, was bereits im Stil beider Autoren erkennbar ist: Benjamin ist trotz der geschichtsphilosophischen Orientierung ein Philosoph des Details und der Spuren des Alltags. Es geht ihm darum »in der Analyse des kleinen Einzelmoments den Kristall des Totalgeschehens zu entdecken«. Benjamin, *Das Passagen-Werk*, S. 575. Agamben hingegen ist mehr an den großen Erzählungen und Paradigmen interessiert. Vgl. Giorgio Agamben, *Signatura rerum. Zur Methode*, Frankfurt a. M. 2009, S. 9–39. Zur Kritik an der Überhistorisierung und der Nivellierung historischer Differenzen bei Agamben vgl. auch Johannes Scheu, »Wenn das Innen zum Außen wird. Soziologische Fragen an Giorgio Agamben«, in: *Soziale Systeme. Zeitschrift für soziologische Theorie* 14, 2008, S. 294–307; Morgenroth, »Benjamin – Agamben. Politik des Posthistoire«, S. 138f.; Marchart, *Die politische Differenz*, S. 227ff.

sion zusammen, während gleichzeitig der bei Benjamin präsente, das Problem der Erlösung als Drohung begleitende Rückfall in mythische Gewalt abwesend bleibt. In Verbund mit der Dramaturgie des weltgeschichtlichen Verhängnisses wird so das Messianische bei Agamben zu einem Beiwerk – und genau deswegen selbst verabsolutiert.

Gregor Dobler

Radcliffe-Brown, Leach, Turner, Dürr: Vier ethnologische Versuche, die Ordnung intakt zu halten

Wissenschaft unterstellt Ordnung. Wer Wissenschaft betreibt, muss Muster im Chaos des Alltäglichen identifizieren, muss in den unüberblickbaren Bewegungen von Teilchen, Märkten oder Menschen Strukturen erkennen. Nur indem sie von der stets sich verändernden Empirie so weit abstrahiert, dass darin typische Regelhaftigkeit sichtbar wird, kann Wissenschaft Sinn produzieren.

Über diesen allgemeinen Zug jeder Wissenschaft hinaus hat die Ethnologie spezifische Gründe, Ordnung zu privilegieren. Sie beschäftigt sich mit dem Sinn gesellschaftlicher Zustände, die sich von unseren eigenen unterscheiden. Dabei musste sie vor allem in ihren frühen Jahren stets gegen die Vermutung anschreiben, die von ihr untersuchten Gesellschaften seien primitiv, wild und unzivilisiert. Wo europäische Beobachter sinnlose Tänze sahen, haben Ethnologen komplexe Ordnungen von Ritualen beschrieben; wo koloniale Eroberer Anarchie vermuteten, identifizierten Ethnologen ein genau austariertes Geflecht von Macht und Gegenmacht; wo imperiale Historiker mangelnde Organisationsfähigkeit unterstellten, verwiesen Ethnologen auf die konstruktive Rolle von weiten Verwandtschaftsketten und das Gefüge von Lineages und Clans. Ethnologen mussten also von Berufs wegen Ordnung stark machen. Die Differenz zu unserer eigenen Gesellschaft verleitete dabei oft dazu, *überall* Sinn zu sehen. Die Prämisse der Fremdheit der untersuchten Gesellschaft erzeugte, wenn man auf Handlungen stieß, die sich nicht in den kulturellen Kontext integrieren ließen, stets den Verdacht, einfach noch nicht gut genug hingesehen zu haben. Die Erfahrung von Differenz schuf den Eindruck von Kohärenz des Anderen; die methodische Maxime, den Handlungen der Anderen Sinn zu unterstellen, führte oft zu einer Kulturalisierung individuellen Handelns.

Ethnologie ist also als Wissenschaft allgemein und als Wissenschaft von anderen gesellschaftlichen Ordnungen auf Kohärenz und Systematisierung angewiesen. Die konkreten Systematisierungen, zu der sie kommt, bleiben jedoch selten unwidersprochen. Vertreterinnen und Vertreter der Wissenschaft haben einander und sich selbst immer wieder dabei ertappt, die Ordnungssuche zu weit zu treiben. Wie angemessen ist unsere Abstraktion den Gegenständen? Identifizieren wir tatsächlich Muster, die in ihnen liegen und ihren Kern verständlich machen, oder ist die Ordnung, die wir sehen, vor allem von unserem Wunsch nach

Regelhaftigkeit bestimmt? Wie gehen wir mit all jenen Fällen um, die sich nicht bruchlos auf Regeln bringen lassen?

Diese Fragen führen immer wieder zu heftigen Debatten und zu einer ständigen innerwissenschaftlichen Kritik. Sie stellen sich erstaunlicherweise in jenen Wissenschaften am deutlichsten, die die Abstraktion am wenigsten weit treiben. Äpfel, Menschen oder Planeten als Massepunkte zu beschreiben, um die Gesetze ihrer Bewegung untersuchen zu können, erzeugt relativ wenig Widerspruch. Doch je ideographischer eine Wissenschaft, je näher sie ihre Abstraktionen also an der Beschreibung konkreter Phänomene orientieren will, desto größer wird der Verdacht, Sinn auch dort herzustellen, wo er nicht zu finden ist. Theodor Lessing warf nicht umsonst gerade den Geschichtswissenschaften vor, »Sinngebung des Sinnlosen« zu unternehmen. Dabei verstärkt eine unbehagliche Nähe zu unserem eigenen inneren Leben das Unbehagen an zu starker Sinngebung oft. Wir sind skeptischer gegen Abstraktionen, wenn sie den Anspruch haben, uns selbst zu erklären – weil wir die Zwischentöne wichtiger nehmen und weil es uns schwer fällt, an abstrahierbare Ordnungen zu glauben, denen unsere eigene Handlungsfähigkeit unterworfen ist.

Kurz: Sozialwissenschaften müssen zwar, als Wissenschaft, Ordnungen suchen. Ihre konkreten Ordnungsversuche aber bleiben von vornherein prekär. Das, was sich nicht der Ordnung unterwirft, kann jederzeit wieder zum Vorschein kommen und als Argument gegen den jeweiligen Ordnungsversuch verwendet werden. Deshalb brauchen sozialwissenschaftliche Theorien in höherem Maße als die Theorien anderer Wissenschaften Strategien dafür, dem, was nicht in die Ordnung passt, seine Sprengkraft zu nehmen. Sie können das Andere der Ordnung nicht einfach ignorieren, sondern müssen seine Möglichkeit mitdenken und in die Ordnung integrieren: das Andere muss bereits Teil des Ordnungsversuches sein. Je größer das Bedürfnis nach Ordnung – und, wie gesagt, in der Ethnologie war es von jeher relativ groß – desto stärker wächst auch die Spannung zwischen ihr und ihrem Anderen.

Wie die Ethnologie das tut, und wie schwer es ihr fällt, das Andere der Ordnung gerade nicht in ihre Ordnung zu integrieren, möchte ich im Folgenden an vier klassischen Positionen der Ethnologie zeigen. Dabei muss ich selbst tun, was ich als Charakteristika der beschriebenen Autoren darstelle: das, was sich ordnen lässt, gegenüber dem Anderen der Ordnung privilegieren, und so tun, als ließen sich widerspruchsvolle Positionen bruchlos und pointiert darstellen.

Radcliffe-Brown

Alfred Reginald Radcliffe-Brown war eine der wichtigsten Figuren der Ethnologie des zwanzigsten Jahrhunderts. Er lehrte Ethnologie in »Cambridge, London, Birmingham, Pretoria, Johannesburg, Kapstadt, Sydney, [Chicago,] Yenching, Sao Paolo, Alexandria and Grahamstown«[1] und übernahm 1937 den ethnologischen Lehrstuhl in Oxford. An all diesen Orten institutionalisierte er Ethnologie als positivistische, nach Gesetzen menschlichen Zusammenlebens suchende Sozialwissenschaft. Gerade sein Positivismus ließ seine Ansätze nach seinem Tod 1955 schnell veraltet und knöchern wirken; sein Schüler Edward Evans-Pritchard übernahm seinen Lehrstuhl in Oxford und erklärte die Ethnologie explizit zur beschreibenden Kulturwissenschaft, deren Aufgabe es nicht sei, Gesetze zu formulieren, sondern kulturelle Konzepte zu übersetzen.[2] Diese Wende war jedoch weniger radikal, als sie aus manchen Programmschriften erscheint; Evans-Pritchard arbeitete stets sehr analytisch und theorieorientiert, und Radcliffe-Browns Suche nach Ordnung war weniger naiv als Kritiker sie oft darstellten.

Während seiner Studententage hatte Radcliffe-Brown Peter Kropotkin kennen gelernt und war, wie Adam Kuper berichtet, als »Anarchy Brown« bekannt.[3] Dabei interessierte er sich zwar für politische Anarchie, aber der bleibende Einfluss Kropotkins auf Radcliffe-Brown lag an einer anderen Stelle. Kropotkin betonte – in expliziter Wendung gegen populäre sozialdarwinistische Theorien des ewigen Konkurrenzkampfs – die Kooperation zwischen Menschen. Nur sie ermögliche Spezialisierung gesellschaftliche Kohärenz und verhindere damit einen ständigen Kampf ums Dasein.

Diese Vorstellung von Gesellschaft als Gefüge von miteinander kooperierenden und ineinandergreifenden Größen, die sich nicht allein als nutzenmaximierende Individuen begreifen ließen, war für Radcliffe-Brown prägend. In der Auseinandersetzung mit Durkheim gewann sie für ihn eine neue Qualität: an die Stelle der individuellen Persönlichkeiten Kropotkins traten nun die Institutionen einer Gesellschaft, die ineinandergreifen und gesellschaftliche Reproduktion ermöglichen. Nur in ihrem Zusammenspiel sichern sie jene gesellschaftliche Kontinuität, die den einzelnen Menschen Orientierung und erfolgreiches Handeln ermöglicht. Radcliffe-Browns wissenschaftliches Interesse galt

1 Edward Evan Evans-Pritchard/Fred Eggan, »Foreword«, in: Alfred Radcliffe-Brown, *Structure and Function in Primitive Society. Essays and Addresses*, London 1952, S. v–vi, hier: S. v.

2 Vgl. Edward Evan Evans-Pritchard, *Social Anthropology*, London 1951.

3 Adam Kuper, *Anthropology and Anthropologists. The Modern British School*, London 1983, S. 39.

von da an der *Struktur* von Gesellschaft, ihren Regelmäßigkeiten über Kontingenzen hinweg. Seine Vision war es, das Zusammenwirken der Institutionen und Normen eines Tages in Form wissenschaftlicher Gesetze beschreiben zu können.

Dabei verschloss er nicht einfach die Augen vor dem, was nicht in die Ordnungsversuche passte. Radcliffe-Brown behauptet an keiner Stelle, dass Menschen sich an Gesetze hielten oder dass ihr konkretes Handeln gesetzmäßig beschreibbare empirische Ordnungen aufweise. Im Gegenteil: Was Menschen tun und denken, ist ungeordnet und kontingent. Gerade deswegen aber darf die Wissenschaft sich nicht darauf beschränken, solch zufälliges Durcheinander zu beschreiben. Der Versuch, auf dieser Ebene Ordnung zu schaffen, wird von vornherein zum Scheitern verurteilt sein. Ordnung findet sich auf eine anderen Ebene: dort, wo Institutionen, Rollen oder Normen ineinandergreifen und in ihrem Austausch einander so verändern, dass dauerhaftes Zusammenspiel möglich wird. *Gesellschaft* überdauert die Individuen und ihr ungeordnetes Handeln. Um diese Dauerhaftigkeit zu erklären, muss die Ethnologie sich auf die Ordnung der Institutionen konzentrieren, nicht auf die Kontingenz des Alltags. Dabei definierte Radcliffe-Brown Institutionen durchaus über Alltagshandeln; er sah sie als »eingeführte Muster sozialen Verhaltens, die sich auf einen Zug des gesellschaftlichen Lebens beziehen«.[4] Der Wissenschaft zugängliche Ordnung fand sich für ihn aber nur in den Mustern, niemals – oder zumindest nicht notwendigerweise – im tatsächlichen Verhalten.

Genau deshalb reagierte Radcliffe-Brown gegen Ende seines Lebens auch sehr gereizt auf Versuche, ihn mit Malinowski zusammen einer ›funktionalistischen Schule‹ zuzuordnen. Der Funktionalismus Malinowskischer Prägung versuchte, gesellschaftliche Institutionen aus ihrer Funktion für die Befriedigung individueller Bedürfnisse zu erklären. Dieser Gedanke war für Radcliffe-Brown eine unwissenschaftliche und krude Ableitung gesellschaftlicher Institutionen aus dem Individuum. Wenn sich Ordnung überhaupt erkennen lässt, dann nur dort, wo notwendige Beziehungen Institutionen verbinden und stabilisieren: in der Struktur der Gesellschaft. Gesellschaftliches Leben ist durch diese Struktur bestimmt und wirkt auf sie stabilisierend oder verändernd zurück. In den Blick der Wissenschaft gerät das gesellschaftliche Leben nur insofern, als es Konsequenzen für jene Struktur hat, die das eigentliche Thema wissenschaftlicher Beschreibung bleiben muss.

Aus Kropotkins Idee der gegenseitigen Hilfe ist hier das unwillkürliche Zusammenwirken individueller Handlungen geworden, deren wissenschaftliche Bedeutung allein darin besteht, die Gesellschaft zu

4 Alfred R. Radcliffe-Brown, »Functionalism. A Protest«, in: *Amercian Anthropologist* 51 (2), 1949, S. 320–323, hier: S. 322, übers. v. GD.

reproduzieren und damit den Handlungen einen Rahmen zu geben. Radcliffe-Brown übersieht das Andere der Ordnung nicht. Er behauptet nicht, dass das gesellschaftliche Leben bruchlos in der Struktur der Gesellschaft aufgehe. Sein Versuch, das Andere der Ordnung zu entmachten, ist subtiler: Er erkennt es an, aber schließt es definitorisch aus der Beschreibung und Analyse aus. Wissenschaft identifiziert Ordnung und Gesetze; deshalb kann nur das, was Konsequenzen für die Ordnung hat, auch für die Wissenschaft relevant sein.

Edmund Leach

Edmund Leach war ein Schüler von Malinowski und Radcliffe-Brown; ein guter Teil seiner theoretischen Schriften ist dem Versuch gewidmet, dieses Erbe zu verarbeiten und die theoretischen Positionen seiner Lehrer zu überwinden. Dabei benutzte Leach zunächst die Empirie burmesischer Gesellschaften, später die strukturalistischen Theorien Lévi-Strauss' als Ankerpunkte für seine Kritik und für eine Neubestimmung der Ethnologie als Wissenschaft.

Leach hatte zuerst Elektrotechnik studiert und für eine britische Handelsfirma in China gearbeitet, bevor er sich 1937 an der London School of Economics unter Malinowski für Ethnologie einschrieb und ab 1939 sieben Jahre zuerst als Ethnologe, dann als britischer Geheimdienstoffizier in Birma lebte. Die Erfahrungen dieser Zeit mündeten in seiner Dissertation *Political Systems of Highland Burma*.[5]

Die berühmte Einleitung dieses Buches ist eine Abrechnung mit Radcliffe-Browns Strukturfunktionalismus. Im Zentrum der Kritik steht dabei eben die Tendenz, nur das, was sich bruchlos ordnen lässt, als möglichen Baustein ethnologischer Theoriebildung anzusehen. Später formulierte Leach diese Kritik polemischer und deutlicher, etwa in seiner Vorlesung »Social Anthropology as a natural Sciene?« von 1976. Leach stellt Radcliffe-Brown hier als »konservativen Empiriker« dar – als jemanden, der »die Tendenz dazu hat, an einem Modell festzuhalten, das er früh aus den ersten Stücken praktischer Evidenz formuliert hat, die er zufällig fand. Danach wird er entweder alle Ausnahmen ignorieren oder mit Hilfe der Statistik nachweisen, dass sie so ungewöhnlich sind, dass man sie vernachlässigen kann.«[6] Radcliffe-Brown, so Leach weiter, habe in der Empirie allein Zugang zu ihren Gesetzen gesucht,

5 Edmund Leach, *Political Systems of Highland Burma: A Study of Kachin Social Structure*, Tiptree/Essex 1954.

6 Edmund Leach, »Social Anthropology as a natural Sciene?« in: ders., *The essential Edmund Leach*, Bd. 1, hrsg. v. Stephen Hugh-Jones/James Laidlaw, New Haven 2000, S. 77–96, hier: S. 81, übers. v. G.D.

und sei davon ausgegangen, dass man die Kategorien, die die Gesellschaftswissenschaft finde, in der Gesellschaft selbst als natürliche Größen vorfinden könne. Zwar konstruierten die Menschen in der Gesellschaft auch ihre eigenen Kategorien, aber die Wissenschaft könne sich nicht auf diese verlassen, sondern müsse nach den *wirklichen* Beziehungen suchen. Dieser Gedanke, die Kategorien, die die Wissenschaft verwendet, würden von ihr nur entdeckt, nicht aber geschaffen, ist Leach sichtbar fremd. Er zitiert dagegen Giambattista Vicos Maxime, dass »diese politische Welt sicherlich von den Menschen gemacht worden ist; deswegen können ihre Prinzipien innerhalb der Modifikation unseres menschlichen Geistes gefunden werden.«[7]

Das ist vielleicht der Kern von Leachs Wissenschaftsauffassung. Dieser Kern führt ihn bald zum Strukturalismus, der die Mitwirkung des Wissenschaftlers an den Kategorien der Wissenschaft betont und die Verwandtschaft beider aus einem gemeinsamen Menschsein ableitet; aber Leach blieb zeitlebens zu sehr der Empirie verhaftet, um ganz zum Strukturalist zu werden.

Wie aber lässt sich mit dem umgehen, was sich nicht als Ordnung beschreiben lässt, wenn man es nicht wie Radcliffe-Brown (und auf ganz andere Weise Lévi-Strauss) als unbedeutendes Rauschen vernachlässigen kann? Leach ging hier den Weg Vicos und hatte damit entscheidenden Einfluss auf die britische Ethnologie seit den 1950er Jahren. Das zeigt sich zum ersten Mal deutlich in der Monographie von 1954. Leach beschreibt schon in der Einleitung »die Kachin« als einen stetig sich wandelnden Komplex von Gesellschaften, deren Grenzen ebenso schwer anzugeben seien wie ihre Eigenschaften. Wer hier als Ethnologe nach Ordnung suche, müsse sich darüber klar sein, dass die Ordnung von ihm gemacht sei, nicht in der Gesellschaft selbst liege. »Die Strukturen, welche der Anthropologe beschreibt, sind Modelle, die lediglich in seinem Kopf existieren, als logische Konstruktionen.«[8] Gesellschaftstheorie – auch hier gedacht als Beschreibung der Beziehungen zwischen Institutionen und Individuen, die Stabilität ermöglichen – sei notwendigerweise statisch und funktional; sie müsse das Zusammenwirken aller Teile zu einem bestimmten Zeitpunkt beschreiben. Diese Statik und Funktionalität aber im Gegenstand selbst zu vermuten, sei ein naiver Fehler. Reale Gesellschaften änderten sich ständig. Von diesem Wandel sei auch die fundamentale Sozialstruktur betroffen, nicht allein die empirischen Handlungen von Menschen, denn mit den Handlungen der Menschen verändere sich auch das Gefüge der Institutionen.

7 Ebd.
8 Edmund Leach, »Über politische Systeme im Hochland von Burma«, in: Fritz Kramer/Christian Sigrist (Hrsg.), *Gesellschaften ohne Staat*, Bd. 1, Frankfurt a. M. 1978, S. 237–249, hier: S. 239.

Deshalb könne es nicht die Aufgabe der Ethnologie sein, im durkheimschen Sinn eine abgeschlossene Gesellschaft zu analysieren. Vielmehr müsse es der Ethnologie darum gehen, allgemeine Muster zu identifizieren, die in jeder Gesellschaft und zu jeder Zeit wirksam sein könnten.[9] Genau das ist der Punkt, an dem Leach jene Mittelstellung zwischen der verstehenden Kulturwissenschaft etwa des späten Evans-Pritchard oder des mittleren Clifford Geertz und dem Strukturfunktionalismus Radcliffe-Browns einnimmt, die ihm den Strukturalismus Lévi-Strauss' attraktiv und gefährlich gleichermaßen erscheinen ließ: »allgemeine Muster« sucht Leach nicht auf der Ebene der individuellen Erlebens oder der Kultur. Die Kultur ist nichts als »das Gewand«, »in dem ein und das selbe Element der sozialen Struktur«[10] an verschiedenen Orten erscheint (ein Satz, der durchaus auch von Radcliffe-Brown stammen könnte). Deshalb sind es auch nicht die kulturellen Sinngebungen, die die Ethnologie eigentlich interessieren sollen. Ihr Interesse richtet sich auf die fundamentale Struktur menschlichen Handelns. Dazu gehört für Leach etwa der in allen Gesellschaften auf unterschiedliche Art wirksame Gegensatz zwischen Hierarchie und Egalität, oder jener zwischen Allianz und Deszendenz.

Wie verändert sich dadurch der Blick auf *das Andere der Ordnung*? Die kurze Antwort ist: erstaunlich wenig. So sehr sich die Ethnographie Leachs von jener Radcliffe-Browns unterscheidet, und so sehr Leach darauf beharrt, sich vom kruden Empirizismus Browns zu unterscheiden – so sehr gleichen sie sich letztlich in der Art, wie sie Dinge wahrnehmen, die nicht in ihre Ordnung passen. In beider Wissenschaft kommt es letztlich allein auf die Struktur an. Ob man diese Struktur wie Leach als Modell ansieht, das im Kopf des Wissenschaftlers entsteht und der Gesellschaft nur deswegen angemessen ist, weil sie von Menschen gemacht wurde, die sich vom Wissenschaftler nicht grundlegend unterscheiden; oder ob man die Struktur wie Radcliffe-Brown als Widerspiegelung realer Ordnung ansieht, deren Notwendigkeit sich aus den Gesetzmäßigkeiten der sozialen Welt ergibt: was nicht in die Ordnung passt, berührt sie auch nicht. Es lässt sich vernachlässigen, ohne am Wesentlichen etwas zu ändern.

Der späte Leach hat das Dilemma, das aus dieser Position für die Begründung wissenschaftlichen Wahrheitsanspruches folgt, klar gesehen und im Nachhinein versucht, jede Verantwortung für die Entsprechung mit der Realität abgegeben. »Die Daten, die aus der Feldforschung kommen, sind subjektiv, nicht objektiv; [...] eine Art harmonischer Projek-

9 Siehe auch Edmund Leach, »Glimpses of the unmentionable in the history of British Social Anthropology«, in: *Annual Review of Anthropology* 13, 1984, S. 1–23, hier: S. 19ff.

10 Leach, »Über politische Systeme«, S. 247.

tion der eigenen Persönlichkeit des Beobachters. [...] Ethnographien sind aus sich selbst heraus interessant, nicht, weil sie uns etwas über die äußere Welt verraten.«[11] Wie viele konstruktivistische Positionen wurde auch diese von ihrem Autor eher in der Theorie vertreten als in der Praxis, in der er sich stets mit großer Leidenschaft auf ethnographische Fakten berufen hat. Auch die Erkenntnis der Kontingenz jedes Ordnungsmodells schützt nicht davor, seine größere Angemessenheit an die Realität zu behaupten. So kommt auch Leach letztlich nicht umhin, im Interesse der Ordnungsfähigkeit aus der Ordnung auszugrenzen, was nicht in sie passt.

Victor Turner

In »Political Systems of Highland Burma« verwendet Leach einen großen Teil der Analyse darauf, zu zeigen, dass der Verschränkung von hierarchischer und egalitärer Ordnung in Burma Spannungen inhärent sind, die immer wieder zu gesellschaftlichen Abspaltungen führen. Die abgespaltenen Gruppen scheiden dabei aber nicht aus dem Gesamtkontext aus, sondern bleiben Teil des größeren gesellschaftlichen Zusammenhangs und reproduzieren den Zwiespalt zwischen Hierarchie und Egalität.

Damit weist Leachs Buch erstaunliche Parallelen zu einem anderen, ein Jahr später als Dissertation verteidigten Klassiker der Ethnologie auf: zu Victor Turners *Schism and Continuity in an African Society: A Study of Ndembu Village Life*.[12] Auch der 1920 geborene Turner war von Radcliffe-Brown beeinflusst, sowohl direkt als auch über den Umweg seines eigenen Lehrers Max Gluckman. Wie Gluckman übernahm er wichtige Aspekte von Browns Wissenschaftsbild, versuchte aber, reale gesellschaftliche Prozesse, vor allem gesellschaftliche Konflikte, stärker in die Analyse zu integrieren. Während Konflikte bei Radcliffe-Brown im Wesentlichen Oberflächenphänomene bleiben, arbeiteten Gluckman und Turner im gesellschaftlichen Kontext des südlichen Afrika zu Beginn der Apartheid-Ära. Wenn sich hier überhaupt von gesellschaftlicher Integration sprechen ließ, so nur, wenn man fundamentale Konflikte als funktionalen Teil der Gesellschaft beschreiben konnte. Das ist der Hintergrund – und gleichzeitig die Hauptthese – von Turners Dissertation. Schon im Titel wird das deutlich. »Spaltung und Kontinuität *in einer afrikanischen Gesellschaft*« lässt sich nur untersuchen, wenn die Kontinuität der Gesellschaft als ganzer durch die Spaltung nicht in Frage steht.

11 Edmund Leach, »Glimpses of the unmentionable«, S. 21.

12 Victor Turner, *Schism and Continuity in an African Society: A Study of Ndembu Village Life*, Manchester 1957.

Anstatt Struktur und Konflikt als zwei Pole gegenüberzustellen, sah Turner, dass die soziale Organisation der Ndembu Konflikte nachgerade hervorbrachte und förderte. Ein großer Teil der gesellschaftlichen Reproduktion geschieht nach Turner gerade in der Darstellung und Verarbeitung solcher Konflikte. Sie sind ›soziale Dramen‹, in denen Werte, Normen und Allianzen allen Beteiligten vor Augen gestellt und damit als Ganze bestätigt werden. Das bedeutet nicht, dass die einzelnen Konflikte sich immer konsensuell lösen ließen. Am Ende eines Konfliktes stehe entweder der Bruch oder die Reintegration. Aber auch der Bruch – der durchaus mit dem physischen Exodus eines Teils der Dorfgemeinschaft einhergehen kann – ist für Turner letztlich eine Bestätigung der Ordnung. Die Ordnungsstruktur weist eine Sollbruchstelle auf, die es ermöglicht, auch die Lösung fundamentaler Konflikte als *innerhalb* der Struktur stattfindend zu erleben.

Diese Denkfigur ist für Turner entscheidend. Wie Radcliffe-Brown und Leach fragt er danach, wie Ordnung möglich ist. Während Radcliffe-Brown dabei Nicht-Ordnung für irrelevant erklärt hat, integriert Turner Nicht-Ordnung als ihr Anderes in die Ordnung. Gerade an den Brüchen erweist sich die integrierende Kraft von Gesellschaft.

Damit wird schon in seiner Dissertation sichtbar, was später im Zentrum von Turners Ritualtheorie stehen sollte: das Verhältnis von Struktur und Antistruktur. In Übergangsritualen, so seine bekannte These, wird während der Phase der Segregation die Struktur der Gesellschaft durch Antistruktur ersetzt.[13] Die so geschaffene Liminalität steht aber nicht grundlegend gegen die Ordnung der Gesellschaft; sie ist ihr notwendiges Komplement und ermöglicht damit ihren Fortbestand. Einerseits ermöglicht sie, den Stress auszuhalten, der darin liegt, einer Ordnung unterworfen zu sein; andererseits findet die Gesellschaft hier das Reservoir an Kreativität und Veränderungsfähigkeit, das es ihr ermöglicht, die Ordnung nicht erstarren zu lassen.

Je älter Turner wurde, desto stärker gewann der Aspekt kreativer Veränderung für ihn an Gewicht, und desto weiter trat Radcliffe-Browns funktional integrierte Gesellschaftsstruktur in den Hintergrund. Doch auch beim späten Turner gewinnen die ›liminoiden‹ Phänomene des Theaters oder alternativkultureller Festivals ihre Bedeutung noch aus ihrer Bezogenheit auf die Ordnung, die sie zwar als kontingent erlebbar machen, dadurch aber praktisch stabilisieren. Auch Victor Turner erklärt das Andere der Ordnung letztlich durch sein Verhältnis zu und seine Funktion für die Ordnung selbst.

13 Vgl. Victor Turner, *The Ritual Process: Structure and Anti-Structure*, Ithaca 1969.

GREGOR DOBLER

Hans Peter Dürr

Hans Peter Dürr kommt aus einer Generation von Ethnologen, die nach 1968 gegen die empiristische und theoretisch wenig innovative deutsche Nachkriegsethnologie aufbegehren. Wie andere der Rebellen hatte auch Dürr bei Wilhelm Emil Mühlmann in Heidelberg studiert, der seinerseits das sozialwissenschaftliche und zur britischen Sozialanthropologie anschlussfähige Erbe Richard Thurnwalds weitergetragen hatte. Anders als etwa Fritz Kramer, Christian Sigrist und Georg Elwert, die dieses Erbe benutzten, um die Ethnologie als theoretisch interessierte empirische Sozialwissenschaft neu zu begründen, suchte Dürr seine Bezugspunkte in Erkenntnistheorie, Philosophie und in jenem Schnittfeld von Ethnologie und Esoterik, das zumindest im Nachhinein als zeittypisch erkennbar ist. Wittgenstein, Feyerabend und Castaneda interessierten ihn gleichermaßen; in allen sah er Möglichkeiten, aus dem auszubrechen, was er als Systemversessenheit und trockene Theoretisierung der Ethnologie ansah.

Die sozialwissenschaftliche wie die erkenntnistheoretische Variante des Aufbruchs weisen starke Parallelen auf – Vertreter beider veröffentlichen in den gleichen Verlagen, arbeiten teilweise an den gleichen Zeitschriften mit und hatten die gleichen Probleme, Stellen an ethnologischen Universitätsinstituten zu bekommen. Sie scheinen in völlig unterschiedliche Richtungen zu zielen; während Kramer und Sigrist in der Theoretisierung gesellschaftliche Relevanz suchen, sucht Hans-Peter Dürr darin Lebenssinn. Doch hinter beiden Bewegungen stand die Unzufriedenheit mit dem Verzicht der deutschen Ethnologie auf Ordnungsversuche, die sie hätten als relevant anerkennen können. Während die Rezeption der britischen Sozialanthropologie dabei durchaus im Einklang mit Mühlmanns Wissenschaftsauffassung steht, entfernt sich Dürr von einer Wissenschaft, die den Anspruch hat, die empirische Ordnung der Welt zu analysieren. Dabei werden Begriffe wie ›Ordnung‹, ›Struktur‹ und ›System‹ zum Gegenbild dessen, was für Dürr den Kern der Ethnologie auszumachen scheint: Erfahrung, vor allem Erfahrung der Andersheit.

Um solche Erfahrung, die unsere eigenen Erkenntnisstrukturen in Frage stellt, geht es Hans Peter Dürr in seinen frühen Arbeiten. Entsprechend sollte man erwarten, dass das Andere der Ordnung für ihn eine wichtige Rolle spielt und er es gegenüber der Ordnung privilegiert. Das ist tatsächlich so. Gerade die Erfahrungen, die sich wissenschaftlicher Systematisierung entziehen, stehen für ihn im Mittelpunkt. Was bedeutet es, wenn Hexen fliegen? Können wir diese Erfahrung entschärfen, indem wir behaupten, das könne nicht sein – und mit welcher erkenntnistheoretischen Berechtigung behaupten wir das? Immer wieder zieht Dürr Beispiele fundamental anderer Erfahrungen heran, seien sie aus Zen-Gleichnissen, aus Castanedas Erfindungen, aus Drogenexperimenten oder aus klassischen Ethnographien. Sie werden ihm zum Beleg dafür, dass wissenschaftliche Ordnung zu eng ist.

Doch dabei geschieht – und das lässt sich vielleicht vierzig Jahre später leichter erkennen – etwas Seltsames. Die programmatischen Texte der 1970er Jahre erscheinen vor allem mit sich selbst beschäftigt. Das Andere der Ordnung wird nicht zum Anlass einer neuen, besseren Ordnung, wird nicht zum Thema genauer ethnographischer Beschreibung. Es wird lediglich zu einem Mittel des Zugangs zu den Strukturen der eigenen Erkenntnis. Die Texte wirken deshalb oft recht solipsistisch. Es geht ihnen nicht um die Erfahrung der Hexen, sondern allein um die Konsequenzen der Möglichkeit der Erfahrung von Hexerei. Damit wird das, was sich der Ordnung entzieht, letztlich wieder in ihren Dienst gestellt. Wie für Radcliffe-Brown die Zufälligkeiten menschlichen Lebens nur den Wert hatten, Material für das System zu sein, sind für Dürr die Zufälligkeiten menschlicher Kultur nur Material für den Nachweis, dass Systeme zu nichts führen als zu Knoten im Hirn. Letztlich wird auch bei ihm das Andere der Ordnung der Wissenschaft durch Eingemeindung und Anverwandlung entzogen: ist einmal seine Bedeutung erkannt, lässt es sich in ein Gedankensystem integrieren und verliert so seine grundsätzliche Widerständigkeit.

Die späteren systematischeren Werke Dürrs sind denn auch vor allem damit beschäftigt, aus einer Vielzahl diverser Quellen eine neue Ordnung in unserer Weltsicht zu etablieren. Im fünfbändigen Hauptwerk *Der Mythos vom Zivilisationsprozess*[14] widerspricht Dürr Norbert Elias' These vom Prozess der Zivilisation. Dass er dabei meiner Meinung nach Elias' Anliegen gründlich missversteht, ist hier nicht der springende Punkt; erstaunlich ist vielmehr, dass aus der Diversität der einer Ordnung widerprechenden sozialen Fakten am Ende eine bruchlose neue Ordnung entsteht. Dürr unterscheidet sich dadurch radikal von Radcliffe-Brown, dass der Referenzpunkt seiner Ordnung unser Denken über die Welt ist, nicht die Welt selbst; aber die Ordnung selbst ist (wo sie nicht, wie in *Traumzeit*,[15] von Paradoxien verdeckt wird) ebenso bruchlos wie die Radcliffe-Browns.

Abschluss

Ich habe, viel zu kurz und in vielem ungerecht ordnend, vier Versuche beschrieben, in der Ethnologie theoretisch zu arbeiten und dabei mit

14 Hans Peter Dürr, *Der Mythos vom Zivilisationsprozess*, 5 Bde., Frankfurt a. M. 1988–2002.

15 Hans Peter Dürr, *Traumzeit*, Frankfurt a. M. 1979.

einzubeziehen, was nicht in die Ordnung passt. Alle vier Autoren wissen darum, dass ihre Analyse von Gesellschaft nie bruchlos die Realität abbilden kann, und versuchen, dem, was nicht in die Ordnung passt, dennoch einen Platz in der Theorie zuzuweisen.

Alfred Radcliffe-Brown erklärt das für irrelevant, was keinen systematischen Stellenwert für die Aufrechterhaltung gesellschaftlicher Ordnung hat. Indem er der Sozialwissenschaft die Aufgabe zuweist, die Größen herauszupräparieren, deren Ineinandergreifen wirklich für die Aufrechterhaltung von Gesellschaft verantwortlich sind, und als Kriterium dafür ihre funktionale Verschränkung heranzieht, kann er alles als unbedeutend ausscheiden, was dieser Ordnung widerspricht. Gerade das Anderssein des Anderen wird zum Beweis dafür, dass es nicht wichtig für die Ordnung ist.

Edmund Leach sieht unsere Ordnung nicht als Wiederspiegelung realer Ordnung an, sondern als unsere kulturelle Leistung, und weist der Ethnologie die Aufgabe zu, anstatt geschlossener Gesellschaften den Menschen in Gesellschaft zu untersuchen. Aber auch bei ihm bleibt das Kriterium dafür, welche Fälle man analysieren muss, ihre Relevanz für die Theorie. Auch bei ihm verliert das Andere der Ordnung so die Fähigkeit, wissenschaftliche Ordnung zu stören.

Victor Turner interessiert sich für die Bruchstellen, an denen gesellschaftliche Ordnung außer Kraft gesetzt wird. Er interessiert sich für diese Bruchstellen aber aus der Perspektive des Menschen, der danach in die Ordnung der Gesellschaft zurückkehrt. Aus dieser Perspektive fragt er danach, welche Funktion das Andere der Ordnung für die Ordnung hat, und zeigt, wie sie unentrinnbar aufeinander bezogen bleiben. Die Erfahrung von Ordnung bildet stets schon die Folie, vor der Nichtordnung ihren Sinn erhält. Entsprechend kann das Andere der Ordnung die Ordnung zwar in Grenzen verändern, aber nicht abschaffen und sich ihr nicht entziehen.

Hans Peter Dürr schließlich sucht nach einer Ordnung der Wissenschaft, die andere Erkenntnisweisen mit integrieren kann. Die Bedeutung dessen, was sich einer solchen Ordnung entzieht, liegt aber lediglich in seinem Sich-Entziehen und damit in den Rückwirkungen, die es auf die Ordnung hat.

Es gab in der Geschichte der Ethnologie viele weitere Varianten, mit dem Sinnlosen, dem Anderen, dem Ungeordneten umzugehen. Manche davon sind subtiler und weniger offensichtlich als die hier vorgestellten. Ich denke aber, dass den vier Fällen systematischer Wert zukommt, und dass es kein Zufall ist, dass jede der vier vorgestellten Varianten das Andere der Ordnung in ihre Ordnung zu integrieren versucht. Wer empirisch arbeitet, muss wahrnehmen, dass sich die Welt nicht bruchlos ordnet. Wer Wissenschaft betreibt, muss Ordnung privilegieren. Damit ist empirische Sozialwissenschaft stets vor die Aufgabe gestellt, eine Ordnung zu finden, die auch das mit einbezieht, was sich in ihr nicht erklären lässt. Jeder Wissenschaftler und jede Wissenschaftlerin bricht diesen Prozess der Auseinandersetzung mit dem Ungeordneten an einem bestimmten Punkt ab. Genau das ist die Aufgabe von Wissenschaft: nicht, immer weiter zu beschreiben, bis der letzte Fall noch als Ausnahme aufgenommen ist, sondern Regeln zu finden, die Strukturen beschreiben und damit wie eine Landkarte in verkleinertem Maßstab Orientierung im schwierigen Gelände der Gesellschaft ermöglichen.

Damit ist jedoch nie alles erklärt. Genau deswegen entzündet sich die Kritik an den jeweiligen wissenschaftlichen Vorgängermodellen typischerweise gerade an ihrer Art, mit dem umzugehen, was ihre Ordnung in Frage stellt. Auch am Ende des Nachdenkens der Nachfolger aber steht dann wieder eine Ordnung, die das jeweils Andere der Ordnung in die Analyse integriert und so den Ordnungsversuch überzeugender macht.

Abstraktion zur Ordnung hin ist der Kern von Wissenschaft und bleibt ihre Stärke. Rechtfertigt diese Stärke die Gewalt, die sie dem antut, was sich nicht bruchlos integrieren lässt? Nur vorläufig lässt sich diese Frage durch den Versuch beantworten, die wissenschaftliche Ordnung so zu verbessern, dass dasjenige eine Stimme darin bekommt, was bisher nicht vorkam. Wer aber weiterhin Wissenschaft betreiben will, wird nicht darauf verzichten können, das Ungeordnete einzuordnen und im Sinnlosen Sinn zu suchen.

Christian Lavagno

Kreolisierung und Hybridität

Das Andere der Ordnung bei Édouard Glissant und Homi Bhabha

1. *Homo ordinans* und die postkoloniale Theorie

Der Mensch ordnet. Ob in der Alltagspraxis oder in der Wissenschaft, ob im politischen Handeln oder im Rechtswesen, stets streben wir nach Ordnung und können auch gar nicht anders, da wir aus ihr unsere Orientierung beziehen. Ohne Ordnung würden jede individuelle Existenz und jede gemeinschaftliche Einrichtung ihren Halt verlieren. Um die Gefahr solcher Destabilisierung abzuwehren bleibt, wie es scheint, nur der Rekurs auf Prozeduren des Ordnens und Schematisierens. Die überbordende Vielfalt von Phänomenen muss sortiert und auf eine überschaubare Anzahl von Typen zurückgeführt werden, mit dem Ziel, jeder Einzelerscheinung ihren Platz in einem umfassenden Klassifikationssystem zuzuordnen. Die in einem Feld auftretenden Kräfte müssen kanalisiert und auf ihre Ursachen zurückgeführt werden, in der Absicht, sie zu bändigen und im Idealfall ihre Energien technisch nutzbar zu machen. Mithilfe derartiger Techniken verschaffen wir uns in den verschiedensten Lebens-, Forschungs- und Praxisbereichen Überblick und Kontrolle. Der Mensch ist ein ordnendes Wesen.

Gegen diese anthropologische These lässt sich indes aus der Warte mehrerer Wissensfelder Einspruch erheben. Die Einwände laufen auf die Gegenthese hinaus, dass die Bestimmung des Menschen als *homo ordinans* einseitig ist und zur Korrektur einer komplementären Perspektive bedarf – der Frage nach dem *Anderen der Ordnung.* In einer ersten Näherung lassen sich – noch auf der allgemeinen Ebene – die Argumente gegen die Ordnung oder genauer gegen ein Denken in Termini der Ordnung zwei Typen zuordnen. Typ I stellt die Frage nach dem *Preis* der Ordnung. Hier wird daran erinnert, dass die (an sich unstrittigen) Leistungen von Ordnungsvorgängen nicht kostenlos zu haben sind und im Gegenteil ihren Tribut fordern in Gestalt von Vereinfachungen und Verkürzungen. Die Kritik lautet, dass das Resultat, also das fertige Schema, im Vergleich zum Reichtum der tatsächlich gelebten Erfahrung eine Verarmung darstellt (Reduktionismus-Vorwurf). Typ II stellt die Frage nach der *Dynamik* der Ordnung. Im Fokus steht hier die Beobachtung, dass Ordnungen oftmals gar nicht die Stabilität und Verlässlichkeit bieten, die sie versprechen, sei es, dass sie Kräften ausgesetzt sind, die sie von außen angreifen und abtragen (Erosion), sei es, dass sie von innen heraus aufbrechen und in sich zusammenfallen (Implosion). Auch eine vermeintlich eherne Ordnung, so das Argument, erweist sich auf die Dauer als instabil und transitorisch. Bei beiden Typen von Einwänden geht es darum, einem unreflektierten Vertrauen in Ordnungsmechanismen eine Absage zu erteilen. Konsequenz ist die Frage nach gangbaren Wegen und sinnvollen Zielen einer Alternative zum herkömmlichen, auf Ordnung ausgerichteten Denken.

Ich habe an anderer Stelle – in meinem Buch *Jenseits der Ordnung*[1] – eine Anzahl der genannten Wege erkundet. Die Untersuchungen haben in mehreren Hinsichten – epistemologisch, sozialphilosophisch, ästhetisch und existenziell – die hier bislang abstrakt vorgetragenen Einwände gegen das Ordnungsdenken konkret werden lassen. Der vorliegende Beitrag unternimmt den Versuch, Fragestellung und methodischen Ansatz des Buches in einem weiteren Feld zur Anwendung zu bringen, auf dem Gebiet der Kulturwissenschaft und hier insbesondere der postkolonialen Theorie. Die These lautet, dass in den *postcolonial studies* genau das geschieht, was im vorliegenden Band von Interesse ist. Zum einen werden traditionelle kulturtheoretische Diskurse als Ordnungsdiskurse gelesen und kritisiert, sowohl in inhaltlicher als auch in methodologischer Hinsicht; ein Beispiel hierfür ist der klassische Orientalismus und seine Kritik durch Edward Said.[2] Zum anderen suchen die postkolonialen Theoretiker, wie tastend auch immer, nach Denkwegen jenseits klassischer Ordnungskonzepte; die empörenden Erfahrungen der Kolonialzeit führen bei ihnen nicht zum Streben nach einer bloßen Umkehrung der Machtverhältnisse, sondern zur Suche nach einem Anderen der Ordnung, das dem Verhältnis der Kulturen neue Perspektiven und Möglichkeitsräume eröffnet. Mein Beitrag beschränkt sich aus Platzgründen auf zwei Bezugspunkte: die kulturtheoretischen Essays von Édouard Glissant und Homi Bhabhas Aufsatzsammlung *Die Verortung der Kultur*, ein Schlüsseltext der *postcolonial studies*. Mir ist bewusst, dass in diesen Texten der Ausdruck ›Ordnung‹ nur selten und vor allem nicht explizit als Grundbegriff vorkommt. Ich bin dennoch zuversichtlich, beide Autoren als Ordnungstheoretiker und vor allem -kritiker ausweisen zu können.

Vorab noch eine methodologische Bemerkung: Es ist unbedingt zu vermeiden, das Andere oder das Jenseits der Ordnung zu reifizieren und zu substantialisieren, etwa unter Titeln wie ›Chaos‹ oder ›Unordnung‹.

1 Christian Lavagno, *Jenseits der Ordnung. Versuch einer philosophischen Ataxiologie*, Bielefeld 2012.

2 Said zeigt im Detail, wie in der Rede über ›den‹ Orient einer komplexen Realität ein vereinfachendes, bestimmten Herrschaftsinteressen dienendes Schema übergestülpt wird. Vgl. Edward Said, *Orientalismus*, Frankfurt a. M. 2010.

Ein solches Vorgehen würde das Anvisierte identifizieren und damit doch wieder in die Ordnung hineinholen, worin ein performativer Widerspruch liegt.[3] Das Andere der Ordnung lässt sich nicht ›geordnet‹ thematisieren. Das bedeutet freilich nicht, dass der wissenschaftliche oder philosophische Diskurs die Segel streichen und das Feld den Dichtern überlassen müsste. Es bedeutet lediglich, dass ein besonders umsichtiges und reflektiertes Vorgehen erforderlich ist. Dazu gehört vor allem, den direkten, identifizierenden Zugriff auf die in Frage stehende Sache zu vermeiden und sie stattdessen begrifflich zu umkreisen. Dafür eignen sich Begriffe, die, statt den Gegenstand bloß einzuordnen und zu fixieren, von sich aus eine Figur der Öffnung evozieren.

2. Die Welt kreolisiert sich

Édouard Glissant (1928–2011) ist ein karibischer Schriftsteller und Essayist. Er stammt aus Martinique und spricht sowohl Französisch als auch die dortige Kreolsprache. Seine Schriften sind allesamt auf Französisch verfasst, aber das Kreolische ist ein wichtiger Gegenstand seiner Überlegungen.

Glissant befasst sich intensiv mit der Geschichte der verschiedenen Teile Amerikas, insbesondere der Karibik. Er erinnert zunächst an drei wichtige Faktoren dieser Geschichte: erstens an die Verdrängung eines Großteils der indigenen Bevölkerung durch die europäischen Eroberer und Kolonisatoren, zweitens an die Besiedlung von Teilen Amerikas durch europäische Auswanderer, und drittens an den Sklavenhandel, also die massenhafte, zwangsweise Deportation von Menschen aus Afrika. Ausgehend von diesen drei Faktoren unterscheidet Glissant nun idealtypisch drei Arten von Siedlern:

(1) den »bewaffneten Migranten« – er kommt als Eroberer im Auftrag von europäischen Mächten und wird zum Gründer von Kolonien;
(2) den »häuslichen Migranten« – er ist aus Europa ausgewandert, weil er dort – sei es aus religiösen, sei es aus wirtschaftlichen Gründen – keine Zukunft mehr sah und in der Neuen Welt ein neues Leben anfangen will; er kommt mit einem Koffer voller Erinnerungen und kultureller Traditionen, und er bringt vor allem seine Sprache mit;
(3) den »nackten Migranten« – er wurde mit Gewalt verschleppt und kommt als Sklave an; er bringt nichts mit, nicht einmal seine Spra-

3 In dem genannten Buch habe ich mehrfach versucht, die Asymmetrie im Verhältnis der Ordnung zu ihrem Anderen herauszuarbeiten. Vgl. Lavagno, *Jenseits der Ordnung*, S. 11, 22, 35, 139, 206.

che, da Menschen mit derselben Sprache auf den Schiffen und später auf den Plantagen systematisch getrennt wurden.[4]

Glissant selber ist ein Nachfahre von nackten Migranten, also von Sklaven. Sein Interesse gilt erst einmal dem Phänomen der Sprache. Während die Afroamerikaner in den USA Englisch und nur Englisch sprechen, das afrikanische Element also komplett verloren gegangen ist, haben sich auf Martinique und anderen karibischen Inseln Kreolsprachen gebildet. Hierzu führt Glissant aus:

> »Die frankophonen Kreolsprachen der Karibik bildeten sich aus dem Kontakt bretonischer und normannischer Dialekte des 17. Jahrhunderts mit einer Syntax, von der man nicht genau weiß, woher sie stammt, aber man vermutet, dass sie eine Art Synthese der Sprachen des westlichen Schwarzafrika darstellt. [...] Die Kreolsprachen entstehen aus dem Aufeinanderprallen, dem Verzehr, dem wechselseitigen Ineinander-Aufgehen sprachlicher Elemente, die ursprünglich völlig voneinander verschieden waren und eine unvorhersehbare Resultante hervorbringen.«[5]

Das bedeutet: In die Kreolsprachen ist in kaum noch nachzuvollziehender Weise ein afrikanisches Element eingeflossen. Natürlich handelt es sich um eine Sprachtheorie, die an dieser Stelle nicht überprüft werden kann. Hier interessiert nur der – theoretisch entscheidende – letzte Punkt, die »unvorhersehbare Resultante«. Für Glissant findet beim Kontakt zweier Kulturen nicht einfach ein Vorgang der Mischung (frz. *métissage*) statt, denn dann ließe sich das Ergebnis vorhersagen. Vielmehr bringen sie etwas Neues hervor, das über die Ausgangskomponenten qualitativ hinausgeht. Um diesem Moment des Innovativen auch terminologisch gerecht zu werden führt er den Begriff der *Kreolisierung* ein – die Entstehung von etwas Neuem und Unvorhersehbarem aus dem Aufeinanderprallen zweier Kulturen.

Ein zweites Beispiel, das Glissant neben den Kreolsprachen anführt, ist der Jazz, in dem sich bekanntlich europäische Einflüsse in der Harmonik und afrikanische Einflüsse in der Rhythmik überkreuzen. Aber der Jazz ist weder eine europäische noch eine afrikanische Musik, sondern etwas Drittes. Er ist auch keine bloße Mischung – wenn man einen traditionellen europäischen Volkstanz mit ein paar afrikanischen Trommeln anreichert, hat man noch lange keinen Jazz.

Glissant verallgemeinert nun die Hinweise, die er den Phänomenen der Kreolsprachen und des Jazz entnommen hat, zu der These, *»daß die*

4 Édouard Glissant, *Kultur und Identität. Ansätze zu einer Poetik der Vielheit*, Heidelberg 2005, S. 10.

5 Ebd., S. 16f.

Welt sich kreolisiert«.[6] Will heißen: Wir leben in einem Zeitalter vielfältiger Migrationsbewegungen, in dem alteingesessene Kulturen unablässig mit Andersartigem in Kontakt kommen; selten haben Kulturen sich so rasch verändert wie in der Gegenwart. Darin kann man durchaus eine Chance erblicken. Allerdings nur unter der Voraussetzung, dass man die Öffnung der Kulturen ihrer Abschottung voneinander vorzieht. Damit enthält das Konzept der Kreolisierung eine implizite Kritik an einer bestimmten Position, die innerhalb der postkolonialen Debatte vertreten worden ist, nämlich die Auffassung, dass sich die ehemals Kolonisierten auf ihr Erbe aus der Zeit vor der Kolonialherrschaft zurückbesinnen sollten. Eine solche Rückwendung zu einem vermeintlichen Ursprung, wie sie beispielsweise von Teilen der *Négritude*-Bewegung[7] angestrebt wurde, ist für Glissant keine Lösung, ganz im Gegenteil. Er sieht darin lediglich eine Verlängerung und Neuausgabe jenes Identitätsdenkens, das jahrhundertelang den Kolonialdiskurs der Europäer untermauerte, also ihre angebliche Überlegenheit aufgrund der abendländischen Kulturtradition. »[M]an muss die Identität einer einzigen Wurzel verlassen, um die Wahrheit der Kreolisierung der Welt zu finden.«[8] Glissant, obwohl selber afrikanischer Herkunft, verwirft das Projekt, durch Entdeckung einer gemeinsamen Wurzel die Voraussetzungen für eine kollektive schwarze Identität zu schaffen, die dann geschlossen der weißen Identität gegenübertreten könnte. Eine solche Entgegensetzung hält er für unfruchtbar. Stattdessen lässt er sich von Deleuze und Guattari inspirieren, die in ihrem Werk *Tausend Plateaus* dem identitären oder Wurzel-Denken der Tradition ein rhizomatisches Denken gegenüberstellen. Bei Rhizomgewächsen wie Efeu oder Maiglöckchen gibt es bekanntlich anstelle der einen sich verzweigenden Wurzel ein Sprossachsensystem mit den charakteristischen Internodien. »Jeder Punkt eines Rhizoms kann (und muß) mit jedem anderen verbunden werden. Das ist ganz anders als beim Baum oder bei der Wurzel, bei denen ein Punkt, eine Ordnung, festgelegt ist.«[9] Auf diese Weise kommunizieren die Begriffe der Kreolisierung und des Rhizoms: An die Stelle des einen Ursprungs tritt ein komplexes Wurzelgeflecht, dessen innere Vielfalt die Quelle für Innovation ist.

6 Ebd., S. 11.

7 *Négritude* ist eine in den 1930er Jahren entstandene Bewegung frankophoner schwarzer Intellektueller mit den Hauptvertretern Léopold Sédar Senghor (Senegal) und Aimé Césaire (Martinique). Die Frage nach der Rückbesinnung auf das afrikanische Erbe wird insbesondere zwischen dem afrikanischen und dem karibischen Zweig der Bewegung kontrovers diskutiert.

8 Ebd., S. 21.

9 Gilles Deleuze/Félix Guattari, *Tausend Plateaus. Kapitalismus und Schizophrenie II*, Berlin 1992, S. 16.

Für diese Verschiebung, die sowohl inhaltlich als auch methodologisch relevant ist, führt Glissant ferner den Begriff des *archipelischen Denkens* ein, das er dem »kontinentalen« Systemdenken entgegensetzt. Der Gegensatz entspricht in etwa dem zwischen einer Figur der Öffnung auf der einen Seite und dem, was bei Derrida *clôture* (Schließung) heißt, auf der anderen.[10] Es geht um eine Alternative zum herkömmlichen auf Ordnung ausgerichteten Denken, um »ein nicht-systematisches, intuitives, brüchiges, ambivalentes Denken, das der außerordentlichen Komplexität und der außerordentlichen Vielfältigkeit der Welt, in der wir leben, gerecht wird.«[11] Das Bild des Archipels deutet zum einen die Abwesenheit eines Zentrums an und zum anderen eine Ökonomie vielfältiger Bewegungen und Beziehungen zwischen prinzipiell gleichberechtigten Markt- bzw. Diskursteilnehmern. Zweifellos hat Glissants karibische Herkunft bei der Entstehung dieses Bildes Pate gestanden.

Worin besteht nun Glissants Beitrag zur Diskussion um das Andere der Ordnung? In methodologischer Hinsicht stellen seine Invektiven gegen jede Form von System- oder Identitätsdenken einen Impuls gegen den Vorrang von Ordnung dar. Identität und Ordnung sind für Glissant Basiskonzepte der Kolonialherrschaft und ihrer Fortschreibung in der Gegenwart. Seine Alternative ist eine *Poetik der Vielheit* – so der Untertitel eines Essay-Bandes –, ein ortsungebundenes Denken vielfältiger Beziehungen ohne vereinheitlichende Hegemonialinstanz, in dem wechselnde und dynamische Bezüge paradigmatisch sind anstelle von statischen und abschlusshaften Essenzen. Dieser konsequent relationalen Methodologie entspricht auf der inhaltlichen Seite der Begriff der Kreolisierung, der ebenfalls klassische Ordnungsvorstellungen unterläuft. Es geht nicht mehr um die Substanz und Identität von Kulturen, sondern darum, dass aus dem Kontakt heterogener kultureller Elemente ein ebenso unvorhersehbares wie wegweisendes Drittes hervorgeht. Das Entscheidende ist hier die Unvorhersehbarkeit, insofern sie verdeutlicht, dass die Entstehung des Neuen sich dem Überschreiten eingeschliffener Ordnungsmuster verdankt. Glissants Beitrag zur Thematik des vorliegenden Bandes besteht also im Erproben von Denkfiguren, die jenseits von traditionellen Ordnungsschemata das Miteinander von Kulturen neu konzeptualisieren.

Freilich gehen seine Überlegungen von der Voraussetzung aus, dass die Begegnung des Verschiedenen auf Augenhöhe stattfindet: »Kreoli-

10 Unter *clôture* versteht Derrida den Verzicht auf Variationsmöglichkeiten zugunsten endgültiger Festlegung. Er wirft vielen Ansätzen aus der Geschichte der Philosophie vor, auf diese Weise der Verknappung und Verarmung des Denkens Vorschub geleistet zu haben. Vgl. Jacques Derrida, *Grammatologie*, Frankfurt a. M. 1974, S. 14, 28, 166, 169.

11 Glissant, *Kultur und Identität*, S. 21.

sierung bedeutet, dass die in Kontakt gebrachten kulturellen Elemente unbedingt als ›gleichrangig‹ gelten müssen, sonst kann die Kreolisierung nicht wirklich stattfinden.«[12] Diese entscheidende Voraussetzung wird von Glissant vielleicht etwas zu beiläufig ausgesprochen. Dass Kulturen gleichberechtigt einander gegenübertreten, mag zwar vorkommen, ist aber eher die Ausnahme. Das Kolonialzeitalter ist jedenfalls in der Karibik und anderswo von einer extremen hegemonialen Asymmetrie gekennzeichnet, nicht zuletzt durch die Jahrhunderte währende Sklaverei. Was veranlasst nun Glissant, dessen Romane ja gerade vom Herkunfts- und Identitätsverlust der verschleppten Afrikaner und ihrer Nachkommen handeln[13], in seinen Essays so wohlwollend, ja fast euphorisch von der Kreolisierung als einem Prozess zu reden, der bereits begonnen hat? Er rechtfertigt seine Redeweise mit dem Verweis auf Mikroklimate, in denen, sozusagen gegen die Großwetterlage, kulturelle Elemente heterogener Provenienz sich auf Augenhöhe begegnen können.[14] Im Hinblick auf Einzelphänomene wie den Jazz, der sich ja in einem ganz besonderen Biotop entwickelte, klingt das auch einleuchtend. Aber das hieße, dass eine gelingende Kreolisierung die Ausnahme wäre, bildlich gesprochen eine Insel umgeben vom Ozean des Wurzel- oder Identitätsdenkens. Das wiederum steht im Widerspruch zur Diagnose einer Gesamttendenz zur Kreolisierung und schränkt diesen Begriff auf Sonderfälle ein. Die Frage ist daher, ob es eine Theorie des Kulturkontakts gibt, die nicht von der Ausnahme ausgeht, sondern vom Regelfall des von Unterdrückung, Ausbeutung und Rassismus geprägten kolonialen Verhältnisses. Diese Frage führt uns von Glissant und der Kreolisierung zu dem von Bhabha geprägten Begriff der Hybridität.

3. Hybridität, *dislocation* und Dritter Raum

Homi Bhabha bildet mit Edward Said und Gayatri Spivak die »Holy Trinity of colonial-discourse analysis«.[15] Karriere gemacht hat er als Professor für Literaturwissenschaft in England und den USA. Inhaltlich ist zunächst eine Parallele zum Denken von Glissant festzustellen, insofern beide die Idee einer Rückbesinnung auf einheimische Traditionen aus

12 Ebd., S. 13.

13 Vgl. hierzu die umfassende Studie von Natascha Ueckmann, *Ästhetik des Chaos in der Karibik. ›Créolisation‹ und ›Neobarroco‹ in franko- und hispanophonen Literaturen,* Bielefeld 2014. Anders als der vorliegende Beitrag berücksichtigt die Verfasserin sowohl Glissants Romane als auch sein essayistisches Werk.

14 Vgl. Glissant, *Kultur und Identität,* S. 15.

15 Robert J. C. Young, *Colonial Desire. Hybridity in Theory, Culture, and Race*, London/New York 1995, S. 163.

der Zeit vor der Kolonialherrschaft ablehnen. Sie stimmen überein, dass eine solche Rückwendung den Essentialismus beibehalten würde, der den Kern der kolonialen Geisteshaltung ausmacht. Essentialismus bedeutet in diesem Zusammenhang die Vorstellung, dass bestimmte Werte – Aufklärung, Wissenschaft, Zivilisation, in einigen Zusammenhängen auch das Christentum – das Fundament der abendländischen Kultur bilden und zudem einen so immensen Fortschritt des menschlichen Geistes darstellen, dass sie in die Welt hinausgetragen werden müssen. Eine analoge Rückbesinnung auf traditionelle Werte in den ehemaligen Kolonien würde nur die Inhalte austauschen und strukturell auf derselben argumentativen Ebene verbleiben.

Bhabha wendet sich deshalb explizit gegen »alle essentialistischen Einforderungen einer inhärenten Authentizität oder Reinheit von Kulturen«.[16] Im Gegenzug schlägt er einen veränderten Kulturbegriff vor, der die Annahme prädiskursiver Identitäten vermeidet. Kultur ist demnach nicht als Vorrat althergebrachter Traditionen zu begreifen, als gegebene und unveränderliche Größe, sondern als eine »ungleichmäßige und unvollendete Produktion von Bedeutung und Wert«,[17] das heißt als eine Arena, in der Kämpfe um Selbst- und Fremdbilder ausgetragen werden. Was eine Kultur ausmacht, steht nicht ein für allemal fest, sondern ist das transitorische Resultat von (oftmals erbittert ausgetragenen) Auseinandersetzungen mit anderen Kulturen, die ihrerseits keine fixen Identitäten aufweisen. Es handelt sich um ein diskursives, ja geradezu performatives Verständnis von Kultur, das allen Gründungsmythen und Ursprungserzählungen den Boden entzieht und den Fokus von der vermeintlichen Essenz und Identität von Kulturen auf die Prozesse ihrer gegenseitigen Beeinflussung verschiebt.

Freilich, auch wenn die Beeinflussung wechselseitig ist, so vernachlässigt Bhabha doch keineswegs den Machtaspekt im kolonialen Verhältnis. Er berücksichtigt konsequent, dass in der Regel eine Kultur die dominierende ist und die andere die unterlegene, der vorfindliche Zustand mithin »das Ergebnis diskriminatorischer Praktiken«.[18] Bhabha arbeitet gern mit dem Doppelsinn des englischen Verbs *discriminate* (unterscheiden und benachteiligen – *discriminate between vs. discriminate against*). Er macht sich zunutze, dass die Benachteiligung von sozialen Gruppen aufgrund von Rassen-, Kultur- oder Schichtzugehörigkeit die Unterscheidung dieser Gruppen und folglich die Herausbildung spezifischer Identitäten voraussetzt. Seine These lautet, dass die Identitäten von der Prozessualität des Kulturkontakts immer wieder unterlaufen werden. Die Kolonisierung verändert beide, nicht nur die Kolonisier-

16 Homi K. Bhabha, *Die Verortung der Kultur,* Tübingen 2000, S. 86.
17 Ebd., S. 256.
18 Ebd., S. 169.

ten, sondern in unkalkulierbarer Weise auch die Kolonisatoren. So sehr letztere zunächst als die überlegenen Herren auftreten, die die Bedingungen des Kontakts zu diktieren scheinen, liegt doch schon im ersten Nachsprechen der Worte des Diktats durch die Kolonisierten eine unmerkliche Verschiebung, die sich mit der Zeit zu einer massiven Differenz ausweitet.

Bhabha erläutert diese Wiederholung im deleuzeschen Sinne – eine Wiederholung, die keine bloße Kopie ist, sondern in die sich bereits eine Differenz eingeschlichen hat[19] – am Beispiel der christlichen Mission in Indien. Das Diktat ist in diesem Fall die Bibel, und es hat zunächst den Anschein, als könnten die Missionare zumindest lokal einige Erfolge verzeichnen, in Gestalt von Zulauf bei den Missionsstationen, Massentaufen etc. Auf die Dauer stellt sich allerdings heraus, dass das Bibelwort bei den getauften Einheimischen anders ankommt, als es einmal ausgesandt worden war. Es findet im Zuge der Übernahme eine Verwandlung statt, die die Substanz und Besonderheit der christlichen Lehre angreift. So wird z. B. die Doktrin, die Taufwilligen müssten neu- oder wiedergeboren werden, um ›Gott sehen‹ zu können, umstandslos mit der Hindu-Lehre von Seelenwanderung und Wiedergeburt gleichgesetzt.[20] Die Missionare beeilen sich deshalb, Abgrenzungen und Unterscheidungen nachzuschieben. Im Zuge dieser Erläuterungen geraten sie jedoch in eine Defensive, die ihre Stellung als Kolonialherren eigentümlich konterkariert. Der Rechtfertigungszwang lässt die Grenze zwischen Christlichem und Heidnischem zusehends verschwimmen: »Das Wort der göttlichen Autorität wird hier durch das Beharren auf dem einheimischen Zeichen mit einem gravierenden Makel infiziert, während die Sprache des Herrn in der Praxis der Herrschaft selbst hybrid wird und nunmehr weder das eine noch das andere ist.«[21] Bhabha hat Quellen zur christlichen Mission in Indien ausgegraben, in denen eindrucksvoll die Verzweiflung der Missionare zum Ausdruck kommt – und dies bezeichnenderweise nicht im Hinblick auf die Gegner des Christentums sondern auf die Bekehrten, die es annehmen oder besser: anzunehmen scheinen.

Im letzten Zitat ist bereits der Schlüsselbegriff von Bhabhas (post-)kolonialen Analysen angeklungen: Hybridität. Dieser Terminus bringt zum Ausdruck, dass es keine homogenen Entitäten sind, die sich im Kolonialverhältnis gegenüberstehen, und dass folglich auch die Machtbeziehungen nicht eindimensional, d. h. von einer eindeutigen Hegemonie bestimmt sind. Mit binären Denkmodellen kommt man hier nicht weiter. Vielmehr öffnet sich durch den Kontakt – so sehr er herr-

19 Vgl. Gilles Deleuze, *Differenz und Wiederholung*, München 1992.
20 Vgl. Bhabha, *Die Verortung der Kultur*, S. 50f.
21 Ebd., S. 51.

schaftlich verzerrt sein mag – ein Raum *zwischen* den Kulturen. Diese intermediäre Zone ist ein *space of negotiation*, ein Raum für das Aushandeln und Austragen der kulturellen Differenzen. Hier findet die vielfältige und unkontrollierbare wechselseitige Beeinflussung statt, die alle scheinbar stabilen Identitäten untergräbt und so ihre Fragilität offenbart. Hier kann man auch die eigentümliche Grenz-Erfahrung machen, dass im Zuge der Kolonisation wie gezeigt auch der Kolonisator nolens volens sich verändert. Für Bhabha eröffnet die Destabilisierung die Perspektive auf eine Veränderung. Es ergeben sich Chancen für »Strategien der Subversion, die den Blick des Diskriminierten zurück auf das Auge der Macht richten«.[22] Hybridität ist deshalb nicht nur ein deskriptiver Begriff, sondern mit ihr sind auch emanzipatorische, d. h. politische Hoffnungen verknüpft.

Freilich kann die Kategorie der Hybridität ihr subversives Potential nur entfalten, wenn man den Fehler vermeidet, die Verschiedenheit von Kulturen als (womöglich noch friedliche) Koexistenz misszuverstehen. Bhabha unterscheidet, um dieser Gefahr zu begegnen, zwischen der kulturellen Differenz im eigentlichen Sinne und ihrer harmlosen, relativistischen Variante, der kulturellen Diversität. Der Ausdruck ›kulturelle Diversität‹ meint hierbei das beliebige, fast beziehungslose Nebeneinander von Kulturen, deren Unterschiede lediglich in einem äußerlichen Vergleich festgestellt werden, gleichsam aus der Beobachterperspektive. Eine solche Auffassung führt zu einem scheinbar fortschrittlichen, in Wirklichkeit aber eher hinderlichen Multikulturalismus, den Bhabha vehement ablehnt, da er darin eine Doppelfigur von Essentialisierung und Trennung am Werk sieht: Die Kulturen werden jeweils als kompakte Entitäten für sich gesehen, »nicht besudelt von der Intertextualität ihrer historischen Orte«.[23] Diese Sichtweise geht an der Realität insbesondere des Kolonialzeitalters offenkundig vorbei. Koloniale Herrschaft, von einem distanzierten Nebeneinander weit entfernt, ist geprägt von einem Kampf an den Grenzen, d. h. in den Zonen der Begegnung, wo »Bedeutungen und Werte (miß)verstanden oder Zeichen aus ihren Kontexten gerissen werden« können.[24] Es ist diese Auseinandersetzung – die naturgemäß aus der Teilnehmerperspektive geführt wird –, die Bhabha mit dem Ausdruck ›kulturelle Differenz‹ bezeichnet. Kultur ist für ihn kein »Objekt empirischen Wissens«,[25] kein Speicher traditioneller Kenntnisse und Praktiken, sondern das, was de facto gelebt wird, unter Umständen begleitet von heftigen Konflikten. Auch die Differenzen sind keine feststehenden Unterschiede, sie markieren viel-

22 Ebd., S. 165.
23 Ebd., S. 52.
24 Ebd.
25 Ebd., S. 51.

mehr wechselnde Kampfplätze, an denen theoretische, politische oder künstlerische Äußerungen in Szene gesetzt und in ihrer Verschiedenheit ausgehandelt werden. Dieses Konfliktgeschehen als Vollzugsort der Hybridität hat Bhabha im Sinn, wenn er von kultureller Differenz spricht.

Die Konflikte wiederum spielen in seinen Überlegungen eine eigentümlich ambivalente Rolle. Einerseits haben sie im Kolonialismus unendlich viel Leid hervorgebracht, in Gestalt von Unterdrückung, Versklavung und Ausrottung. Andererseits bergen sie aber auch den Keim der Hoffnung, insofern die Emanzipation der ehemals Kolonisierten nur durch eine Neubewertung von Zeichen und Symbolen auf den Weg gebracht werden kann. Das Potential der Hybridität als Kategorie liegt nun darin, dass sie verdeutlicht, dass die Kämpfe an den Rändern immer schon stattgefunden haben und die Konfliktparteien immer schon verändert aus ihnen hervorgegangen sind. Ein postkoloniales Engagement müsste also das Rad nicht neu erfinden, sondern könnte die gewonnenen Einsichten dazu nutzen, die besagten Kämpfe künftig bewusster und zielgerichteter zu führen. Resultat wäre im Idealfall eine Öffnung der Kulturen füreinander.

Worin besteht nun die Relevanz von Bhabhas Kulturtheorie für die Diskussion um das Andere der Ordnung? Zur Beantwortung dieser Frage möchte ich auf einen Begriff zu sprechen kommen, der in seinen Überlegungen leitmotivisch wiederkehrt, dem aber in der Rezeption weitaus weniger Aufmerksamkeit zuteil wurde als anderen Termini: *dislocation*, in der deutschen Ausgabe mit »De-plazierung« übersetzt.[26] Gemeint ist zunächst eine Verrückung räumlicher Art – etwas verlässt seinen angestammten Platz. Hierbei hält die *dislocation* die Mitte zwischen der *Verschiebung* als Ortswechsel von einem bestimmten Punkt zum anderen und der *Entortung* als Aufhebung von Räumlichkeit überhaupt. Ein aktuelles Beispiel ist die globale Migration in ihren vielfältigen Formen, die das Konzept des territorialen Nationalstaats zunehmend in Frage stellt (und die einen wichtigen Anstoß für Bhabhas Überlegungen bildete):

> »Kultur [...] ist transnational, weil die zeitgenössischen postkolonialen Diskurse in spezifischen Geschichten der kulturellen De-plazierung *[dislocation]* wurzeln, egal ob es sich dabei um die ›mittlere Passage‹ in die Sklaverei und Knechtschaft, um die ›Reise in die Ferne‹ der zivilisatorischen Mission, die spannungsreiche Anpassung der Migration aus der

26 Ebd., S. 257. Ein Beispiel ist die – insgesamt vorzügliche – Einführung von Karen Struve, *Zur Aktualität von Homi Bhabha. Einleitung in sein Werk,* Wiesbaden 2013. Das Buch erläutert Bhabhas Kulturbegriff und sein Konzept von Hybridität in ausführlichen Kapiteln, aber die *De-plazierung (dislocation)* wird nur en passant erwähnt.

Dritten Welt an den Westen nach dem 2. Weltkrieg oder die wirtschaftlich und politisch begründeten Flüchtlingsströme innerhalb und außerhalb der Dritten Welt handelt.«[27]

Was wir gegenwärtig erleben, ist eine Auflösung der territorialen Ordnung, eine »DissemiNation«,[28] welche die Grenzen zwischen Kulturen und Nationen durchlässig und teilweise sogar gegenstandslos werden lässt (Globalisierung). Hier handelt es sich um eine *dislocation* im wörtlichen Sinne. Der Punkt ist nun, dass das englische Verb *dislocate* neben der unmittelbaren Wortbedeutung *put out of position* noch die zweite, übertragene Bedeutung *put out of order* hat. Diese fällt jedoch, wenn man *dislocate* mit »de-plazieren« übersetzt, unter den Tisch. Deshalb werde ich im Weiteren den Ausdruck *dislocation* unübersetzt lassen.

In der übertragenen Bedeutung der Subversion von Ordnung lässt sich *dislocation* insofern als Schlüsselbegriff von Bhabhas Theoriebildung verstehen, als alle Phänomene und Konzepte, die in einem Zusammenhang mit der Hybridität stehen, sich auf die Auflösung oder das Verrücken von Ordnung beziehen. Hybridisierung meint gerade, dass Kulturen »ihre Ordnung verlieren«, nämlich an den Rändern ausfransen, sich im Innern als polyphon erweisen, dadurch ihre Gesamtorientierung einbüßen etc. Für Bhabha erleben wir in der Gegenwart, dass das Konzept der autochthonen Nationalkultur an seine Grenzen stößt, teils durch die aktive Umgestaltung des kollektiven Selbstverständnisses von soziokulturellen Gruppen (Typ I der in der Einleitung beschriebenen Infragestellung von Ordnung), teils durch den bloßen historischen Wandel (Erosion/Implosion; Typ II). Die Strukturen, die bislang den Kulturen und ihrem Verhältnis zueinander Halt verliehen haben, verlieren zunehmend ihre Tragfähigkeit. Das Andere der Ordnung, das dadurch zum Vorschein kommt, beschreibt Bhabha mit vorsichtigem Optimismus. Denn die Verhältnisse von Herrschaft, Unrecht und Leid, die das Kolonialzeitalter hervorgebracht hat und die auch nach dessen Ende vielfach fortbestehen, haben ihre Wurzeln in Identitäten oder genauer Identitätszuschreibungen wie ›die abendländische Zivilisation‹, ›der Orient‹, ›der Asiate‹ oder ›der Afrikaner‹. Indem Bhabha die Konstrukthaftigkeit und mithin Veränderbarkeit dieser Identitäten aufweist – »Der Neger ist nicht. Ebensowenig der Weiße«[29] –, deutet er auf einen

27 Bhabha, *Die Verortung der Kultur*, S. 257.

28 Ebd., S. 207. *Dissemination* ist ein Grundbegriff der dekonstruktivistischen Zeichentheorie von Derrida und meint die Auflösung und Verstreuung des Sinns. Vgl. Jacques Derrida, *Dissemination*, Wien 1995. Bhabha macht sich Derridas Denkfigur zu eigen und bezieht sie auf die gegenwärtigen Veränderungen in der Raumordnung von Staaten, Nationen und Kulturen.

29 Dieser Satz stammt von Frantz Fanon, einem Gewährsmann Bhabhas und Weg-

Prozess, der ein Moment von Emanzipation aufblitzen lässt; ein Prozess, »durch den objektifizierte andere in die Subjekte ihrer Geschichte und Erfahrung verwandelt werden können«.[30]

Dieser Prozess wird nicht umhinkommen, das Verhältnis des Menschen zur Ordnung auf eine neue Grundlage zu stellen. Ein einfaches »Weiter so!« des *homo ordinans* ist mit den emanzipatorischen Zielen ebenso wenig vereinbar wie auf der anderen Seite Chaos oder Anarchie. Wie ein dritter Weg aussehen könnte, zeigt Bhabha mit seinem Modell sich wechselseitig beeinflussender Kulturen, die dadurch insgesamt hybrid werden. Die Fruchtbarkeit dieses Modells in kultureller Hinsicht belegen seine zahlreichen Verweise auf zeitgenössische Künstler und Schriftsteller, die, oft in der Grauzone zwischen zwei Kulturen, Momente von Hybridität in ihre Werke einfließen lassen und dadurch neue Dimensionen des Miteinanders erschließen.

Abschließend noch einmal zurück zur räumlichen Bedeutung der *dislocation*. Bhabha gibt explizit einen Ort für das Andere der Ordnung an: Es ist der *Dritte Raum*, jener Bereich des Zwischen, der sich durch die Begegnung fremder Kulturen allererst auftut und in dem die Differenzen zwischen ihnen ausgetragen werden. In dieser intermediären Zone, diesem »Treppenhaus«[31] findet das Hybridisierungsgeschehen statt, das die einfachen Identitäten auflöst und die Akteure in den Sog komplexer Wechselbeziehungen zieht. Die Pointe ist, dass Bhabha keine Notwendigkeit sieht, einen Rettungsring hinterherzuwerfen (beispielsweise in Gestalt von dialektischen Synthesen, die die Differenzen in eine höhere Einheit »aufheben« würden). Die Komplexität ist für ihn kein Anlass, mittels gängiger Reduktionsmechanismen wie Typisierung und Schematisierung Ordnung zu schaffen. Vielmehr sieht er in ihr ähnlich wie Glissant eine Grundbedingung für die Emergenz von Neuem. Der Dritte Raum als Ort des Anderen der Ordnung eröffnet Möglichkeiten und Perspektiven, nicht obwohl sondern gerade weil er sich an den Grenzen und äußersten Rändern von althergebrachten Ordnungssystemen wie Kulturen und Nationen bildet.

4. Fazit

Weder bei Glissant noch bei Bhabha ist der Begriff der Ordnung Gegenstand expliziter Reflexion. Gleichwohl enthalten die Ideen der Kreolisierung einerseits, der Hybridität andererseits ein Potenzial für die In-

bereiter der postkolonialen Theorie. Frantz Fanon, *Schwarze Haut, weiße Masken,* Frankfurt a. M. 1981, S. 148.

30 Bhabha, *Die Verortung der Kultur*, S. 265.

31 Ebd., S. 5.

fragestellung klassischer Ordnungskonzepte, das sich für die Frage nach dem Anderen der Ordnung nutzbar machen lässt. In gewisser Weise denken beide Autoren von vornherein jenseits der Ordnung. Bei Glissant wird das an dem Schicksal deutlich, dass er den alteingesessenen Kulturen prophezeit. Denn gerade sie sind es ja, die in den Strudel der Kreolisierung hineingerissen werden. Die weltweiten, unaufhaltsamen Migrationsbewegungen untergraben ihre unter großen Mühen errichtete Ordnung. Hier handelt es sich um den eingangs als Erosion bzw. Implosion beschriebenen Fall (Typ II), dass eine Ordnung aufgrund der historischen Entwicklung von selber brüchig wird und sich tendenziell auflöst. Entscheidend ist, dass Glissant dem verharmlosenden Konzept einer bloßen Vermischung von Kulturen eine Absage erteilt. Dadurch, dass er das Neue und Neuartige hervorhebt, das beim Aufeinanderprallen heterogener kultureller Elemente entsteht, lenkt er die Aufmerksamkeit auf eine Figur der Öffnung, die paradigmatisch für ein Denken jenseits herkömmlicher Ordnungsvorstellungen ist. Dem archipelischen Denken tut sich ein Feld auf, dessen Weite zunächst verunsichern mag, das auf Dauer aber der Kreativität neue Dimensionen erschließt.

Eine vergleichbare Figur der Öffnung entwirft Bhabha mit der Dekonstruktion der Vorstellung von Kulturen als starren und homogenen Blöcken. Indem Bhabha jeden essentialistischen Kulturbegriff unterminiert und Kultur als den Prozess des Aushandelns konkurrierender Vorstellungen kollektiver Selbstrepräsentation begreift, gibt er den Blick frei auf einen Zwischen-Raum, in dem klassische Ordnungsmechanismen nicht länger greifen. In diesem Dritten Raum entgleiten die Dinge der Kontrolle, sie werden hybrid und nehmen unvorhersehbare Formen an, so dass es gerechtfertigt erscheint, ihn als Ort des Anderen der Ordnung zu deuten. Mit den Begriffen der Hybridität und der *dislocation* stellt Bhabha die geeigneten gedanklichen Mittel bereit, um dieser besonderen Sphäre theoretisch gerecht zu werden.

Es dürfte deutlich geworden sein, dass die Frage nach dem Anderen der Ordnung wesentlich von der Kulturtheorie und insbesondere von den postkolonialen Studien profitieren kann. Zwar geht es hier um das Aufbegehren gegen eine bestimmte Ordnung, nämlich die des kolonialen und dann des nachkolonialen Zeitalters. Aber im Zuge der Überlegungen haben sich Denkfiguren herauskristallisiert, die weit über ihren Entstehungskontext hinausweisen und daher von grundsätzlicher Relevanz für die Ordnungsproblematik sind. Besondere Beachtung verdient hierbei das emanzipatorische Anliegen sowohl von Glissant als auch von Bhabha. Beiden Autoren geht es nicht nur darum, theoretisch die Insuffizienz von Ordnungsmechanismen aufzuweisen, sie wollen auch praktisch Wege zu einem Wandel im Miteinander der Kulturen aufzeigen. Resultat wäre im Idealfall ein kreativer Umgang mit der Vielfalt als Nährboden für die Entstehung neuer kultureller Werte und veränderter Formen des sozialen Umgangs. Möglich, dass die Kultur- und Sozialwissenschaften zu diesen Prozessen nicht mehr als ein Scherflein beitragen können – aber das sollte dann nicht fehlen.

Nina Degele

Ordentlich anders

Zur Entselbstverständlichung von Geschlecht[1]

1. Einleitung

So sexy kann Soziologie sein: Nicht um die gut abgehangene Frage nach (der Möglichkeit gesellschaftlicher) Ordnung, nach (wiederholbaren) Schemata, Regeln, Regelmäßigkeiten, Muster und Strukturen geht es, sondern um das Andere der Ordnung, »Semantiken des Irregulären und Außerordentlichen, des Exzeptionellen und Amorphen, des Ereignishaften und Inkommensurablen«.[2] Geht es bei dieser Standortbestimmung darum, wie das Außen der Ordnung beziehungsweise das von ihr nicht Erreichte gedacht werden kann »oder sich dagegen sperrt, gedacht zu werden«,[3] könnten die Gender- und noch mehr die Queer Studies mit dem penetranten Hinterfragen ihres Gegenstands, nämlich der im Hinblick auf Geschlecht als dichotom und hierarchisch konstituierten Ordnung der Gesellschaft, geradezu als Paradigma für ein Anderes der Ordnung erscheinen. Denn es geht ihnen nicht nur darum, diese Ordnung als Strukturprinzip schlechthin auszuweisen und zu rekonstruieren. Vielmehr arbeiten sie daran, Brüche und Widersprüche sichtbar zu machen und mitunter auch zu überschreiten: empirisch mit dem Hinweis auf LSBTI (als Sammelbezeichnung für Lesben, Schwule, Bisexuelle, Transgender/-sexuelle und intergeschlechtliche/-sexuelle Menschen), theoretisch mit Konzepten der Kritik, Komplexitätssteigerung und Dekonstruktion/Entselbstverständlichung. Strategien dazu waren und sind Historisierungen und Kulturvergleiche; ebenfalls soll(t)en diejenigen sichtbar werden und eine Stimme bekommen, die bislang aus herrschenden Diskursen ausgeschlossen waren und sind. In diesem Zusammenhang ist die Geschlechterforschung wie auch die Soziologie eine Ordnungswissenschaft, die das Andere der Ordnung immer auch schon in sich trägt. Ihr geht es um die Feststellung und Diagnose von Ordnungen und Problemen (Empirie: Was ist), die Eröffnung von Denkräumen und Alternativen (Theorie: Was wünschbar und möglich ist und wie es gedacht werden kann) und die Identifikation und Er-

1 Für konstruktives Fragen, Kritisieren und Diskutieren danke ich Stephanie Bethmann.

2 Ulrich Bröckling et al., »Editorial«, in: *Behemoth. A Journal on Civilisation* 7 (1), 2014, S. 4–10, hier: S. 5.

3 Ebd., S. 5.

klärung von Phänomenen wie auch daran geknüpft die Entwicklung von Strategien, wie diese Lücke zu überbrücken ist (Methodologie: Wie lassen sich Theorie und Empirie koordinieren, ohne eins aufs andere zu reduzieren?).

Liefern die Gender Studies mit Heteronormativität als einem Grundbegriff für die Annahme der naturgegebenen Verwobenheit von Zweigeschlechtlichkeit und Heterosexualität ein Ordnungsprinzip und mit LSBTI dessen Anderes, stehen sie damit für die Suche nach dem Anderen der Ordnung, aber – diese These will ich im Folgenden entwickeln – *nicht* unbedingt für sein Auffinden. Denn dazu müssten sie sich außerhalb eines Feldes bewegen, das durch die Suche nach Mustern, Mechanismen und nicht-zufälligen Verhältnisbestimmungen gekennzeichnet ist. Um Strukturen und Verallgemeinerbares aber geht es sozial- und geschlechterwissenschaftlichem Denken und Forschen vor allem, weniger um das Singuläre, Außerordentliche, Exzeptionelle. Diesen Zusammenhang diskutiere ich aus einer praxeologischen Perspektive, wonach sich die Logik sozialer Felder (nicht nur im Hinblick auf Geschlecht) immer auch und maßgeblich über die oft genug unberechenbare und schwer prognostizierbare Praxis der Akteur/innen konstituiert, die es theoretisch zu rekonstruieren gilt.[4] Ebenso berücksichtigt sie die Materialität bzw. Körper[lichkeit],[5] Routinisierbarkeit und Situationalität[6] als gesellschaftskonstituierende Dimensionen. In einer solchen praxeologischen und kontextualisierenden Perspektive besteht das eigentliche Problem gar nicht so sehr in der Frage nach Ordnung und Nicht-Ordnung. Vielmehr setzt es früher an, nämlich bereits bei der Explizierbarkeit von Heteronormativität als gesellschaftlichem Ordnungsprinzip. Denn diese Selbstverständlichkeit hinter dieser Normalität liegt nicht offen zutage; vielmehr gilt es, sie zunächst einmal trickreich aufzudecken. Die Frage ist damit nicht, wo sich das Andere der Ordnung in der Ordnung versteckt, sondern, wie sich Ordnung und/oder das Andere der Ordnung *überhaupt* erkennen und explizieren lassen, ohne sie in ihren Gegenstand zu tragen, das heißt zu reifizieren. Das Dilemma ist mithin ein methodisches und besteht im adäquaten Umgang mit der Gefahr der Reifizierung in Abgrenzung zu und Überwindung von Sprachlosigkeit.

4 Vgl. Pierre Bourdieu, *Praktische Vernunft. Zur Theorie des Handelns*, Frankfurt a. M. 1998.

5 Vgl. Anne Fausto-Sterling, *Sexing the Body*, New York 2000; dies., *Sex/gender. Biology in a social world*, New York/London 2012.

6 Vgl. Bourdieu, *Praktische Vernunft*; ders., *Die männliche Herrschaft*, Frankfurt a. M. 2005, S. 7–13, 43–63; John Dewey, »Die Struktur der Forschung«, in: Jörg Strübing/Bernt Schnettler (Hrsg.), *Methodologie interpretativer Sozialforschung. Klassische Grundlagentexte*, Konstanz 2004 [1938], S. 225–243; sowie den Beitrag von Marc Rölli in diesem Band.

Dazu will ich im ersten Schritt Heteronormativität als gesellschaftliches Ordnungsprinzip umreißen, wozu ich auf Phobien und Dichotomien rekurriere, weil sie Heteronormativität verfestigen. Denn Strukturen und Muster sind am besten zu erkennen, wenn deutlich wird, was sie ausschließen (2). Weiter zeige ich, wo und wie eine gegenstandsbezogene Perspektive zum Anderen der Ordnung an ihren ›Erfüllungsort‹ und gleichzeitig an Grenzen stößt, nämlich beim Phänomen der Intersexualität. Intersexualität verunsichert die dichotome Geschlechterordnung nicht nur in ihrer (empirischen) Erscheinung, sondern auch die wissenschaftliche Konstruktion des Gegenstands selbst (3). Damit komme ich zum Dilemma von Offenhalten und Benennen des Gegenstands. Genau in diesem Dilemma ist die Suche nach dem Anderen der Ordnung lokalisiert, weshalb ich die Suchbewegung selbst als Kandidatin für ein solches Anderes diskutiere – und als soziale Praxis charakterisiere (4).

2. Heteronormativität als Ordnungsprinzip

In einer praxeologischen Perspektive ist Ordnung vor allem das Unthematisierte, und das heißt: die nicht hinterfragte Ordnung, ergo Selbstverständlichkeit. Das wird nirgends deutlicher als bei Geschlecht: Kaum etwas verunsichert mehr als das Nichtwissen über die Geschlechtszugehörigkeit einer Person. Insofern ist nicht Unordnung das passende Bild zum Anderen der Ordnung, sondern Hinterfragen von Selbstverständlichkeit: Was macht Geschlecht zu einem so grundlegenden Ordnungsprinzip der Gesellschaft? Zur Beantwortung eignet sich der im Vergleich zu ›Geschlecht‹ theoretisch gehaltvollere Begriff der Heteronormativität.[7] Heteronormativität bezeichnet eine Geschlechterordnung, die auf zwei gesellschaftlich tief verankerten Annahmen basiert: Erstens, dass es von Natur aus nur zwei Geschlechter gibt, nämlich Männer und Frauen, und zweitens, dass sich diese beiden Geschlechter in ihrer Sexualität natürlicherweise aufeinander beziehen, also heterosexuell sind. Heteronormativität ist ein binäres Wahrnehmungs-, Handlungs-, und Denkschema, das Zweigeschlechtlichkeit und Heterosexualität als selbstverständlich und natürlich voraussetzt, als gesellschaftliches Ordnungsprinzip in Institutionen und Beziehungen funktioniert und damit Komplexität reduziert. Heteronormativität wird permanent hergestellt

7 Zu den Ausführungen zu Heteronormativität und Normalisierungen vgl. Nina Degele/Stephanie Bethmann/Karolin Heckemeyer, »Warum wir Geschlecht berücksichtigen, um Gesellschaft zu verstehen. Ein Plädoyer für eine heteronormativitätskritische Analyseperspektive«, 2011, Online veröffentlicht unter: www.feministisches-institut.de.

und reproduziert, und dabei fordert Homosexualität die Natürlichkeit von Heterosexualität heraus, genauer: ›richtiges Mannsein/Frausein‹. Sich einem der beiden gesellschaftlich existenten Geschlechter zuzuordnen ist die Voraussetzung für die Anerkennung als ein vollwertiges und somit auch handlungsfähiges Gesellschaftsmitglied.

Es sind vier Normalisierungen, die Heteronormativität den Anschein des Natürlichen, Normalen, Selbstverständlichen verleihen. Erstens ist es die *Naturalisierung* von Heteronormativität, das heißt der Anschein der Natürlichkeit von genau und ausschließlich zwei Geschlechtern wie auch ihrer heterosexuellen Bezogenheit aufeinander.[8] Zweitens wird die heteronormative Ordnung durch *Inkorporierung* hergestellt: Unser Wissen von Geschlechterunterschieden im Alltag ist nicht theoretisch oder abstrakt, sondern ein verinnerlichtes Körper-Wissen. Drittens sorgt *Institutionalisierung* dafür, dass das, was als natürliches Geschlecht gilt und wie es verkörpert wird, zwar historisch veränderbar, aber dennoch erstaunlich stabil ist.[9] Eine solche Ordnung schafft in gesellschaftlicher Kommunikation ein berechenbares Verhaltensterrain, Erwartungssicherheit, und *reduziert damit Komplexität*: Männer halten die Tür auf, Frauen lassen sich in den Mantel helfen, ein paar gemalte Striche an öffentlichen Toilettentüren lassen uns zielsicher ›die richtige‹ erwischen. Heteronormativität kanalisiert damit Handlungen im Sinne einer gesellschaftlichen Wiedererkennbar- und Verarbeitbarkeit, um Bedeutungsüberschüsse im Zusammenhang von Geschlecht und Sexualität handhabbar zu machen. Geschieht die Herstellung von Ordnung über Vereinfachung, entspräche das Andere der Ordnung einer Erhöhung von Komplexität, denn diese ist mit einem gesteigerten Verarbeitungsaufwand verbunden. Komplexität und das Andere der Ordnung befinden sich mithin in einem wechselseitigen Steigerungsverhältnis. Eine Erhöhung von Komplexität ist mit Unsicherheit und Verunsicherung verbunden, eine Reduktion von Komplexität mit Verselbstverständlichung.

Für Geschlecht heißt das: Normal ist Heterosexualität und normal ist die eindeutige Zuordnung von Menschen zu Männern und Frauen. LSBTI markieren somit nicht nur das Andere der Normalität und das

8 Diese Normalisierung behaupte ich als zentral für die Herstellung von Ordnung und Selbstverständlichkeit, was ich noch ausführen werde.

9 Gesellschaftstheoretisch sind Heteronormativität und männliche Herrschaft untrennbar miteinander verbunden, was Pierre Bourdieu – hier ist er Ordnungstheoretiker schlechthin – wie ein undurchdringliches Gehäuse sichtbar macht. Er weist auf die normative Kraft von Strukturen in Form symbolischer Gewalt hin und betont Stabilität in einer Weise, dass man ihn geradezu als Antitheoretiker des Anderen der Ordnung begreifen kann. Bourdieu steht nicht für das Exzeptionelle, sondern für eine Ordnung, die er aber entselbstverständlicht. Vgl. Bourdieu, *Die männliche Herrschaft*, S. 63-78.

Andere der Ordnung, sondern machen diese Normalitätsvorstellung überhaupt erst sichtbar.[10] In diesem Sinn entselbstverständlichen LSBTI die heteronormative Ordnung der Gesellschaft, überschreiten diese – und schaffen damit aber auch Bedingungen für die Normalisierung von Überschreitungen. Das hat sich etwa in der Entpathologisierung und weitgehenden rechtlichen Gleichstellung homosexueller Lebensweisen und dem anvisierten rechtlichen und medizinischen Schutz von Intergeschlechtlichkeit in vielen Ländern niedergeschlagen. Das verdeutlicht, dass Entselbstverständlichung als das Andere der Ordnung mit der Bildung einer anderen Ordnung verbunden ist, der Weg zum Anderen der Ordnung ist in seinem Ergebnis ein Ordnungsprozess.

Heteronormativität lässt sich durch Reaktionen auf ein Hinterfragen derselben als gesellschaftliches Ordnungsprinzip rekonstruieren. Die Gefährdung und gleichzeitige Befestigung dieses Ordnungsmodells wird in ihrer Abwehr in Form von Phobien als Symptomen von Verunsicherungen deutlich, genauer: Homo-, Trans- und Interphobien. Geht es um die Angst vor und Abwehr von Lebensweisen und/oder Menschen, lässt sich dies unter dem Begriff »gruppenbezogene Menschenfeindlichkeit« fassen. In diesem Zusammenhang zeigt Wilhelm Heitmeyer,[11] dass und wie entwurzelten und verunsicherten Milieus und Gruppen Anerkennung und Aufwertung verwehrt bleibt, sei es aufgrund ökonomischer Benachteiligung (Klasse) oder gruppenspezifischer Ausgrenzungen rund um die Dimensionen Hautfarbe/Ethnizität/Nationalität, Religion, Geschlecht oder körperbezogene Merkmale. Solche Milieus wiederum suchen Anerkennung über die durchaus aggressive Abgrenzung zu Unterlegenen bzw. zu anderen Lebensentwürfen zum Zweck der Bewältigung von Unsicherheit. Phobien nun überschreiten nicht die zugrunde liegende Ordnung, sondern sichern und befestigen diese und verweisen damit – ganz im Sinn Durkheims – auf Ordnung. Ob und wie dies gelingt, ist eine empirische Frage.

Homophobie meint in diesem Zusammenhang eine soziale, gegen Lesben und Schwule und ihre Lebensweisen gerichtete Aversion bzw.

10 Erst Abweichung schafft Normalität als Tatbestand. So entstand Heterosexualität als Kategorie erst, nachdem Homosexualität bereits als Identitätskategorie existierte: Der Begriff Homosexualität wurde 1869 geprägt, der Begriff Heterosexualität dagegen erst 1880, also mehr als ein Jahrzehnt nach der ›Erfindung‹ der Homosexualität. Vgl. Franz X. Eder, *Kultur der Begierde. Eine Geschichte der Sexualität,* München 2002, S. 159. Dies zeigt, dass Selbstverständliches so lange nicht benannt wird (weil es so selbstverständlich ist), bis Abweichungen das Selbstverständliche in Frage stellen.

11 Vgl. Wilhelm Heitmeyer, »Gruppenbezogene Menschenfeindlichkeit (GMF) in einem entsicherten Jahrzehnt«, in: ders. (Hrsg.), *Deutsche Zustände. Folge 10,* Berlin 2012, S. 15–41.

Feindseligkeit[12] »aufgrund eines ›normabweichenden‹ sexuellen Verhaltens und damit verbundenen Auftretens in der Öffentlichkeit«.[13] Homophobie ist keine Krankheit oder Abnormität, theoretisch entscheidend ist vielmehr die darin implizierte Normalität, Selbstverständlichkeit und Unbewusstheit. Sexismus bezeichnet »geschlechtsbezogene Stereotype, Affekte und Verhaltensweisen, die einen ungleichen sozialen Status von Frauen und Männern zur Folge haben«,[14] begründen und legitimieren. »Transphobie nennt man die Ablehnung von Trans* und oder von für Trans* gehaltenen Menschen auf Grund von Hass, Angst, Ekel, Vorurteilen u. a., die sich in Form von verbaler Aggression, Infragestellung oder Aberkennen der Geschlechtsidentität, körperlicher und psychischer Gewalt, Pathologisierung, Mobbing, sprachlicher Unsichtbarmachung, Kriminalisierung u. a. zeigen kann.«[15] Homophobie und Transphobie hängen eng miteinander zusammen, »beide Phobien haben die Angst vor der Abweichung von den Normen des körperlichen und sozialen Geschlechts von Mann oder Frau zum Inhalt. Viele Formen von Transidentität stellen die herrschende Zwei-Geschlechter-Ordnung in Frage. Darauf reagieren Menschen oft mit Abwehr«.[16]

Während im Hinblick auf Homosexuelle in vielen Ländern zumindest eine weitgehende rechtliche Gleichstellung und damit Anerkennung stattgefunden hat, kommt der zentrale Angriff auf Zweigeschlechtlichkeit als grundlegendes Ordnungsmodell von Gesellschaft nicht aus einer Homo- oder Transsexuellen-Richtung (für die eine eindeutige geschlechtliche Zuordnung unhinterfragt bleibt), sondern von Inter*. Warum? Intersexuell oder intergeschlechtlich ist eine »Beschreibung für Personen, die genetisch, anatomisch und/oder hormonell nicht eindeutig dem weiblichen oder männlichen Geschlecht zugeordnet werden können. Intersexuelle werden auch Hermaphroditen oder Zwitter genannt oder bezeichnen sich als intergeschlechtlich

12 Vgl. Kurt Wiesendanger, »Heterosexismus und Homophobie«, in: *Psychoscope* 23 (2), 2002, S. 6–9.

13 Wilhelm Heitmeyer/Jürgen Mansel, »Gesellschaftliche Entwicklung und Gruppenbezogene Menschenfeindlichkeit: Unübersichtliche Perspektiven«, in: Wilhelm Heitmeyer (Hrsg.), *Deutsche Zustände. Folge 6,* Frankfurt a. M. 2008, S. 13–35, hier: S. 19.

14 Thomas Eckes, »Geschlechterstereotype: Von Rollen, Identitäten und Vorurteilen«, in: Ruth Becker/Beate Kortendiek (Hrsg.), *Handbuch Frauen- und Geschlechterforschung. Theorie, Methoden, Empirie*, Wiesbaden 2004, S. 165–176, hier: S. 166.

15 TransInterQueer, »Basiswissen«, o. J., online veröffentlicht unter: www.transinterqueer.org.

16 Jannik Franzen, »Transphobie in LSBTI-Kontexten«, in: Les Migras (Hrsg.), *Verbindungen sprechen. Empowerment in Bezug auf Rassismus und Transphobie in LSBTI-Kontexten*, Berlin 2011, S. 11–14.

oder zwischengeschlechtlich.«[17] Hier steht also nicht der Wechsel von einem Geschlecht zum anderen im Mittelpunkt, sondern (wie auch bei Transgender-Personen, wenn auch vor allem in sozialer Hinsicht) die Existenz dazwischen bzw. jenseits der etablierten Geschlechter. Entsprechend bezeichnet Interphobie die Ablehnung von intersexuellen bzw. intergeschlechtlichen Menschen, die sich in Verunsicherung bis hin zu Hass äußert. Interphobie – so meine These – bildet das Zentrum von Phobien im Hinblick auf Geschlecht und Sexualität, weil mit der biologischen Nichteindeutigkeit von Geschlecht der letzte Stabilitätskern in Bezug auf die Annahme einer biologischen Basis und damit von Natürlichkeit verloren geht. In diesem Sinn ist Intersexualität aufgrund ihrer Unbekanntheit, Unsichtbarkeit und des geringen Wissens darüber für die heteronormative Geschlechterordnung als Phänomen am bedrohlichsten, steht von allen LSBTI-Phänomenen am meisten für das Andere der Ordnung und macht Naturalisierung zur primären Normalisierung im Hinblick auf Heteronormativität (siehe oben). Die Gender Studies stellen sich diesem Problem, indem sie über die Analyse von Phänomenen, die die heteronormative Ordnung entweder hinterfragen oder diese verteidigen, Heteronormativität als Selbstverständlichkeit überhaupt erst sichtbar machen. Das macht gleichzeitig die Crux beim Denken des Anderen der Ordnung aus: Heteronormativität lässt sich rekonstruieren und entselbstverständlichen, es kommt dann allerdings eine Form von Ordnung zum Vorschein. Diese Ordnung ist gänzlich unspektakulär, wenig exzeptionell und außerordentlich, es handelt sich um möglicherweise schillernde, strukturell aber stabile Geschlechterverhältnisse. Das Andere der Ordnung liegt somit nicht im Gegenstand, sondern bestenfalls im Prozess des Sichtbarmachens. Denn zur Ordnung von Heteronormativität gehört ihre Unsichtbarkeit in ihrer allgegenwärtigen Alltäglichkeit. Damit wird aus der theoretischen eine methodologische Frage: Wie lässt sich ein Anderes der Ordnung sichtbar machen, ohne es mit der Sichtbarmachung aufzulösen? Das gilt für das wissenschaftliche wie auch für das alltägliche Wissen gleichermaßen.

Im Alltag ist Heteronormativität als unhinterfragte Selbstverständlichkeit von Zweigeschlechtlichkeit und Heterosexualität grundlegend für die Orientierung in der Welt. Damit ist nicht die Annahme eines Kontinuums von Normalität (und damit Ordnung) verbunden, sondern im Gegenteil von Dichotomie: Es gibt Männer und Frauen und sonst nichts. Der Zwang zur Zweigeschlechtlichkeit war allerdings nicht immer so groß wie in der Moderne. Vormoderne Philosophen und Ärzte gingen von einem Kontinuum der Geschlechter aus.[18] Mit der naturwissenschaftlichen Fundierung der Medizin wurden im 18. Jahr-

17 TransInterQueer, »Basiswissen«.
18 Vgl. Fausto-Sterling, *Sexing the Body*, S. 30–44.

hundert physiologisch diagnostizierte Unterschiede zwischen Männern und Frauen als natürlich, die Geschlechterhierarchie als anatomischer Sachverhalt, und Mütterlichkeit zur bio-ethischen Notwendigkeit erklärt. Im Mittelpunkt steht dabei die Entwicklung der Wissenschaften vom Menschen und dabei vor allem einer weiblichen Sonderanthropologie in der zweiten Hälfte des 18. Jahrhunderts.[19] Sie schuf die Grundlage für die Erfindung und Konsolidierung polarer Geschlechtertheorien des 19. Jahrhunderts und damit einer kulturtheoretischen ›Biologisierung der Weiblichkeit‹. Daraus ergab sich die Vorstellung von Geschlechtscharakteren: Einem bestimmten Geschlecht zugeschriebene Eigenschaften und Verhaltensweisen werden »als eine Kombination von Biologie und Bestimmung aus der Natur abgeleitet und zugleich als Wesensmerkmal in das Innere des Menschen verlegt«.[20] Die Verschiebung des Geschlechterverständnisses hin zu einer fundamentalen Differenz findet mit der Entstehung der bürgerlich-kapitalistischen Gesellschaft statt. Frauen erscheinen als ›dunkle Seite‹ der Aufklärung (und damit durchaus als das Andere der Ordnung), ihr Denken, Tun und Empfinden gilt als Ausdruck ihrer ›Natur‹. Das hat die Soziologie vor einem Jahrhundert nicht anders gehalten als die übrigen Wissenschaften und die Philosophie der Aufklärung auch.[21]

Die soziokulturell dominierende Geschlechterdichotomie lässt sich jedoch nicht aus biologischen Sachverhalten ableiten. Dies illustriert der Fall Caster Semenya, »the South African runner whose sex was challenged because of her spectacular win and powerful physique that fueled an international frenzy questioning her sex and legitimacy to compete as female«.[22] Die südafrikanische 800-Meter-Läuferin geriet bei den Weltmeisterschaften 2009 unter Verdacht, »keine richtige Frau« zu sein. Der Verdacht beruhte zum einen auf ihrer Leistungssteigerung in Verbindung mit einem 3-fach erhöhten Testosteron-Wert gegenüber ›normalen‹ Frauen, dann aber auch auf ihrem medial inszenierten Aussehen mit männlichem Gesicht, schmalen Hüften, großen Muskeln und einer tiefen Stimme (»deep voice, muscular build, and rapid improvement in

19 Vgl. Claudia Honegger, *Die Ordnung der Geschlechter. Die Wissenschaften vom Menschen und das Weib 1750-1850*, Frankfurt a. M./New York 1991, S. 22–28.

20 Karin Hausen, »Die Polarisierung der ›Geschlechtscharaktere‹ – eine Spiegelung der Dissoziation von Erwerbs- und Familienleben«, in: Werner Conze (Hrsg.), *Sozialgeschichte der Familie in der Neuzeit Europas,* Stuttgart 1976, S. 363–393, hier: S. 369f.

21 Vgl. Regine Gildemeister/Katja K. Hericks, *Geschlechtersoziologie. Theoretische Zugänge zu einer vertrackten Kategorie des Sozialen*, München 2012, S. 4–18.

22 Katrina Karkazis et al., »Out of bounds? A critique of the new policies on hyperandrogenism in elite female athletes«, in: *American Journal of Bioethics* 12 (7), 2012, S. 3–16, hier: S. 3.

times«[23]). Leistung und vermeintlich männliche Geschlechtsmerkmale befeuerten Zweifel an ihrem Frausein.[24]

Dieser Fall hat die Sportwelt in gehörigen Aufruhr gebracht. Aber nicht nur der Sport ist vom gesellschaftlichen Binarisierungszwang im Hinblick auf die Frage, wer mit welchem Geschlecht zum sportlichen Wettkampf antreten darf, überfordert. Auch die Naturwissenschaften sind zu keiner binären Geschlechterdifferenzierung in der Lage: Geschlecht bewegt sich in einem Kontinuum. Zweigeschlechtlichkeit ist keine biologisch-naturwissenschaftliche Tatsache, sondern ein sozialer Ordnungsimperativ.[25] Darauf verweisen die verschiedenen Möglichkeiten der Differenzierung der Geschlechter (chromosomal, gonadal, hormonal, morphologisch)[26]: Von einer eindeutigen und dichotomen Geschlechterbestimmung kann keine Rede sein, dennoch werden im alltäglichen wie auch wissenschaftlichen Wissen die Extremfälle, »die Auslaufzonen einer Gauß-Kurve«,[27] als Normalität konstruiert. Der große Bereich der Überlappungen bleibt dafür unberücksichtigt: Empirisch gibt es zwar viele Frauen, die größer, schneller und stärker sind als viele Männer, dennoch gilt laut Differenzierungsimperativ nach wie vor: Männer sind größer, schneller und stärker als Frauen. So bringt

23 Associated Press, 2009, zit. n. Cheryl Cooky/Ranissa Dycus/Shari L. Dworkin, »›What makes a woman a woman?‹ versus ›Our First Lady of sport‹: A comparative analysis of the United States and the South African media coverage of Caster Semenya«, in: *Journal of Sport and Social Issues* 37 (1), 2013, S. 31–56, hier: S. 31.

24 Ging es bis dahin bei Wettkämpfen um den Nachweis, eine ›richtige‹ Frau zu sein, um bei den Frauen starten zu dürfen, führten die begrenzte Aussagekraft der Testergebnisse wie auch ethische Probleme dazu, nicht mehr die Geschlechtszugehörigkeit zu testen, sondern den Testosteronwert. Das hört sich geschlechtsunabhängig an, läuft aber aufgrund der engen symbolischen Verknüpfung von Testosteron, Leistungsfähigkeit und Mannsein im Alltagswissen, in der Wissenschaft wie auch in den Medien darauf hinaus, dass es letztlich doch wieder darum geht, dass eindeutige Männer und Frauen als *richtige* Teilnehmer/innen für Sportveranstaltungen vorgesehen sind und bleiben. Vgl. Sigrid Schmitz/Nina Degele, »The Testos Hype: Dynamics and Embodyings in the Magic Triangle of Performance – Testosterone – Sex Determination«, unveröff. MS.

25 Vgl. Fausto-Sterling, *Sexing the Body*, S. 3–5.

26 Vgl. Fausto-Sterling, *Sex/gender*; Sigrid Schmitz, »Geschlechtergrenzen. Geschlechtsentwicklung, Intersex und Transsex im Spannungsfeld zwischen biologischer Determination und kultureller Konstruktion«, in: Smilla Ebeling/Sigrid Schmitz (Hrsg.), *Geschlechterforschung und Naturwissenschaften. Einführung in ein komplexes Wechselspiel*, Wiesbaden 2006, S. 33–56.

27 Natascha Adamowsky, »Das Dunkle ist mehr als die Abwesenheit von Licht: zum Eigensinn des Anormalen«, in: *Behemoth. A Journal on Civilisation* 7 (1), 2014, S. 70–83, hier: S. 79.

nichts das Alltagswissen, den Sport, die Gesetzgebung, Politik und Wissenschaft mehr durcheinander, als einen Menschen nicht eindeutig einem von zwei Geschlechtern zuordnen zu können.

3. Ander[e]s Ordnen

Dies irritiert nicht nur den Sport, sondern auch die wissenschaftliche Begriffsbildung. Wie nämlich soll ein Gegenstand, der sich nicht nur dem Alltagsverständnis so deutlich entzieht, sondern mehr noch die ihn konzipierenden Wissenschaften in Legitimationszwang bringt, beschrieben und gefasst werden, ohne ihn damit zu reifizieren? Reifizierung, »a coming to take for granted as ›given‹ and inevitable what in fact is the product of human action«,[28] läuft auf die Schaffung von Ordnung hinaus. Vorwissenschaftliche Gewissheiten werden als unveränderlich Gegebenes gesetzt und formen damit den Verlauf und die Ergebnisse der Forschung. Dies gilt es für die Suche nach dem Anderen der Ordnung tunlichst zu vermeiden. Mit ihrer Reifizierungskritik liefert die Geschlechterforschung dazu einen grundlegenden Beitrag. Denn die theoretische Analyse, empirische Rekonstruktion und vor allem die Formulierung methodischer Konsequenzen dieses Zusammenhangs im Hinblick auf eine Naturalisierung von Zweigeschlechtlichkeit[29] ist eine zentrale Errungenschaft der Gender Studies. Regine Gildemeister/Angelika Wetterer und Carol Hagemann-White kritisierten bereits vor zwei Jahrzehnten in diesem Zusammenhang, dass eine Kategorisierung von zwei sich unterscheidenden, gegensätzlichen Geschlechtern in Studien, die Geschlecht als Variable oder als gegebene soziale Tatsache behandeln, bereits *vor* dem Beginn der empirischen und theoretischen Forschung erfolgt und damit die angenommene Differenz von Frauen und Männern immer wieder aufs Neue bestätigt und verfestigt: ForscherInnen tragen Bedeutungen in ihre Untersuchungen, die sie eigentlich erforschen wollen.[30] Entsprechend problematisiert Pierre Bourdieu, dass in der Soziologie »Wahrnehmungs- und Denkkategorien als Erkennt-

28 Hanna Fenichel Pitkin, »Rethinking reification«, in: *Theory and Society* 16 (2), 1987, S. 263–293, hier: S. 263.

29 Vgl. Candace West/Don Zimmerman, »Doing Gender«, in: *Gender & Society* 1 (2), 1987, S. 125–151.

30 Vgl. Regina Gildemeister/Angelika Wetterer, »Wie Geschlechter gemacht werden. Die soziale Konstruktion der Zweigeschlechtlichkeit und ihre Reifizierung in der Frauenforschung«, in: Gudrun Axeli-Knapp/Angelika Wetterer (Hrsg.), *Traditionen Brüche. Entwicklungen feministischer Theorie*, Freiburg 1992, S. 201–254; Carol Hagemann-White, »Die Konstrukteure des Geschlechts auf frischer Tat ertappen? Methodische Konsequenzen einer theoretischen Einsicht«, in: *Feministische Studien* 11 (2), 1993, S. 68–78.

nismittel« verwendet werden, die eigentlich als »Erkenntnisgegenstände zu behandeln«[31] wären. Die als selbstverständlich angenommenen Kategorien verführen dann schnell zu einem Vergleich der/des scheinbar klar Unterscheidbaren, wobei sich der Vergleich bei genauerer Betrachtung vielmehr als Angleichung, als Nostrifizierung herausstellt. »Was als ›Vergleichen‹ ausgegeben wird, vollzieht sich [...] als Identifikation des ›Gleichen‹ nach eigenem Maß, bevor das ›Ver-gleichen‹ als ausgewiesene Operation einsetzt«.[32] Das ›Andere‹ wird folglich entsprechend der eigenen Maßstäbe angeeignet, subsumiert.

Eine Lösung könnte der Begriff des Queering bieten, in den das Moment des Verunsicherns eingeschrieben ist. Queering zielt auf die Erhöhung von Komplexität und damit die Aufhebung des dichotomen Ordnungsprinzips, das wäre die methodische Seite des Anderen der Ordnung. Queer begreift sich als Gegenbegriff zu heteronormativ, sperrt sich aber gegen eine Definition – und damit gegen eine Ver-Ordnung. *To queer* als Hinterfragen einer vermeintlich selbstverständlichen Ordnung bezieht sich in erster Linie auf die Zuschreibung einer Identität als naturgegeben. Queerendes Denken als wissenschaftliche und auch politische Praxis bezieht seine Kraft somit aus der Auseinandersetzung mit Denkformen und Institutionen, die vereinfachen, binarisieren, hierarchisieren und ausgrenzen. Entsprechend geht es der vor allem in den Geisteswissenschaften beheimateten Queer Theory darum, Kategorien und Diskurse zu dekonstruieren, Nicht-Thematisiertes und Ausgeschlossenes sichtbar zu machen, Macht- und Herrschaftsverhältnisse bloßzulegen und eine größere Offenheit in Bezug auf die Denkbarkeit von nicht dem *mainstream* entsprechenden Phänomenen herzustellen.[33] Dekonstruiert werden soll die Annahme natürlicher und essenzieller Eigenschaften von Phänomenen wie Geschlecht und Sexualität wie auch die kaum thematisierte Position des weißen, heterosexuellen Mittelschichtmannes. Queer ist damit eine wissenschaftliche Haltung und ein Verfahren, das sich auch als (Anti-)Disziplin konstituiert hat – und ist damit geradezu als Kandidat für das Andere der Ordnung prädestiniert.

Weil sich *queer* durch seine Nicht-Definierbarkeit und Unmöglichkeit einer kanonischen Festschreibung auszeichnet, findet der Begriff Methode – der ja auf Standardisierung und Systematisierung verweist – in der Queer Theory kaum Verwendung. Im Vordergrund steht die Analyse

31 Pierre Bourdieu, »Die männliche Herrschaft«, in: Irene Dölling/Beate Krais (Hrsg.), *Ein alltägliches Spiel. Geschlechterkonstruktion in der sozialen Praxis*, Frankfurt a. M. 1997, S. 153–217, hier: S. 153.

32 Joachim Matthes, »The Operation Called ›Vergleichen‹«, in: ders. (Hrsg.), *Zwischen den Kulturen? Die Sozialwissenschaften vor dem Problem des Kulturvergleichs*, in: *Soziale Welt*, Sonderbd. 8, Göttingen 1992, S. 75–99, hier: S. 83.

33 Vgl. Nikki Sullivan, *A Critical Introduction To Queer Theory*, New York 2003.

von Texten im Sinne eines *queer reading.*[34] Dieses literaturwissenschaftliche Lektüreverfahren operiert mit einem weit gefassten Textbegriff, der nicht nur Literatur, sondern auch Film und andere zeichenhaft zu deutende kulturelle Phänomene beinhaltet. Verfahren des *queer reading* analysieren mit Rückgriff auf poststrukturalistische Vorgehensweisen der Diskursanalyse, der Psychoanalyse und der Dekonstruktion Texte im Hinblick auf ihren heteronormativen Gehalt, legen Widersprüche binärer Sexualitäts- und Geschlechterkonzepte offen und haben das Ziel, alternative Lesarten zu entwickeln. Es wendet sich gegen Universalisierungen, Vereinheitlichungen und Festschreibungen, die mit methodischen Fixierungen insbesondere quantitativer Verfahren der empirischen Sozialforschung nicht lediglich festgestellt, sondern – so die Kritik – diskursiv hergestellt werden. Eine solche Wissenschafts- und Methodenkritik zeichnet sich durch die Kritik heteronormativer Ordnungen und festgelegter Identitäten wie auch durch Reflexivität im Sinne einer Reflexion des Forschungsprozesses und der Beziehung zwischen Forschenden und Beforschten aus. Dem stehen Methoden der Diskursanalyse und der Auto-Ethnographie nahe, die die eigene Zugehörigkeit zum Forschungsgegenstand dekonstruktivistisch und politisch reflektieren und Reifizierungen vermeiden. Dies geschieht etwa durch den Verzicht auf »zombified«[35] erscheinende sozialwissenschaftliche Methoden und Kategorien. Queer Theory operiert eher mit Kategorienkritik als mit Kategorienverwendung, will sich nicht auf die Definition von Begriffen einlassen (*queer* als »unclear, fluid and multiple«[36]) und formuliert Behauptungen am liebsten in Frageform: »Can we have queer knowledges if our methodologies are not queer?«[37] Auf diese Weise soll Reifizierung unterlaufen werden, denn was nicht in (binäre und dichotomisierbare) Begriffe gebracht wird, kann keine solchermaßen kategorialen Ausschlüsse produzieren. Gerade das macht das Dilemma und auch die Optionen nicht nur der Queer, sondern auch der Gender Studies im Hinblick auf das Andere der Ordnung aus: Ignorieren sie Geschlecht, verfestigen sie es nicht, verschleiern sie aber auch Hierarchisierungsprozesse und damit verbundene Machtverhältnisse, die ja immer auch Ordnungen darstellen. Beziehen sie Geschlecht ein und

34 Vgl. Kerstin Brandes/Sigrid Adorf, »›Indem es sich weigert, eine feste Form anzunehmen‹ – Kunst, Sichtbarkeit, Queer Theory«, in: *FKW. Zeitschrift für Geschlechterforschung und visuelle Kultur* 45, 2008, S. 5–11.

35 Ken Plummer, »Critical Humanism and Queer Theory: Living with the Tension«, in: Norman K. Denzin/Yvonne S. Lincoln (Hrsg.), *The Sage Handbook of Qualitative Research*, Thousand Oaks, California 2005, S. 357–373, hier: S. 358.

36 Kath Browne/Catherine J. Nash, »Queer Methods and Methodologies: An Introduction«, in: dies. (Hrsg.), *Queer Methods and Methodologies. Intersecting Queer Theories and Social Science Research*, Farnham 2010, S. 1–23, hier: S. 7.

37 Ebd., S. 2.

benennen es, besteht die Gefahr, im Alltagswissen verhaftet zu bleiben und Zweigeschlechtlichkeit festzuschreiben. Im zweiten Fall wird die bestehende Ordnung verfestigt, im ersten Fall lassen die Gender und Queer Studies ein Anderes der Ordnung zu, bleiben aber unterkomplex und/oder führen aus einer sozialwissenschaftlich orientierten Geschlechterforschung hinaus.

4. Schluss

An einer genauen Beschreibung und damit Konstruktion zu untersuchender Phänomene führt kein Weg vorbei, weil mit einer fehlenden Bezeichnung der Gegenstand verloren ginge. Letzteres liefe auf einen Theoretizismus hinaus, wie ihn der Philosoph Marc Rölli (in diesem Band) als diskursive Selbstgenügsamkeit ohne Bezug auf ein Außen charakterisiert. Um geschlechterkonstituierende Praktiken zu erfassen, bedarf es jedoch entsprechender Begriffe: »So wie wir keine Sprache untersuchen können, ohne die konsensuell alltäglich vorhandenen Bedeutungen der Worte zu wissen, so können wir den Umgang mit der Zweigeschlechtlichkeit in seinem prozessualen Charakter nicht in der Forschung berücksichtigen, wenn die mit Geschlechtsbedeutung versehenen Elemente nicht identifiziert werden.«[38] Eine als Gegenstrategie praktizierte Omnirelevanzannahme von Geschlecht, die Geschlecht als immerzu und überall wirksames Strukturierungsmoment begreift, hilft auch nicht weiter. Sie führt dazu, dass Erkenntnisse über Geschlecht auf alle und alles angewandt werden und auf diese Weise die Geschlechterdifferenz reifizieren. Dann gibt es keinen Ort, kein Ding, das frei von Geschlecht gedacht werden kann.[39] Weiter können damit andere Differenzsetzungen, die mit Geschlecht nicht notwendig einhergehen, aus dem Blick geraten.[40] Das Problem der Reifizierung und damit der

38 Hagemann-White, »Die Konstrukteure des Geschlechts auf frischer Tat ertappen?«, S. 76.

39 Mit einem ähnlichen Problem kämpfen die Whiteness Studies, wenn sie auf Weißsein als unmarkierte privilegierte Kategorie und gleichzeitig ihre Omnirelevanz hinweisen. Vgl. Jack Niemonen, »Public Sociology or Partisan Sociology? The Curious Case of Whiteness Studies«, in: *The American Sociologist* 41 (1), 2010, S. 48–81, hier: S. 53f.

40 Vgl. Candace West/Sarah Fenstermaker, »Doing Difference«, in: *Gender & Society* 9 (1), 1995, S. 8–37. Das ist der Fall, wenn nicht nur Dichotomien nicht mehr funktionieren, sondern weitere Kategorien hinzugezogen werden müssen, z. B. Klasse, Ethnizität, Alter etc. Geschlechtertheoretisch ist bedeutsam, dass eine Kontextualisierung von Ungleichheiten dazu führt, dass die Kategorie Geschlecht ihre Exklusivität verliert. Die Zentralkategorie Geschlecht der Gender Studies gerät in Wechselwirkung mit anderen disziplinären Basiskategorien wie

Konzeption eines Anderen der Ordnung setzt dagegen viel früher an als beim adäquaten Umgang mit Gesagtem, nämlich beim Unausgesprochenen bzw. Unaussprechlichen.[41] Eine Nichtbenennung sozialer Akteur/innen und Sachverhalte – als scheinbarer Ausweg aus der Reifizierungsfalle – drückt sich um einen konstruktiven Umgang mit dem Dilemma der Reifizierung, des Unterschlagens zweigeschlechtlich organisierter Realität und des Verfestigens derselben, kurz mit *doing gender* und *undoing reification*.[42]

Die Suche nach dem Anderen der Ordnung krankt somit auch an ihrer statischen Konzeption, als gäbe es ein Ding, das der Ordnung gegenüberstünde. Stattdessen kommt es auf überraschende Problemlösungen im Kontext von Praxis an. Dafür etwa steht der Aspekt der Kontextualität, sei es die Betonung von Situationalität wie im amerikanischen

etwa Hautfarbe/Ethnizität/Nation in den Postcolonial Studies, Sexualität in den Queer Studies oder Klasse in der Soziologie. Diesen Sachverhalt haben sich aus dem Kontext der Geschlechterforschung stammende Intersektionalitätsanalysen zu Herzen genommen. Seit den 1990er Jahren interessieren in den Gender-, Queer- und Postcolonial Studies Wechselwirkungen zwischen ungleichheitsgenerierenden Dimensionen wie Geschlecht, Klasse, Ethnizität/Rasse oder auch Sexualität (afrodeutsche, jüdisch-deutsche, behinderte Menschen, Lesben, Migrantinnen). Statt die Wirkungen von zwei, drei oder mehr Unterdrückungen lediglich zu addieren, betonen die Protagonist/innen des Konzepts, dass die Kategorien im entsprechenden gesellschaftlichen Herrschaftszusammenhang in verwobener Weise auftreten und sich wechselseitig verstärken oder auch abschwächen können. Wer ist also Subjekt einer wie auch immer postulierten Bewegung und Gleichstellungspolitik? Die Fundierung sozialer Bewegungen und politischer Aktionen auf der Grundlage gemeinsamer Identitäten ist zu einem Ding der Unmöglichkeit geworden. Das ließe sich durchaus als Verunordnung lesen.

41 Identifiziert man das Soziale bzw. soziologisch Relevante mit Regeln, Mustern und Strukturen, können diese auch in den Köpfen oder Körpern von Akteur/innen verankert sein. Damit wäre man recht schnell bei der Biologie, Kognitionswissenschaft, Psychologie oder Psychoanalyse. Deren Gegenstände lassen sich allerdings nur bedingt in Soziales überführen. Als Konsequenz problematisiert Stefan Hirschauer die Reduktion des Sozialen bzw. sozial Rekonstruierbaren auf Sprache und hebt die sprachlosen Aspekte des Sozialen hervor – ohne in Psychologisierungen zu verfallen. Versprachlichungen (wie etwa Transkripte von Interviews usw.) schaffen keine Kopie eines Gesprächs, sondern neue Texte, die lediglich dekontextualisierte Aspekte des Gesagten jenseits der nonverbalen Interaktionen aufzeichnen. Dagegen kann die Beschreibung von Beobachtungen eben dies erfassen. Die Leistungen des Beschreibens sind dann jedoch ebenso wenig dokumentarisch, sie sind analytisch, es handelt sich um eine »theorieorientierte Schreibpraxis«. Stefan Hirschauer, »Ethnographisches Schreiben und die Schweigsamkeit des Sozialen. Zu einer Methodologie der Beschreibung«, in: *Zeitschrift für Soziologie* 30 (6), 2001, S. 429–451, hier: S. 431.

42 Vgl. West/Zimmerman, »Doing Gender«.

Pragmatismus[43] oder von Relationalität, wie sie Bourdieu als Kernkonzept seiner Theorie der Praxis entwirft.[44] Diese drückt der Praxis gerade keine theoretisch abgeleitete Logik auf, sondern lässt die Praxis machen und überraschen – in soziologisch bestimmbaren Kontexten wie etwa der männlichen Herrschaft, dem Feld der Literatur oder der Wissenschaft. Gemeinsam ist diesen Konzepten, dass Überraschendes, Unvorhergesehenes, Ungewissheit aus Handlungen und Erfahrungen entsteht und dass sie nur mit Bezug zueinander bestimmt werden können. So fragt Rölli danach, ob das Andere der Ordnung nur vorgestellt und gedacht wird, oder ob die Vorstellungen dazu verwendet werden sollen, »die Ordnung, die sie negieren, aufzugeben oder zu transformieren«.[45] Das muss man nicht als Aufruf zur Revolution missverstehen, sondern als Aufforderung, die empirische Relevanz im Sinne einer Äußerungsform des Gedachten im Blick zu behalten, nämlich die keineswegs theorielos gedachte Praxis. Zwingen im amerikanischen Pragmatismus und damit verbundenen Praxistheorien Situationen zum Handeln, ist »[e]ine tragfähige Ordnung [...] gewissermaßen das mögliche Resultat einer Praxis, sich in Situationen zurechtzufinden«.[46]

Sind Ordnungen situierte und problembezogene Lösungen, kämpft ein Denken des Anderen der Ordnung damit, es jenseits von Theoretizismus und Reifizierung zu benennen. Ob damit verbundene Interpretations-, Erklärungs- und Sinnstiftungsleistungen nun einer Ordnung oder dem Anderen der Ordnung zuzurechnen sind, ist nur ex post zu beantworten, wenn es nämlich um die Konsequenzen solchen Handelns geht. Aus diesem Dilemma ist nicht herauszukommen. Die heteronormative Ordnung lässt sich entselbstverständlichen, nicht aber wegdenken. Das Ergebnis muss nicht das Andere der Ordnung sein, es kann (und wird wahrscheinlich) eine andere Ordnung sein. Dies lässt sich aber nicht theoretisch klären, sondern ist eine empirische Frage der Praxis. Besetzt man das Andere der Ordnung mit Begriffen wie Ausnahme, Rauschen, Bruch, Überschreitung, Nichtabschließbarkeit, Singuläres, Ereignis, Exzeptionelles, Unterbrechung oder Messianisches, setzt eine praxeologisch informierte Geschlechterforschung nicht auf die Alternative von Verstummen und Reifizierung, sondern auf praktische Prozesse des Verunsicherns.

43 Vgl. John Dewey, »The reflex arc concept in psychology«, in: *The Psychological Review* 3 (4), 1896, S. 357–370, hier: S. 361; ders., »Die Struktur der Forschung«, S. 228–243; vgl. Everett C. Hughes, *The sociological eye*, Chicago/New York 1971, S. 436–440.

44 Vgl. Pierre Bourdieu/Loïc J.D. Wacquant, *Reflexive Anthropologie*, Frankfurt a. M. 1996, S. 34–40; Bourdieu, *Die männliche Herrschaft*, S. 177–186.

45 Rölli, »›Theoretizismus‹«, S. 63 in diesem Band.

46 Ebd., S. 69.

Florian Heßdörfer

Das andere Ende der Ordnung

Jean Baudrillard und seine Figuren des Zusammenbruchs

Dass Ordnung etwas Mühevolles ist, lernen wir bereits in unseren Kinderzimmern. Sie bedarf nicht nur der Ermahnung seitens Erwachsener, sondern steht vor Augen als das von mahnenden Erinnerungen flankierte Ziel der Einwilligung in das, was gemeinhin ›Ordnung machen‹ heißt. Zweierlei lehrt diese Kinderstube: Dass Ordnung etwas ist, das nicht schlichtweg da ist und daher ›gemacht‹ werden muss; geradezu dem abgerungen wird, was als ihr natürliches Gegenteil erscheint: Unordnung und Trägheit. Während Unordnung dem Lauf der Dinge folgt, also schlichtweg ›entsteht‹ – und in ihrem Kinderzimmerkosmos bereits dem nahesteht, was man späterhin als Gesetz der Entropie kennenlernt –, bedarf die Ordnung einer fortdauernden Anstrengung, einer gleichförmig wiederkehrenden Mühe, die das Kind als ›Aufräumen‹ kennt, dem Erwachsenen jedoch bereits als ›Arbeit‹ vertraut ist. Die zweite Ordnungslektion der Kinderstube ist daher ebenso grundlegend: Ordnung existiert nicht nur als das stets vorläufige Ergebnis permanenter Arbeit an ihr, sondern vollzieht sich im Kraftfeld eines intersubjektiv kalibrierten ›Müssens‹ und ›Sollens‹: ›*Ordnung muss sein!*‹ rechnet zu den Sätzen, die lange Zeit gehört werden müssen, bevor ihnen auch die Hände folgen und sie schließlich den eigenen Mund verlassen – bevor sich das fremde Drängen in die Dringlichkeit einer eigenen Überzeugung wandelt. Ordnung kommt offenbar vom Anderen her. Skizzieren wir auf dieser tastenden Basis eine vorläufige Antwort auf die Frage nach dem ›Anderen der Ordnung‹, so deuten sich zwei Züge an: Zum einen opponiert das Andere der Ordnung dem fordernden Dasein der ›Ordnung der Anderen‹ und neigt statt dem fremden Befehl eher der eigenen Willkür zu; andererseits widerstrebt es der iterativen Wiederholungslogik der Ordnungsbemühung und fordert eine andere Zeitlichkeit, die dem ›Machen‹ der Ordnung das ›Werden‹ der Unordnung bzw. des Anderen der Ordnung gegenüberstellt.

So enthüllt sich die Ordnung als umkämpfter Ort und deutet bereits die ersten Konturen jener Projekte an, die sich im Widerstreit mit der Ordnung befinden. Ein Blick auf jene muss aber überrascht feststellen: Obwohl die Kritik der Ordnung gegen die unlustvolle Wiederholung des Müssens logisch auf die Momente des Wollens und der Lust verwiesen scheint, stoßen wir in den Reihen der Ordnungskritiker regelmäßig auf eben jene Zeichen des Zwangs, die wir eigentlich dem Ordnungserhalt zurechnen würden. Wer über die Grenzen gegebener Ordnung hinaus will, findet rasch theoretische Weggefährten, die Anstrengungen des Widerstands, Pflichten der Entsagung und ähnliche Übungen kritischen Ungehorsams empfehlen. Die Mühen des ›Ordnungmachens‹ scheinen bis in den ihr geltenden Widerstand fortzudauern. Vereinzelt übertrifft der selbstauferlegte Zwang zum ›Der-Ordnung-ein-Ende-Machen‹ die Mühen der Ordnung selbst und versichert sich darin zugleich seiner Aufrichtigkeit. Kritische Versuchsanordnungen, die jenseits dieses Gefüges operieren, drohen gerne in den Bann einer Kritik zu geraten, die sie in der Gefahr der Vereinnahmung wähnen – im Besitz von Waffen, die längst zu Werkzeugen des Fortbestands der alten Ordnung geworden sind.

Vor diesem Hintergrund werden wir ein Denken ins Augenmerk nehmen, das die beschriebenen Momente der Kritik dezidiert umzukehren scheint: das philosophische und soziologische Denken Jean Baudrillards. Sein Werk operiert gewissermaßen immer schon jenseits einer zwanghaften Gegnerschaft zur Ordnung, jenseits der klassischen Gegendiskurse der ›Entfremdung‹, der ›Revolution‹ und des ›Subjekts‹ sowie der psychologischen Matrix des Willens und der Lust. Gegenüber diesen klassischen Diskursen lässt sich Baudrillards eigene Suche nach dem Anderen der Ordnung unter anderem an drei Aspekten festmachen:

(1) *Die List der Passivität.* Aus der Vermutung, dass herrschende Ordnungen längst von der gesteigerten Aktivität ihrer Subjekte zehren, leitet Baudrillard eine ambivalente Aufwertung passiver Taktiken ab. In seinen Augen wird der Rückzug ins Private, wird das Schweigen zu einer ›absoluten Waffe‹, welche sich der Ordnung nicht entgegenstellt, sondern sie in den Leerlauf treibt. (2) *Die Strategie der Katastrophe.* Die Passivität gewinnt ihren Stellenwert im Kontext einer allgemeinen Strategie, die nicht auf Entlarvung, Aneignung oder Subversion setzt, sondern die Ordnung mit ihren eigenen Mitteln schlagen will. Mit der Überzeugung, dass diese Ordnung (der Simulation) von keinem Außen oder keinem Sinn her mehr zu überwinden ist, läuft Baudrillards Projekt einer Kritik auf eine bewusste Zuspitzung der Krise hinaus – eine Krise, in der die Ordnung in ihr vollkommen leeres Zentrum hineinstürzen und dabei zugrunde gehen soll. Daher bevorzugt Baudrillard die Figur der ›Implosion‹: Das Ende einer Ordnung, das nicht von außen her kommt, sondern in der Mitte beginnt. (3) *Das Spiel der Verführung.* Neben der Katastrophe kennt Baudrillards Werk auch eine nicht-destruktive Strategie, mit dem Anderen der Ordnung in Kontakt zu kommen – die ›Verführung‹. Mit dieser versucht er eine Figur zu etablieren, die jenseits der tradierten Antinomien von Schein und Sein, Oberfläche und Tiefe, männlich und weiblich operiert. Dieses ›Spiel‹ der Verführung scheint eine vor allem ästhetische Strategie zu sein, die

das befreiende Moment der Katastrophe in begrenzten Ereignissen und Erfahrungen zum Tragen bringt – sei es in der von Baudrillard so geschätzten Fotografie oder in einer Sexualität jenseits der »Anatomie als Schicksal«.[1] »Die Verführung zielt immer darauf, die göttliche Ordnung zu zerstören.«[2]

Die List der Passivität

Mitte der 1970er Jahre entwirft Jean Baudrillard sein für die folgenden Jahre tragendes Schema, in dem ein fundamentaler Epochenbruch diagnostiziert wird. Im Umfeld eines materialistisch geprägten Denkens, das immerfort nach den Produktionsbedingungen hinter den Phänomenen sucht, verschafft sich Baudrillard mit einer These Gehör, die diesen Diskurs radikal verschiebt: Das gesamte Zeitalter der Produktion sei historisch passé und einem anderen Paradigma gewichen: dem der Simulation. Während er in den 1980er Jahren diesen Simulationsbegriff mehr und mehr medientheoretisch ausbaut, umfasst er in seinen Anfängen eine viel weitere Szenerie. Es scheint beinahe, als habe Baudrillard ihn strategisch gegen ein anderes Konzept positioniert, das Michel Foucault prominent gemacht hat: gegen das der Episteme. Wo Foucault die »Ordnung der Dinge« und ihre unterschiedlichen Episteme analysiert,[3] entwirft Baudrillard das Panorama dreier »Ordnungen der Simulakren«;[4] wo Foucault den Körper des Gemarterten im Zentrum von Wissens- und Machtpraktiken beschreibt,[5] erläutert Baudrillard den Körper im »Massengrab der Zeichen«;[6] wo Foucault die Ausweisung der Wahnsinnigen aus den Grenzen der Gesellschaft rekonstruiert,[7] überbietet ihn Baudrillard mit der These der »Ausweisung der Toten«.[8]

Um den theoretischen und politischen Einsatz von Baudrillards eigenwilligen Strategien der Kritik zu verstehen, müssen wir also zunächst jene Ordnung skizzieren, die für Baudrillard die Umrisse der Gegenwart bestimmt: die Ordnung der Simulation. Auch hier ließe sich eine Paral-

1 Jean Baudrillard, *Von der Verführung*, München 1992, S. 20.
2 Ebd., S. 8.
3 Vgl. Michel Foucault, *Die Ordnung der Dinge. Eine Archäologie der Humanwissenschaften*, Frankfurt a. M. 1974.
4 Jean Baudrillard, *Der symbolische Tausch und der Tod*, Berlin 2005, S. 77–130.
5 Vgl. Michel Foucault, *Überwachen und Strafen. Die Geburt des Gefängnisses*, Frankfurt a. M. 1994, S. 9–92.
6 Baudrillard, *Der symbolische Tausch und der Tod*, S. 153–192.
7 Vgl. Michel Foucault, *Wahnsinn und Gesellschaf*, Frankfurt a. M. 1973, S. 349–538.
8 Baudrillard, *Der symbolische Tausch und der Tod*, S. 195–205.

lele zur Arbeit Foucaults ziehen. Den drei grundlegenden »Ordnungen der Dinge« – der vorklassischen, klassischen und modernen Episteme – korrespondiert das ebenfalls dreigliedrige System der Simulakren. In seinem Hauptwerk D*er symbolische Tausch und der Tod*[9] entwirft Baudrillard diese Systematisierung als unterschiedliche historische Etappen der Zeichenpraxis. Was ein Zeichen ist und wie dieses verstanden und verwendet wird, gibt für Baudrillard die grundlegende Kontur einer Gesellschaftsformation vor.

(0) Als Nullstufe der historischen Entwicklung des Zeichenbegriffs macht Baudrillard das scheinbar ›natürliche Zeichen‹ aus – die traditional stabilisierte »Welt eindeutiger Zeichen, einer ›starken symbolischen Ordnung‹«,10 die »aufgrund ihrer Stabilität und Dauerhaftigkeit zugleich als *natürliche Ordnung* erlebt wird«.[11] In dieser Ordnung steht die Referenz des Zeichens grundsätzlich außer Zweifel, weil zwischen Zeichen und Gegenstand kein Raum für abweichende Interpretationen existiert: »Ein Verbot schützt die Zeichen und sichert ihnen eine absolute Klarheit«.[12]

(1) Erst mit dem historischen Untergang dieser stabilen Zeichenrelation beginnt die ›Ordnung der Imitation‹ als erste Stufe der Simulakren. Hier bricht der quasi-natürliche Zeichenpakt, wird zugleich jedoch von einem Vertrag abgelöst, der die Leere zwischen Zeichen und Referenz mit Hilfe von Ähnlichkeitsrelationen überbrückt. In Anlehnung an Foucault nennt Baudrillard diese Epoche auch ›klassisch‹ und erläutert sie etwa am Beispiel der Malerei.[13] Wurden unter dem Bann des ›natürlichen Zeichens‹ Bilder vor allem bezüglich ihres zeichenvermittelten ›Sinns‹ betrachtet, entsteht mit der Ordnung der Imitation eine neue Bildlogik. Die Wahrheit der Bilder scheint nun fest an die Sichtbarkeit der Dinge gebunden zu sein; im Reich des Sichtbaren sucht das Zeichen nach dem, was es in der untergegangenen ›starken symbolischen Ordnung‹ nicht mehr finden kann: Das »moderne Zeichen träumt vom früheren Zeichen und möch-

9 Ebd.
10 Baudrillard, *Der symbolische Tausch und der Tod*, S. 80.
11 Samuel Strehle, *Zur Aktualität Jean Baudrillards. Einführung in sein Werk*, Wiesbaden 2011, S. 102.
12 Baudrillard, *Der symbolische Tausch und der Tod*, S. 80.
13 Dabei fällt auf, wie Baudrillard zwar häufig Termini Foucaults aufnimmt, sich diese jedoch ›eigenwillig‹ aneignet und transformiert. Während Foucault die ›klassische Episteme‹ als Ablösung der ›vorklassischen‹ Ordnung der Ähnlichkeit durch die ›klassische‹ der Repräsentation einführt, benutzt Baudrillard das Attribut ›klassisch‹ für eine ganz spezifische Form der Ähnlichkeit: für jene Ähnlichkeit, wie sie etwa die ›klassische‹ Malerei behauptet und dabei die Wahrheit der subjektiven Wahrnehmung mit der Behauptung von ›Natürlichkeit‹ koppelt.

te mit seinem Bezug auf das Reale eine *Verpflichtung* wiederfinden, aber es findet nur eine *Vernunft*: eben jene referentielle Vernunft, jenes Reale, jenes ›Natürliche‹, von dem es leben wird.«[14]

(2) Diese erste Stufe der Simulakren gerät in die Krise, wenn die Ähnlichkeitsrelation in Frage gestellt und die Ordnung der Imitation von derjenigen der *Produktion* abgelöst wird. Bilder lösen sich von ihrer Verpflichtung auf Ähnlichkeit und erinnern sich der Tatsache ihrer Produktion; sie beginnen ihr Bild-Werden zu reflektieren, spielen mit den bildnerischen Mitteln und weisen die Frage nach dem Augenschein bewusst von sich. Wie von nun an die Bilder Zeichen und Resultat künstlerischer Produktionsprozesse sind, so setzt sich dieses Produktionsparadigma auch in anderen Feldern durch. Nach dem Primat der *Erscheinung* triumphiert in der Ordnung der Produktion die Herrschaft der *Äquivalenz*. Mit dem Begriff der Äquivalenz bezieht sich Baudrillard explizit auf das ökonomische Feld: Im ökonomischen Prozess, der den Wert eines Produktes auf das Maß der in ihm enthaltenen Arbeit zurückführt, erkennt Baudrillard die veränderte Wiederkehr der Zeichenrelation.

Die Leitfrage an die Welt der Dinge orientiert sich nun nicht mehr an einem ›natürlichen Sinn‹ oder an einer sie ordnenden Ähnlichkeitsrelation, sondern setzt Objekte ins Verhältnis zu einem Wert, der allein als Resultat und Funktion ihres Produktionsprozesses existiert. »Der ›freie‹ Arbeiter hat nur die Freiheit, Äquivalente zu produzieren – das ›freie und emanzipierte‹ Zeichen hat nur die Freiheit, äquivalente Signifikate zu produzieren.«[15]

Baudrillard versucht in dieser historischen Skizze genau das, was er im Titel seines 1972 erschienenen Buches *Pour une critique de l'économie politique du signe* erstmals angedeutet hatte: eine ›Kritik der politischen Ökonomie des Zeichens‹, welche die Marx'schen Kategorien des Gebrauchs- und Tauschwerts um die des ›Zeichenwerts‹ ergänzt und vor diesem Hintergrund die ›politische Ökonomie‹ als Sonderfall einer ›allgemeinen politischen Ökonomie des Zeichens‹ begreift. Auch Kapital, Produktion und Konsumtion sind für Baudrillard im Kern als Zeichenprozesse zu verstehen, als »Einschreibung der Dinge und Menschen in das abstrakte System des Tauschwerts bzw. des kapitalistischen Marktes«.[16] Konsumtion etwa verliert unter den Bedingungen einer entfalteten Konsumgesellschaft den unmittelbaren Dingbezug und wird stattdessen zur Aneignung von Zeichenwerten, deren eigentliche Referenz in ihrem Distinktions- bzw. ›Statuswert‹ zu suchen ist. Im Simulakrum zwei-

14 Baudrillard, *Der symbolische Tausch und der Tod*, S. 81.

15 Ebd.

16 Strehle, *Zur Aktualität Jean Baudrillards*, S. 34; vgl. S. 53–55, 65–67.

ter Ordnung versammelt Baudrillard einerseits jene ökonomischen Konzepte, die uns aus der marxistischen Kritik vertraut erscheinen – Dialektik, Entfremdung, Gebrauchswert, Bedürfnis, aber auch das Unbewusste –, verallgemeinert sie jedoch in einem abstrakten Modell, das sie als Zeichenprozesse zu fassen versucht.

(3) Die eigentliche theoretische Pointe erfolgt schließlich mit der auf dieser Verallgemeinerung aufbauenden Hypothese, diese wohlbekannten Simulakren zweiter Ordnung seien mittlerweile durch den Anbruch einer dritten Epoche außer Kraft gesetzt worden – die Ära der Simulation. Im Mittelpunkt des Simulationstheorems steht die Diagnose der Referenzlosigkeit. Waren Zeichenregime bisher durch eine Referenz außerhalb des Zeichens abgesichert, so beginnt die Simulation an dem Punkt, an dem Zeichen ihren Wert allein durch den Bezug auf andere Zeichen gewinnen, sich von einer außersymbolischen Welt abkoppeln und damit das »Bordell der Substitution«[17] eröffnen.[18] Um einer vorschnellen Lesart vorzubeugen: Bereits ›die Welt‹ bildet für Baudrillard ein Konzept, das allein im Rahmen einer spezifischen Zeichenpraxis existiert. Mit dem Anbruch der Simulation, die Baudrillard auch als »strukturale Revolution« bezeichnet, wird die Referenz jedoch nicht mehr auf einen neuen Bereich verschoben, sondern als solche marginal; der »Referenzwert wird abgeschafft und übrig bleibt allein der strukturale Wertzusammenhang. Die strukturale Dimension verselbständigt sich durch den Ausschluss der Referenzdimension, sie gründet sich auf deren Tod.«[19]

Mit der Hypothese des Simulationszeitalters setzt Baudrillard die Bedingungen seiner kritischen Arbeit: Wenn konkrete Produktionsbedin-

17 Baudrillard, *Der symbolische Tausch und der Tod*, S. 21.

18 Diese Einsicht ist natürlich bereits in der Zeichentheorie Ferdinand de Saussures angelegt, wo die Bedeutung der einzelnen Signifikate im Rückgriff auf ihren allein systemisch bestimmten *valeur* definiert wird. Baudrillard greift dieses Verständnis jedoch nicht nur auf, sondern liest es gewissermaßen als historisches *Symptom:* Saussures Theorie steht für den Eintritt in eine neue Epoche des Zeichens, die dessen Referenz nicht nur in der Theorie, sondern auch in der Praxis marginalisiert. In diesem Sinne verknüpft Baudrillard den zeichentheoretischen Wertbegriff mit dem ökonomischen. Den Status eines Objekts (wie auch der darin investierten Arbeit) auf seinen ökonomischen Tauschwert zu reduzieren – es als bloßes *Zeichen* dieses Werts zu handeln –, folgt der gleichen Logik wie Saussure im *Cours de linguistique générale* (1916). Diese Überschneidung von Sprache und Kapital im Konzept des ›allgemeinen Äquivalents‹ hat etwa zeitgleich Jean-Joseph Goux ausgeführt. *Freud, Marx. Ökonomie und Symbolik*, Reinbek bei Hamburg 1975. V. a. im Kapitel *Die Niederschrift der Arbeit*, S. 130–153.

19 Baudrillard, *Der symbolische Tausch und der Tod*, S. 17f.

gungen für den Erhalt und die Ordnung einer Gesellschaftsformation nicht mehr ausschlaggebend sind, muss sich auch die Tätigkeit der Kritik vom Fokus auf die Produktionsverhältnisse verabschieden und die Zeichenverhältnisse ins Auge fassen. Letztlich hat es die Kritik mit einer Herrschaftsweise der Zeichen zu tun, die sich radikal von ihrem Anderen verabschiedet haben. Während ›traditionelle‹ Zeichenregime dem Motto *divide et impera* folgen – sie teilen ihren Herrschaftsbereich in zwei Sphären, in das symbolische Reich der Zeichen sowie den korrespondierenden Raum des Bezeichneten –, so regiert die Simulation erstmals außerhalb dieser Logik; ihre Eigenart liegt nicht mehr darin, spezifische Konnexionsregeln der Zeichen mit ihrem Anderen zu etablieren, sondern vielmehr dessen Ausschluss zu vollziehen. Die Ordnung der Simulation kappt jede Verbindung zu einem Außen und eröffnet einen Raum, für den dasselbe gilt, was auch Althusser für den Raum der Ideologie behauptet hat: Sobald er existiert, erscheint er nicht nur entgrenzt im Hinblick auf seine Zeitdimension – und daher ›ewig‹ –,[20] sondern etabliert sich auf der Basis einer paradoxen Topologie: ein »unbegrenzter, weil begrenzter Raum«.[21]

Parallel zu dieser Operation des Ausschlusses setzen sich in den Gesellschaften der Simulation daher ausgesprochene Dynamiken der Vereinnahmung durch; sie sind von einem inklusorischen Herrschaftsmodus durchdrungen, der nicht nur in Ränder und Grauzonen vordringt, sondern auch im Hinblick auf die Subjekte immer schon mit deren Aktivität rechnet und von ihrer Partizipation lebt. Im selben Jahr, in dem Foucault in *Der Wille zum Wissen* bezüglich der Sexualität die Repressionshypothese in Frage stellt, gibt Baudrillard in *Der symbolische Tausch und der Tod* zu bedenken, dass auch andere Topoi der Kritik längst in den Bann der von ihr kritisierten Ordnung geraten sind: »Man reißt euch nicht mehr barbarisch aus eurem Leben heraus, um euch der Maschine auszuliefern – man integriert euch mitsamt eurer Kindheit, euren Ticks, euren menschlichen Beziehungen, euren unbewußten Trieben, und selbst mit eurer Arbeitsverweigerung.«[22] Die Tendenz, die Baudrillard am Werk sieht, läuft somit auf eine ›schlechte Aufhebung‹ der überkommenen Trennung von Produktion und Reproduktion, von Arbeit und Freizeit hinaus – bzw. darauf, »aus der Arbeit einen totalen Dienst zu machen, dem sich der Dienstleistende nicht mehr entziehen kann, in den *er sich* immer mehr persönlich verstrickt«.[23] Seine

20 Vgl. Louis Althusser, *Ideologie und ideologische Staatsapparate*, Halbbd. 1, Hamburg 2010, S. 74.

21 Louis Althusser/Étienne Balibar, *Das Kapital lesen*, Bd. 1, Reinbek bei Hamburg 1972, S. 30.

22 Baudrillard, Der symbolische Tausch und der Tod, S. 28.

23 Ebd., S. 34.

Diagnose lässt sich leicht resümieren: Es gibt kein Anderes der Arbeit mehr, kein Anderes der Zeichen, kein Anderes der Bilder – ja es gibt kein Anderes des Lebens mehr, da auch der Tod längst ›ausgeschlossen‹ wurde.

Was bedeutet diese Diagnose jedoch für die Kritik? Für Baudrillard folgt daraus, nicht mehr im Namen einer beliebigen Figur des Anderen auftreten zu können, sondern sich ohne diesen linken Fuß im Außen der Ordnung auf die reine Oberfläche der Simulation begeben zu müssen: »keine ›Transgressionsrituale‹«[24] mehr. Was jedoch tun, wenn die eingeübten Gesten des Widerstands und des Ungehorsams ihr Störpotential verloren haben? Baudrillards Antwort scheint paradox zu sein: mitmachen. Wenn kein Raum und keine Strategie des ›Dagegen‹ mehr denkbar sind, hilft nurmehr ein Mitmachen, als dessen einzige Rettung die leere Überbietung des Gebotenen bleibt.[25] Gerade die Leere, die Baudrillard als prägnantes Merkmal der dritten Ordnung der Simulakra analysiert – die Zeichen haben alles nicht-zeichenförmige vernichtet –, wird dabei zum einzig möglichen Instrument ihrer Überwindung: nicht indem man ihr die Fülle eines möglichen Sinns gegenüberstellt, sondern durch ihre radikale Affirmation. Der Slogan »Stop making sense!«, den die *Talking Heads* Mitte der 1980er populär gemacht haben, ließe sich daher auch für Baudrillards Projekt geltend machen: ›Wahrheit‹ und ›Sinn‹ firmieren als die beiden Großkategorien, welche die kritische Arbeit hinter sich zu lassen hat, um der destruktiv-befreienden Wirkung des Nicht-Sinns zur Geltung zu verhelfen. So kann die »terroristische Sinn-Hypothek« allein durch vollkommen »arbiträre Zeichen«[26] getilgt werden. Sowohl die »Unordnung« als auch die »Ordnung des [...] Sinns« muss bekämpft werden, was nur durch ein »radikaleres Simulakrum« geschehen kann – wie das der puren ›Konventionalität‹.[27] Als letzter Schutz in diesem Gefecht gelten »Zeichen, die keinen Sinn durchdringen lassen«.[28] Statt der ›Systemfrage‹ muss man »die Frage nach der Leere stellen«.[29] Als letzte Utopie bleibt der »Stillstand der Zeichen im Nullpunkt«.[30]

Eine solche Diagnose stellt die Frage nach dem Anderen der Ordnung in eigenwilliger Weise. Die Radikalität, mit der Baudrillard den

24 Baudrillard, *Von der Verführung*, S. 194.

25 Eben diese Strategie hat in jüngster Zeit die sogenannte Strömung des ›Akzelerationismus‹ wieder entdeckt. Für einen Überblick siehe die Sammelbände Armen Avanessian (Hrsg.), *#Akzeleration*, Berlin 2013; ders./Robin Mackay (Hrsg.), *#Akzeleration#2*, Berlin 2014.

26 Baudrillard, *Von der Verführung*, S. 192.

27 Ebd., S. 193.

28 Jean Baudrillard, *Die fatalen Strategien*, München 1991, S. 71.

29 Baudrillard, *Von der Verführung*, S. 73.

30 Baudrillard, *Der symbolische Tausch und der Tod*, S. 66.

Haushalt sowohl tradierter wie aktueller Konzepte der Kritik über Bord wirft – weil diese sich unbemerkt in einem stillen Winkel der Ordnung eingerichtet hätten – zwingt ihn letztlich dazu, ›Radikalität‹ selbst in Frage zu stellen. Hieß ›radikal‹ in einem entwicklungslogischen Denken, die Ordnung an den Wurzeln ihrer Produktion zu fassen, so bringt das Ausklingen des Entwicklungsparadigmas eine Variante der Radikalität hervor, die einer profanierten Transzendenz gleicht: das ›ganz Andere‹. Der Einzelne, der den Mut hat, sich seines Willens zur Veränderung zu bedienen, kann auf gleiche Weise in die Gefilde des ›ganz Anderen‹ gelangen, wie die historischen Pioniere, die das Festland zu Schiff verließen um ganz andere Ufer zu entdecken. Dieses Andere mag innerlich figuriert sein wie bei den Erfahrungspionieren einer drogeninduzierten inneren Landnahme oder in die ästhetischen Praxen der verschiedenen Avantgarden eingebettet – die eigenwillige Radikalität Baudrillards bricht auch mit solchen und ähnlichen Konzepten von Andersheit.

Daher sollte sich ein Subjekt, das die Grenzen oder das Jenseits der Ordnung erprobt, weder in besonderer Weise anstrengen noch hart an sich arbeiten – solche Bemühungen um das Selbst gelten Baudrillard als Akte, die gerade den Ausschluss des Anderen vollziehen. Somit ist es letztlich die Kategorie des Subjekts selbst, die dem die Ordnung überschreiten wollenden Denken und Handeln im Wege steht: »Nun muß es aber der Wahrheit entkommen, das ist das Wenigste. Und um der Wahrheit zu entkommen, darf es sich keinesfalls auf das Subjekt verlassen«;[31] »wer an der Wahrheit festhält, hat verloren«.[32] Man könnte überlegen, wie eine Gruppe von Menschen aussieht, die sich diesen Prämissen verschreibt. Dabei lässt sich jedoch an revolutionärer Fantasie sparen – die uns wohl ohnehin auf den Holzweg geführt hätte –, wenn man Baudrillard bei seiner Entdeckung dieser Gruppe folgt. Sie erfüllt zwar keines der Kriterien einer klassischen ›Avantgarde‹, kommt den geforderten Eigenschaften aber dennoch sehr nahe: die »Masse« bzw. die »schweigende Mehrheit«. Zehn Jahre nach dem Mai 1968 veröffentlicht er die Schrift *Im Schatten der schweigenden Mehrheiten oder Das Ende des Sozialen*[33] und scheint darin einem recht paradoxen revolutionären Subjekt auf die Spur gekommen zu sein, dessen Potential wir erst vor dem Hintergrund des Simulationstheorems würdigen können. Baudrillards Begeisterung für die Masse rührt gerade aus dem, was ihr fehlt. Ihr Befreiungspotential gründet in ihrer vollkommenen Indifferenz gegenüber der Befreiung. Ihr revolutionärer Wille ist nichts anderes als ihre Absage an den Willen und die Revolution. Innerhalb der Masse entkommen

31 Jean Baudrillard, *Der unmögliche Tausch*, Berlin 2000, S. 28.

32 Jean Baudrillard, *Cool Memories. 1980 – 1985*, München 1989, S. 8.

33 Jean Baudrillard, *Im Schatten der schweigenden Mehrheiten oder Das Ende des Sozialen*, Berlin 2010.

die Einzelnen der Zumutung Subjekt zu sein. Während die Ordnung der Simulation die ›klassische‹ Produktion zugunsten der Produktion des Sozialen selbst verschiebt, existiert die Masse als ein »schwarzes Loch, in dem das Soziale untergeht«.[34] »Sie besitzt keine soziologische ›Realität‹.«[35] Entscheidend ist hierbei, dass sich die Masse nicht durch die überkommenen Oppositionspaare definieren lässt: weder Subjekt noch Objekt, weder selbstbestimmt noch entfremdet, entgleitet sie dem »Terrorismus des Sozialen«.[36] »Ihr Verfahren besteht in Trägheit, nicht in frisch-fröhlicher Negativität.«[37]

Auch wenn es so aussieht, als wäre dieses Nicht-Subjekt der Masse ein denkbar ungeeignetes ›revolutionäres Subjekt‹, so kommt es in einer Hinsicht dem klassischen Subjekt-Status des Proletariats recht nahe. Wie das Proletariat für jene Klasse steht, die nicht an der Fortschreibung ihren eigenen Existenz hängt, sondern sich als Klasse selbst aufheben will, so führt auch Baudrillard die Masse als ein gewissermaßen katastrophisches Element ein. Wo im tradierten Klassenbegriff Herrschaft durch den Besitz der Produktionsmittel gesichert war, da erkennt Baudrillard die Herrschaft einer »sozialen Schicht [...], die den Sinn (und insbesondere den sozialen Sinn) in Besitz genommen« hat.[38] Im Zeitalter der Simulation verlässt die Sinn-Herrschaft jedoch die Ebene eines interpretatorischen Deutungskampfes und betritt das Feld des Sinns als Selbstzweck; »informiert wird immer in der Absicht, Sinn zu befördern, die Massen *unter Sinn* zu halten.«[39] Damit ist klar: Die Überwindung der Ordnung der Simulation muss nicht nur quer zum Sinn und seiner Wahrheit verlaufen, sondern sich auch den aktivierenden Anrufungen des Sozialen entziehen. So kann Baudrillard im Schweigen, in der Gleichgültigkeit und in der Passivität der Massen die einzig verbleibende ›Rettung‹ ausmachen – eine Rettung im »Abgrund des Sinns«,[40] deren katastrophischen Charakter Baudrillard nicht verhehlt. Die Massen sind »ein gigantisches schwarzes Loch, das alle Energien und Lichtstrahlen, die in seine Nähe kommen, unerbittlich anzieht, nach innen biegt, krümmt und verzerrt. Eine implosive Sphäre, in der sich die Raum-

34 Ebd., S. 9.

35 Ebd., S. 11.

36 Ebd., S. 58.

37 Ebd. Damit opponiert Baudrillard deutlich einem tradierten Massen-Konzept, das auf einer mal mehr, mal weniger latenten ›Verachtung der Masse‹ basiert, wie sie paradigmatisch etwa in Gustav Le Bons *Psychologie der Massen* [1895] zu finden ist. Vgl. den Beitrag von Susanne Lüdemann: »›Zusammenhanglose Bevölkerungshaufen, aller inneren Gliederung bar‹. Die Masse als das Andere der Ordnung im Diskurs der Soziologie«, in: *Behemoth* 7 (1), 2014, S. 103–117.

38 Baudrillard, *Im Schatten der schweigenden Mehrheiten*, S. 14.

39 Ebd., S. 15.

40 Ebd.

krümmung beschleunigt, in der sich alle Dimensionen um sich selbst drehen und involuieren, eine Sphäre, die alles vernichtet und alles zu verschlingen droht.«[41] Wenn der Taumel der Simulation den Raum des Anderen verschlossen hat und um eine untilgbare Leere in ihrem Zentrum kreist, führt der einzige Weg zur Restitution dieses Anderen durch die leere Mitte der Simulation selbst. Mit dem Mut der Verzweiflung zieht Baudrillard einen Schlussstrich unter das Kapitel der heißen und explosiven Dynamik der Revolution und summiert die einzig verbleibende Hoffnung: die kalte und implosive Dynamik der Katastrophe.

Die Strategie der Katastrophe

Unter dem Kennwort der Simulation gibt Baudrillard das Bild einer Ordnung, die in seltsamer Weise an ihr Ende gekommen ist. Begann die Geschichte der Simulakren mit so herrischen wie eindeutigen Zeichen, die aufbrachen, um sich anschließend in Zeichenspielen und Ähnlichkeitsrelationen den Weg zur ›klassischen‹ Natur der Dinge zu bahnen, und schließlich vom Produktions- bzw. Äquivalenzparadigma der Moderne eingeholt wurden, so vollendet sich die Zeichenherrschaft in jener ›strukturalen Revolution‹, welche die Welt aus dem endlosen Reigen der Signifikanten getilgt hat. Am Ende der Simulakra steht eine Ordnung, die sich nicht nur ihres Anderen, sondern ihres eigenen Endes entledigt hat. »Wir befinden uns bereits jenseits des Endes. [...] Wir befinden uns in einem transfiniten Universum.«[42] Jedes Vorhaben, diesem Universum ein Ende zu machen, ist daher mit der paradoxen Situation konfrontiert, dass dieses Ende bereits eingetroffen ist – nicht im Sinne eines messianischen ›jüngsten Tages‹, sondern eher wie die Endlosschleife des Abspanns für einen Film, dessen Anfang und Ende unbemerkt verstrichen sind.

Der Ausbruch aus der Simulation erfordert daher eine Strategie der Rückeroberung des Endes bzw. des Todes. Diese Marschrichtung entspringt einerseits einem spezifischen Machtkonzept, zum anderen entgegnet sie der Enteignung des Endes mit einem apokalyptischen Eifer, der das falsche Ende der Geschichte herausfordern will. Dabei sollte dieser Hang zur Katastrophe nicht mit jener erhabenen Faszination verwechselt werden, welche die Katastrophe als Spektakel umgibt; »der Triumph der Simulation ist faszinierend wie eine Katastrophe, und es ist tatsächlich auch eine, eine schwindelerregende Umleitung aller Effekte des Sinns«,[43] räumt Baudrillard ein. Für die anti-simulatorische

41 Ebd.

42 Baudrillard, *Die fatalen Strategien*, S. 84.

43 Ebd., S. 88.

Katastrophe deuten sich andere Eigenschaften an: Sie wäre still – wie das »Schweigen [...] eine absolute Waffe«[44] ist – und stets am Rande ihres eigenen Verschwindens – »weil die ganze Kunst darin besteht, verschwinden zu wissen, bevor man stirbt und statt zu sterben«.[45]

Da Baudrillard die Macht vor allem durch die Fähigkeit einseitigen, nicht erwiderbaren Gebens definiert, kommt dem Tod eine entscheidende Rolle in diesem erzwungenen Tauschverhältnis zu. Wie Foucault in seinen Analysen zur Biopolitik, erkennt auch Baudrillard in *Der symbolische Tausch und der Tod* die umfassende Sorge der Macht um das Leben.[46] Macht in Reinform existiert für ihn dort, wo sie nicht nur etwas Bestimmtes gibt, sondern das Leben selbst. »Während die Macht darin besteht, einseitig zu geben (insbesondere das Leben [...]), hat man erfolgreich die umgekehrte Einsicht verbreitet: daß die Macht darin bestünde, einseitig zu nehmen und sich anzueignen.«[47] Aus diesem Grund favorisiert Baudrillard die Figur der ›Reversibilität‹: Wo die Umkehrbarkeit der Gabe, ihre Erwiderung, zumindest möglich ist, kann sich keine irreversible Ausbreitung einseitiger Machtverhältnisse etablieren.[48] Erst wo einseitig gegeben wird, schlägt die Gabe in die Form einer nicht-reziproken Herrschaft um: »[D]ie einzig wirksame Antwort an die Macht ist die, ihr zurückzugeben, was sie einem gibt, und das ist symbolisch nur möglich durch den Tod.«[49] In seinen späteren Arbeiten wird Baudrillard diesen Willen zur Reversibilität auch in der Dynamik der Simulation selbst erkennen. Dann erscheint sie ihm als die letzte Antwort auf eine Welt, die den Menschen ohne Wenn und Aber gegeben wird, ohne die geringste Möglichkeit zur ›Reklamation‹. Im Angesicht einer ›unannehmbaren‹ Welt schafft die Simulation die Welt zugunsten eines totalen Ersatzes ab. »Die Welt ist uns gegeben. Was einem aber gegeben wurde, das muß man zurückgeben können. [...] Und wenn wir im Tausch gegen die Welt nichts mehr geben können, dann ist diese ihrerseits unannehmbar. Wir werden die gegebene Welt also liquidieren müssen. Wir werden sie zerstören müssen, indem wir sie

44 Baudrillard, *Im Schatten der schweigenden Mehrheiten*, S. 28.

45 Jean Baudrillard, *Warum ist nicht alles schon verschwunden?*, Berlin 2008, S. 16.

46 Vgl. v. a. Baudrillard, *Der symbolische Tausch und der Tod*, S. 193–296.

47 Ebd., S. 74.

48 Kōjin Karatani hat in ähnlicher Weise auf dieser Struktur der Gabe eine eigene Theorie der Macht und der Austauschformen aufgebaut. Wie bei Baudrillard ist die streng reziproke Ordnung der Gabe zwar ein Mittel gegen die Machtakkumulation, zugleich wirkt die »Macht der Gabe« jedoch als Medium einer grausamen und unfreien Gemeinschaftsbildung: »Jedes Mitglied ist zur Rückzahlung verpflichtet. Wer dieser Erwartung nicht entspricht, richtet sich selbst zugrunde. [...] Der Ausstoß aus der Gemeinschaft bedeutet nämlich den Tod.« Kōjin Karatani, *Auf der Suche nach der Weltrepublik*, Leipzig 2012, S. 29.

49 Baudrillard, *Der symbolische Tausch und der Tod*, S. 74.

durch eine durch und durch künstliche, durch und durch konstruierte Welt ersetzen.«[50] In solchen Passagen deutet sich eine nahezu nostalgische Opposition zwischen einer gegebenen Welt jenseits der Zeichen und einer davon geschiedenen Sphäre der Simulakren an. Gegen diese schlichte Binarität von Welt und Zeichen sollte man jedoch die Einsicht des frühen Baudrillard setzen: Die Welt ist immer schon Funktion einer Zeichenpraxis. Die Ebene der Zeichen lässt sich nicht schlichtweg zum Eigentlichen, zum Anderen der Zeichen hin durchbrechen; ohne die Ordnung der Zeichen ist keine Welt zu machen. Wenn die Zeichen jedoch zu dicht zusammengerückt sind und sich gegen ihren ›Tausch‹ mit der Welt abriegeln, so lässt sich mit Baudrillard auf eine Praxis setzen, welche die Zeichen ins Leere laufen lässt, indem ihnen jene Investition von Originalität, Sinn und Begehren entzogen wird, die sie am Leben erhält – »vom Widerstand zum Hyperkonformismus«.[51] Häufig kennzeichnet Baudrillard diese Strategie mit dem Präfix ›Hyper-‹: Wenn die Zirkulation der Zeichen nicht durchbrochen werden kann, so kann sie in ihrem leeren Taumel bis zum Zusammenbruch beschleunigt werden. »Darum ist die einzigmögliche Strategie *katastrophisch*, nicht dialektisch. [...] Kehrtwendung des Systems gegen sich selbst, am äußersten Punkt der Simulation, einer Simulation, die sich in einer Hyperlogik der Zerstörung und des Todes umkehrt.«[52]

Solche Sätze rühren an den Kern dessen, was die Markenidentität ›Baudrillard‹ ausmacht: Ihr viriler Flirt mit den Schlagworten ›Leere‹, ›Katastrophe‹ und ›Tod‹ generiert zwar – zumal in Zeiten von Nachhaltigkeitsdiskursen – hinreichend Aufmerksamkeit, um nicht übersehen zu werden, ihr Widerspruchsgeist wird beim Lesen jedoch den Eindruck nicht los, als sei er schon im Vorhinein auf jene Rezeption hin formuliert, unter deren skandalisierendem Echo sich jede weitere Diskussion erübrigt. Einerseits ließe sich argumentieren, eine solche Textstrategie sei der theoretischen Überzeugung selbst geschuldet: Diese Texte warten womöglich gar nicht auf ihre Rezeption, sie erschöpfen sich in einer Werbung für ihre eigenen Gedanken und führen am Text durch, was für sie für die gesamte Zeichensphäre proklamieren: den Einsturz in sich selbst. Andererseits könnte der Vorbehalt gegenüber der Affirmation der Katastrophe als ein hartnäckiger Affekt der Ordnungsliebe zu verstehen sein. So sehr wir uns der Kritik der Ordnung verpflichtet fühlen mögen – rührt dieser Hang womöglich mehr aus der indirekten Teilhabe an jener Ordnung, der wir im Modus der Kritik anhängen, als an unserem Willen zur Kritik? Lieber eine kritikwürdige Ordnung als eine Un-Ordnung, die sich unseren Werkzeugen

50 Baudrillard, *Der unmögliche Tausch*, S. 23.

51 Baudrillard, *Im Schatten der schweigenden Mehrheiten*, S. 48.

52 Baudrillard, *Der symbolische Tausch und der Tod*, S. 13.

der Kritik verweigert? Wenn Baudrillard beklagt, die Menschen seien ihres eigenen Todes enteignet worden, ließe sich darauf aufbauend die Diagnose wagen, die ›Politik der Angst‹, die mithilfe vielfältiger Katastrophenszenarien regiert, sei in eben dieser Weise auf der ›Enteignung der Katastrophe‹ gegründet? So sehr Ordnungen auch mit dem Schreckbild ihres Gegenteils regieren mögen – den eigentlichen Gegner braucht eine etablierte Ordnung vermutlich nicht im absolut ›Anderen der Ordnung‹ zu fürchten, sondern in den viel näheren Möglichkeiten anderer Ordnungen. Das Vorstellungsbild vom spektakulären Ende der Ordnung läuft Gefahr, die Bindung an eine gegebene Ordnung zu bestärken: Es malt als Ende aller Ordnung aus, was lediglich als der Bruch mit dieser zu denken wäre.

Das Spiel der Verführung

Auch wenn diese Strategie sich an einer Wiederaneignung des Todes versucht, läuft sie nicht auf einen nihilistischen Willen zum Ende hinaus, sondern gibt sich die Form einer spielerischen Einlassung auf das Andere. Im Anschluss an *Der symbolische Tausch und der Tod* widmet sich Baudrillard im 1979 erschienenen *Von der Verführung* der Frage nach der Möglichkeit dieses Spiels. ›Verführung‹ ist dort der Name von Praktiken, die quer zu einer gegebenen Zeichenordnung operieren und Zugang zu ihrem Anderen eröffnen. Ihr Einsatz lässt sich auf drei unterschiedlichen Ebenen nachvollziehen: hinsichtlich der sexuellen Differenz, der epistemischen Subjekt-Objekt-Scheidung sowie der Frage des Gesetzes.

Auch wenn ›Verführung‹ mit dem Anklang an eine sexuelle Konstellation spielt, so konzipiert Baudrillard sie explizit als eine »Strategie der Ablenkung von der Wahrheit des Sex«.[53] Da sich das Bündnis der Subjekte mit der Intimität ihrer Wahrheit auf das sexuelle Feld ausgebreitet hat – eine Diagnose, die Baudrillard erneut mit Foucault teilt –, funktioniert das Spiel der Verführung als eine Übung im Durchqueren dieser Allianz von ›Sexualität und Wahrheit‹. Während ihm die sexuelle Differenz als prinzipiell männlicher Code gilt, führt er den ›weiblichen‹ Charakter der Verführung als ein paradoxes Moment ein, das »keinesfalls in den Begriffen von Struktur und distinktiver Opposition«[54] zu denken sei, »sondern aus einer Perspektive der *Transsexualität der Verführung*, die jede sexuelle Organisation niederzustrecken sucht«.[55] Diese Aufwertung des Weiblichen beruht auf seiner ambivalenten Auszeichnung als

53 Baudrillard, *Von der Verführung*, S. 36.
54 Ebd., S. 16.
55 Ebd., S. 17.

einer leeren, von der Wahrheit nicht einzuholenden Position – sodass »die Frau nichts ist und [...] darin ihre Macht liegt«.[56] Nicht ohne Verklärung rühmt Baudrillard »das gewaltige Privileg des Weiblichen [...], das darin bestand, niemals zur Wahrheit, niemals zum Sinn Zugang gehabt zu haben und absoluter Herrscher im Reich des Scheins gewesen zu sein«.[57] Entgegen einer sich durchsetzenden Form sexueller Ökonomie, der es um die Produktion von Lust geht – »Lust [als] die industrielle Nutznießung der Körper«–,[58] spielt Verführung mit der »Abwesenheit der Lust oder der Lustverweigerung«.[59] So entzieht es die Körper auf mehrfache Weise: der *»Anatomie als Schicksal«*,[60] der Wahrheit, dem Sinn, der Lust, der »Sichtbarmachung«,[61] der Produktivität. Ihr Einsatz liegt darin, das hartnäckige Machtgefüge aus Zeichen und Körpern zumindest temporär zu unterbrechen und einen anderen Ort zu erzeugen – denn Macht ist die »Figur der Antiverführung schlechthin«.[62]

Wie zuvor dargelegt, gibt es für Baudrillard den Kampf gegen die Wahrheit nicht ohne eine grundlegende Kritik am Subjekt. Daher ist es nicht verwunderlich, dass auch die Verführung keineswegs auf ein intersubjektives Spiel beschränkt bleibt, sondern auf Beziehungsgefüge hinarbeitet, die jenseits der Subjekt-Objekt-Dichotomie operieren. Für das Subjekt äußert sich die erfolgreiche Verführung in den Anzeichen seines eigenen Verschwindens – als ein Ausblenden seiner Position im Gegenüber der Welt. Ihr »Wunder« vollzieht sich »im plötzlichen Aussetzen der Realität und dem Taumel, darin zu versinken.«[63] In der Verführung erprobt das Subjekt nicht seine Macht, sondern setzt darauf, »den anderen auf das Terrain ihrer eigenen Ohnmacht zu ziehen, die ebenfalls seine eigene sein wird.«[64] In der Folge eines solchen Verschwindens des Subjekts erhofft sich Baudrillard ein komplementäres Auftauchen dessen, was das Subjekt prinzipiell verbirgt – des Objekts. Dieser Mechanismus ergibt sich aus seiner Ablehnung der Dialektik, die ein simples Postulat aufstellt: »Zwischen Subjekt und Objekt gibt es keine größere Dialektik als zwischen Licht und Dunkelheit – das eine die Abwesenheit des anderen, das ist alles, und genau das ist das Wunder.«[65] Das Andere des Subjekts kann erst die Bühne betreten, wenn das Subjekt abdankt. Am prägnantesten wird diese Logik bei Baudrillard von seiner

56 Ebd., S. 25.
57 Ebd., S. 18.
58 Ebd., S. 34.
59 Ebd., S. 30.
60 Ebd., S. 20.
61 Ebd., S. 54.
62 Ebd., S. 68.
63 Ebd., S. 90.
64 Ebd., S. 115.
65 Baudrillard *Cool Memories*, S. 118.

Leidenschaft für die Fotografie illustriert. Diese gilt ihm als exemplarischer Fall eines punktuellen Verschwinden des Subjekts, das sich beim Druck auf den Auslöser ausblendet und dem Objekt Raum für sein Erscheinen gibt – »der Auslöser hebt die Welt und den Blick für einen Moment, eine Synkope, einen kleinen Tod lang auf, der die maschinelle Performanz des Bildes auslöst«.[66] Der Zauber des (analogen) fotografischen Bildes lebt nicht von einer exakten Repräsentation der Dinge, sondern gibt Zeugnis von jenem Augenblick, in dem das Subjekt sein eigenes Verschwinden ins Spiel bringt und so das Erscheinen einer Welt jenseits der Wahrheit erlaubt.

Zuletzt bringt Baudrillard das *Spiel* der Verführung in Opposition zum *Gesetz*, wie es die Ordnung der Dinge regiert. Erneut bestärkt er seine Überzeugung, dass gegen dessen Herrschaft der Weg der Überschreitung unmöglich geworden ist. Statt dem Gesetz die Willkür der Freiheit gegenüber zu stellen, verlässt sich das Spiel auf die ›befreiende‹ Kraft der Regeln selbst. Denn eine Regel folgt nicht der Universalität des Gesetzes, sondern spielt »die Rolle des parodistischen Simulakrums des Gesetzes«.[67] Während das Gesetz vom Subjekt einfordert zu glauben, verlangt die Regel lediglich ihre Beachtung. Während unter der Herrschaft des Gesetzes akkumuliert werden kann oder Schuldigkeiten bleiben, endet das Spiel prinzipiell ohne Überschuss oder Rest, geht »die Gleichung des Spiels immer vollkommen auf, das Schicksal des Spiels geht jedesmal in Erfüllung«.[68] Während das Gesetz auf der Gleichheit vor ihm beruht, »gibt es keine Gleichheit vor der Regel« – jedoch eine »Parität«, die gilt, »ohne daß sie reflektiert oder verinnerlicht werden müßte«.[69] Die spielerische Verführung wird zu einem Verfahren, in dem das Andere der Ordnung gerade dadurch zur Geltung gebracht wird, dass es dieses mit Hilfe einer parodistischen, nicht-psychologischen und ›sinn-losen‹ Wiederholung der Ordnung selbst inszeniert. »Die Verzauberung des Spiels beruht auf der Befreiung vom Universellen in einem endlichen Raum [...] – auf der Befreiung von der Freiheit in der Verpflichtung – auf der Befreiung vom Gesetz im Arbiträren der Regel und des Zeremonials.«[70]

66 Jean Baudrillard, *Warum ist nicht alles schon verschwunden?*, Berlin 2008, S. 34.
67 Baudrillard, *Von der Verführung*, S. 210.
68 Ebd., S. 189.
69 Ebd.
70 Ebd., S. 191.

Fazit

Als wir das Kinderzimmer als einen exemplarischen Übungsraum der Ordnung einführten, in dem diese als ein erzwungenes und fremdes Maß der Wirklichkeit erschien, drängte sich die Vermutung auf, das Andere der Ordnung läge ebenso außerhalb des Zwangs wie außerhalb der Reichweite der Anderen. Im Nachvollzug einiger Thesen Baudrillards wurde jedoch deutlich, dass es Ordnungen gibt, die andere Formen der Überwindung erfordern, dass ein Kinderzimmer nicht durch die Türe zu verlassen ist, wenn das Spielzeug die Welt erobert hat. Abschließend können wir nun drei Varianten resümieren, in denen sich die Angst vor bzw. die Sehnsucht nach dem Ende der Ordnung artikuliert.

(1) Der *Verfall.* Wenn sich im Kinderzimmer die Gegenstände von ihren Orten entfernen, die Tendenz zur Un-Ordnung die Bestimmung und den Nutzen der einzelnen Objekte mehr und mehr entstellt, lernt das Kind – vermittelt über die Reaktion seiner Eltern – die Gefahr des Verfalls, das drohende Nahen dessen, was im sprichwörtlichen Chaos das angstvolle Gegenbild der Ordnung vorstellt. Dieses Ende ist der Ordnung – als einem Ergebnis permanenten Anstrengung – immanent; es lässt sich weniger als ihr striktes Gegenteil denken, eher als der bleibende Grund, von dem die Mühen der Ordnung sich abheben und auf den sie beim Nachlassen der Kräfte zurücksinken.

(2) Das *Andere.* Im Denken Baudrillards begegnet uns die Variante eines zweiten Musters, welchem das Ende der Ordnung als die Schwelle zu ihrem Anderen gilt. Im Muster der Alterität erscheint Ordnung weniger als eine vorübergehende Fügung der Dinge, die der Tendenz des Wandels und des Verfalls unterliegt, sondern als Ergebnis einer Ordnungs-Herrschaft, die als solche überwunden werden kann. Wenn Ordnung auf Anstrengung und intersubjektiv stabilisierten Zwängen beruht, veranschaulicht beispielsweise die Fantasie des Schlaraffenlandes eine kindliche Version dieses »Anderen der Ordnung«. Wie in Pieter Bruegels Illustration verkörpert sie den Traum einer Ordnung, in der Subjekt und Objekt ihre Plätze getauscht haben: Während die Menschen untätig und vereinzelt auf dem Rücken liegen, ist es nun an den sich selbst zubereitenden Genüssen, sich der Reichweite ihrer Konsumenten zu nähern. Die kreisförmige Komposition des Bildes unterstreicht dabei die Logik dieser Ordnung. Sie ist derart radikal verschieden, dass ihre Abgeschlossenheit in sich selbst jeden direkten Weg zu ihr undenkbar macht – konsequenterweise stellt Bruegel den Neuankömmling als einen Mann vor, der aus einem Loch im Himmel herabfällt. Die Gefahr, die diesem Muster innewohnt, ist die der Utopie – ihr un-

mittelbarer Griff nach dem Anderen der Ordnung kassiert die Kritik der gegebenen.

(3) Der *Bruch*. Baudrillards Denken liegt jedoch an der Grenze dieses Musters. Es thematisiert die Katastrophe als Zusammenbruch einer Ordnung, die sich mit dem konsequenten Ausschluss ihres Anderen auch die Möglichkeit ihres ›natürlichen‹ Verfalls abgeschnitten hat. Das Schlagwort der Simulation markiert eine Situation, in der die Ordnung nicht mehr auf dem Weg über ihr scheinbares Gegenteil bekämpft werden kann: wenn der Schein nicht mehr auf Basis eines Eigentlichen aufgelöst, wenn das Begehren nicht mehr durch seine Befreiung realisiert, wenn die Wahrheit nicht mehr durch ihre Kritik entzaubert werden kann. Die fatale Antwort, die Baudrillard für dieses Universum bereithält, berührt daher ein drittes Muster, welches das Ende der Ordnung vor allem als Bruch mit dieser denkt, jedoch im Hinblick auf die Errichtung einer anderen Ordnung. Statt mühsam um die Ordnung des Kinderzimmers zu ringen, existiert neben dem Traum vom Schlaraffenland auch die Möglichkeit, mit seinen Freunden den Keller zu erobern. Ein Beispiel für dieses Ende der Ordnung wäre Paolo Virnos Ausarbeitung der politischen Strategie des Exodus.[71] Sein Exodus hat weniger das positive Bild des Anderen vor Augen, sondern speist sich vor allem aus dem Willen zum Bruch mit dem Gegebenen.

Letztlich mutet Baudrillards Strategie wie die negative Variante des Exodus an. Ähnlich wie Baudrillard stellt auch Virno einen unentwirrbaren Knoten aus Arbeiten, Denken und politischem Handeln fest, der sich durch das Vertrauen auf einen seiner Stränge nicht mehr lösen lässt. Während Virno mit dieser Diagnose auf das entschlossene Verlassen des gesamten Terrains setzt, auf einen »*offensiven Entzug*«,[72] wirkt das Projekt Baudrillards wie die Variante eines ›Entzugs‹, der sich selbst das Prädikat des Offensiven verbietet, da noch diese Richtungsbestimmung unter dem Bann der Simulation steht. Stattdessen entwirft er einen Fluchtplan, der in doppelter Weise paradox erscheint: Das Andere der Ordnung kann nur durch die leere Mitte der Ordnung selbst erreicht werden, durch den konsequenten Bruch mit der Idee dieses Anderen, das erst mit Hilfe der ›absoluten Waffe des Schweigens‹ sagbar werden, erst im endgültigen ›Verschwinden‹ erscheinen kann. Wenn wir dieses Denken unter das Signum des Apokalyptischen stellen wollten, so mit einer entscheidenden Einschränkung: Für Baudrillard ist es eben nicht unwahrscheinlich, dass wir uns bereits jenseits der Apokalypse befin-

71 Vgl. Paolo Virno, *Exodus*, Wien/Berlin 2010.
72 Ebd., S. 50.

Prämissen einzulösen, stößt aber zugleich darauf, dass die Auswertung der Versuchsreihe – wofür ist was ein Experiment, ein Beleg oder ein Beweis gewesen und geworden? – mehrere Kehrtwendungen durchlief, von den Auswertungen in seiner Dissertation bis zu den *Studies in Ethnomethodology*[7] und darüber hinaus. Dennoch gehen der methodische Erfolg und die theoretische Ambition der Ethnomethodologie auf die Versuchsreihe absichtlicher Störungen sozialer Ordnung zurück. Die angestrebte praktische Herstellung einer vorübergehenden Amnesie wich dabei allerdings einer theoretischen Anagnorisis, und zwar dem Anspruch, besser als alle (anderen) soziologischen Theorien die »Objektivität« der »sozialen Tatsachen« technisch begreiflich gemacht zu haben

Das Kapitel seiner *Studies in Ethnomethodology*, in dem Garfinkel die entsprechende Versuchsreihe präsentiert, beginnt mit den Worten: »For Kant the moral order ›within‹ was an awesome mystery; for sociologists the moral order ›without‹ is a technical mystery.«[8] Diese Kennzeichnung entspricht Durkheims Kriterium der »sozialen Tatsachen« (»faits sociaux«) aus den *Regeln der soziologischen Methode*: »[S]ie bestehen in besonderen Arten des Handelns, Denkens und Fühlens, die außerhalb der Einzelnen stehen und mit zwingender Gewalt ausgestattet sind, kraft deren sie sich ihnen aufdrängen.«[9] In den von Garfinkel durchgeführten oder initiierten sozialen Störungen, den »breachings«, sind es insbesondere die Reparaturversuche, die teils verzweifelten und aggressiven, teils komischen und spielerischen Versuche, die soziale Ordnung so schnell wie möglich wieder einzurenken, die den technischen und moralischen Charakter eines »fait social« aufweisen. Durch ihren theoretischen Einbezug entfernte sich Garfinkels Darstellung sozialer Un-/Ordnung mehr und mehr von den handlungstheoretischen Prämissen seines Lehrers Alfred Schütz, denn die in den Vertrauensbrüchen und ihren Reaktionen provozierten »besonderen Arten des Handelns, Denkens und Fühlens« standen »außerhalb des Einzelnen« und drängten sich allen Beteiligten »mit zwingender Gewalt« von außen auf. Die Entwicklung des Kernvokabulars der späteren Ethnomethodologie geht, wie im folgenden ausführlicher dargestellt werden soll, auf diese Einsicht in eine Objektivität der fortlaufenden sozialen Ordnungsstiftung zurück, eine Einsicht, die aus der dokumentierten Unmöglichkeit gewonnen wurde, die von den »breachings« provozierte »Amnesie« der Intersubjektivität zu bereinigen.

7 Harold Garfinkel, *Studies in Ethnomethodology*, Englewood Cliffs 1967.
8 Ebd., S. 35.
9 Emile Durkheim, *Die Regeln der soziologischen Methode*, Frankfurt a. M. 1984, S. 107.

II.

Die Überlieferung der »breachings«, im Deutschen bisher meist »Krisenexperimente« genannt, liegt bis zu einer ausführlicheren Edition[10] in drei verschiedenen Varianten vor:

(1.) als methodisch sorgfältig und argumentativ lückenlos hergeleitete Versuchsanordnung in einem Aufsatz über »Trust« (in Anführungsstrichen), der 1957 zuerst als Vortrag gehalten, mehrfach revidiert und 1963 abschließend publiziert wurde;[11]
(2.) als wechselhafte und allem Anschein nach bewußt unsystematisch angeordnete Folge von »Demonstrationen« (»demonstrations«) für die Selbstverständlichkeiten von Alltagsabläufen, für die »routine grounds of everyday activities«, 1967 als Kapitel 2 in die *Studies in Ethnomethodology* aufgenommen;[12] und
(3.) systematisch eingeordnet in eine lange Abhandlung zur Grundlegung der »Ethnomethodologie«, erster von zwei Teilen einer sozialtheoretischen Monographie über »Common sense knowledge of social structures«; 1959 auf einem internationalen Soziologenkongress zirkuliert, allerdings nur in kurzen Ausschnitten in den Akten des Kongresses veröffentlicht.[13]

10 Mein Dank für wichtige Hinweise und Dokumente geht an Anne Warfield Rawls, die eine entsprechende Edition vorbereitet, sowie an Christian Meyer, Tristan Thielmann und Jörg Bergmann für aufschlussreiche Diskussionen im Rahmen der Veranstaltungsreihe »Medien der Accountability« (in Siegen und Frankfurt a. M.). Aufgrund der schwierigen Überlieferungslage und Rezeptionsgeschichte der frühen Ethnomethodologie enthält meine Darstellung ausführliche Zitate aus der »Grauen Literatur« von Garfinkels »Pre-Publications«.

11 Garfinkel, »A Conception of, and Experiments with, ›Trust‹«.

12 Garfinkel, »Studies of the Routine Grounds of Everyday Activities«.

13 Garfinkel, »Common Sense Knowledge of Social Structures«. Weil dieses Manuskript auf dem seinerzeitigen Soziologenkongress verteilt wurde, behandle ich es wie eine Publikation; auch wenn dies keineswegs der Wirkungsgeschichte entspricht. Die deutsche Übersetzung und Kommentierung der Kurzversion (Harold Garfinkel, »Das Alltagswissen über soziale und innerhalb sozialer Strukturen«, in: Arbeitsgruppe Bielefelder Soziologen (Hrsg.), *Alltagswissen, Interaktion und gesellschaftliche Wirklichkeit (1), Symbolischer Interaktionismus und Ethnomethodologie*, Reinbek 1973, S. 189–262) liest sich über weite Strecken wie ein Versuch, die systematische Ordnung eben dieses Textes zu erschließen, und zwar mit beachtlichem Erfolg. – Harold Garfinkel, »Aspects of the Problem of Common-Sense Knowledge of Social Structures«, in: *Transactions of the Fourth World Congress of Sociology*, Bd. 4, Louvain 1961, S. 51–65 wird in den meisten bibliographischen Angaben (irrtümlich) auf das Kongressdatum 1959 datiert.

Die Rezeption der »Ethnomethodologie« in der Soziologie seit den späten 1960er Jahren und die gängigen Zusammenfassungen in Nachschlagewerken und Internetenzyklopädien machen es unumgänglich, einige klärende Bemerkungen zu diesem Korpus voranzuschicken. Die »Ethnomethodologie« Harold Garfinkels war ein soziologisches Projekt, das sich in seiner Entstehung zwischen den 1950ern und 1970ern durch mehrere Wandlungen auszeichnete, aber in den Absichten und Texten ihres Begründers (und vor allem dort) ihre fortlaufende philosophische Einheit wahrte. In den 1950er Jahren bezeichnete »Ethnomethodologie« (zuerst) mehr als alles andere ein ehrgeiziges Theorie-Projekt, und zwar die Arbeit an einer soziologischen Grundlagentheorie, die durch konzertierte Überlegungen zur Einlösung der klassischen Fragestellungen von Weber und Durkheim, Schütz und Parsons vorstoßen sollte, also solche grundlegenden Fragen beantworten würde wie:

- »Was ist ein fait social?« (nach Émile Durkheim)
- »Woraus bestehen Sozialstrukturen (Social Structures)?« (nach Talcott Parsons)
- »Wie läßt sich soziales Handeln deutend verstehen?« (nach Max Weber)

Die Arbeit an diesen sozialtheoretischen Grundfragen geschah vor allem durch begriffliche Argumentationen und Widerlegungen und ihre experimentelle Überprüfung, und zwar in verschiedenen und meist aus anderen Kontexten zweckentfremdeten experimentellen Settings. Garfinkels Experimentalisierungen gingen im Laufe der 1950er Jahre in Feldforschungen an Institutionen über, mit ersten Transkriptionen der mündlichen institutionellen Abläufe einerseits, und der Forschungsdiskussionen zur Auswertung andererseits. Die 1967 erschienenen *Studies in Ethnomethodology* sind in ihren Einzelstudien (Kap. 2–7) ein spätes Resultat dieser ersten Arbeitsphase, und sie waren insgesamt als ein Theoriebuch konzipiert, das die sozialtheoretischen Fragen der Klassiker und der Nachkriegszeit weiterhin deutlich markiert.

Im Laufe der 1960er Jahren verstärkte sich (in einer zweiten Phase) durch verschiedene Mitarbeiter und Freunde Garfinkels die Feldforschung in amerikanischen Institutionen. Durch Tonbandaufzeichnungen und ihre noch ungeregelten Transkriptionen entstanden erste Sequenzanalysen und die Anfänge der Konversationsanalyse von Harvey Sacks, und später durch David Sudnow erste AV-Analysen; die Mehrheit der Untersuchungen und Dissertationen blieb hingegen auf ausführliche ethnographische Protokolle und Auswertungen angewiesen. Die Rahmung und der Ehrgeiz der *Studies in Ethnomethodology* ist ein Resultat dieser zweiten Phase, insbesondere die endgültige Fixierung der drei ethnomethodologischen Grundbegriffe einer

»indexicality« der »reflexivity« jeder »accountability« (im Vorwort und in Kapitel 1 der *Studies*).

Im Gefolge der *Studies* und ihrer kontroversen Rezeption wurde (drittens) die *Ethnomethodologie* vom Mainstream der Soziologie teils marginalisiert und abgespalten, teils integriert, und zwar unter tatkräftiger Unterstützung durch Garfinkel selbst.[14] Sie stabilisierte sich durch diese gelungene Sezession gemeinsam mit der Konversationsanalyse in ihren Forschungsmethoden, insbesondere durch die methodische Verfeinerung der AV-Sequenzanalysen und die Sozialisationspraxis der »Datensitzungen«, bis zu dem externen Missverständnis, *Ethnomethodologie* sei der Ausdruck für ein theorieabstinentes soziologisches Methodenset, und nicht (wie von Garfinkel ursprünglich definiert) für das soziologische Forschungsprogramm, alle Techniken und Prozeduren zu ergründen, mit denen Leute ihren sozialen Alltag bewerkstelligen. Im Rahmen der dritten Phase, aber zum Teil auch schon in der zweiten entwickelte sich außerdem eine Suche nach Korpora aus möglichst »natürlichen« Daten, sodass Garfinkels »breachings« heutigen Ethnomethodologen mitunter als das genaue Gegenteil dessen erscheinen, was sie an methodisch gewonnenen Daten akzeptieren, und zwar nicht nur als ein problematischer Korpus aus provozierten Daten, sondern als ein in methodischer und ethischer Hinsicht gleichermaßen zweifelhaftes Artefakt.

Harold Garfinkels Arbeit an den »breachings« geschah im Rahmen der ersten Phase und geht auf den anfänglichen Ehrgeiz einer theoretischen Einlösung der soziologischen Grundlagenfragen zurück, das heißt auf seine Begründung der Ethnomethodologie in der Auseinandersetzung mit seinem Lehrer Talcott Parsons, mit den soziologischen Klassikern wie Durkheim, Mannheim und Weber, und insbesondere auf die freundschaftliche Auseinandersetzung mit seinem sozialphänomenologischen Vorbild Alfred Schütz. Wenn man will, kann man von einem historischen Zyklus sprechen, denn lange Jahre wurden die »breachings« von Garfinkel an der UCLA in einem Seminar zum Thema »Sociopathic Behavior« unterrichtet, und zwar als praktische Übungen für Studierende, um »soziopathisches Verhalten« und soziologische Begriffsbildung kennenzulernen. Später dienten sie in der »Trust«-Diskussion einer Überprüfung und Illustration konstitutiver sozialer Ordnungsbedingungen. Danach wurden sie wiederum zu »Übungen« herabgestuft, die Streiflichter ins Dunkel der alltäglichen Selbstverständlichkeiten werfen sollten, oder mit Garfinkels pointierten Worten, als Hilfestellungen, um einer trägen Vorstellungskraft auf die Sprünge zu helfen, »aids to a sluggish imagination«.[15]

14 Richard J. Hill/Kathleen Stones Crittenden (Hrsg.), *Proceedings of the Purdue Symposium on Ethnomethodology*, West Lafayette 1968.

15 Garfinkel, *Studies in Ethnomethodology*, S. 38.

Diese Spannung zwischen der Suche nach einem sozialtheoretischen Stein der Weisen und dem Status einer didaktischen Improvisationsübung blieb nicht die einzige. Nicht nur die Ausführung der »breachings« als Übungen für den Hausgebrauch in Familien oder in Geschäften, auf der Straße oder im Café löste unmittelbar starke Spannungen aus, sondern auch die Arbeit an ihren Auswertungen, bis zu dem für eine akademische Ausbildung nicht ungewöhnlichen Umstand, dass die wortgetreue und in allen Argumenten loyale Hommage an den verehrten Lehrer mit dessen Tod und seiner möglichen theoretischen Überwindung zusammenfiel, wie es durch den Kongress und das Manuskript von 1959 der Fall sein sollte, und mehr noch durch die Serie der Arbeit an den »breachings«.

Nachdem Garfinkel eine noch ungeordnete Reihe von »breachings« über Jahre als Übungen für Studenten entwickelt hatte, bestand die Arbeit am »Trust«-Paper vor allem darin, ihre Ergebnisse in Übereinstimmung mit den konstitutiven phänomenologischen Bedingungen intersubjektiven Handelns zu systematisieren, und sie mit den ausführlich zitierten Formulierungen von Alfred Schütz (und Husserl) auf ihre mögliche Außerkraft-Setzung hin abzubilden.

Der Trust-Aufsatz zeichnet sich allerdings dadurch aus, dass die eigenlichen »breachings« erst ganz am Ende des Textes erscheinen, nachdem das theoretische Argument schon vollständig entwickelt worden ist. Der Aufbau scheint die »breachings« zu bloßen Illustrationen herabzustufen, andererseits handelt der ganze Text nur davon, dass sie, wie der Titel verspricht, als »Experimente« möglich sein müssen und sein werden. Die Gliederung des Textes lässt sich so lesen, dass es keine Auswertung der »breachings« geben wird, sondern dass die »breachings« selbst eine Art Auswertung sind:

(1.) »The Point of View«, d.h. das Prinzip der »breachings« (187ff.),
(2.) »Trust in Games«, die Durchführung des Arguments an Spielsituationen (190ff.),
(3.) Begründung einer Einschränkung der Verwendung von Spielen; zur Unterscheidung von Spiel-Regeln und Alltags-Regeln (206ff.),
(4.) Die konstitutiven Bedingungen des Alltagslebens (mit Schütz) (210ff.),
(5.) Daraus abgeleitet: die Bedingungen für fundamentale Störungen (»breachings«) (217ff.),
(6.) »Demonstrationen« (Protokolle der »breachings«) (220ff.),
(7.) Abschluß: Modifikationen des Alltagslebens (d.h. andere Modifikationen als die »breachings« im Vergleich) (235–238).[16]

16 Garfinkel, »A Conception of, and Experiments with, ›Trust‹«.

Welche Rolle spielen die protokollierten »breachings« für diesen verschachtelten Argumentationsablauf? Sie stellen nicht alle von Schütz übernommenen Bedingungen des Alltagslebens auf die Probe, sondern nur vier Bedingungen in den Mittelpunkt der Untersuchung, und zwar Bedingungen, die man in ihrer Gesamtheit die »Kooperationsbedingungen« jeder Interaktion nennen könnte, oder, wie es der Titel sagt, die »Conditions of Stable Concerted Actions«:

(1.) Die »Kongruenz der Handlungsrelevanzen«, »Congruency of Relevances«; d.h. dass alle Beteiligten bestrebt sein werden, eine Kongruenz der Handlungsrelevanz zu erzielen und zu beweisen,
(2.) Die »Vertauschbarkeit der Standpunkte«, »the Interchangeability of Standpoints«; dass man sich in die Lage und Position des anderen versetzen kann, um mit ihm zu kooperieren;
(3.) Die »Erwartung, dass die Interaktionsbeziehung auf dem Wissen und Beweisen gemeinsamer Interaktionsschemata beruht«, »the Expectancy that a Knowledge of Relationship of Interaction is a Commonly Entertained Scheme of Communication«, die fortlaufende Erwartung, dass man gemeinsame Handlungsschemata voraussetzen kann und gemeinsam in die Tat umsetzen wird;
(4.) Der »Zugang zu einem Wissen, das alle mit einem teilen und zur Begründung des Handelns verwenden können«, »the Grasp of ›What Anyone Knows‹ To Be Correct Grounds of Action of a Real Social World«.

Weil diese vier Bedingungen immer nur zusammen wirksam werden – und zwar auch dann, wenn man versucht, sie außer Kraft zu setzen –, kann man sich fragen, ob man sie überhaupt experimentell so weit isolieren kann, dass eine und nur eine dieser Bedingungen fokussiert wird. Garfinkel verstand seine »breachings« trotz des Titels allem Anschein nach nicht als echte Experimente, sondern nannte sie in der Publikation nur noch »Demonstrationen«. Dieser Ausdruck verweist auf folgendes: Die Übersetzung von vier (unter sehr viel mehr) intersubjektiven Bedingungen der Lebenswelt von Edmund Husserl und Alfred Schütz in die vier »Kooperationsbedingungen« jeder Interaktion war gut auszudenken und gut zu formulieren, aber um so weniger vorgezeichnet war ihre Überprüfung durch Situationen, die sie außer Kraft setzen sollten, also durch die »breachings« selbst. Den Abstand und die ganze Härte des Abstands zwischen Schütz und Garfinkel kann man am dritten »breaching« am besten ermessen:

Alfred Schütz schrieb im Anschluss an die Soziologie Simmels einen bekannten Aufsatz über die typisierte Person »des Fremden«,[17] der die

17 Alfred Schütz, »The Stranger: An Essay in Social Psychology«, in: *American Jour-*

gemeinsamen Voraussetzungen einer ihm fremden Lebenswelt nur zum Teil besitzt, sie daher zum Teil erst erarbeiten muss, sie zum Teil in Frage stellen wird und zu anderen Teilen in ihren ihm unbekannten Bedingungen voraussetzen muss, die ihm fremd bleiben und ihn daher zwangsläufig in vorläufige Irrtümer führen, mit der Unsicherheit für andere, welche dieser Kennzeichnungen in der Fremdheit des Fremden situativ zu erwarten bleiben. Garfinkel macht daraus ein nicht ungefährliches Experiment: Studenten wurden aufgefordert, sich zuhause bei ihren Eltern so zu verhalten, als seien sie ein fremder Gast.[18] Er versteht dieses Vorgehen als Überprüfung der »Erwartung, dass die Interaktionsbeziehung auf dem Wissen und Beweisen gemeinsam geteilter Schemata beruht«, also der Erwartung, dass man gemeinsame Handlungsschemata voraussetzen und gemeinsam in die Tat umsetzen wird, in diesem Fall die eines Familienmitglieds. Und in der Tat wird durch das betont höfliche und vorsichtige Verhalten eines Familienmitglieds, das sich »wie ein Fremder und wie ein fremder Gast« verhält, die Erwartung gemeinsamer Interaktionsschemata gestört – und zwar so nachhaltig, dass instantan eine gefährliche Gruppensolidarisierung gegen den unmöglichen »Gast« und dessen höfliche Distanzwahrung stattfindet, die sich in Spott, Abscheu und verbaler Aggression äußert, durch eine moralische Empörung, die sich auch im Nachhinein nicht ganz auflöst, weil ihre Quelle auf Bedingungen beruhte, die man nicht zu teilen gewillt ist, oder nur deshalb entschuldigt, weil man sie einem Familienmitglied verzeihen muss.

Analog steht es mit den anderen drei Experimenten: Die genannte Bedingung wird nicht isoliert, sondern in ein zugespitztes soziales Verhalten übersetzt,[19] das sie besonders provoziert:

– Die »congruency of relevances«, das Herstellen einer gemeinsamen Handlungsrelevanz wird durch die Anweisung an Studierende unterbrochen, sie sollten einfach so lange, wie es geht, nachfragen, was der oder die andere mit seiner oder ihrer Bemerkung gemeint hat.[20] Das unabgesetzte Insistieren auf Klärung einer Bedeutung zerstört den Raum der gemeinsamen Handlungsrelevanz, dessen, was man gerade vorhat oder sich gemeinsam vornehmen könnte, und in den überlieferten Protokollen führt dies rasch zu Zorn und

nal of Sociology 49 (6), 1944, S. 499–507.

18 Vgl. Garfinkel, »A Conception of, and Experiments with, ›Trust‹«, S. 226–228; ders., *Studies in Ethnomethodology*, S. 47–49.

19 Diese Kommentare zur Auswertung der »breachings» beruhen auf eigenen Auswertungen der von Garfinkel vorgelegten Protokolle; genauere sequenzanalytische Kommentare werden an anderer Stelle vorgelegt.

20 Garfinkel, »A Conception of, and Experiments with, ›Trust‹«, S. 221–223.

verbaler Aggression, oder das Ganze wird als als Witz verstanden und damit die Situation umgebogen.

- Die »interchangeability of standpoints«, die Berücksichtigung einer Vertauschbarkeit der Standpunkte wird von Garfinkel nicht räumlich (wie ursprünglich bei Husserl und Schütz) verstanden, sondern sozial: Er gibt die Anweisung, Kunden in einem Geschäft oder Restaurant so lange wie möglich als Bedienstete zu behandeln.[21] Resultate der Interaktion sind Abwendung, Beschämung und Schamgefühle der Angesprochenen, die entweder in der Situation selbst oder im Nachhinein zu Versuchen führen, den Gesichtsverlust auszugleichen oder ihn wiederum als einen gelungenen Witz zu verstehen.
- Einen ungleich höheren Aufwand treibt das Experiment zum Rekurs auf ein gemeinsames Alltagswissen, das einem die richtigen Gründe zum Handeln und Folgern gibt, »what anyone knows to be correct grounds for action«.[22] Dieses Experiment geht auf Garfinkels Dissertation zurück und ähnelt damaligen Experimenten zur psychologischen Kriegführung oder Gehirnwäsche: Garfinkel inszenierte einen Eignungstest, in dem Probanden aufgefordert wurden, die Aufzeichnungen der Vorstellungsgespräche anderer Bewerber auf deren Leistungen hin zu beurteilen, und zwar mit konsequent umgekehrter Bewertung der Leistungen durch die Versuchsleiter: Leute mit einem unmöglichen Benehmen wurden konsequent gelobt. Das auffälligste Resultat dieses Tests sind gespaltene Bewertungen vor und nach der offiziellen Einschätzung durch die Versuchsleiter, aber auch eine breite Streuung der Reaktionen. Einige wenige erklären den Test für eine Fälschung, einige andere verfallen in Angst und Verzweiflung und wissen sich nicht zu helfen, aber es sind keineswegs alle, und nicht einmal die Mehrheit, die so reagieren.

Wie man bereits an dieser ganz kurzen Zusammenfassung merkt, war eine Gesamt-Auswertung der »breachings« in methodischer Hinsicht problematisch, denn sie basierten auf keiner gemeinsamen Vorgehensweise oder Konzeptualisierung. Vermutlich verzichtet Garfinkel in der einen Veröffentlichung (»Trust«) deshalb auch auf eine Synopse und beschränkt sie in der anderen *(Studies)* auf eine bewusst anekdotische Beweisführung.[23]

21 Ebd., S. 223–226.

22 Ebd., S. 228–235.

23 Beide Male nimmt Garfinkel nicht den Weg einer Auswertung und Zusammenfassung der »breachings«, sondern beim ersten Mal den Weg eines Vergleichs mit anderen »Modifikationen« des Alltagslebens – aber selbst dieser Vergleich ordnet die »breachings« nicht mehr in diese Vergleichsreihe ein und kann im Grunde auch separat gelesen werden, ebd., S. 235–238; und beim zweiten Mal den Weg einer

Man könnte sagen, dass Garfinkel mit seinen »breachings« Bedingungen beim Wort genommen hat, die niemals beim Wort genommen werden können – denn etwa »den Fremden« von Schütz und Simmel auf solche Weise in die Tat umzusetzen, erzeugt keinen gespielten oder echten »Fremden«, sondern eine Verhaltensweise, die vermutlich überhaupt kein Vorbild mehr in der Lebenswelt besitzt, eine nicht ungefährliche Aufkündigung der Vertrautheit, die für ihre Adressaten, aber auch für die Ausführenden in ein unaufgelöstes Rätsel führt. Analoges gilt für die drei anderen Vorgehensweisen: Sie bestehen aus Aufkündigungen, die im Grunde auch dort ohne Vorbild bleiben, wo sich die Versuchspersonen ihrer durch improvisierte Modifikationen, insbesondere spielerische Abwandlungen und Scherze bemächtigen. Das ist vielleicht auch der Grund, warum Garfinkel das von ihm untersuchte Phänomen »Trust« in Anführungsstrichen setzte, denn das erschütterte »Vertrauen« wird in den Versuchen nur in der Schwierigkeit seiner Negation sichtbar und kann vermutlich gar nicht anders sichtbar werden: In den vier »Kooperationsbedingungen« geht es um ein Vertrauen, durch das Personen einander, aber auch sich selbst fortlaufend zutrauen und ermächtigen, zu gemeinsamem Handeln in der Lage zu sein. Das Vertrauen der vier »Kooperationsbedingungen« aufzukündigen, führt daher in den Abgrund einer Fremdheit, die der ausführenden Person selbst das Vertrauen in die eigene Kooperationsfähigkeit entzieht – eine improvisierte Unzurechnungsfähigkeit, die schon bald zurückgenommen oder entschuldigt werden muss, damit sie zu keinen nachhaltigen Beschädigungen führt. Es scheint allerdings, dass dieser Abgrund auch den Experimentator selbst und seine Versuchsreihe in Mitleidenschaft gezogen hat.

Ich fasse den auch heute noch irritierenden Tatbestand zusammen: Die Publikation der »breachings« enthält erstens keine methodische Auswertung der Ergebnisse; sie bleiben auch bei ihrer methodisch ausgefeilten Darstellung in »Trust« eine Art »Anhang mit Beispielen« nach einer langen theoretischen Herleitung der Bedingungen ihrer Möglichkeit. Sie basieren zweitens auf heterogenen experimentellen Settings, die allem Anschein nach keine Vereinheitlichung oder Standardisierung ihrer Voraussetzungen und Verfahren anstreben sollten – eine solche

Kritik der soziologischen Neigung, die Subjekte ihrer Untersuchung auf »judgmental dopes«, auf »beurteilungsunfähige Deppen« zu reduzieren, Garfinkel, *Studies in Ethnomethodology*, S. 66–75 – und auch dieser Abschnitt kann separat gelesen werden. Das Fehlen einer synoptischen Auswertung kann m. E. nicht damit erklärt werden, dass eine methodische Synopse unmöglich ist; im Gegenteil, sie ist auf der Grundlage der vorgestellten Protokolle weiterhin möglich. Die Schwierigkeit scheint eher darin bestanden zu haben, die vier phänomenologischen »Kooperationsbedingungen« mit den verschiedenartigen Eskalationsformen der Interaktion zu korrelieren; und diese naheliegende Option scheint Garfinkel vermieden zu haben (zumindest in allen bisher bekannten Fassungen).

Standardisierung wird auch nirgendwo erwähnt. Drittens versuchen weder Garfinkels Schriften, die an seine »breachings« anschließen, noch die spätere Ethnomethodologie, die Experimentalisierung weiterzuentwickeln. Auch die Kommentierung bleibt ausgesprochen selektiv und wird von Garfinkel allem Anschein nach ganz bewusst ins Anekdotische überführt.[24] Dennoch stellte Garfinkel viertens die Verfahren der »breachings« mit dem Versprechen einer systematisierungsfähigen Heuristik vor, mit den stolzen Worten des Störungsprinzips von 1959:

> »In accounting for the persistence and continuity of the features of a social system, sociologists commonly select some set of stable characteristics of an organization of activities and then inquire into the variables that contribute to their stability. An alternative procedure would appear to be more economical: to start with a system that shows stable features and ask what can be done to make for trouble. The operations that one would have to perform in order to multiply and sustain the anomic features of the perceived environments and the disorganized character of the interaction would tell us how the structures are ordinarily and routinely being maintained.«[25]

III.

Trotz des Zyklus, den die »breachings« von didaktischen Übungen über philosophische Begründungen und zurück durchliefen, lässt sich nachweisen, dass ihre Kommentierung den entscheidenden Schritt für das von Garfinkel entwickelte Forschungsprogramm der Ethnomethodologie darstellte, und zwar insbesondere für die Herausbildung ihres zentralen Begriffs, der »accountability«. Wenn man die »breachings« als Experimente betrachtet, fällt es schwer, eine konsistente Auswertung zu erzielen, wenn man sie hingegen, wie von Garfinkel vorgesehen, als »Demonstrationen« liest, erhalten sie eine andere Plausibilität.[26] Die Gegenversion kann dann lauten: Garfinkel behandelt im »Trust«-Paper die von Husserl aufgestellten phänomenologischen und von Schütz unter dem Horizont ihrer Intersubjektivität übernommenen Bedingungen jeder »Objektkonstitution« und seiner Konstanthaltung. In den »breachings« werden allerdings nur noch vier Bedingungen dieser intersubjektiven Objektkonstitution auf die Probe gestellt, und zwar allesamt Bedingungen, die erst durch die intersubjektive Interaktion hergestellt

24 Vgl. Garfinkel, »Studies of the Routine Grounds of Everyday Activities«.

25 Garfinkel, »Common Sense Knowledge of Social Structures«, S. 78.

26 Das wäre im Übrigen ein Grund, auf die gängige deutsche Übersetzung der »breachings« als »Krisenexperimente« zu verzichten.

oder aufrechterhalten werden können. Garfinkel kann durch seine experimentellen Störmanöver demonstrieren, dass die Beteiligten einer Interaktion die vier Kooperationsbedingungen für sich und andere voraussetzen und sie zugleich im Verlauf der Interaktion für sich und ihre Beobachter ständig herstellen, und insbesondere dann, wenn Störungen eintreten, so schnell wie möglich und so rabiat wie nötig, nämlich voller moralischer Empörung wiederherstellen. Diese Störung und vor allem ihre instantan, aber ungesichert eintretende Entstörung ist für alle beteiligten ein szenisches Geschehen, ein »witnessable event«, in dessen Beurteilung jede dritte Person (als Zeuge) ebenso einbezogen wird wie vorsätzliche oder unabsichtliche Täter und Opfer. Jeder bereits einbezogene oder neu hinzutretende Teilnehmer an einem alltäglichen Geschehen zeichnet sich durch die Einhaltung der elementaren Kooperationsbedingungen aus, also durch das wechselseitig erarbeitete Vermögen, eine gemeinsame Handlungsrelevanz zu erzielen und zu beweisen, die Vertauschbarkeit der Standpunkte zu berücksichtigen und zu demonstrieren, einen gemeinsamen Verfahrensablauf vorauszusetzen und zu bewerkstelligen und dabei auf ein Wissen zu rekurrieren, das mit »allen« anderen Leuten geteilt wird.

Die Kooperationsfähigkeit und eine elementare wechselseitige Darstellbarkeit oder »Bezeugbarkeit« durch die Beteiligten eines »witnessable event« fallen daher bereits in dieser grundlegenden Studie zusammen. Die improvisierte Unzurechnungsfähigkeit der »breachings« verwies durch die eskalierende Schwierigkeit, die Improvisation fortzusetzen, statt sie abzubrechen und zu entschuldigen, auf das genaue Gegenteil improvisierter Unzurechnungsfähigkeit: eine ebenso improvisationsfähige, aber in ihren Grundzügen regelhafte und notwendige Anmahnung zur Rechenschaftsfähigkeit, und eine mit ihr einhergehende Verpflichtung, gute Gründe des Handelns fortlaufend bereitzustellen und bei Bedarf explizit zu machen. Diese Größe heißt wenige Jahre später terminologisch »accountability«. Sie entsteht in ihren Grundzügen bereits in der Auswertung der »breachings«, und zwar auch als neue Forschungsaufgabe, konkret nachzuzeichnen, *wie* ein Geschehen von den Beteiligten »reason-able« gemacht wird, oder, so lautet die Formulierung von 1959, »how ›being able to give satisfactory reasons‹ is not only dependent on but contributes to the maintenance of stable routines of everyday life«.[27]

Garfinkel erläutert:

»[I]t frequently happens that if, after the action is taken, its results turn out either poorly or well for him, the person may be required to justify his action, to explain himself, to give ›reasons‹ for having acted as he did.

27 Ebd., S. 80.

> Frequently in such a case a person or others will give an explanation that makes him appear as a person who knew exactly what he was doing. That persons ›rationalize‹ their own and each others past actions and situations as well as their prospective ones is well known. Much less is known as to why it is that persons require this of each other, and how ›being able to give satisfactory reasons‹ is not only dependent on but contributes to the maintenance of stable routines of everyday life.«[28]

Diese Forschungsaufgabe – »how ›being able to give satisfactory reasons‹ is not only dependent on but contributes to the maintenance of stable routines of everyday life« – führte Garfinkel zur gleichen Zeit in der Zusammenarbeit mit Egon Bittner in neue Überlegungen der gemeinsamen Institutionen- und Medienforschung; das spätere Resultat ist insbesondere der Aufsatz »Good organizational reasons for ›bad‹ clinic records« (Kapitel 6 der *Studies*). Dieser Aufsatz behandelt die ›Medien der Accountability‹ in einer psychiatrischen Klinik, d. h., er weist nach, wie sehr die Aktenführung in einer Institution, aber auch alle Praktiken, die mit dieser Aktenführung zu tun haben, d. h. die mündlichen und die mündlich-schriftlichen Abläufe, durch die Antizipation von Rechenschaftspflichten strukturiert werden, um sie partiell einlösbar zu machen, um sie praktikabel zu halten und um ihnen partiell ausweichen zu können. Die Studie erbrachte so eine ethnographische Antwort auf die Forschungsfrage: »how ›being able to give satisfactory reasons‹ is not only dependent on but contributes to the maintenance of stable routines of everyday life«, nämlich der Routinepraktiken und des medialen Alltags in einer Institution, in diesem Fall bei den Aufnahmeprozeduren einer psychiatrischen Klinik.

Seitdem ist der Tatbestand der »guten organisatorischen Gründe für eine schlechte Aktenführung« nicht mehr aus der sozial- und medientheoretischen Welt wegzudenken. Garfinkels und Bittners Aufsatz war die Gründungsurkunde der neueren Dokumenten- und Aktenanalyse, der ersten Analyse von Akten, die mit den Worten von Stephan Wolff »die sozial organisierten Praktiken ihrer Produktion und Rezeption zum eigentlichen Gegenstand der Untersuchung machte«.[29]

Die Frage des »being able to give satisfactory reasons« wird in den 1960ern zu einem durchgängigen Forschungsthema Garfinkels und dabei terminologisch zur Frage nach alltäglichen »accounts«, nach »Berichten«, in denen »zufriedenstellende Gründe« für alltägliches Verhalten

28 Ebd.

29 Stephan Wolff, »Dokumenten- und Aktenanalyse«, in: Uwe Flick/Ernst von Kardorff/Ines Steinke (Hrsg.), *Qualitative Forschung: Ein Handbuch*, Reinbek 2008, S. 502–514, hier: S. 505f.

vorbereitet und nachbereitet werden. Erst nach und nach entsteht dabei der spätere ethnomethodologische Begriff der »accountability«, der zuerst seine alltagssprachliche Bedeutung beibehielt. So versuchte etwa ein gemeinsamer Aufsatz mit Craig McAndrew 1962, den Alkoholkonsum als »finite Sinnprovinz« im Sinne von Schütz zu konzeptualisieren (von Garfinkel »modification« genannt), und stellt die alkoholisierte Lizenz zu rücksichtslosem Verhalten in den Mittelpunkt der Überlegung. Eingehegt von phänomenologischen Bindestrichen bleibt die »accountability« hier noch ein ganz normales amerikanisches Wort und scheint an dieser Stelle ohne weiteres durch »Verantwortlichkeit« und »Unverantwortlichkeit« übersetzbar zu sein.[30] Ein Jahr später veranstaltete Garfinkel gemeinsam mit Bittner, Harvey Sacks und Edward Rose einen Workshop zur Frage der alltäglichen Herstellung von »accounts«, auf dem sich die Tragweite des Begriffs vertiefte, aber weiterhin im Rekurs auf den Alltagsbegriff der »accountability« im Sinne von »Verantwortlichkeit«. Ein »reasonable account« kann ganz vorsätzlich entstehen,

> »by knowing beforehand the accounts that can be used to make out what one might have done as the reasonable thing to be doing under each other's gaze as competent members, and then proceeding to take the action that makes that account of it the analyzable thing that the action is under way of analyzing«.[31]

Ein »reasonable account« kann durch eine solche antizipierte und in die Tat umgesetzte »Verantwortlichkeit« entstehen, er kann aber auch ganz ohne jeden Vorsatz und im nachhinein durch die Selbstbezüglichkeit einer unvorhergesehenen und ungeplanten Interaktion in die Welt kommen, also durch das, was Garfinkel 1967 die »reflexivity« eines Ablaufs nannte. Ein solches Beispiel (das aber auf frühere Überlegungen zur »account«-Bildung zurückgeht) geben Garfinkel und Sachs 1969 in ihrer Erörterung von Kommentierungsverfahren oder »glossing practices«, und zwar als »Bestätigung eines Ereignisses, das man eigentlich nicht beabsichtigt hatte«:

> »Das Verfahren verläuft wie folgt: Man unterhält sich mit einer anderen Person. Die Person lacht. Man ist momentan überrascht, da man nicht beabsichtigt hatte, einen Scherz zu machen. Wenn man die Person lachen

30 Craig MacAndrew/Harold Garfinkel, »A Consideration of Changes Attributed to Intoxication as Common Sense Reasons for Getting Drunk«, in: *Quarterly Journal of Studies on Alcohol* 23, 1962, S. 252–266, hier: S. 264.

31 Harold Garfinkel, »Reasonable Accounts«, Vortrag mit Diskussionsprotokoll, 1963, unveröffentlicht; ders., »Studies of the Routine Grounds of Everyday Activities«, in: Social Problems 11 (3), 1964, S. 225–250, hier:, S. 9.

> hört, lächelt man selbst zurück, um dem Lachen der anderen Person das Merkmal zu verleihen, daß sein Lachen den eigenen Witz entdeckt hat, aber man verbirgt dadurch die Tatsache, daß die andere Person, als sie lachte, einem die Gelegenheit verschaffte, ›einen Gewinn zu verbuchen‹, den man eigentlich nicht angestrebt hatte.«[32]

Man gibt ein Zeichen der Anerkennung, dass man verstanden hat, wie witzig man gewesen ist, und macht das Geschehen dadurch »rechenschaftsfähig« und »berichtbar«, auch wenn man (für diesen Moment) noch weiß, dass es nicht (ganz) so gewesen ist. Dieses Verfahren ist 1969 ein Beispiel unter anderen für die Varianten eines »account-able understanding«, und damit hat sich der Begriff von seiner Ausgangsbedeutung entfernt, auch wenn diese weiterhin einen Teil (aber nur einen Teil) der beschriebenen Varianten bildet. Insgesamt läßt sich konstatieren, dass die aus den »breachings« hervorgehende Arbeit an der Frage der »accounts« Garfinkel in den gesamten 1960ern mehr als alles andere beschäftigt hat und dass auf diesem Wege »accountability« zum Zentralbegriff der Ethnomethodologie geworden ist. Dabei hat er sich bereits 1965 von seiner alltäglichen Verwendung emanzipiert. Es geht terminologisch nicht mehr um die »Verantwortlichkeit« von Individuen, sondern um die in einem kooperativen Geschehen fortlaufend bewerkstelligte »Rechenschaftsfähigkeit« des Geschehens selbst, die »accountability« eines »fait social«:

> »Durkheim furnished to the practical studies of practical actions the precept that the objective reality of social facts is sociology's fundamental principle. I have been discussing an alternative way to read Durkheim's precept for what he was talking about after all, or better, for what he might as well have been talking about after all. The sense, facticity, objectivity, and accountability of social facts as an ongoing achievement of the organizations of everyday activities is sociology's fundamental phenomenon.«[33]

Der Vergleich mit der bereits zitierten »glossing practice« der »Bestätigung eines Ereignisses, das man eigentlich nicht beabsichtigt hatte«, demonstriert, dass Garfinkel in diesen Sätzen zum einen den Anspruch

32 Harold Garfinkel/Harvey Sacks, »Über formale Strukturen praktischer Handlungen«, in: Elmar Weingarten/Fritz Sack/Jim Schenckein (Hrsg.), *Ethnomethodologie: Beiträge zu einer Soziologie des Alltagshandelns*, Frankfurt a. M. 1976, S. 130–176, hier: S. 171.

33 Harold Garfinkel, »Sign Functions: Organized Activities as Method for Making an Invisible World Observable«, Annual Meeting of the American Sociological Association, Chicago 1965, unveröffentlicht, S. 16.

erhebt, den »fait social« Durkheims und dessen Objektivität terminologisch einzulösen, und dass er das im reflexiven Stil der von ihm theoretisierten »accountability« tut, d.h., diese als etwas behandelt, das sich im nachhinein als genau das herausstellt oder herausstellen wird, was Durkheim »die ganze Zeit schon« im Sinn hatte oder »im Sinn hätte haben können«, als er von der Objektivität des »fait social« handelte. Es handelt sich offensichtlich um einen Versuch, Durkheim posthum das Angebot zu machen, »einen Gewinn zu verbuchen«, den er eigentlich nicht angestrebt hatte, ihn zum Lächeln zu bringen, indem ihm die Pointe der »accountability« zugeschoben wird.

IV.

Wie lässt sich dieses mehrfach gebrochene terminologische Erbe der ethnomethodologischen »breachings« erklären? Das Gelingen einer »Demonstration« der Konstitutionsbedingungen sozialer Ordnung (das in den *Studies* allerdings wieder abgeschwächt wurde), die ungelöste Frage ihrer Experimentalisierung (die in Gestalt des vierten »breaching« bereits Garfinkels Dissertation in immer schwierigere Parametrisierungen getrieben hatte) und die schrittweise Erarbeitung einer neuen Forschungsaufgabe, die schließlich zur zentralen Inspiration der Ethnomethodologie werden sollte: »Accountability«. Und woher rührt der für sich genommen recht kryptische Bezug auf Durkheim und dessen »moral order ›without‹«?

Die Antwort liegt in einer sozialtheoretischen Kernfusion, die Garfinkel in der Auswertung der »breachings« anstrebte (und deren Ehrgeiz aufgrund der bis heute ausgebliebenen Publikation von Garfinkels sozialtheoretischen Monographien außerhalb eines kleinen Freundeskreises unbekannt bleiben musste). Ich komme auf den historischen Ausgangspunkt zurück: Die Ethnomethodologie Garfinkels begann, wie bereits erwähnt, vor allem als ein ehrgeiziges theoretisches Unternehmen. Ihre frühen Experimente und späteren Feldforschungen dienten in den 1950ern ausschließlich dazu, theoretische Grundannahmen zu überprüfen und begrifflich zu modifizieren, mit dem Ehrgeiz, die Soziologie insgesamt auf eine andere Basis zu stellen. Die vier »breachings« und ihre Parallelen verstand Garfinkel zunächst als eine Überprüfung der phänomenologischen Bedingungen der Lebenswelt von Alfred Schütz und in der Dissertation als Mittel eines Theorievergleichs zwischen Parsons und Schütz, mit dem trügerischen Wort der damaligen (und heutigen) Zeit als Mittel der theoretischen »Modellbildung«. Aber die Synopse der »breachings« führte gegen Ende der 1950er Jahre in eine theoretische Überraschung, die bisher nur im Buchmanuskript von 1959 offen ausgesprochen wurde. In der veröffentlichten Fassung von »›Trust‹« ist die Überraschung ausgespart, dort werden die »breachings« so präsentiert, als würden Schütz' Vorannahmen bestätigt und seien jetzt Schritt für Schritt abgearbeitet worden. Das zweite Kapitel der *Studies* ruft zwar, wie zitiert, Kant und Durkheim auf, aber die Vermittlung mit Schütz wird nicht offengelegt, und der Bezug auf Durkheim bleibt an dieser Stelle ebenso kryptisch wie im Vorwort (oder in späteren Versuchen Garfinkels, Durkheims Maxime neu zu begründen).[34]

Im Buchmanuskript »Common sense knowledge of social structures« von 1959, dem grundlegenden »essay in ethnomethodology«[35] hingegen wird die Überraschung explizit gemacht, und die Beziehung zu Schütz gestaltet sich dementsprechend sehr viel ambivalenter als in den Veröffentlichungen von »Trust« und den *Studies.* Erst aus dieser Ambivalenz entstand die Welt der »accountability« mitsamt der ersten Medienanalyse durch Garfinkels und Bittners Aktenstudie.

Worin bestand die Überraschung? Garfinkel war durch Schütz darauf vorbereitet, dass die Umsetzung der vier »Kooperationsbedingungen« eine »Vollzugswirklichkeit« sein würde, dass die Bedingungen im Alltag zugleich vorausgesetzt und fortlaufend erarbeitet werden. Diese »technische« Eigenart der Kooperationsbedingungen wurde von Garfinkel erwartet, wie er insbesondere am Fall der »interchangeability of standpoints« ausführt:

»As the person attends the scene, the specific Here-and-Now appearances of the scene are different for him than they are for the other. The person knows this. But even while he knows this, his situation has *at the same time* for him its characteristic feature that what *actually* appears Here-and-Now is the-*potential*-appearance-it-has-for-the-other-person-if-the-two-were-to-exchange-positions. [...] But this identical world, Schutz finds, is the *accomplishment* of the assumed possibility of interchangea-

34 Z. B. Harold Garfinkel, »Four Relations between Literatures of the Social Scientific Movement and their Specific Ethnomethodological Alternates«, in: Stephen Hester/David Francis (Hrsg.), *Orders of Ordinary Action: Respecifying Sociological Knowledge*, Aldershot 2007, S. 13–29. Richard A. Hilbert ist es allerdings ohne Kenntnis der hier zu Rate gezogenen Manuskripte bereits gelungen, die wichtigsten theoretischen Bezüge von Garfinkels Ethnomethodologie auf Durkheims soziologisches Programm zu rekonstruieren. Richard A. Hilbert, »Ethnomethodological Recovery of Durkheim«, *Sociological Perspectives* 34 (3), 1991, 337–357. Diese systematische Rekonstruktion lässt sich jetzt zu großen Teilen historisch und philologisch bestätigen, und außerdem auf den hier behandelten »essay in ethnomethodology« datieren (in dem der Name »Durkheim« übrigens fehlt). Garfinkel, »Common Sense Knowledge of Social Structures«, S. 1.

35 Ebd.

bility of positions, physical and social. The identical world is not simply ›given‹ but is a managed product.«[36]

Die soziale Welt mit ihren Kooperationsbedingungen ist eine Vollzugswirklichkeit, eine identische Welt muss fortlaufend kooperativ bewerkstelligt werden – darauf war Garfinkel durch Schütz bestens vorbereitet. Aber im Laufe der Experimente trat etwas hinzu: Die ›breachings‹ und ihre Parallelexperimente bewiesen insbesondere durch die nachhaltig gestörten Beziehungen zwischen Experimentatoren und Versuchssubjekten wie auch durch Garfinkels ausführlichen analytischen Versuch, diesen gestörten Beziehungen in einem Schütz'schen Theorierahmen Rechnung zu tragen, dass die technischen Bedingungen der Kooperation zugleich moralische Bedingungen des Zusammenlebens waren. In dieser Einsicht gerieten Schütz und Durkheim aneinander:

»The common sense corpus is always and only constituted by the presuppositions of the attitude of daily life as enforceable ethical or moral maxim of conduct. A common sense corpus can not be constituted by the attitude of daily life as a set of technical maxims. A corpus constituted by technical maxims alone would be a mere idealization of human knowledge without an empirical counter part in the world of actual human activities.«[37]

»*The possibility of shared knowledge consists instead and entirely in the enforceable character of the attitude of daily life as an ethic.*«[38]

Mit anderen Worten: Garfinkel suchte in seinen Krisenexperimenten die phänomenologischen Bedingungen des gemeinsamen Wissens einer gemeinsamen sozialen Welt, er isolierte diese Bedingungen versuchsweise in vier »Kooperationsbedingungen« der Objektkonstitution, deren Vollzugswirklichkeit Schütz bereits theoretisch postuliert hatte, aber diese vier technischen Bedingungen führten zum Beweis einer in jedem Moment sanktionierbaren Ethik, die jede soziale Interaktion muss begleiten können und bei jeder vorsätzlichen Verletzung explizit hervortritt. Die technischen Bedingungen der Intersubjektivität hatten sich als moralische Bedingungen eines sanktionierbaren Zwangs zu kooperativem Verhalten herausgestellt. Die Selbstverständlichkeit des Alltagslebens wird durch eine kooperative Phänomenalisierung aufrechterhalten, und diese Phänomenalisierung besteht aus Szenen moralisch sanktionierbarer Ordnung. Die Anrufung Kants und Durkheims nimmt folgende Wendung:

36 Ebd., S 40.
37 Ebd, S. 49.
38 Ebd., S. 50. Herv. ES.

»For Kant the moral order ›within‹ was an awesome mystery; for sociologists the moral order ›without‹ is a technical mystery. From the point of view of sociological theory the moral order consists of the rule governed activities of everyday life. A society's members encounter and know the moral order as perceivedly normal courses of action - familiar scenes of everyday affairs, the world of daily life known in common with others and with others taken for granted.«[39]

Im Vorwort der *Studies* wird dieser Sachverhalt ebenfalls an zentraler Stelle aufgegriffen, und zwar keineswegs um die von Durkheim postulierte »Objektivität« des »sozialen Tatsachen« zu bezweifeln (wozu eine oberflächliche Lektüre des »Vorworts« verleiten könnte), sondern um sie durch die Ethnomethodologie im kooperativen Alltagsgeschehen zu verifizieren:

»[I]n contrast to certain versions of Durkheim that teach that the objective reality of social facts is sociology's fundamental principle, the lesson is taken instead, and used as a study policy, that the objective reality of social facts *as* an ongoing accomplishment being by members known, used, and taken for granted, is, for members doing sociology, a fundamental phenomenon. Because, and in the ways it is practical sociology's fundamental phenomenon, it is the prevailing topic for ethnomethodological study.«[40]

Was ist das Ergebnis und theoretische Resultat der genealogischen Herleitung? Durch die Auswertung der »breachings« war Schütz *als* Durkheim übersetzt worden (»*the enforceable character of the attitude of daily life as an ethic*«, Herv. ES.), aber auch Durkheim *als* Schütz (»the objective reality of social facts *as* an ongoing accomplishment«). Die phänomenologischen Bedingungen wurden Kooperationsbedingungen, und das technische Geheimnis der Kooperationsbedingungen erwies sich als ein »fait social«. Das »technical mystery« der Kooperation war nichts anderes als die »moral order ›without‹«, die von Durkheim postulierte Externalität oder »Objektivität« des »fait social«.

Im Buchmanuskript von 1959 gibt Garfinkel für diese Fusion folgende Herleitung: Die Experimentatoren, seine Studenten und Versuchsleiter und er selbst stießen darauf, dass ihnen auch oder gerade nach einer Erklärung und Enthüllung des Versuchsaufbaus noch (mehr) moralische Empörung entgegengebracht wurde. Andere Experimentatoren der 1950er Jahre und der psychologischen Kriegsführung hätten vermutlich mit den Achseln gezuckt, Garfinkel musste diesen Tatbe-

39 Garfinkel, *Studies in Ethnomethodology*, S. 35.
40 Ebd., S. vii.

stand in einer einheitlichen Theorie verarbeiten, das heißt in einer Theorie, die auch die soziologische Versuchspraxis als Teil der Alltagswelt anerkannte. Die Fusion von Durkheim und Schütz war das wichtigste Resultat.[41]

Der Begriff der »accountability« wurde geschaffen, um der Einheit der technischen und moralischen Kooperation Ausdruck zu verleihen, und hier geschah zwischen 1959 und 1967 der entscheidende Schritt über Durkheim *und* Schütz hinaus, man könnte auch sagen: die Überwindung Durkheims durch Schütz und Schütz' durch Durkheim. Die Einsicht in eine Welt, die weder den Durkheim'schen noch den Schütz'schen Ausgangsbedingungen entsprach:

(1.) Das »fait social« der »accountability« wird vor allem dadurch ausgetragen, dass es in der Schwebe gehalten wird, es erweist sich anders als bei Durkheim nicht nur in dem unmissverständlichen Eintreffen eines Imperativs oder einer Sanktion »von außen«, sondern auch in den vielen praktischen und kooperativ ausgeübten Künsten und Prozeduren, nicht zur Rechenschaft gezogen zu werden, oder in der fortlaufenden Latenz der Berichtbarkeit unauffällig weiterzumachen.[42] Die »guten organisatorischen Gründe für eine schlechte Aktenführung« sind ein Paradigma dieser in die Schwebe gebrachten »account-ability«; und es gibt in Garfinkels Welt immer gute organisatorische Gründe für eine verzögerte und nicht eingelöste Berichtbarkeit.

(2.) Die technischen Bedingungen der Intersubjektivität hingegen erweisen sich jetzt am deutlichsten an ihrer moralischen Sanktionierung; d. h. aber ebenfalls: auch sie werden – nicht nur in ihrer

41 Es sollte nicht unerwähnt bleiben, dass Garfinkels Ehrgeiz einer »Fusion« der klassischen soziologischen Theoriefragen vermutlich noch tiefer reichte als hier dargestellt. Im Buchmanuskript von 1959 wird das Experiment zur »documentary method» als Teil einer Versuchsreihe mit den »breachings« behandelt, was nicht weniger bedeutete, als eine zusammenhängende Experimentalisierung der Grundbegriffe von Schütz und Mannheim (mit Weber), Parsons und Durkheim zu postulieren. In den *Studies* wird diese Gesamtserie nur noch in den zwei Varianten von Kapitel 2 (zu den »breachings«) und Kapitel 3 (zur »dokumentarischen Methode«) präsentiert, d.h. als Fusion von Durkheim und Schütz (wie hier ausführlich entwickelt) einerseits, und als wechselseitige Befragung von Parsons und Mannheim (und Weber) andererseits (durch eine experimentelle Demonstration, wie Alltagsbewohner »soziale Strukturen deutend verstehen« und in ihren Deutungen zur Geltung bringen, und durch den Nachweis, dass Soziologen in ihrer Verallgemeinerung von Sozialstrukturen dieselbe Methode mit demselben Alltagsverstand praktizieren und zur Geltung bringen).

42 Ich danke Jörg Bergmann für Formulierungshilfen in diesem entscheidenden Punkt.

moralischen »accountability«, sondern auch in ihrer Phänomenalisierung gemeinsamer Objekte – in der Schwebe gehalten. Die weitaus meisten gemeinsamen Phänomenalisierungen bleiben »vage« und unterliegen einer ständigen »prospektiv-retrospektiven« Uminterpretation – oder mit dem Wort von 1967, das diese Eigenschaften kondensieren sollte, sie dabei allerdings einem logisch-semiotischen Begriff anvertraute, der die Subtilität der phänomenologischen Kennzeichnungen abschliff: Sie unterliegen einer fortlaufenden »indexicality«.[43]

(3.) Die Selbstverständlichkeit des Alltagsvertrauens, die in den Schriften von Schütz beschworen wurde, ist in einer ethnomethodologischen Sicht immer nur einen Schritt vom Abgrund der Unzurechnungsfähigkeit entfernt – sie bleibt »brüchig«. Es gibt kein unbezweifeltes Vertrauen mehr, auf das sich die »members« einer ethnomethodologischen Welt zurückfallen lassen könnten. Es gibt nur den unaufhörlichen Prozess, in dem die moralischen Sanktionierbarkeiten nicht zum Zuge kommen und solange in der Schwebe gehalten werden, bis sie sich für die jeweils letzte Situation und ihre Bewältigung erledigt haben. Um diese Schwebe zu erreichen und fortzusetzen, willigen ihre Teilnehmer fortlaufend in eine wechselseitige Verfertigung gemeinsamer Abläufe, Mittel und Ziele ein, die von keiner Handlungstheorie erfasst werden kann, aber gemeinsame und individuelle Handlungen hervorbringt und berichtbar macht. Die zuerst an der doppelten Anschauung bürokratischen und alkoholisierten Verhaltens gewonnene Einsicht in das gelungene Unterlaufen von »accountability« ist zwischen 1963 und 1967 in den Begriff selbst eingewandert. Alltägliche »accountability« beinhaltet die fortlaufende Vorbereitung *und* das unablässige Unterlaufen expliziter »accounts«. Die Herstellung expliziter »accounts« kann die »accountability« eines Geschehens zwar fortsetzen, anreichern, vorbereiten oder unterbrechen, aber weder wiederholen noch vorwegnehmen.[44]

Diese wechselseitige – ko-operative – Revision gehörte daher weder Durkheim noch Schütz, aber sie brachte Durkheims und Schütz' Herausforderungen zur Fusion. Die Objektivität des »fait social« ist jetzt nichts anderes als die Selbstverständlichkeit und vor allem die selbstverständliche Temporalisierung – die »time structure« – der Alltagswelt. Ihre Selbstverständlichkeit kann nicht mehr handlungstheoretisch begründet werden, schließlich besteht sie, durch den unmittelbar eintre-

43 Garfinkel/Sacks, »Über formale Strukturen praktischer Handlungen«.
44 Für Medienwissenschaftler hinzugefügt: »... noch in Echtzeit begleiten oder duplizieren«.

tenden moralischen Anspruch ihrer Reparaturen jederzeit nachweisbar, »in besonderen Arten des Handelns, Denkens und Fühlens, die außerhalb des Einzelnen stehen und mit zwingender Gewalt ausgestattet sind, kraft deren sie sich ihnen aufdrängen« oder unterlaufen werden müssen.

Die Institutionen- und Medienstudie von Garfinkel und Bittner wurde ein erstes Anwendungsfeld der Kernfusion zwischen Durkheim und Schütz, sprich: für gute moralische und technische Gründe für eine moralisch und technisch gleichermaßen versierte schlechte Aktenführung. Die ethnomethodologischen Institutionen- und Medienstudien der 1960er Jahre buchstabierten die gewonnenen Einsichten weiter aus und bilden ein stringentes und bis heute unterschätztes Korpus,[45] noch vor der dritten Phase der Ethnomethodologie, die bis heute anhält.

45 Verzeichnet in Garfinkel/Sacks, »Über formale Strukturen praktischer Handlungen«.

Günther Ortmann
Falten und Spandrillen
Über das Andere der Organisation

1. Ordnung und Chaos

Zwei nur scheinbar einfache, nur scheinbar selbstverständliche Ausgangspunkte: *Erst* sei das Chaos, *dann* die Ordnung,[1] und: Ordnung und Chaos schlössen einander aus – *tertium non datur.*

Chaos aber – die Geltung eines Etwas als Chaos – gibt es erst, wenn und seitdem es Ordnung gibt, fast möchte man sagen: mit einer gewissen Nachträglichkeit im Verhältnis zu Ordnungsbildung. Ich ziehe vor, Ordnung und Chaos als gleichursprünglich aufzufassen – als Resultat einer Scheidung und, näherhin, Faltung, welche die Welt *uno actu* in Ordnung und Chaos zerlegt. (Vorher gab es ein Ungeschiedenes, so, wie es im Ursprungsmythos der Iatmul in Neu Guinea vor der Trennung von Festland und Wasser Schlamm gab.[2]) Das wiederum impliziert: Es handelt sich um ein je *spezifisches* Chaos, das so entsteht, ganz und gar abhängig von der ›zugehörigen‹ Ordnung. Die Figur der Falte – dazu unten, in Abschnitt 5 mehr – impliziert außerdem: Es gibt weder reine Ordnung noch reines Chaos, sondern: Kontamination. Chaos sickert auch nach der Scheidung/Faltung in die Ordnung ein (und umgekehrt). *Tertium datur.*

Tertium datur: Duale wie Ordnung/Chaos können kontradiktorische, konträre, kontrastierende und komplementäre Duale im Sinne Géza Révész' sein. Révész hält die Dichotomie von Ordnung und Chaos für einen kontradiktorischen Dual, beide Seiten schlössen einander aus. Es gelte: *tertium non datur* (anders als bei konträren Dualen, »die neben ihrer Gegensätzlichkeit auch Gemeinsamkeiten aufweisen«, kontrastierenden, die fließende Übergänge zeigen, und komplementären, deren beide Seiten zwar scharf unterscheiden, aber »miteinander unzertrennlich verbunden« sind[3]).

1 Man denke nur an Hobbes' Gründungsmythos vom Naturzustand als Krieg aller gegen alle oder an diese Formulierung Arnold Gehlens: »Das Chaos ist ganz im Sinne ältester Mythen vorauszusetzen und *natürlich*, der Kosmos ist göttlich und *gefährdet.*« Arnold Gehlen, *Anthropologische Forschung*, Reinbek 1961, S. 59.

2 Vgl. Gregory Bateson, *Ökologie des Geistes. Anthropologische, psychologische, biologische und epistemologische Perspektiven*, Frankfurt a. M. 1981, S. 25.

3 Géza Révész, *Die Trias. Analyse der dualen und trialen Systeme* (= *Bayerische Aka-*

Ich werde das *tertium non datur* auch für die Opposition von Ordnung und Chaos nicht akzeptieren. Schon Grauzonen – im Jargon der Philosophen: *penumbra*, Halbschatten – sind ein Drittes. Auf meinem Schreibtisch etwa herrscht ein Mittelding, man könnte auch sagen: eine Mischung aus Ordnung und Chaos, Ordnung, von Chaos kontaminiert (und *vice versa*), und was ich da Chaos nenne, hängt ganz und gar davon ab, was ich Ordnung nenne.

Für das Andere der Organisation bedeutet das: Organisation und Desorganisation sind gleichursprünglich, und: Es gibt keine Desorganisation ohne Organisation.

2. Was heißt ›Organisation‹? Und was daher ihr Anderes?

Und: Was ›Desorganisation‹ und was ›das Andere der Organisation‹ heißen kann, hängt davon ab, was mit ›Organisation‹ gemeint ist – *in situ*, in Ansehung je besonderer Fälle, und situationsübergreifend, im Sinne eines allgemeinen Organisationsbegriffs. Schon Letzteres, und darauf beschränke ich mich hier, ist ein weites Feld.

- Der Name ›Organisation‹ wird auch heute noch oft als Synonym für *irgendeine* Art von Ordnung oder Struktur genommen.[4] Das ist nicht die Organisation der Organisationstheorie, in deren Fokus vielmehr die moderne Organisation liegt, die wir besonders mit Namen wie Max Weber und Frederick Winslow Taylor verbinden, mit Chester Barnard und Herbert A. Simon, um nur die Älteren zu nennen. Heute sagen wir: Da geht es um soziales Handeln, das, wenn auch von Zufällen begleitet und beeinflusst,
- (mehr oder weniger erfolgreich) auf Zwecke und Zweckrationalität ausgerichtet ist,
- *dazu* Strukturen (= Sets von Regeln und Ressourcen) etabliert, die also
- Resultate einer um Zweckmäßigkeit bemühten, reflektierten Strukturation
  und
- einer Eigendynamik der resultierenden sozialen Systeme mit ihren eigensinnigen Systemimperativen und -erfordernissen sind,
- sozialer Systeme, denen in der Moderne mehr und mehr Akteurs-

demie der Wissenschaften. Philosophisch-historische Klasse. Sitzungsberichte 1956, Heft 10), München 1957, S. 13, 15.

4 Zum Beispiel von Humberto R. Maturana/Francisco J. Varela, *Der Baum der Erkenntnis. Die biologischen Wurzeln des menschlichen Erkennens*, Bern/München 1996, S. 49ff.

eigenschaften zugewachsen sind – Stichworte: korporative Akteure, juristische Person, *corporate personhood*.

Sowohl dieses soziale Handeln als auch dessen Resultat – Organisiertheit und sodann ein organisiertes Sozialsystem – pflegt man ›Organisation‹[5] zu nennen: das Erzeugen und das Erzeugnis; das Ordnen, die resultierende soziale Ordnung – und mehr oder minder zweckmäßig geordnete soziale Systeme.

›Das Andere der Organisation‹ kann dann bedeuten: das Andere des Organisierens, das Andere der Organisiertheit oder das Andere der sozialen Systeme (und korporativen Akteure) namens ›Organisation*en*‹.

Das Andere des *Organisierens*, des um Zweckmäßigkeit bemühten Ordnens, hieße dann etwa: die Dinge – genauer: die Regeln und Ressourcen – sich selbst – oder der Evolution – überlassen, philosophisch gesprochen: ein »Vermögen-nicht-zu«[6] ausüben; sich den Kräften der Situation überlassen;[7] das Bemühen um Zweckmäßigkeit und Ordnung unterlassen; Wildwuchs zulassen; die Dinge laufen lassen; Geschehenlassen. Wenn man die Intentionalität des Ordnens zum unverzichtbaren Merkmal erhebt, ist schon die Rede von Selbstorganisation im Sinne der Komplexitätstheorie eine *contradictio in adiecto*. Emergente Ordnungen scheiden aus. Schon an dieser Stelle ist indes der Hinweis angebracht, dass ein Organisieren ohne – beträchtliche! – Elemente des Geschehenlassens und der Selbstorganisation nicht möglich ist, nicht einmal denkmöglich.[8]

Als das Andere intendierter *Organisiertheit* – einer Eigenschaft sozialer Handlungs- und Kommunikationszusammenhänge – kann, wenn

5 Der – im Kern instrumentelle – Organisationsbegriff Max Webers gilt einem »auf Durchführung und Erzwingung der Ordnungen gerichteten Handeln« eines »Verwaltungsstabes«. Max Weber, *Wirtschaft und Gesellschaft*, Tübingen 1972, S. 154; vgl. ebd., S. 549. Was wir heute Organisationen im Plural, also organisierte soziale Systeme nennen, kommt bei Weber unter Termini wie ›Verbände‹, ›Betriebe‹, ›Erwerbsunternehmen‹ u. a. vor, und die am ehesten zugehörige Struktur heißt bei ihm bekanntlich ›Bürokratie‹.

6 Vgl. Giorgio Agamben, *Homo sacer. Die souveräne Macht und das nackte Leben*, Frankfurt a. M. 2002, S. 55–59.

7 Vgl. François Jullien, *Über die Wirksamkeit*, Berlin 1999.

8 Zu bedenken ist, dass nicht einmal *rule following* ohne Rest aus den Intentionen der Regelsetzer, auch nicht in Verbund mit den (Folgsamkeits-)Intentionen der Regelbefolger, erklärt werden kann, weil sich erst in der Interaktion und mit einer konstitutiven Nachträglichkeit entscheidet, ob ein Handeln als Regelbefolgung zählt. Vgl. Günther Ortmann, *Regel und Ausnahme. Paradoxien sozialer Ordnung*, Frankfurt a. M. 2003, S. 262ff.

man mit Luhmann[9] die Formalität moderner Organisationen für wesentlich erachtet, schon Informalität gelten. In jedem Falle wird man an Frederick Winslow Taylors tradierte Arbeitsweisen mit ihrer »wirren Masse an Faustregeln und ererbten Kenntnissen«[10] denken, an Desorganisiertheit in allen möglichen Facetten. Auch, *nota bene*, der Organisationskultur kommt dann diese Eigenschaft zu. Sie besteht ja, mit Luhmann[11] gesprochen, aus nicht entscheidbaren Entscheidungsprämissen – aus dem Anderen einer Organisation, die bei Luhmann[12] ihrerseits aus Entscheidungen und nichts als Entscheidungen besteht. Für die Idee, dass ein gewisses Chaos zu dulden sei, steht in der Organisationstheorie das Konzept der »organisierten Anarchie« oder das »Mülleimer-Modell der Entscheidung« von Cohen, March und Olsen[13]. (Für die Idee, dass Chaos, selbstverständlich nur: kreatives Chaos, zu fördern sei, steht besonders der Name Tom Peters.[14]) Auch die komplexitätstheoretische Idee einer Ordnung am Rande des Chaos wird heute für Organisations- und Managementfragen fruchtbar gemacht.[15]

Als das Andere der *Organisationen, Plural*, kommen *prima vista* in Betracht: deren Umwelt (einschließlich der ›inneren Umwelt‹, nämlich der Organisationsmitglieder); der Markt – man denke nur an die Anarchie des Marktes bei Marx oder an die institutionenökonomische Opposition von Markt und Hierarchie;[16] oder auch individuelle Akteure: je nachdem, ob man das soziale System ›Organisation‹ entlang der Dichotomie ›außen/innen‹, ›Steuerung via Preise/via Anweisung‹ oder ›individuell/korporativ‹ unterscheidet. Wenn man mit Habermas auf die Unterscheidung verständigungsorientierter *versus* strategischer Kommunikation abhebt, kann man, wie es Habermas zunächst durchaus im

9 Vgl. Niklas Luhmann, *Funktionen und Folgen formaler Organisation*, Berlin 1995.

10 Frederick Winslow Taylor, *Die Grundsätze wissenschaftlicher Betriebsführung*, München u. a. 1913, S. 32f.

11 Vgl. Niklas Luhmann, *Organisation und Entscheidung*, Wiesbaden 2000, S. 239ff.

12 Vgl. Niklas Luhmann, »Organisation«, in: Willi Küpper/Günther Ortmann (Hrsg.), *Mikropolitik. Rationalität, Macht und Spiele in Organisationen*, Opladen 1988, S. 165–185, hier bes. S. 166.

13 Michael D. Cohen/James G. March/Johan P. Olsen, »A Carbage Can Model of Organizational Choice«, in: *Administrative Science Quarterly* 17 (1), 1972, S. 1–25; vgl. James G. March/Johan P. Olsen, *Ambiguity and Choice*, Bergen 1976.

14 Vgl. Thomas J. Peters, *Kreatives Chaos: Die neue Management-Praxis*, Hamburg 1988.

15 Vgl. Ralph D. Stacey, *Unternehmen am Rande des Chaos. Komplexität und Kreativität in Organisationen*, Stuttgart 1997; Shona L. Brown/Kathleen M. Eisenhardt, *Competing on the Edge. Strategy as Structured Chaos*, Boston (Mass.) 1998.

16 Vgl. Oliver E. Williamson, *Markets and Hierarchies: Analysis and Antitrust Implications. A Study in the Economics of Internal Organization*, New York 1975.

Sinn hatte, die Lebenswelt als das Andere der Organisation auffassen (und muss sich dann den Einwand gefallen lassen: »In Organisationen tobt das Leben«).[17]

Und so weiter. Der Unterscheidungskriterien sind unendlich viele. Max Webers Rechenhaftigkeit, Aktenmäßigkeit, Legitimationsgeltung (kraft Satzung/kraft Tradition etc.), Amtshierarchie etc. können ebenso in Anschlag gebracht werden wie, auf abstrakterer Ebene, der oben erwähnte Gesichtspunkt der reflexiven Strukturation – mit jeweils anderem Anderen.

Tatsächlich kann eine – sehr kursorische – Geschichte der Organisationstheorie als Reflexion der Erfahrungen geschrieben werden, die mit dem Anderen der modernen Organisation gemacht wurden.

3. Erfahrungen mit dem Anderen der Organisation – und deren theoretische Verarbeitung

Um nur einige Stationen zu nennen: Das Scientific Management hat die Tradition als das Andere der Organisation entdeckt und außer Kraft zu setzen versucht, die Human-Relations-Bewegung der informalen Organisation Anerkennung verschafft, Herbert Simon die menschliche Rationalität in ihrer Begrenztheit in den Fokus der Aufmerksamkeit gerückt, der soziologische Neo-Institutionalismus die extern, nämlich von ›der Gesellschaft‹ an die Organisationen herangetragenen Erwartungen und Rationalitätsmythen, die neue Institutionenökonomik den Opportunismus der Akteure im Verbund mit asymmetrischer Information, die Organisationskulturforschung organisationale Normen, Werte, kulturelle Praktiken, Artefakte und die jeweils implizierte symbolische Ordnung, machttheoretische Ansätze die Mikropolitik in Organisationen, die Kritik der politischen Ökonomie der Organisation *sensu* Klaus Türk[18] lebendige Kooperation, Assoziation und Reziprozität, Niklas Luhmann die Umwelt und das Reich der nicht via Organisation und Entscheidung reduzierten Komplexität, Kontingenz und Unsicherheit.

17 Willi Küpper/Günther Ortmann, »Vorwort: Mikropolitik – Das Handeln der Akteure und die Zwänge der Systeme«, in: dies. (Hrsg.), *Mikropolitik. Rationalität, Macht und Spiele in Organisationen*, Opladen 1988, S. 7–9, hier: S. 7. Zur einschlägigen Habermaskritik vgl. Axel Honneth, *Kritik der Macht. Reflexionsstufen einer kritischen Gesellschaftstheorie*, Frankfurt a. M. 1985, S. 307ff., 328f.; Hans Joas, »Die unglückliche Ehe von Hermeneutik und Funktionalismus«, in: Axel Honneth/Hans Joas (Hrsg.), *Kommunikatives Handeln*, Frankfurt a. M. 1986, S. 144–176; für eine Entgegnung vgl. Jürgen Habermas, »Entgegnung«, in: Honneth/Joas, *Kommunikatives Handeln*, S. 327–405.

18 Vgl. Klaus Türk, *›Die Organisation der Welt‹. Herrschaft durch Organisation in der modernen Gesellschaft*, Opladen 1995.

Die jüngere Organisationsforschung hat geradezu ein Faible für alles entwickelt, was darüber hinaus als Anderes, als Jenseits, als eingeschlossenes Ausgeschlossenes der Organisation in Betracht kommt: bürokratische *circuli vitiosi*,[19] Abweichungen,[20] brauchbare Illegalität,[21] die Notwendigkeit von Regelverletzungen,[22] Improvisation, die noch der älteren Organisationslehre als das Gegenteil von Organisation galt, Fehler, Störungen, Scheitern, Desaster, »normale Katastrophen«,[23] Vergessen, Ignoranz, asymmetrische Information, Zustände, die wesentlich Nebenprodukte sind, also nicht – und auch oder erst recht nicht organisational – direkt intendiert werden können,[24] die Gabe im Unterschied/Gegensatz zum angeblich in Organisationen alleinseligmachenden Tausch,[25] Emotionen, ein »Schattensystem« hinter der legitimen Ordnung respektive Fassade,[26] die Organisation von Scheinheiligkeit[27] und so manches andere.

Die wachsende Einsicht in die Nicht-Ausschließlichkeit einschlägiger Dichotomien findet – in Theorie und Praxis – auch Ausdruck in neologistischen, liebgewonnene Ordnungsweisen (ver)störenden Oxymora wie etwa *adhocracy*, *mass customization*, *prosumers*, *co-opetition*, *globalization*, *intrapreneurship*, organisierte Anarchie,[28] geplante Evolution, evolutionäres Design, geplante Emergenz u. a. In den letzteren drei Figuren macht sich das zunehmende Bewusstsein von der manchmal dringenden Notwendigkeit geltend, die Dinge laufen/wachsen/sich entwickeln zu lassen – sie nicht über das Knie direkter Intentionalität und *manageability* zu brechen.

19 Vgl. Michel Crozier, *The Bureaucratic Phenomenon*, London 1964.

20 Paradigmatisch: Joseph Bensman/Israel Gerver, »Crime and Punishment in the Factory. The Function of Deviancy in Maintaining the Social System«, in: *American Sociological Review* 28 (4),1963, S. 588–598.

21 Vgl. Luhmann, *Funktionen und Folgen formaler Organisation*, S. 304ff.

22 Vgl. Ortmann, *Regel und Ausnahme*.

23 Charles Perrow, *Normale Katastrophen. Die unvermeidlichen Risiken der Großtechnik*, Frankfurt a. M./New York 1987.

24 Vgl. Jon Elster, *Subversion der Rationalität*, Frankfurt a. M. 1987, S. 141–209. Vertrauen, Loyalität und Anerkennung sind ›Elster-Zustände‹.

25 Vgl. Günther Ortmann, *Als Ob. Organisationen und Fiktionen*, Wiesbaden 2004, S. 128ff.; Markus Göbel/Günther Ortmann/Christiana Weber, »Reziprozität – Kooperation zwischen Nutzen und Pflicht«, in: Georg Schreyögg/Jörg Sydow (Hrsg.), *Kooperation und Konkurrenz* (= *Managementforschung*, Bd. 17), Wiesbaden 2007, S. 161–206.

26 Vgl. Stacey, *Unternehmen am Rande des Chaos*, S. 3–7.

27 Vgl. Nils Brunsson, *The Organization of Hypocrisy. Talk, Decisions and Actions in Organizations*, Chichester 1989.

28 Vgl. Cohen/March/Olsen, »A Carbage Can Model of Organizational Choice«.

4. Zwei Gruppen von Metaphern

Die Metapher für das Andere von Organisation und Management als Vehikel von Machbarkeit, Intentionalität und Zweckrationalität ist: Humus, begrifflich ausbuchstabiert unter Titeln wie Organisationskultur oder -klima, im Jargon der neuen Institutionenökonomik: Transaktionsatmosphäre.[29] Freiräume, Spielräume, *bottom up* statt (nur) *top down*, *intrapreneurship*, *sharing*, *caring*, Jazzorchester als Vorbild oder Metapher für Organisationen, die Improvisation zulassen und zu schätzen wissen.

Eine zweite, damit zusammenhängende Metapherngruppe stellt auf das Andere einer mit Größe, Unbeweglichkeit und Hierarchie assoziierten Organisation ab: *small is beautiful*, Zelte statt Paläste, *grassroots*, *mavericks*, *advocati diaboli*, *open source*, *open innovation*, *crowd sourcing*, Rand als Quelle von Innovation,[30] Heterarchie, *communities of practice*, deren praktisches Wissen und Können und deren Praktiken dem hierarchisch oktroyierten, kanonisierten Regelwerk durchaus zuwiderlaufen oder jedenfalls (nicht nur Erfüllung, sondern auch) Modifikationen, Ergänzungen und gar Ersetzungen bescheren.

Man beachte, dass alles, was hier als mögliches Anderes der Organisation namhaft gemacht wird, nicht wirksam, nicht ›ein für allemal‹ aus Organisationen exkludiert werden kann, vielmehr als deren eingeschlossenes Ausgeschlossenes auftritt und auftreten muss, *und* dass es sämtlich *im Rahmen* eines wenn auch umsichtigeren, weniger engstirnigen Rationalitätsverständnisses verbleibt.

Umsichtiger und weniger eng – damit ist vor allem gemeint: das Bewusstsein, *erstens*, dass rigide Exkommunikationen, reine Scheidungen, die glatte Exklusion des Anderen der Organisation ihre Funktionsfähigkeit nicht fördern, sondern gefährden, und *zweitens*, dass es ein Jenseits der Intentionalität, des Intendierten, des Design *inmitten* des intendiert Gestalteten gibt, das geradezu als nicht-bedachte, nicht-intendierte, unvorhergesehene und sodann verdrängte Folge des Gestaltens wiederkehrt. Dafür schlage ich zwei weitere Metaphern vor, die in der Organisationstheorie weniger geläufig sind: Falte und Spandrille.

29 Vgl. Williamson, *Markets and Hierarchies*, S. 9–37.

30 Vgl. Sabine Lederle/Christian Gärtner, »Innovationen am lunatic fringe: Ist der Rand die Heimat der Innovation?«, in: Andreas Bergknapp/Christian Gärtner/Sabine Lederle (Hrsg.), *Sozioökonomische Organisationsforschung*, München/Mehring 2008, S. 106–142.

5. Falten

Die Metapher der Falte[31] erlaubt, dreierlei zu denken: die *Gleichursprünglichkeit* der beiden Seiten von Oppositionen wie Ordnung und Chaos, die notwendige Möglichkeit der *Kontamination* der einen durch die andere und – dazu gleich, im 6. Abschnitt mehr – die Spandrileneigenschaft so mancher via Faltung konstituierten Seite. Hier ist eine Fürsprache für die Figur der Falte in sieben Punkten:[32]

1. Was ich, um es an einem Beispiel aus der Anreiz-Beitrags-Ordnung von Organisationen zu erläutern, mit Hilfe der Faltenmetapher zum Ausdruck bringen möchte, ist dieses: Wenn wir den ›motivationalen‹ Raum eines Akteurs oder einer Organisation mittels der Unterscheidung Indifferenz/Initiative in zwei Hälften teilen, dann dürfen wir uns diese Teilung nicht wie einen eisernen Vorhang denken, sondern als Resultat einer Faltung. Die beiden Teilräume sind nicht hermetisch gegeneinander geschlossen, sondern es kann, da sie Falten *eines* Ganzen, *eines* Raumes sind, jederzeit etwas von einem in den anderen Teilraum einsickern. (Das ist bekanntlich selbst bei den eisernen Vorhängen zwischen Ost und West immer wieder geschehen.) Ja, es ist streng genommen nicht denkbar, dass Faltungen vollkommen reine Scheidungen zu Wege bringen. Der Inhalt des einen Raumes wird stets, wie residual auch immer, durch winzige Tropfen aus dem anderen Raum ›verunreinigt‹ sein – Initiative durch Indifferenz, Indifferenz durch Initiative. Das eine bedarf notwendig des Supplements, der Ergänzung, durch das andere. Wenn die Motivation der Mitglieder mittels Geld von den Organisationszwecken abgekoppelt, also eine Zone der Indifferenz errichtet worden ist, innerhalb derer sie tun, was von ihnen erwartet wird, dann bedarf es immer noch des Engagements für Geld und übrigens, im Dienste organisationaler Funktionstüchtigkeit *und* im Dienste der eigenen Würde und Überlebensfähigkeit, eines residualen Engagements für die Arbeit, die zu tun ist.
2. Wer etwas Kompliziertes expliziert haben und sehen möchte, was es impliziert; wer ein Argument entfaltet; wer einen Fehler ausbügeln möchte; wer ein breit gefächertes Angebot schätzt; wem Vielfalt vor Einfalt geht: der hat sich der Metapher der Falte schon bedient und eine Vielfalt von Falten schon begrüßt – wenn es nicht zu unor-

31 Vgl. Gilles Deleuze, *Die Falte. Leibniz und der Barock*, Frankfurt a. M. 2000.

32 Ich greife auf Formulierungen aus Günther Ortmann, *Management in der Hypermoderne. Kontingenz und Entscheidung*, Wiesbaden 2009, S. 172ff. zurück. Dort mehr, auch zur Nähe der Figur der Falte zum *re-entry sensu* Spencer-Brown und Luhmann und zum Supplément *sensu* Derrida.

dentlich oder unübersichtlich wird. Denn *pli* heißt Falte, und Komplikationen verweisen schon darauf, dass es mit der Simplizität der Falte schnell ein Ende haben kann. Dann ist Entfaltung, Entwicklung eines Arguments gefragt, die Auslegung eines Textes, vielleicht die Glättung von Widersprüchen, die in dieser Metaphorik also ihrerseits als Falten figurieren. Allzu glatte Präsentationen allerdings erregen ähnliches Misstrauen wie geliftete Haut. Ungereimtheiten wegzubügeln ist das verpönte Geschäft der Rhetorik, Botox der Kommunikation. Theorie soll es leisten, Komplexität zu verstehen. Komplexe adaptive Systeme heißen die Objekte des Interesses der avanciertesten Theorie, die mit derlei befasst ist, der Komplexitätstheorie.[33] In *Regel und Ausnahme* habe ich die Anwendung von Regeln, ihre Ap*pli*kation, im Sinne ihrer situativen Umwendung und Hinwendung zu den besonderen Bedingungen jeweils einzigartiger Situationen interpretiert, im Sinne einer (notwendigen) Wende also. Auch die Replikationen empirischer Forschung und die Multiplikationen der Mathematik gehen auf die Metaphorik der Falte zurück.[34]

3. Wer diese Brille erst einmal aufgesetzt hat, sieht Falten überall. Die Erde: erkaltetes, in Falten gelegtes Magma über glutflüssigem Kern. Unsere Haut, Grenze unserer Körpers: eine Falte – keine dem übrigen Körper äußerliche, von ihm getrennte Hülle, sondern eine einhüllende Ausfaltung eben dieses Körpers, dessen übrige äußere und innere Ein- und Ausstülpungen ich übergehe (selbst Arme und Beine sind, vom Fötus aus gesehen, Ausstülpungen). Die Haut selbst aber ist ihrerseits eine permeable Membran nicht dadurch, dass jemand Löcher in sie hineingestanzt hat, sondern dadurch, dass in ihrem Werden Ein- und Ausstülpungen angelegt wurden, die lebhaften Grenzverkehr erlauben.

Außen zeigt unsere Haut bekanntlich Spuren dieses Werdens. Am bekanntesten ist der von Francis Galton als untrügliches Merkmal entdeckte Fingerabdruck, einzigartige Konfiguration von Faltungen, wegen seiner Einzigartigkeit zum Anzeichen unbestreitbarer Identität und zum Paradigma der Identifikation geworden – Paradigma der Spur und des Spurenlesens, mittels dessen die Fährtenleser dieser Welt, die Jäger, die Pfadfinder, die Detektive, die Ärzte, die Archäologen (und findige Unternehmer und Manager auf der Suche nach Gelegenheiten!) der undurchsichtigen Realität immerhin Indizien ablesen, die sich entziffern lassen. In Abb. 1 gebe ich eine

33 Vgl. Stacey, *Unternehmen am Rande des Chaos.*

34 Vgl. George Lakoff/Rafael E. Nuñez, *Where mathematics come from: How the embodied mind brings mathematics into being*, New York 2000.

Variante wieder, die 1985 als Logo der von Jean-François Lyotard als Gast-Kurator konzipierten Ausstellung »Les Immatériaux« im Centre Pompidou gewählt worden war. Darin ist bereits die Figur der Falten in Falten realisiert – eine Form der Verschachtelung, die weitergetrieben werden und dabei enorme Komplexität annehmen kann.

Der Samen, in den der werdende Organismus eingehüllt ist, aus dem er sich entwickelt; der in den sich entfaltenden Kokon gefaltete Schmetterling; die Lebensringe von Bäumen; die Erd- und Gesteinsschichten, deren Auffaltungen Erdbeben verursachen können; die Wellen des Meeres, die im Falle solcher Beben zu Tsunamis sich steigern können, Faltungen in gigantischer Bewegung, in New Orleans 2005 und in Fukushima 2011 wie ein Sinnbild sich überschlagender Entwicklungen in der Hypermoderne; die Wellen der Dünen- und Wüstenlandschaften ebenso wie die Formen und Muster von Muschel- und Schneckenschalen, sämtlich Hervorbringungen zirkulärer, rekursiver Verursachung, wie Hans Meinhardt in seinem schönen Buch »Wie Schnecken sich in Schale werfen«[35] gezeigt hat: Sie alle sind Beispiele aus der Natur für Ein- und Ausschlüsse, die durch Faltung, durch Ein- und Ausstülpungen gebildet werden. Ja: »Ich bin«, sagt Merleau-Ponty mit Blick auf das Bewusstsein, »eine Falte, die sich im Sein gebildet hat und auch wieder verschwinden kann.«[36] Es ist, als ob Origami ein Weltbauprinzip wäre.

4. Die Menschen haben sich in ihren Produktionen dessen bedient, von Büchern aus gefalteten Papierbögen bis zu Computerprogrammen mit ihren Verschachtelungen. Etagen in einem Haus sind genau darin Falten, dass sie nicht gegeneinander abgeschlossen sind, sondern über Treppen gleichsam umgebogene Wege von einem Stockwerk in das andere erlauben. Am Centre Pompidou verläuft die berühmteste dieser Verbindungen außen: das gewaltige Rollband, das im Logo des Hauses (s. Abb. 1) vor dem senkrechten Schriftzug *Centre George Pompidou* als über die Etagen führende Diagonale angedeutet ist.
5. Seit jeher diente die Architektur von Gebäuden als Sinn- und Vorbild für hierarchische Ordnungen, dann auch und besonders für organisationale Hierarchien, und auch für sie gilt: Von einer Ebene zur anderen muss es, bei aller Trennung, die Kontinuität der Falte geben. Reine Diskontinuität hieße Funkstille zwischen den Ebenen. Ende der Kommunikation und Kooperation, Ende der Befehlsketten – Ende der Herrschaftsverhältnisse. Organisationen sind Systeme aus

35 Hans Meinhardt, *Wie Schnecken sich in Schale werfen. Muster tropischer Meeresschnecken als dynamische Systeme*, Berlin/Heidelberg/New York 1997.

36 Maurice Merleau-Ponty, *Phänomenologie der Wahrnehmung*, Berlin 1966, S. 252.

Abb. 1: Logo der Ausstellung »Les Immatériaux« im Centre Georges Pompidou vom 28.3.–15.7.1985.

ineinander verschachtelten Falten, nicht, oder nur im dysfunktionalen Falle, aus Isolierzellen – obwohl inmitten dessen auch Schottenbildung vorkommt und *in Grenzen* funktional sein kann. Damit erhöht sich das Abstraktionsniveau, auf dem die Figur der Falte fruchtbar zu machen ist. Da kommt einiges zusammen: Hierarchien und Herrschaft als Macht[ent]faltungen; Organisationen als Labyrinthe, die ja nichts anderes sind als unübersichtlich gefaltete Anlagen, in denen man besser einen Ariadnefaden zur Hand hat; fraktale, modulare und Netzwerk-Organisationen, die sämtlich von der Figur der Falten innerhalb von Falten zehren – selbst der Faden von Spinnennetzen folgt einer besonderen, besonders wichtigen Form des Faltens, nämlich der Spirale, die man zur Helix (Wendel) weiterentwickeln – ent-wickeln – kann; und schließlich, als auf die Spitze getriebene Form der Ein- und Verwicklung, das Moebius-Band und die von Charles Sabel postulierte »Moebius-strip Organization«,[37] in der man Innen und Außen überhaupt nicht mehr ohne Weiteres unterscheiden kann, von Giorgio Agamben für ein neues Verhält-

37 Charles Sabel, »Moebius-strip Organization and Open Markets: Some Consequences of the Reintegration of Conception and Execution in a Volatile Economy«, in: Pierre Bourdieu/James S. Coleman (Hrsg.), *Social Theory for a Changing Society*, Bouleder/San Francisco/Oxford 1991, S. 23–54.

nis von Nation, Volk und Territorium vorgeschlagen.[38] Auch die Figur der *embeddedness*, von Karl Polanyi,[39] Mark Granovetter[40] und Anthony Giddens[41] in Anspruch genommen, um eine Vorstellung davon zu geben, wie Organisationen oder ›die Wirtschaft‹ sich in die übrige Gesellschaft einfügen, muss, recht besehen, als Figur der Faltung verstanden werden, weil Einbettung ja niemals hermetische Einkapselung, Entbettung niemals reine Ausgliederung heißen kann. Allerdings können dann *Grade* der Einbettung unterschieden und kann *disembedding* als Vorgang solcher Ein- und Abkapselung aufgefasst werden, für Luhmann kulminierend in ausdifferenzierten, autopoietisch geschlossenen Teilsystemen wie Wirtschaft, Politik, Recht usw.

In der Netzwerktheorie kennt man schließlich das Konzept der »structural fold«,[42] das auf die distinkte Netzwerktopologie abstellt, die durch Überlappung zwischen kohäsiven Gruppenstrukturen entsteht – und spezifische Vorteile der Falte mit sich bringt: »Actors of the structural fold are multiple insiders, facilitating familiar access to diverse resources.«[43]

6. Mit Blick auf organisationale und organisationsübergreifende Regel-, also Ordnungswerke lässt sich dies so fortspinnen: Jedes Mal geht es um ein komplexes, unübersichtliches, schwindelerregendes, irgendwie zirkulär angeordnetes Spiel der Differenzen zwischen Innen und Außen des Regelwerks. Die An*wendung* von Regeln ist (mit-)konstitutiv für deren Bedeutung. Organisationen funktionieren nicht auf Basis allein von Regelbefolgung, sondern auf der Basis von Regelbefolgung und -verletzung. Regelverletzungen sind eine *notwendige Möglichkeit*, notwendig für das Funktionieren von Organisationen. Gewalt anzuwenden ist verboten, aber dieses Verbot hängt vollständig ab vom Gewaltmonopol des Staates. Das Innere des Rechtsstaats erweist sich als gigantische Faltung rechtloser, gewaltdurchsetzter Verhältnisse, nicht derart, dass es nun keine Gewalt mehr gibt und geben darf, sondern derart, dass Gewaltanwendung nurmehr dem Staat erlaubt ist, und zwar vor allem, um Gewaltan-

38 Vgl. Giorgio Agamben, *Mittel ohne Zweck. Noten zur Politik*, Freiburg/Berlin 2001, S. 31.

39 Vgl. Karl Polanyi, *The Great Transformation. Politische und ökonomische Ursprünge von Gesellschaften und Wirtschaftssystemen*, Frankfurt a. M. 1978, S. 87ff., 363f.

40 Vgl. Mark Granovetter, »Economic Action and Social Structure: The Problem of Embeddedness«, in: *American Journal of Sociology* 91 (3), 1985, S. 481–510.

41 Vgl. Anthony Giddens, *The Consequences of Modernity*, Stanford 1990.

42 Balázs Vedres/David Stark, »Structural Folds: Generative Disruption in Overlapping Groups«, in: *American Journal of Sociology* 115 (4), 2010, S. 1150–1190.

43 Ebd., S. 1150.

wendung aller seiner Bürger zu unterbinden. So können wir Organisationen als Ein- oder Ausfaltungen aus der nicht-organisierten Gesellschaft verstehen, nicht derart, dass es im Inneren der Organisationen kein Chaos mehr gibt und geben darf, sondern derart, dass die Duldung und gar Förderung von Chaos, die Duldung von Regelverletzungen nurmehr in Abhängigkeit von den Funktionserfordernissen und Machtverhältnissen der Organisation gewährt wird. Vielfalt – *manifold* – ist dann ein erwartbares Resultat der Binnendifferenzierung von Organisationen im Dienste der Reduktion bedrohlicher Umweltkomplexität.

7. Man kann auf dieser Linie die beiden großen Hälften der berühmten »Doppelkonzession der bürgerlichen Gesellschaft«,[44] Gesetz und Vertrag, und näherhin: Eigentum und Vertrag, aus der Warte einer Theorie der Zugehörigkeit sehen, die den Prozess der Faltung ins Auge fasst, in dem die Welt der Dinge, der Rechte und der Pflichten in Eigenes und Fremdes, Mein und Dein, mir oder dir *Gehörendes* zerlegt wird.[45] Man kann den Prozess der Konstitution und *Anerkennung von Organisationen als korporative Akteure*, wie er in der Figur der juristischen Person längst seinen rechtlichen Ausdruck gefunden hat, als neue Ent- und Einfaltung dessen auffassen, was in der Gesellschaft die Klasse der – zurechnungs-, verantwortungs-, haftungsfähigen – Akteure im Gegensatz zu Nichtakteuren ausmacht.

Wenn, wie es oft der Fall ist, einer der beiden Seiten der Vorzug in puncto Aufmerksamkeit, Relevanz und/oder Wert gegeben wird, impliziert das: Die im Dunkeln sieht man nicht – nicht die individuellen Akteure, die im Verhältnis zu den korporativen dramatisch an Macht einbüßen, nicht die, denen nichts gehört, nicht die Fremden, nicht die Anderen. Das erlaubt, den Übergang zu machen zur Figur der Spandrille. Sie sieht man ebenfalls nicht oder nicht leicht, und es ist das Verdienst von Stephen Jay Gould, sie uns wie die andere Seite einer Kippfigur sichtbar gemacht zu haben. Faltungen, so ließe sich sagen, haben das Potenzial, Spandrillen hervorzubringen.

44 Günther Teubner, »Ist das Recht auf Konsens angewiesen? Zur sozialen Akzeptanz des modernen Richterrechts«, in: Hans-Joachim Giegel (Hrsg.), *Kommunikation und Konsens in modernen Gesellschaften*, Frankfurt a. M. 1992, S. 197–211, hier: S. 200.

45 Vgl. Deleuze, *Die Falte*, S. 173ff.

6. Spandrillen der Organisation

> »Spandrels – the tapering triangular spaces formed by the intersection of two rounded arches at right angles [...] – are necessary architectural by-products of mounting a dome on rounded arches.«
>
> Gould/Lewontin[46]

Spandrillen fasse ich mit Gould als das Andere einer via Adaption zustande kommenden Ordnung auf – als das Andere adaptiver Effekte.[47] Form, Funktion und Verhalten eines Organismus, heißt es in den populärsten Versionen der Evolutionstheorien, sei das Resultat eines absichtslosen Optimierungsprozesses, nämlich der natürlichen Auslese, bewerkstelligt durch den Kampf zwischen einzelnen Organismen, die nichts als ihren eigenen Reproduktionserfolg anstreben und es, eben dadurch, doch zu mehr bringen, nämlich zu guten ›Entwürfen‹ von Organismen, zum Reproduktionserfolg *der Art*. Ist es ein Wunder, dass Organisationstheoretiker in ihrem Bemühen, Organisationen als *rationale* Ordnungen theoretisch zu retten, der Verführung erlegen sind, sich auf den Flügeln dieser mächtigen Idee in die Lüfte zu schwingen, indem sie Organisationen an die Stelle von Organismen setzten? Wo sie sich doch auf diese Weise über zwei ihrer hässlichsten Probleme erheben zu können glaubten, das Problem der beschränkten Rationalität und das der beschränkten Tugend der handelnden Akteure?

Die bekannte Kritik daran (Stichwort u. a. Vererbung à la Mendel/à la Lamarck) möchte ich hier auf sich beruhen lassen und mich – getreu der hegelschen Maxime immanenter Kritik: »Die wahrhafte Widerlegung muß in die Kraft des Gegners eingehen und sich in den Umkreis seiner Stärke stellen«[48] – *for the sake of the argument* von der Konzession leiten lassen, die Evolution von Organisationen *gehorchte* dem adaptionistischen Programm.

Selbst dann – selbst unter dieser dem Adaptionismus denkbar wohlgesonnenen Annahme – hätten wir es mit einer Fülle von Phänomenen zu tun, die wir *nicht* der erfolgreichen Anpassung selbst zurechnen können, sondern als *nicht-adaptive Nebenfolgen* der Anpassung auffassen müssen, ohne *a priori* das eine vom anderen scheiden zu können. Ich will mit einer solchen Argumentation nicht zu verstehen geben,

46 Stephen J. Gould/Richard C. Lewontin, »The spandrels of San Marco and the Panglossian paradigm: a critique of the adaptionist programme«, in: *Proceedings of the Royal Society of London. Serie B* 205, S. 581–598, hier: S. 581.

47 Ab hier folge ich weitgehend Ortmann, *Regel und Ausnahme*, S. 231–235.

48 Georg Wilhelm Friedrich Hegel, *Wissenschaft der Logik II*, in: ders., *Werke*, Bd. 6, Frankfurt a. M. 1969, S. 250.

die ›Bauweisen‹ von Organisationen folgten am Ende doch den – lediglich modifizierten – Gesetzmäßigkeiten à la biologische Evolution. Wohl aber rechne ich, wie Gould, damit, »daß Systemen mit ähnlicher Struktur, die offenkundig nach unterschiedlichen Regeln funktionieren, gleiche allgemeine Prinzipien zugrunde liegen«.[49] Nicht die Regeln der natürlichen Selektion, wohl aber solche allgemeineren Regeln lassen sich vielleicht auf Organismen *und* Organisationen beziehen. Und *eine* solche allgemeinere Regel könnte Goulds Prinzip der Unvollkommenheit sein, das er Panda-Prinzip genannt hat – zu Ehren seines Lieblingsbeispiels, des falschen Daumens beim Pandabär. Der Panda war vor langer, langer Zeit Fleischfresser, und sein anatomisch echter Daumen wurde damals »unwiderruflich auf [...] eingeschränkte Bewegungsfähigkeit festgelegt«. Als er sich auf Ernährung durch Bambus umstellte – ein Fall Darwinscher Anpassung an Umweltveränderungen! –, hätte er den Daumen dringend gebraucht, konnte ihn aber nicht wieder umgestalten und musste sich mit einem Ersatz behelfen, einem vergrößerten Sesamknöchelchen des Handgelenks.[50] Auch den einmal entwicklungsgeschichtlich festgelegten, nämlich: eingeschränkten Daumen des Panda, hinderlich, wie er ist – wie er *geworden* ist –, bewahrt die Geschichte: das ist die Botschaft. Auch die entwicklungsgeschichtlich festgelegte Schreibmaschinentastatur QWERTY,[51] auch entwicklungsgeschichtlich festgelegte Weisen der Arbeitsteilung – etwa zwischen Mann und Frau oder zwischen ausführender und dispositiver Arbeit – bewahrt die Geschichte manchmal sehr lange: das ist die Analogie für Organisationen.

Mehr noch: Der Retention fiele auch anheim, was Gould Exaptationen und näherhin Spandrillen zu nennen pflegt. Als Spandrille definiert das Lexikon den Bogenwinkel zwischen einer Bogenlinie und der meist rechteckigen Umrahmung, etwa an einem Gebäude. Wenn die Evolution, dieser ›blinde Uhrmacher‹, einer Intention folgte, der Intention etwa: Maximierung des Reproduktionserfolges der Art, dann wären Spandrillen, was wir in den Sozialwissenschaften unintendierte Nebenfolgen nennen. Es müsste sie selbst dann geben, wenn die Natur im Prinzip nichts anders täte, als den Reproduktionserfolg zu maximieren.

»Alle Organismen entwickeln sich als komplexe und untereinander verknüpfte Ganzheiten, nicht als lockere Bündnisse getrennter Teile, von

49 Stephen J. Gould, *Bravo, Brontosaurus. Die verschlungenen Wege der Naturgeschichte*, Hamburg 1994, S. 73.

50 Vgl. ebd., S. 65–84, Zitat: S. 67.

51 Vgl. Paul A. David, »Understanding the Economics of QWERTY: The Necessitiy of History«, in: William N. Parker (Hrsg.), *Economic history and the modern economist*, Oxford/New York 1986, S. 30–49.

> denen jeder für sich durch die natürlich Auslese optimiert würde. Jede adaptive Veränderung muß außerdem zusätzlich eine Reihe Spandrillen oder nicht-adaptive Nebenprodukte hervorbringen. Diese Spandrillen können später zu einer zweiten Nutzung ›kooptiert‹ werden. Aber wir würden einen ungeheuren logischen Fehler begehen, wollten wir behaupten, daß diese zweite Nutzung die Existenz einer Spandrille erklären könne. Ich kann eines Tages erkennen, daß mein *Lieblingsbumerang* wundervoll in den gebogenen Raum meiner *Eßzimmerspandrille* paßt, aber Sie würden mich für ziemlich albern halten, wollte ich Ihnen auseinandersetzen, die Spandrille existiere, um den Bumerang aufzunehmen. Ähnlich bauen *Schnecken* ihre *Häuser*, indem sie eine Röhre um eine Achse der *Spirale* winden. Dieser geometrische Prozeß hinterläßt entlang der Achse einen leeren zylindrischen Raum, der *umbilicus* genannt wird. Einige Schneckenarten verwenden den *umbilicus* als Brutkammer, um Eier zu lagern. Aber der *umbilicus* entstand als nicht-adaptive Spandrille, nicht als Anpassung für den Reproduktionserfolg. Die allermeisten Schnecken nutzen ihre *umbilici* weder zum Brüten, noch überhaupt für irgendetwas.«[52]

Wer nun wollte bestreiten, dass auch und erst recht Organisationen »sich als komplexe und untereinander verknüpfte Ganzheiten [entwickeln], nicht als lockere Bündnisse getrennter Teile, von denen jeder für sich durch die natürliche Auslese optimiert würde«? Fließbänder machten spezifische Zwischenläger erforderlich, aber nur obsessive Apologeten würden behaupten, *darin* bestünde einer ihrer adaptiven Erfolgsfaktoren. Gleichwohl konnten diese Zwischenläger später, in einer sekundären Nutzung, als Puffer für den Fall von Streiks gebraucht werden. Die Existenz dieser Art Läger aber ist nicht aus ihrer Eignung für diese Reduktion der Streikanfälligkeit zu erklären. Sie wurden denn auch zügig abgebaut, als es mit der *just-in-time*-Produktion die Möglichkeit dazu gab und die Aufmerksamkeit darauf gelenkt wurde, und die Streikrisiken wurden auf andere Weise reduziert (in Deutschland durch Änderung des Arbeitsförderungesetzes). Max Webers Ordnungsmenschen, Niklas Luhmanns Meister der parasitären Entscheidung, informelle Gruppen, viele Formen betrieblicher Sozialleistungen – sie alle sind in ihrer Genese besser als Spandrillen denn als Erfolgsfaktoren der Anpassung zu verstehen.

Das hindert nicht, dass auch sie »später zu einer zweiten Nutzung ›kooptiert‹ werden«, und das macht die Lage unübersichtlicher. Es leistet adaptionistischen Erklärungsmustern Vorschub, als könne »die-

52 Stephen J. Gould, »Ultra-Darwinismus. Die Evolutionstheorie zwischen Dogmatismus und Offenheit«, in: *Lettre International*, Nr. 38, 1997, S. 82–90, hier: S. 90.

se zweite Nutzung die Existenz einer Spandrille erklären«. Informelle Gruppen waren ein notwendiges Nebenprodukt formaler Organisation – dass sie ihrerseits zum Vehikel der Produktivitätssteigerung *via* Pflege der sozialen Bedürfnisse und Kontakte gemacht werden konnten, war eine sekundäre Entdeckung oder Erfindung der zwanziger Jahre.

Qualifikations-, Autonomie- und Kreativitätslücken der Arbeitenden sind, auf ähnliche Weise, Spandrillen tayloristischer Arbeitsteilung, auf die der Blick zunächst aber nicht fiel, weil er auf die schönen Bogenlinien konzentriert war, die damals von den Zeit- und Bewegungsstudien und den gilbrethschen Chronozyklogrammen geliefert wurden.

Der *umbilicus* inmitten des Schneckenhauses ergibt sich als Negativ des Gehäuses. Wenn wir diese Metaphorik ernstnehmen, dann können wir Spandrillen der Organisation als ihr Negativ bestimmen: Monotonie als Negativ der Arbeitsteilung, die Trägheit von Organisationen als Negativ ihrer Berechenbarkeit und Zuverlässigkeit,[53] die Riskanz von High-Tech-Systemen *à la* Perrow[54] als Negativ der Automatisierung mittels fester Kopplungen und komplexer Interaktionen, die Streikempfindlichkeit von *just-in-time*-Systemen als Negativ ihrer logistischen Vorzüge. Sie können als Hohlräume organsierten Entscheidens und Handelns gelten wie der *umbilicus* als Hohlraum des Schneckengehäuses. Das macht darauf aufmerksam, dass Ausleseprozesse, selbst wenn sie einer evolutionstheoretischen Orthodoxie gehorchten, Wirkungen zeigen *müssten*, die nicht – nach dem Motto: ›whatever is, is right‹ – den Charakter von Anpassungserfolgen haben. Das schon wäre eine herbe Enttäuschung für ökonomistische Hoffnungen auf die Evolutionstheorie, inmitten ihrer ureigenen Stärke.

Die solche Hoffnungen hegen, neigen vermutlich zu der Erwiderung, entweder würden Spandrillen im Zuge zukünftiger Evolution noch getilgt respektive angepasst oder sie seien bereits, zusammen mit den adaptiven Effekten, also gerade als Teile einer Ganzheit genommen, nichts als Einschreibungen der Anpassung, die es zu unübertrefflichen Ganzheiten gebracht habe. Ihnen sollte zu denken geben, dass es sehr wohl überlebenstüchtige Schnecken ohne *umbilicus* gibt – und auch solche, die ihn *nicht* zur Eierablage nutzen. Es erhalten eben »die *von der Geschichte auferlegten Beschränkungen* bei der Erklärung der evolutionären Bahnen über die Zeit eine ebenso große Bedeutung wie die unmittelbaren Vorteile der Anpassung.«[55]

53 Vgl. Michael T. Hannan/John Freeman, »The Population Ecology of Organizations«, in: *American Journal of Sociology* 82 (5), 1977 S. 929–964; dies., »Structural Inertia and Organizational Change«, in: *American Sociological Review* 49 (2), 1984, S. 149–164.

54 Vgl. Perrow, *Normale Katastrophen.*

55 Gould, »Ultra-Darwinismus«, S. 83f., Herv. G.O.

Und solche Beschränkungen sollten in der vergleichsweise winzigen Zeit, die Organisationen für ihre Entwicklung bisher gewährt wurde, keine Rolle spielen? Wichtige Fälle sind unter Titeln wie Lock In, Pfadabhängigkeit und Trajektorien namhaft gemacht worden.[56]

Organisationen ließen sich dann allenfalls (wenn man den Adaptionismus für einen Augenblick konzediert) als Netze positiver Ausleseeffekte begreifen – mit lauter Löchern namens Spandrillen. Das, versteht sich, ist ein gefährlicher Gedanke. Denn: »Ein Netz können Sie auf zwei Arten definieren, je nach Ihrem Standpunkt. Normalerweise würden Sie sagen, dass es ein Gerät mit Maschen ist, das zum Fischfang dient. Sie können aber auch, ohne groben Verstoß gegen die Logik, das Bild umkehren und ein Netz so definieren [...]: eine Ansammlung zusammengeschnürter Löcher.«[57]

56 Und Stephen Gould selbst hat übrigens in der in Fußnote 49 zitierten Publikation, die mir erst bekannt wurde, nachdem ich das Phänomen des Lock In an Paul Davids berühmtem Beispiel der QWERTY-Tastatur von Schreibmaschinen erläutert hatte, das QWERTY-Keyboard als illustrierende Analogie für seine Idee der von der Geschichte auferlegten Beschränkungen herangezogen. Vgl. Günther Ortmann, *Formen der Produktion, Organisation und Rekursivität*, Opladen 1995, S. 152ff., 253f.; Gould, *Bravo, Brontosaurus*, S. 65ff.

57 Julian Barnes, *Flauberts Papagei*, Zürich 1987, S. 52.

Autorinnen und Autoren

Ulrich Bröckling ist Professor für Kultursoziologie an der Albert-Ludwigs-Universität Freiburg.

Nina Degele ist Professorin für Soziologie und empirische Geschlechterforschung an der Albert-Ludwigs-Universität Freiburg.

Alex Demirović ist apl. Professor an der Johann Wolfgang Goethe-Universität Frankfurt a. M. und z.Zt. Senior Fellow der Rosa-Luxemburg-Stiftung Berlin.

Gregor Dobler ist Professor für Ethnologie an der Albert-Ludwigs-Universität Freiburg.

Christian Dries ist Wissenschaftlicher Mitarbeiter am Institut für Soziologie der Albert-Ludwigs-Universität Freiburg.

Lars Gertenbach ist Wissenschaftlicher Mitarbeiter am Fachbereich Gesellschaftswissenschaften der Universität Kassel.

Florian Heßdörfer ist Wissenschaftlicher Mitarbeiter an der Erziehungswissenschaftlichen Fakultät der Universität Leipzig.

Susanne Krasmann ist Professorin am Institut für Kriminologische Sozialforschung der Universität Hamburg.

Christian Lavagno ist apl. Professor für Philosophie am Institut für Philosophie der Universität Osnabrück.

Matthias Leanza ist Wissenschaftlicher Mitarbeiter am Institut für Soziologie der Albert-Ludwigs-Universität Freiburg.

Oliver Marchart ist Professor für Soziologie an der Kunstakademie Düsseldorf.

Sven Opitz ist Professor für Politische Soziologie an der Philipps-Universität Marburg.

Günther Ortmann ist emeritierter Professor für Allgemeine Betriebswirtschaftslehre an der Helmut-Schmidt-Universität Hamburg und seit 2014 Professor für Führung an der Universität Witten/Herdecke.

Marc Rölli ist Professor für Designtheorie an der Zürcher Hochschule der Künste.

Tobias Schlechtriemen ist Wissenschaftlicher Mitarbeiter am DFG-Sonderforschungsbereich 948 »Helden – Heroisierungen – Heroismen. Transformationen und Konjunkturen von der Antike bis zur Moderne« an der Albert-Ludwigs-Universität Freiburg.

Erhard Schüttpelz ist Professor für Medientheorie an der Universität Siegen.